FRANZ BLEI

Das große Bestiarium der Literatur

Herausgegeben und
mit einem Nachwort versehen
von Rolf-Peter Baacke

Europäische Verlagsanstalt

Der Text dieser Ausgabe folgt der fünften bis achten Auflage, die 1924 bei Ernst Rowohlt in Berlin erschien.

Die Deutsche Bibliothek – CIP-Einheitsaufnahme

Blei, Franz:
Das grosse Bestiarium der modernen Literatur / Franz Blei.
Hrsg. und mit einem Nachw. von Rolf-Peter Baacke. –
Hamburg: Europäische Verlagsanstalt, 1995
ISBN 3-434-50077-4

Umschlaggestaltung: MetaDesign, Berlin
unter Verwendung einer Portraitskizze von Egon Schiele
Signet: Dorothee Wallner nach Caspar Neher »Europa« (1945)
Herstellung: Die Herstellung, Stuttgart
Satz: Utesch Satztechnik GmbH, Hamburg
Druck und Bindung: Graphischer Großbetrieb Friedrich Pustet, Regensburg

Printed in Germany 1995

INHALT

VORWORT ZUR FÜNFTEN BIS ACHTEN AUFLAGE

Die Vortrefflichkeit dieses Buches hat es im Laufe eines halben Jahres in die fünfte Auflage gebracht: da und dort sieht man es neben den modernen Literärgeschichten der Engel, Mayer, Koch, Bartels in den Bücherregalen, und der Verfasser kann nicht aufrichtig genug versichern, wie beschämend für ihn solche unerwartete Ehrung ist. Um sie, wenn auch im bescheidensten Maße, zu verdienen oder doch wenigstens die Anstrengung dazu merken zu lassen, hat der Verfasser diese neue Auflage erweitert, wo es nur immer ging, wobei er nur bedauerte, daß die Materie der modernen Literatur wohl zäh genug ist, um in die Breite getreten, doch nicht schwer genug ist, um in die Tiefe gebracht werden zu können. Zumal es ja auf eine Gesamtdarstellung dessen ankam, was sich der heutige Leser und Kenner als die moderne Literatur denkt, und was ihn an ihr freut, und nicht auf eine Darstellung dessen allein, was innerhalb des heutigen deutschen Schrifttums von richtunggebender Bedeutung ist und bleiben wird und von einem Range ist, wie ihn irgendeine Literatur eines neuern Volkes aufgestellt hat: Es erübrigt sich, dem weiter als mit »modern« bestimmten Leser die Namen dieser Dichter zu nennen, denn sie ergeben sich aus der Lektüre dieses Buches von selber.

Das Bestiarium im engern Sinne hat keine Ergänzungen erfahren. Der Witz läßt sich nicht kommandieren. Auch nicht verbessern, wie da und dort in den Tierbeschreibungen nötig gewesen wäre. Georg Kaiser ist sicher ein merkwürdigerer Dramatiker, als die betreffende Charakteristik im Texte glauben lassen könnte. Aber gleich bemerken will ich, daß es mir überflüssig schien, eine Menge neuerer Theaterschriftsteller anzuführen, mit denen die Rezensenten der Gazetten ihre Leser beschäftigen müssen. Toller, Bronnen, Mohr, Brecht – darüber wird vielleicht in zehn Jahren was zu sagen sein, wenn dann die Gazetten nichts mehr darüber zu sagen wissen. Das neu hinzugekommene Kapital über Theater und Theaterspieler möge vorläufiger Ersatz sein, als den Standpunkt bestimmend. Den notwendigen Exkursen wurden zwei nicht minder notwendige beigefügt und, um das Gleichgewicht zwischen Ernst und Laune nicht zu stören, das Kapitel eingeschoben, das die Neuen Gespräche Eckermanns mit Goethe enthält. Einen freundschaftlichen Rat, ein Kapitel zu schreiben, das dem Leser jene Schriftwerke nennt, die zu lesen ihm nötig wären, um sich eine wohlgeordnete Kenntnis der Materie zu verschaffen – zu diesem Kapitel und dessen Pedanterie konnte ich mich nicht entschließen. Einem hypostasierten jungfräulichen Nichtleser, der die neuere Literatur gar nicht kennt, würde ich raten, weiter Vergils Bucolica zu lesen oder den Westöstlichen Diwan. Und einem andern, der sie da und dort kennt, wie das der Zufall und der Buchhändler mit sich bringen, den lasse ich gerne in diesen Bedingungen seines Leserdaseins. Ich wäre um gute Gründe für andere von mir gesetzte Bedingungen verlegen. Ich könnte ihm höchstens sagen: Schaffen Sie durch Ihre rigorose, saubere, gute Lebensführung, durch eine formstarke Intensität Ihres Lebens die Voraussetzungen zu einer lesbaren neuern Literatur, und Sie werden mich nicht mehr zu fragen brauchen, welche Bücher Sie lesen sollen. Aber das hieße dem Fragenden sagen, daß er beiläufig, unsauber und schlecht lebe, weder Intensität noch Form besitze. Also läßt man's lieber.

VORWORT ZUR ERSTEN AUFLAGE

In diesem Bestiarium habe ich, nicht abgeschreckt von vielen Vorgängern, neuerlich den Versuch gemacht, eine so kurze wie anschauliche und genaue Beschreibung derer lebenden Tiere zu geben, so ans Licht der Bücherwelt zu stellen Gott dem Herrn gefallen hat, und soweit sie im Gebiete der deutschen Sprache wesen und unwesen. Wenn wir Menschen Sinn- und Zweckmäßiges von Gottes Schöpfungen an den Geschöpfen dieser von uns beschriebenen Fauna noch weit seltener als sonst erkennen, so sollen wir uns und nicht dem Schöpfer daraus einen Vorhalt machen, indem wir ja einerseits vieles sehr Sinnvolles Seines Werkes so einsehen als auch bewundern und darum wohl annehmen müssen, daß es auch mit dem uns sinnlos Erscheinenden schon eine sinnvolle Bewandtnis haben werde; andererseits die kurze Spanne nicht nur unseres eignen, sondern auch des von uns überschaubaren Lebens bedenkend nicht in Eitelkeit darauf vergessen sein sollen, es habe alle und jede Absicht Gottes uns durchaus geläufig zu sein aus den Mitteln unseres eingeschränkten Verstandes. Und möchte denen Zweiflern an der inneren Ordnung in der Person Gottes auch dieses Dritte noch gesagt sein: daß es uns nicht häretisch dünke, Gott von Seinem mühvollen Tag- und Nachtwerk Sich ausruhend zu denken, wo Er dann in lustiger Laune gewissermaßen solches werden lasse wie zum Exempel unsere literarische Fauna, deren neuerliche Beschreibung ich hier dem Hypokriten, meinem Leser, meinem Freunde, vorlege, nachdem ich mich sine ira, aber multo studio um Art, Aussehen und Lebensweise dieser Tiere bemüht habe, solche festzustellen. Ich glaube sagen zu können, daß mir keines von einiger Wichtigkeit oder Notorität entgangen ist und daß ich sie ziemlich beieinander habe in diesem Käfig meines Bestiariums oder diesem Tierparke, wie ich besser sage, denn in einen einzigen Käfig alle diese Bestiae zu sperren, würde ich bei der außerordentlichen Unverträglichkeit derer Tiere nur dann wagen, wenn mir an ihrer wechselseitigen Ausrottung gelegen wäre, womit ich aber Gott in Seine schaffende Hand zu fallen mir anmaßte, was mir ganz fern. Sollte dennoch der Leser in diesem Bestiarium ein oder das andere Tier vermissen, so ist dieses entweder nur ihm oder seiner Familie bekannt als ein Privat- oder Familientier gewissermaßen; oder ich habe es in zwiefacher Absicht nicht erwähnt. Es gibt nämlich eine weitverbreitete Mikrobe, den Bacillus imbecillus, der im gemeinen Leben viele tausend Namen bekommt, aber immer der gleiche Bacillus ist: wen er heimsucht – und er befällt die Grobhäutigen aller Stände und Klassen –, der fühlt erst ein ihm angenehm dünkendes Kitzeln, was mit der groben Haut zusammenhängt, dann aber verfällt der Patient rasch der völligen Verblödung. Es ist dieser Bacillus imbecillus also mehr ein Krankheitserreger denn ein Tier, gehört demnach in die Bakteriologie und nicht in ein Bestiarium. Wenn ich darin doch ein und den andern Bacillus aufführte, so geschah es, weil ich einer weitverbreiteten Anschauung, daß es sich in diesen Fällen um Tiere handle, mit meiner Autorität entgegentreten wollte. Ich habe ferner auch einige Tiere wissentlich ausgelassen – sehr wenige –, damit die gelehrten Rezensenten das Vergnügen genießen, mir dies nachzuweisen und damit die Notwendigkeit ihrer Existenz wieder einmal zu erhärten. Den Nutzen dieses kurz und bündig abgefaßten Bestiariums wird der Tierfreund und -feind beim Durchblättern alsogleich mit Vergnügen bemerken. Es verzichtet auf alles übliche wortreiche und doch nichtssagende Beiwerk, wie es allen Naturhistorien unserer literarischen Fauna eigentümlich ist, gänzlich und befleißigt sich einer Kürze von Merksprüchen, die leicht zu behalten sind.

Wenn ich auch mit meinem verehrten Freunde Dr. Negelinus durchaus der Ansicht bin, solchem wie jedem andern praktischen Nutzen würde dieses Bestiarium bald entzogen sein und sein Wert nur mehr im Historischen liegen. Denn es steht doch wohl allen Anzeichen nach eine terrestrische Katastrophe nahe bevor, und es wird danach das wenige, das diese andere Sintflut von den meisten der jetzt noch lebenden literarischen Tiere übriggelassen, nur mehr in spärlichen Fragmenten in den paläontologischen Museen zu finden sein, zumal sich gewiß kein neuer Noah wird gewinnen lassen, der gutmütig diesem Getier eine es rettende Arche bauen möchte. Um so dringlicher stellte sich die Aufgabe, unsere Tiere e vivo zu beschreiben.

Aller Kritik unserer Viecher habe ich mich enthalten, wie man merkt. Wir müssen sie hinnehmen, wie Gott sie geschaffen. Ihm allein die Ehre und die Verantwortung. Ganz allgemein will ich nur zu einer in der letzten Zeit wieder lebhafter gewordenen Streitfrage kurz Stellung nehmen, der Frage, ob unsere Tiere Intelligenz besitzen oder nicht. Daß unsere alte, ausgestorbene literarische Tierwelt Intelligenz in hohem Maße besaß, steht außer Zweifel. Ebenso, daß sie die heutigen Tiere mitnichten auszeichnet, von ganz wenigen Ausnahmen abgesehen. Trotzdem hat man gerade für unsere heutigen Tiere das sie charakterisieren sollende Wort »Die Intellektuellen« erfunden. Wohl nach dem Beispiel des canis a non canendo. Denn unsere heutigen Tiere handeln mit wenigen Ausnahmen durchaus affektiv und gar nicht intelligent, ja, sie setzen, wie man beobachten kann, förmlichen Stolz darein, ihren unklaren Gefühlen unbedacht zu erliegen, nichts als Gefühl zu sein und gar keinen Verstand zu haben, nicht einmal in ihren partikularen Verrichtungen. Vulgär ausgedrückt kriechen sie auf jeden Leim, wenn es nur Leim ist und er nur geschickt gestrichen wird – von wem, ist unsern Tieren gleichgültig. Denn gerade das, was einige von unsern heutigen Tieren behaupten, das tun sie gar nicht: denken. Sie sind daher gar nicht »Intellektuelle«, sondern weit treffender »Affektionelle« oder »Sensibilisten« zu nennen, die jeder Gelegenheit erliegen, die sie mit ihrem Gefühle ergreifen können; daß sie ihre Gefühle zuweilen Gedanken nennen, diesen Irrtum haben unsere literarischen Tiere mit den heutigen Menschen gemein.

More eruditorum obliegt mir noch die Pflicht, denen Herren zu danken, welche sich um dieses Bestiarium Verdienste insofern erworben haben, als sie, gewissermaßen Hagenbecke der Fauna literaria, oft mit beträchtlichen Opfern an Zeit, Geld, Geduld und Kraft unsern Tieren ihre Teilnahme bewiesen, sei es, daß sie sie überhaupt entdeckten, sei es, daß sie ihnen auf ihr Leben gewissermaßen Vorschuß gegeben haben, sei es endlich, daß sie für die Möglichkeit komfortabler Betrachtung dieser Tiere sorgten durch Anlegen von Steigen, Reservaten, Käfigen und Behältern. Namentlich möchte ich hier für solche nützliche Hilfe mich bedanken zuvörderst bei dem Doyen unserer literarischen Hagenbecke, dem ebenso um- wie einsichtigen Herrn S. Fischer-Berlin, dem weitschichtigen Herrn G. Müller-München, dem immer neugierigen Herrn K. Wolff-München, dem kühnen E. Rowohlt-Berlin, dem herzlichen G.H. Meyer-München, dem vorsichtigen A. Kippenberg-Leipzig, dem unentwegten G. Kiepenheuer-Potsdam, dem lebhaften P. Cassirer-Berlin und dem Herrn Reiß schlechthin. Allen denen Herren meinen Dank dafür, daß sie das Ihre tun, in die seltsamen Geschöpfe aus der mannigfach bildenden Hand Gottes einige Ordnung zu bringen, wie wir Menschen solches in Unkenntnis der höheren göttlichen Ordnung brauchen in diesem Erdenleben. Bei meinem Freund, dem Dr. Negelinus, muß ich mich noch bedanken für seinen auf Spezialstudien gegründeten Beitrag, die Beschreibung der Fakkelkraus.

VORWORT ZUR ZWEITEN AUFLAGE

Äußere, vom Verfasser nicht änderbare Umstände ließen das Bestiarium in seiner ersten, nur für eine eingeschränkte Leserzahl gedruckten Auflage etwas im Improvisato stecken, bei dem der Ernst manchmal um den Witz zu kurz kam und umgekehrt. Dieser kleine Schönheitsfehler ist in der neuen vorliegenden Ausgabe beseitigt. Es ist aber noch mehr als das getan worden. Eine Menge Zutaten, Ergänzungen, Feststellungen, ferner Ordnungen und generelle Bemerkungen zum Gattungsbegriff der bestia literarica, des weitern die Einbeziehung fremder in Deutschland domestizierter Tiere wie die Beschreibung solcher, die kürzlich bürgerlich wohl verstorben, aber literarisch noch lebendig sind –: alles dies macht das Bestiarium zum Großen Bestiarium und zu dem, was trotz vieler solcher Titel auf dicken Büchern durchaus gefehlt hat: zur ersten gründlichen kritischen Darstellung dessen, was man einem Sprachgebrauch mehr als der Sache folgend die moderne Literatur nennt. Der wißbegierige Leser sei versichert: diese abstrusen Kompilationen aus Geburtsdaten, Büchertiteln, Waschzetteln und Zeitungsausschnitten, welche sich moderne Literaturgeschichten nennen, weil es ihren Verfertigern so beliebt, sind insgesamt ein öder Mist, jawohl, meine Herren Verfasser, öder Mist, wie man nur noch von den Geschichten der ältern deutschen Literatur sagen kann mit der einzigen, aber auch grandiosen Ausnahme des Werkes von Josef Nadler, der weder, wie sonst üblich, von seinen Vorgängern das Schema übernimmt noch die Urteile, noch die Unkenntnis von Gegenstand und Methode.

Will einer die Geschichte der Mathematik lesen, so muß er einigermaßen die Mathematik kennen. Das gilt auch von der Geschichte der Literatur, so sehr sich auch alle deren sogenannte

Historiker anstrengen, mit Inhaltsangaben und sogenannten Werturteilen ihren Lesern diese Kenntnis ganz überflüssig erscheinen zu lassen. Der mit dem Gegenstand nicht vertraute Leser des Großen Bestiariums wird mit dessen Urteilen wenig anzufangen wissen, denn sie sind weder geschmacklich noch gefühlig, weder schöngeistig, noch messen sie den Hinz und Kunz an einem als bekannt angenommenen Standardwert, Goethe zum Beispiel oder Schiller. Wer die Gegenstände dieses Traktates nicht kennt, der wird den Wald vor Bäumen, die Zoologie vor Tieren nicht sehen. Ich sagte ja schon: das Bestiarium ist die erste kritische Darstellung der neuern Literatur, also ein dialektisches Buch.

VORWORT ZUR DRITTEN AUFLAGE

Es ist mir ein Vergnügen, zwei Briefe mitzuteilen, die ich nach Erscheinen der zweiten Ausgabe des Bestiariums von zwei indignierten Belletristen oder Literatieren bekam, weil sie nicht als Löwen, die sie doch wären, darin vorkamen. Der eine schreibt: »...hat mich Literatur, wenn Dichter darunter faßbar, nur gering, denn zunächst ist mein Dasein in dem Leben. Ich turne, radle, schwimme, rudere, segle, steige Berg, fahre Auto, fliege Luft, boxe, ringe, reite, skie, verführe jede Frau mit Hastenichgesehn, spiele Tennis, Golf, Football, Baseball, Laferme, Poker, führe überhaupt das openste aer live – ich spreche auch Englisch wie Darmstädtisch –, nehme an allen Rauf- und Liebeshändeln der Welt teil, schlage mich in allen Waffen des Erdkreises und habe, dies auch nebenbei, zum mindesten den Deutschen in der Erneuerung der Sprache und der dichterischen Prosa Wege gewiesen und neue Möglichkeiten geboten, die zu ergreifen und zu gehen nur mehr an den Deutschen liegt, hélas, worüber mir C. Sternheim schrieb: ›Das ist Klasse! Ist Baudelaire einfach! Ich schüttle Ihnen die schwielige Proletarierfaust.‹

Außer daß ich, wie jeder Gentleman, diese Faust natürlich auch besitze, habe ich dem nichts von Bedeutung hinzuzufügen.«

Der andere Brief: »...Ihr unmenschliches Buch... ich habe mindestens den Deutschen zum erstenmal gezeigt, was Prosa ist. Das gab's vor mir nicht. Satz wie dieser mein Satz: ›Sie stülpte, lag er in sie gestürzt, Begriffe und brachte es fertig, schwächte er sie, ihn stärker zu schwächen‹ ist einfach deutscher Sprache nicht nur erstes, sondern pyramidalstes Monument. Um Schweiß, mich gekostet, weiß ich allein und C. Edschmid, der mir schreibt: ›Sie haben den klassischen Stil in Deutschland.‹ Ich habe dem nichts von Bedeutung hinzuzufügen.«

Wer wollte, könnte diesen beiden den Begriff der Bedeutung so schlagend definierenden Briefen noch etwas von Bedeutung hinzufügen, ohne sich damit das Zeugnis der lächerlichsten Bedeutungslosigkeit auszustellen?

VORWORT ZUR VIERTEN AUFLAGE

Siebentausendvierhundertfünfundvierzig Postkarten, auf denen sich ebensoviele (7445) deutsche männliche, weibliche, mittelstufige und geschlechtslose Schriftsteller, Belletristen und Poeten entrüsten, im Bestiarium nicht »vorzukommen«, seien hiemit summarisch erwähnt, damit sie vorkommen. Man erstaune nicht über die hohe Zahl. Es sind so viele Militärs und Beamte darunter, die, wie man weiß, nach dem Kriege das Inland mit ihrer Literatur überfielen, einerseits, weil der Deutsche überhaupt so gerne schreibt, andrerseits des Gewinnes wegen, dritterseits, um ihre Unschuld am Kriege zu beweisen, viertens zu versichern, daß sie nichts als das Beste gewollt hätten. Die Unschuld, das Beste und die Literatur blieben auch hier nicht Sieger; sie verloren auf der ganzen Linie.

Als ich aber nochmals die große Zahl der nicht vorgekommenen und darüber empörten Poeten überdachte, kam mir der naheliegende Gedanke, es einmal damit zu versuchen, von der Literatur zu leben. Ich erließ eine öffentliche Bekanntmachung, daß jeder nicht vorgekommene Dichter gegen Einsendung einer Reichsmark in der neuen Auflage vorkommen werde. Ich war mit meiner Forderung so bescheiden, um dem Vorwurf zu entgehen, daß ich die Köpfe zu hoch einschätze. Aber dies schien doch der Fall zu sein, denn ich bekam nur noch einige grobe Postkarten, aber keine einzige Mark. Man kann eben von der Literatur doch nicht leben. Nun soll man mich aber kennenlernen, sagte ich mir. Ich öffnete der Weste meiner Generosität sämtliche Knöpfe und stürzte mich in das Studium der ungenannten Verfasser, mußte es aber bald aufgeben, systematisch dabei zu verfahren, denn diese Fülle ging weder in ein vorhandenes, noch in ein zu erdenkendes System. Ich griff also aus der alten Hutschachtel, in welche ich die Proteste der Ungenannten getan hatte, heraus und ließ den Zufall walten. Man findet, was ich fand, in jenem Kapitel des Großen Bestiariums, das überschrieben ist: Die großen Dichter deutscher Nation.

Ich muß noch nachtragen, daß wir beide, ich und der Leser, uns für die Mithilfe einiger Freunde an diesem Großen Bestiarium zu bedanken haben. Dr. Maturin Melas und der Baron Albrecht Peyronnet haben einige Beiträge für dieses Buch geschrieben –, welche, dies wird der darauf neugierige und feinhörige Leser leicht erkennen.

Franz Blei

DAS GROSSE BESTIARIUM

ALTENBERG oder auch den Peter nannte man aus unbekannten Gründen die seltsame Laune Gottes, die hier ein Wesen schuf, das nur aus einem einzigen Organe bestand: aus einem Auge, dem der Fliegen gleich in tausend Facetten zerlegt und die sichtbare Welt in kleinsten Bildern von großer Schärfe etwas übersichtig auffangend. Einem solchen seltsamen Wesen war von Natur aus nur eine kurze Lebensdauer bestimmt. Aber gegen die Natur und die Absicht Gottes bildete dieses stolz gewordene Auge so etwas wie einen Leib aus. Das war nun etwas schwächlich geraten, wie nicht anders zu erwarten, und das Auge Peter hatte mit ihm seine argen Molesten, die schließlich auch dem Auge nicht gut bekamen. Das Auge Peter hatte sich mit der Erzeugung seiner Verdauungs- und sonstigen Organe übernommen, und es sah am Ende nichts mehr als den prekären eigenen Mageninhalt: es spiegelte keine umgebende Welt mehr, sondern nur die Farben seiner Exkremente.

D'ANNUNZIO. Ist er nicht des heutigen Italiens Apoll, so doch dessen Pegasus, auf dem apollinisch für eine Weile die leichte Libelle Pascoli Platz nahm, und den später dann der Clown Marinetti zu erklettern versuchte, ärschlings natürlich, wie es sich für den Clouwn gehört; doch blieben ihm von dem Versuch nur ein paar Schweifhaare in der Hand und auf dem Pegasus zu reiten wurde und blieb Futurismo. Der Pegasus d'Annunzio schlug mit seinen eleganten Hufen die herrlichsten, herrischsten Takte der letzten drei Jahrzehnte, ihm darin gleich nur des Northumberlandhirsches Swinburne Flug und Fougue. Später dann verlangte die Zeit Probe aufs große Wort, und der Pegasus gab sie. Er ließ sich die Hufe mit Eisen beschlagen, wirbelte damit die Trommel und wieherte Fanfaren. Die an tönenden Worten reichste Zeit, die des Krieges und seines Après, machte aus dem Pegasus nicht den Tyrtaios, aber das laut hinwiehernde

Schlachtpferd gab den hellen italienischen Trompeten Brust, Luft und Schwung. Ein römischer Kaiser hat sein Leibpferd zum Konsul gemacht – der Pegasus d'Annunzio konnte es für möglich halten, das ihn sein Volk zum Kaiser der Adria erhebe.

ANDRIAN. Dies ist ein im Jesuitenkonvikt Kalksburg gebräuchlicher Name für eine Jugendsünde, deren man sich nur mehr bei Eintritt ins Greisenalter erinnert. In der Zwischenzeit spricht man nicht davon.

AVENARIUS ist eine so sehr sächsische Angelegenheit, daß sie in einer Beschreibung dieses merkwürdigen Volksstammes glatt aufgeht. Aber diese Ethnographie ist nicht unsere Sache, sondern H. Reimanns. Wie alles Sächsische hat auch das Avenarius den Ehrgeiz, nicht nur für das spezifisch Deutsche, sondern das schlechthin Menschliche zu gelten. Man nimmt eben in diesem Erfindungs- und Herstellungslande des Odol den Mund voll.

AUERNHEIMER ist der Name des Jockeis, der am häufigsten den Schnitzler geritten hat. Derzeit gibt er Tips in der Neuen Freien Presse.

DER BAHR. Den Bahr gibt es nur mehr in einem einzigen Exemplar, das im Salzburgischen gehalten wird. Seinen früheren scharfen Geruch hat es in den mildern der Heiligkeit gewandelt, und die Hörner hat das Tier, seit es den Teufel fürchtet, ebenso wie die Zähne, längst verloren. Dafür wuchsen ihm Mähne und Bart immer länger, was dem Bahre ein ehrwürdiges Aussehen gibt. So kann es der Wanderer in seinem Reservat am Untersberg beobachten oder mit ihm Zwiesprach pflegen, denn der Bahr ist ein ungemein gesprächiges und, fehlt ihm der Partner, selbstgesprächiges Tier. Seine Wärter, wie der überaus fromme Pater A. B. C. D. Schmitz, fürchten immer, der Bahr werde sich noch einmal nicht totstürzen, sondern totreden. Denn gefallen ist der Bahr schon öfter, ohne Schaden zu nehmen, und auf die Knie fällt er gut zweimal am Tage, welche Alterserscheinung eine leichtgläubige fromme Bevölkerung wie die salzburgische als bei solchem Tiere seltene und um so anerkennenswertere Frömmigkeit auslegt. Ein Kapuziner hat den Bahr deshalb einmal ganz frei in die Heilige Messe mitgenommen, und das Tier unterschied sich, wie Augenzeugen berichten, in nichts von seinem frommen Führer, so daß man nicht hätte sagen können, war der Bahr mit einem Kapuziner oder ein Kapuziner mit dem Bahr in der Messe. Um so mehr oder um so weniger als der Bahr bei diesem frommen Besuche über seine flinken, kleinen, scharfen und klugen Äugerln seine ehrwürdige Mähne hatte fallen lassen.

BARRÈS. Als ihm in der Jugend auffiel, daß ihm nichts einfiel, machte er daraus eine sublime Fümisterie. Da dieser Culte du Moi nicht lange anhalten konnte, erfand er auf Reisen den Culte de Terre de ses morts und wurde fromm. Denn er mußte Gott jeden Tag danken, daß er nicht als Findelkind das Licht der Welt erblickt hatte.

BARTELS ist der Name eines Zoologen der deutschen Fauna literarica, der solches erst wurde, nachdem er als ein Tier besagter Fauna begonnen hatte. Schwer festzustellen, was er zuvor und überhaupt war. Jedenfalls hat er als Literatier wenig Glück gehabt, wessen er schuld gibt, daß die Ställe mit jüdischen Literatieren so überfüllt seien, daß ein dünnes Christenschwänzchen darin keinen Platz fände. Als Zoologe hat er einen Radiometer für Nasen erfunden, die ihm nicht passen.

DER BÄHR HOFMANN sieht bloß so aus. Wirklich ist er ein jüdischer Hirtenknabe des Alten Bundes, der auf den Fluren von Zion die Schalmei bläst, wobei ihm der zweite Wiener Stadtbezirk, die Leopoldstadt, entzückt zuhört.

DER BAUDISCH. Das ist ein für die weichlichen klimatischen Verhältnisse seines Vorkommensgebietes – wohl aus nördlichen Gegenden eingewandert? Schlesien? – sehr kräftig gebautes, ruppig befelltes, einzelgängerisches Tier aus der Gattung der Quadrupeden. Sehr harter Schädel zeichnet es aus.

BECHER gehört nicht hierher. Denn was man Becher nennt, ist eine Rakete der neueren Feuerwerkerei, die ihr den Namen Becher oder Raketenvogel gegeben hat, aus welch letzterer

Bezeichnung sich wohl der Irrtum herschreibt, diese Rakete für ein Tier zu halten. Mit Lebewesen hat sie nur das gemein, daß sie nie so geht, wie der Schöpfer will. Mit allem möglichen und unmöglichen prall geladen, platzt sie entweder gar nicht oder zur unrechten Zeit, fliegt statt in die Höhe in den Zuschauerraum, verpufft mit Gestank statt in Feuergarben und derlei mehr.

DER BENN ist ein giftiger Lanzettfisch, den man zumeist in Leichenteilen Ertrunkener festgestellt hat. Fischt man solche Leichen an den Tag, so kriecht gern der Benn aus After oder Scham oder in diese hinein.

DIE BIE. Die Bie ist ein in der Scheinform einer Molluske auftretendes Krebschen mit Bartfäden. Lebt seit Jahrzehnten in den Spalten der Tageszeitungen, ohne an Unschuld einzubüßen. Nährt sich von Tanz und Musik. Bildet einmal im Monat einen blattförmigen, rasch verkalkenden Panzer aus den Ausscheidungen der deutschen Literatur, wobei sie wilde Rückwärtsbewegungen ausführt. In diesem Zustand von Fischern sehr geschätzt.

DER BIERBAUM, wie im Sächsisch-Meißenschen der Birnbaum ausgesprochen wird, war aus Pappe, Buchbinderleim, Bütten- und Vorsatzpapieren ein Gemächte. Seine Früchte waren aus der Zuckerspritze gegossene krumpelige Dinger aus Dragant. Kinder schleckten daran und riefen: »Wie süß!« Dieser papierne Birnbaum war eine Zeitlang beliebtes Versetzstück des zweitwilhelminischen Puppentheaters deutscher Kulturkonjunktur. Alt und jung spielte Volkslied und Minnigliches im Schatten seiner kleisterpapiernen Blättchen und tanzte mit O- und X-Beinen, so Christ wie Jud' wie Berliner, neckisch, schelmisch, meierisch und bieder mit Klingklang und Gloribusch Ringelreihen um den als deutsche Eiche betätschelten Stamm aus Pappe. Poetischer schon konnte man nicht mehr, als man sich hatte 1902 unter dem Bierbaume. Ihn fällte nicht die Axt des Krieges. Lange zuvor schon moderte er in der Rumpelkammer der deutschen Poeterei.

BJÖRNSON. Das Land Norwegen hatte einmal zwei Könige, einen für zu Hause, den andern fürs Ausland. Den ersten zahlte das Ländchen, den zweiten zahlte er selber. Dieser zweite nannte sich Björnson I. Er kam gewaltig daher, seine goldenen Brillen blitzten, und alle alten Ehrenjungfern standen Spalier. Mein Gott, Norwegen ist ein kleines Land, und man darf von seinen zwei Königen nicht zuviel verlangen. Zudem ist, was ich hier erzählte, längst Legende.

DER BLEI ist ein Süßwasserfisch, der sich geschmeidig in allen frischen Wassern tummelt und seinen Namen – mhd. blî, ahd. blîo = licht, klar – von der außerordentlich glatten und dünnen Haut trägt, durch welche die jeweilige Nahrung mit ihrer Farbe deutlich sichtbar wird. Man kann so immer sehen, was der Blei gerade gegessen hat, und ist des Fraßes Farbe lebhaft, so wird der Blei ganz unsichtbar, und nur die Farbe bleibt zu sehen. Unser Fisch ißt sehr mannigfaltig, aber gewählt, weshalb er auch, in Analogie zu jenem Schweine, der Trüffelfisch genannt wird wegen seiner Fähigkeit, Leckerbissen aufzuspüren. Gefangen und in einen Pokal gesteckt, dient er oft Damenboudoirs als Zimmerschmuck und macht da, weil er sich langweilt, zur Beschauerin nicht ganz einwandfreie Kunststücke mit Flossen und Schwänzchen. Aber es ist dies wahrhaft ein Mißbrauch mit dem die Freiheit liebenden Fisch zu nennen, welcher der Jagd nach seinem Belieben entzogen und gefüttert eingeht. Eine merkwürdige Freundschaft unterhält der Blei mit dem Kartäuserkrebs ebenso wie mit dem Rothecht, aber über die Natur dieser Freundschaft ist man noch nicht genügend im klaren, als daß hier gewissenhafter Bericht möglich wäre. Zumal der echte Kartäuserkrebs sehr selten ist und über die Lebensweise des Rothechtes die unsinnigsten Fabeln im Umlaufe sind.

BLEIBTREU. In den grauen Zeiten Anfang der achtziger Jahre des vorigen Jahrhunderts tobte im Berlinischen ein Krieg um die moralische Anerkennung der intimeren Beziehungen zu den Kellnerinnen. Nun, man hat schon um weniger bedeutende Sachen Krieg geführt, 1914–18 z.B. Jener heißt in der Geschichte der erste Naturalistenkrieg. Die Namen der Krieger sind vergessen. Aber in irgendeinem Zeughaus von Groß-Lichterfelde gibt es so was wie Waffen jener Helden. Eine hölzerne Kanone trägt den Namen »Bleibtreu«, wie ihn wohl neckisch, aber voll trüber Ahnung eine der weißbierschenkenden Helenen dem harmlosen Blasrohr gab.

ERNST BLOCH ist der chaldäische Name für die Beziehung des Beziehungslosen. Das Sternbild des Herkules, eine bayrische Weißwurst und ein jüdischer Witz haben einen gemeinsamen Schnittpunkt, den man Ernst Bloch nennt. Die Ebene ist nicht bestimmbar, man weiß nicht, ob auf, über oder unter dem Tisch.

DAS BONSELS. Der zuverlässige Zoologe Reiser hat sich besonders mit diesem Tiere beschäftigt, das er mir also beschreibt: englische, sehr bewegliche Windhundrasse, die nur männlich, aber mit starken weiblichen Merkmalen behaftet vorkommt. Daher liebt es das Bonsels, auch außerhalb der läufigen Zeit nach weiblichen Hunden zu jagen, um dadurch die Männlichkeit seines Geschlechts auffälliger zu machen. Da sich aber alle echten weiblichen Tiere von der Zwitterhaftigkeit des Bonsels abgestoßen fühlen, so gesellen sich ihm nur solche Hündinnen, deren weibliches Geschlecht ebenso fragwüdig ist wie sein männliches, wodurch wieder sein Verhalten illusorisch wird. Dem ölig glatten Fell entspricht ebensolche Gangart. Elsterhafte Vorliebe für glänzende Gegenstände. Sehr eifersüchtig auf fremde Eindringlinge im Salon, wo es sehr beliebt ist. Die Gattung wird wegen starker Blutleere nicht alt.

DER BORCHARDT ist ein sehr sporadisch vorkommender, immer allein und hoch fliegender schöngefiederter Vogel aus der Gattung der Edelfasane. Er zeigt nur in der Höhe sein über alle Maßen kostbares Gefieder, im Busche kriechend weiß er es so geschickt zu verbergen, daß man nur die graue Unterseite seines Federschmuckes sieht, was Beobachter, welche den Borchardt im Fluge nicht gesehen haben, sondern nur manchmal im Buschwerk, zu der Behauptung veranlaßte, der Borchardt sei grau und nicht so prächtig. Es gehören aber klare und scharfe Augen dazu, ihn in der Höhe zu sehen. Auch das solitäre Vorkommen des Borchardts haben einige bestritten und behauptet, es sei ein Gefolgsvogel der George. Doch stimmt dieses mit nichten. Denn daß der Borchardt zuweilen hoch über den George hinfliegt, darin kann Gefolgschaft nicht gesehen werden. Darin ganz unähnlich den Fasanen ist des Borchardts Schrei von prächtigem Klange und fast ein Gesang zu nennen, in dem manche vieler Singvögel Singweise zu entdecken meinen. Aber die wenigen, die sich ohrbegabt genauer mit dem Gesang des Borchardts befaßt haben, sprechen, er habe eine ihm durchaus eigene Melodie, nur singe er viel zu selten, als daß man sie sich merken könne.

PAUL BOURGET. In der grünenden Jugend versprach eine ungemein mondän gebügelte Hosenfalte, was ihr Inhalt auch hielt. Für kurze Zeit. Dann gab's eine lange Zeit nur mehr mondän gebügelte Hose in allen Salons, wo man seit Generationen weiß, daß es Schenkel und Wade nicht gibt, sondern nur Hosenfalte. Ganz zuletzt und kurz vor dem unvermeidlichen Knick auch der besten Hose verwandelte sich dieses Schneiderkunststück wie immer in Frankreich in einen Palmenfrack und kam in das Depot Akademie.

DAS BROD, oder auch Maxbrod genannt, ist ein neuerdings viel in jüdischen Tempeln gehaltenes Haustier. Es ist harmlos und nimmt, auch wenn es gereizt wird, das Futter aus der Hand. Woraus man eben auf seine Eignung zu einem religiösen Tier geschlossen hat. Einige wollen voraussagen, daß das Maxbrod noch einmal die Verehrung genießen werde wie das Buber, das bekannte heilige Tier der Juden.

$$\text{BŘEZINA} = 2 \times 2 = \tau\left(\frac{d\sigma}{d\tau}\right) + \frac{\tau^2}{2}\left(\frac{d^2\sigma}{d\tau^2}\right) + \ldots$$
$$(d\sigma_1 + d\sigma_2) = 4.$$

DER BROWNING. So hieß der Riese, dessen eines Bein weit kürzer war als das andere. Das machte seinen Gang exzentrisch, um so mehr, als er wie ein echter Engländer, der er war, immer nur seiner Nase nachging. Gar nicht wie der Zwerg Tennyson mit dem einen einzigen Riesenbein, der sich immer ernst nahm, sondern der sich eigensinnig nahm, wie er war.

DER BURTE. Das ist ein Schwarzwaldhirsch und leidenschaftlicher Alleingänger. Er trägt sein vielendiges, an manchen Stellen etwas verhakenkreuztes Geweih mit großem Stolze. Seine Kraft imponiert ihm außerordentlich. Seine Stimme ist so stark, daß sie siebenmal ihr eigenes Echo machen kann.

DAS CHESTERTON bedient sich nur unbeobachtet seiner Beine, vor andern nie. Öffentlich geht es immer auf dem Kopfe und hat es darin zu einer Virtuosität gebracht, welche ihm erlaubt, jede beliebige Gangart auf dem Kopfe zu gehen: Das Chesterton kann schlendern, schreiten, torkeln, taumeln, marschieren, hüpfen, springen, laufen, alles auf dem Kopfe. Zum Schrecken der Gläubigen liebt das Chesterton, la tête terrible, diese seine Virtuosität besonders in Kirchen während des Gottesdienstes zu zeigen. Es hält sein Auf-dem-Kopf-Gehen für den unwiderleglichsten Beweis für das Dasein Gottes.

CABELL. Das ist der sieghaft-trunkene Schrei eines amerikanischen Zauberpferdes auf der Prärie unendlicher Seele und horizontweiten Denkens. Wie aus stählernem Silber ist dieses federnde Pferd, sein Schrei ein Lachen. Vielleicht ist es der Kentaur, vor zwei Jahrtausenden über den Ozean geschwommen und dort ans Land gestiegen, wo die Häuser hoch wie Wälder stehen. Wo der Große Pan als Whitman auferstand, da – ja, Cabell ist der Kentaur.

CLAUDEL. Er hat einige religiöse Stücke geschrieben, um damit zu beweisen, daß es Gott nicht gibt. Er bekam dafür von einer republikanischen Regierung das Kreuz der Ehrenlegion. Er trägt es wie Jesus Christus das seine.

DAS CONRAD. Das Conrad gehört, da längst ausgestorben und nur mehr in ein paar Knochenresten vorhanden, schon in die Paläontologie. Der in München gezeigte museale Rest bestätigt die Annahme, daß es sich um einen stark mikrokephalen Zwerg-

stier handelt, dem eine wollige flachsgelbe Mähne auffallend um die Ohren stand. Aus seinen Hörnern machten, wie Funde beweisen, deutschnationale Vereine gerne Trinkhörner, die sich aber als unbrauchbar bewiesen, denn sie brachten das in sie Hineingegossene in leeres Schäumen.
CORRODY. Das ist der Name des distingiertesten Zoologen der schweizerischen literarischen Fauna. Sehr elegant hält er sich oft bei seinen Untersuchungen ein Spitzentaschentuch vor die Nase. Dieses zeigt über dem Monogramm etwas wie eine Krone. Er trägt ein Einglas, aber seiner Landsleute wegen nur des Nachts im Schlaf.
DIE COURTHSMAHLER ist eine Laus, die in der Sekunde eine Million Eier legt. Sie tut das am liebsten in Kinobuden, wo sie am sichersten ist, die Ausbrütung und Ernährung ihrer zahlreichen Eier zu finden. In Warenhäusern streichen sich ältere Ladnerinnen die Eier der Courthsmahler als Kaviarersatz aufs Brot.
CHAMBERLAIN ist der Name eines englischen Präparates, das, eingenommen, rasche Verblödung bewirkt. England hatte seine Ausfuhr mit hohen Prämien bedacht und erreichte damit, daß die gesamte Produktion nach Deutschland kam. Darauf fing England frohen Mutes den Krieg mit diesem Lande an, sicher, ihn zu gewinnen. Und es hat recht behalten. Die Wirkung des genossenen Chamberlains ist so stark, daß sie jahrzehntelang vorhält.
DAS DAUTHENDEY heißt jene scharmante Erfindung, welche die Farben des Sonnenspektrums zum Tönen bring. Man hat sie auch das singende Sonnenspektrum genannt. Einige wollten behaupten, man habe damit die Musik der Sphären eingefangen.
DIE DÄUBLER. Sie ist eine mächtige Qualle, welche in der Adria lebt und vornehmlich silbergrau ist; doch vermag sie auch andere Farben hervorzurufen. Das System ihrer Gedärmfäden ist außerordentlich verwickelt. Oft kennt sie sich selber darin nicht aus und verwickelt sich, im Bemühen, sich zu entwickeln, noch mehr. Wobei sie immer die Fähigkeit des Farbenspieles verliert.

DEHMEL. Frühzeitig beschloß er, seine Sämtlichen Werke zu verfassen. Er überblickte die Zeitlage und seine eigenen Bestände. Mit Mädchen, Wein, forsch sah er seinen älteren Freund Liliencron den saloppen Versetrab Heinescher Beiläufigkeit reiten. Das schien leicht, und war es. Heine, Weine, das Weibliche besaß man. Dazu war man eines Försters Sohn, und der deutsche Wald gab einem keine Rätsel auf. Die Zeitlage war sozial. Das nahm man mit. Und nun konnte es losgehen. Der Gesamtaufstieg der neuen Literatur manifestierte sich, und daß man damit mitstieg, schien selbstverständlich. Es ging ja so natürlich zu. Zumal mancher Vers gelang. Da gab es im Gewissen Dehmels einen Knacks. Er sah, daß Liliencrons schlendriger Ritt direkt in den Bierbaum führte, der auch schon da war. Und Dehmel bog ins Problematische ab, ein Dichtziel für sich zu suchen. Er schulmeisterte sich. Aber die dichterische Substanz war nicht groß und bedeutend genug, sich gegen den Schulmeister zu behaupten. Dehmel begann zu schwitzen. Er reimte und versifizierte Gott und die Welt: die beiden aber blieben hartnäckig draußen. Er dachte mehr, als er sich seinem Talente nach erlauben konnte, dessen kleines Herz davon die Sklerose bekam.

DER DÖBLIN. Dieses ist der Name eines vortrefflich und stark gebauten Tieres, das fest auf seinen vier Beinen steht und schreitet. Es hat irgendwann einmal in seiner Lebenszeit, und man weiß nicht weshalb, eine immer nur kurz dauernde seltsame Gewohnheit, nämlich auf seiner linken Vorderpfote zu stehen und die Welt verkehrt durch seine Hinterbeine zu begucken, wodurch sie ihm, ob sie nun wirklich so ist oder nur wegen der Nähe eines bestimmten Organes unseres Tieres, recht dreckig erscheint. Aber unser Döblin gibt diesen Gang auf der linken Pfote bald als doch nicht seiner Art entsprechend auf, und sieht man ihn dann wieder mit Vergnügen seinen guten straffen, eigensinnig geraden Weg gehen; ein starkes, ausdauerndes, vortreffliches Tier.

DAS DRÖHM. Das früher von seinem Entdecker Dr. Spengler***, dann Dröhm genannte winzige Tier fand sein Entdecker im Blech, mit dem er sich gerade beschäftigte. Der Professor behauptete, es entdeckt zu haben. Aber es ergaben mikroskopische Untersuchungen, daß, was Spengler für ein selbständiges Lebewesen hielt, nur des Professors Fingerspuren auf eben dem Bleche waren. An des Spenglers Fingern haftete etwas Druckerschwärze von dreitausend gelesenen Gedichtebüchern. Was man erst für ein Tier halten konnte, dann für einen Blechpilz ansah, klärte sich auf. Nur sein Entdecker, der zu seinem Tier ein viele hundert Seiten langes Vorwort, genannt »Der Untergang des Abendlandes«, geschrieben hat, hält an seiner Entdeckung und am Tiercharakter des Dröhms fest.

DAS EDSCHMID. Ein erst kürzlich vom Träger selber entdeckter Parasit auf dem Sternheim, das sehr stolz darauf ist, es im struggle for life bis zu einem Schmarotzertierchen gebracht zu haben. Doch bestreitet der Frankfurter Amateurzoologe Dr. H. Simon den parasitären Charakter des Edschmids unter Berufung auf des Tieres große Lebhaftigkeit, welche es zeigt, sowie man es auf Gelatine setzt, die beim Edschmide aus Papiermasse und Druckerschwärze hergestellt sein muß. Jedenfalls hat das Edschmid weder Beine noch Augen, weshalb es sich in rasenden Drehungen weiterbewegt, ohne den Schwindel zu bekommen. Von der Wirkung auf die Ursache übertragend, hat man das Edschmid auch das Geschwindel- oder kürzer Schwindeltierchen genannt.

DER EINSTEIN. Das ist eine kometarische Angelegenheit, insofern der Einstein ein Schwanz- oder Irrstern des metaphysischen Himmels ist, aus dem er zuweilen, auf nicht erklärbare Weise, da seine Bahn nicht berechenbar, in die Erdatmosphäre abirrt, hier zum Glühen kommt und zum Sprühen und Spucken. Sein also irdisches Auftauchen ist katastrophal für bürgerliche Hirne, deren breiige Substanz bei Einsteins größter Erdnähe vor Wut zum Kochen kommt. Worauf der Einstein wieder seine metaphysische Laufbahn fortsetzt, von der nicht einmal sein schärfster Beobachter Rowohlt weiß, wie sie verläuft.

DAS EHRENSTEIN ist ein um eine ganz schiefe Achse gelegtes Tier, das von der einen Seite, wo es einen Flügel hat, einem Vogel gleicht, der es nicht ist, von der andern, wo es eine Tatze hat, einem Wolfe, der es auch nicht ist. Wie zum Hohne über seinen einseitigen Flügel liebt das Ehrenstein, diesen Flügel im Dreck zu schleifen. Dann aber wieder breitet es ihn zu großer Überraschung aus und man sieht, daß es ein Flügel voller Schwungfedern ist.

DER ELOESSER. Er gehört zur Familie der Kopffüßler, jener überall gleich heimischen Tierart, die mit Hilfe ihres Kopfes in der Advokatur ebenso vorwärtskommt wie in der Literatur. In letzterem Falle entsteht durch eine metaphysische Senkung des Mittelfußknochens der sogenannte Plattkopf.

DER PAULERNST. So heißt eine hartnäckige Bandwurmart, die dem bekannten längst toten Friedrich Hebbel noch immer abgeht. Die Stücke unseres Bandwurms sind ganz harmlos, trotzdem empfindet der Mensch, gewahrt er zufällig eines, ein Grauen unbegreiflicher Art davor, das sich in Gähnkrämpfen äußert. Um die völlige Harmlosigkeit dieser Stücke zu zeigen, hat sie der bekannte Münchner Zoologe Georg Müller gesammelt. Aber er konnte auch dadurch die Menschen nicht von ihrem Irrwahne abbringen. Vielleicht gelingt dies erst, wenn die Sammlung aller Stücke dieses Paulernstes vorliegt, was aber noch lange nicht der Fall sein dürfte, denn unser Paulernst ist ein außerordentlich langer Bandwurm.

ESSIG. Das wurde am Ende aus einem gut duftenden kleinen schwäbischen Landwein, als die Flasche ungetrunken, aber offen, zu lange auf einem Berliner Schanktisch der Kaschemme »Zum Sturm« stand.

DAS EULENBERG. Das Eulenberg ist ein Pechvogel aus der Familie der Käuzchen. Es baute sein kunstvolles Nest in den Trümmern von Barock- oder Rokoko- oder Biedermeierpalästen

oder sonstigen Schlössern. Es hat aber, da man es da immer aufstöberte und verjagte, auf solchen Nestbau verzichtet und lebt seitdem im Riß von anderer Schatten. Man gönnt ihm diesen Platz, wenn es auch keiner an der Sonne ist, und nimmt es auch hin, daß es zuweilen seinen Ruheplatz in einem fremden Schattenriß auf abscheuliche Weise verunreinigt.
EUCKEN. Dieses rätselhafte Wort findet man in alle Kuhglokken des deutschen Ideal-Idealismus graviert. Das Läuten der so gravierten Glocken ist am hohlen, schönen Klang erkenntlich. Die damit geschmückten Tiere sind, in der österreichischen Metzgermundart gesprochen, Beinlvieh. Das heißt sehr mager und zu Braten gar nicht gesucht.
DAS EWERS. Eine kleine Hunderasse harmloser Erscheinung, dem ein launiges Naturspiel ein Bauchfell gegeben hat, das Nichtkenner für Leopardenfell halten können. Jede Berliner Nutte wünscht sich, wie man weiß, zu ihrem dreizehnten Geburtstag ein Ewers an die Leine für die Tauentzienstraße und bekommt es auch ganz nahebei, wo das KDW immer einen großen Vorrat auf Lager hält. Mehr ist darüber nicht zu sagen.
DIE FACKELKRAUS. Die Fackelkraus hat eine Antinatur, weil sie aus dem Kote dessen geboren ist, den sie vernichten will. Sie ist stets wutgeschwollen wegen ihrer unreinen Geburt. Ausgezeichnet ist sie durch ihre Fähigkeit, die Stimmen der Menschen nachzuahmen. Sie tut solches auf verschiedene Art. Sie ahmt die Stimmen von Propheten und Dichtern nach, um ihnen zu gleichen und mit ihnen verwechselt zu werden. Die Stimmen anderer Menschen hinwieder, um sie zu verhöhnen und zu vernichten. Bevor das Wedekind ausstarb, war die Fackelkraus dessen Freundin und stellte sich auf das erhöhte Podium, wenn das Wedekind sich begattete oder sonst sekretierte. Die Fackelkraus äußerte dann immer lauten Beifall, damit man sie höre. Sie gerät in großen Zorn und wird äußerst boshaft bis zur Giftigkeit, wenn sie meint, daß man andere höre. Um zu verhindern, daß andere gehört werden, gebraucht sie zwei Mittel: das eine ist,

daß die Fackelkraus diese andern lobt, das andere, daß sie sie verhöhnt. Beides tut sie mit überschreiender Fistelstimme, damit man sie hört. Die Fackelkraus hat nämlich keine Natur, sondern sie ist nichts als Stimme und lebt infolgedessen nur so lange, als man sie hört. Da sie das weiß und den Tod fürchtet, wie jedes Lebewesen, hat sie ihre Stimme kunstvoll geübt auf Gehörtwerden. In der Wut wird die Stimme der Fackelkraus oft besonders kunstvoll, weil sie aus Angst, man würde sie sonst nicht hören, mit immer neuen Stimmen schreit. Sieht sie dann, daß man sie hört, so ist sie sehr stolz und wiederholt alles, was man über sie gesagt hat, noch einmal. Dann kann man eine Stimme bei ihr hören, die sie sonst nicht zeigt, da sie in solchen Augenblicken ihre Angst vergißt. Der Atem der Fackelkraus ist häßlich zu riechen, weil sie aus dem Kot ihrer Feinde geboren ist. Weil sie jedoch ihre Feinde zu vertilgen meint, wenn sie deren Exkrement vertilgt, so frißt sie zornig ungeheure Mengen davon. Darum ist die Fackelkraus ein nützliches Tier, wenn es auch in ihrer Nähe nur aushält, wer ohne Geruchsinn geboren ist.

Hier kann der Mensch Gottes Weisheit bewundern, der den meisten Tieren nur eine Stimme gab, weil sie nur eine Natur haben. Die Fackelkraus aber hat keine Natur, sondern eine Antinatur, dafür hat sie aber zahllose verschiedene Stimmen. Wegen der Stimmen hören manche auf sie, und diesem Umstande, daß sie von manchen gehört wird, verdankt sie ihr Leben und kann große Mengen von dem Exkrement vertilgen, aus dem sie geboren ist.

DAS FLAKE im Kleinen Bestiarium war ein Irrtum, wie die folgende Mitteilung des Flakes beweist: »Lieber Steinhövel, aus dem neuen Bestiarium: Peregrin Steinhövel, ein Esel, von dem man naturgemäß nur Eselsfußtritte erwarten kann. Gar nicht ergebenst Flake.« Das Flake wäre demnach ein Löwe. Aber ein toter. Lieber, gescheiter Flake!

DER FONTANA. Inmitten einer Fauna, deren Regel die schwächliche Absonderheit ist, macht ein so gut und gerade gewachsenes Tier wie der an den Quellen des Lebens äsende Fontana leicht einen ungewöhnlichen Eindruck statt des starken, der ihm zugehört. Gute Witterung und scharfes Geäug sind dem Fontana eigentümlich.

DER FRANK. Der Frank ist ein Schaltier ohne Schale, trotzdem es in einer so derben Umgebung lebt, daß sein sehr weicher, empfindlicher Leib sehr wohl einer Schale bedürfte. Diese Weichheit erstreckt sich bis auf des Franks Gemüt und erlaubt es ihm nicht, daß er sich, wozu er imstande wäre, eine feste Schale durch Ausschwitzung von harter Substanz bilde. Alles, was der Frank vermag, ist, mit lieben Augen die ihn tretende und stoßende Umgebung anzuflehen, daß sie doch so gut sein möge, wie sie sei. Man muß glauben, es habe dem Herrn gefallen, einen Sankt Franziskus des Tierreiches zu erschaffen.

DAS FRIEDRICH-WILHELM-FÖRSTER. Das Friedrich-Wilhelm-Förster ist ein Tier, das sich am liebsten ungeschlechtlich fortpflanzen möchte. Es hat deshalb sein Hauptaufenthaltsgebiet in die Ethik verlegt. Dort nährt es sich von den Wurzeln des christlichen Glaubens. Es ist sehr sozial und liebt das Gute. Es hat nur einen einzigen Feind, gegen den es blindwütig anrennt, das ist das Bessere. Es sieht genau so aus, wie der Mensch in seinen Idealen aussehen möchte: hilfreich, edel, beharrlich, diszipliniert, rein usw. Im irdischen Jammertal ist er also ein Ideal. In den Gefilden der Ideale ist er aber ein Jammer, ein Nachzügler, der das längst Überholte noch einmal einholt. Sein biotechnischer Typ ist Massenbeförderung; das hat in der Wirklichkeit Vorzüge und im Geist Nachteile. Manchmal kämpft er nur mit dem Weihwedel, manchmal aber mit starken und verläßlichen Schlägen. Er ist alles in allem in einer sehr sympathischen Weise unsympathisch und hat deshalb starken Einfluß auf das deutsche Volk. Daß man ihm eine undeutsche Haltung vorwirft, ist nur eine Meinungsverschiedenheit. Denn es kommt doch nicht darauf an, was man denkt, sondern wie man denkt, und der unundeutsche Mensch ist der, welcher auch in ethischen Fragen so tief denkt, wie es der deutsche nur in wissenschaftlichen tut. Diesen Vorwurf läßt sich das Friedrich-Wilhelm-Förster aber nicht machen.

DER FREUD. Siehe: Zur ideologischen Morphologie. S. 83.

FRANCE. So heißt ein immer schon alter geistvoller und scharmanter Herr in Paris, berühmt durch eine Bibliothek voller Wunder. Seit vierzig Jahren pflegt er jedes Jahr seine Bibliothek zu ordnen, wobei er mit seiner spirituellen Nase in den Büchern schmökert. Und das Ergebnis des Ordnens und Schmökerns ist immer ein Buch. Und weil er ein ganz alter, guter, lieber, mokanter Franzose ist, widmet er jedes Buch dem Andenken Voltaires.

DAS FRIEDELL. Nicht zu verwechseln mit dem Frettchen, da eher verwandt mit dem archaischen Enu, einem Megatherium aus der Vielsaufgruppe. Nährt sich vornehmlich von Chesterton, Kierkegaard, Shaw, Hegel, Nietzsche und anderm Kraut. Verdaut mit dem großen Kopfe; die dabei ausgestoßenen Geräusche sind weithin gefürchtet als Humor.

DIE GEORGE. Die George, auch die große George genannt, ist ein hochbeiniger Watvogel, der durch die außerordentlich schöne Proportion seiner Glieder wie auch durch seine Größe weit über seine Genossen im Wasser hinausragt, die es ihm mit Strecken und Recken ihrer kurzen mißgeformten Glieder gleichtun wollen zum großen Vergnügen der zuschauenden Kinder. Aber die George nimmt solches Stelzen der andern lächelnd hin, weil es ihr ihre Einzigartigkeit und Mustergültigkeit beweist. Die George hat Töne, die sie nur im Gehen von sich gibt, und es bekommen diese vom wohlgeordneten Spiel der Glieder eine schöne Rhythmik. Das Gesicht der George ist von geringem Umfang und wird von ihren Beinen beherrscht, insofern ihr Sehen darüber nicht hinausgeht. Ihr subtiler Organismus macht sie Krankheiten geneigt, die leicht chronisch, aber nicht gefährlich werden. So ist die George dauernd mit der leichten Indisposition einer Wolfskehl behaftet. Den Schmitz, den sie einmal am

Bein hatte, hat sie rasch überwunden. Einen irritierenden Gerardy ist sie aber so wenig losgeworden wie an ihrer linken Pfote einen Gundelfinger, der sich da breitmacht.

GIDE, ANDRÉ ist ein zartgebauter Schüler des Port Royal, aus ihm entsprungen, und seitdem – es ist leicht, aus einer Stadt zu entfliehen, aber schwer, dann die rechte Straße zu finden – seitdem müht sich dieses vom Port Royal sublimierte Gewissen um Weg und Wege zwischen Genf und Paris, Rom und Moskau. Es flüchtet bisweilen erschöpft in Gärten, vergeblich von Blumen derbe Früchte dieser Erde erwartend. Oder es eilt ins Parisische und trinkt sich ein ganz kleines voltairesches Schwipschen an. Manchmal auch bleibt es zwischen Paris und Genf in der Provinz liegen. Die Saiten dieser Kunst, eine Zuflucht, sind über eine offene Wunde seiner Seele gespannt; er schlägt sie, wie es nur möglich ist: diskret und mit peinlichster Gewissenhaftigkeit.

DIE GODWINTRINE. Eine schöne pusselige weiße Katze mit chronischen Tintenflecken am Fellchen. Sie kam nämlich auf einem Schreibtisch zur Welt und hält daher dieses Möbelstück für den natürlichsten Aufenthalt der Katzen. Sonst sehr empfindlich gegen alle Unsauberkeit, macht sie sich aus den Tintenpatzen gar nichts.

DER VONDERGOLTZ. Die schwarzweißgestreifte Raupe ließ einen ähnlichen Schmetterling erwarten. Man riet auf einen Kaisermantel. Aber die Puppe nahm schon ungewöhnliche Form an, zuckte heftig. Der Falter ist weiß mit einem farbigen Schimmer, morgenrötlich. Das Wetter ist noch zu trübe, um aus der zarten Farbe zu deuten, was daraus wird.

GORKI. Ein braver Bursch, den man, Propheten aus Rußland immer vermeinend, als der alte Tolstoi Rückkehr zum Schweinekofen vorschlug, ebenfalls für einen Propheten hielt. Kurzatmiger Nacherzähler des breitbrüstigen Korolenko war und ist er ein braver Bursch.

DAS GÜTERSLOH. Das Gütersloh ist ein animal, von dem nur feststeht, daß es ewig ante coitum triste: woraus man erkennt, daß es nur in der männlichen Art vorkommt. Im Hinblick auf diese seine zwecklose Virilität hat man es auch das Nönnchen oder den Klostermatz genannt. Das Gütersloh ist eigentlich ein leichter Vogel, fliegt aber so selten, daß man ihn einen ethisch verkommenen Windbeutel nennen kann. Will man ihn zum Fluge zwingen, so soll er, wie einige behaupten, die sogar hören können, was er singt, anfangen, in rührender Art seine Hemmungen zu besingen. Diese Vogelsprache eines Flügellahmen, dieser Ton, der seine eigene Existenz wiederaufhebt –: es ist zu bezweifeln, ob er auf den Wachsplatten des literarischen Institutes sich wird festhalten lassen, von einer gebräuchlichen Literatur meinen wir, wo alle, die reden können, auch reden wollen. Der Klostermatz liebt die Vernunft über alles, glaubt aber, sie nie deutlich genug akzentuieren zu können. Daher gilt sein spärlicher Gesang wegen der allzu großen optischen Nähe des großgeschriebenen Kleinsten den meisten bestenfalls als unverständlich, schlimmstenfalls als pedantisch. Da er überdies kein waschechter Sänger ist, färbt sein prächtiges Gefieder leicht ab, wodurch das Gerücht entstand, das Gütersloh habe etwas mit der Malerei zu tun.

HÄCKEL. So heißt der Schwurgott der deutschen Freidenker. Denn hier ist wahrhaft der Mensch Gott geworden, durch nichts als daß er das den Deutschen sagte, was sich Darwin den Engländern zu sagen gehütet hat: daß der Mensch vom Affen abstammt. Eine begeisterte deutsche Menschheit kletterte auf die Stammbäume solcher Erkenntnis und klatschte mit allen vier Beinen Beifall. Nach einigem Währen dieses Affenspektakels mußte in die Sache ein Sinn kommen. Und da erfand der Menschenaffe das ihm Nächstliegende, den Monismus. Und weil solches sich in protestantischen Ländern vollzog, stellten sich auch alsbald die monistischen Sonntagsprediger ein – natürlich aus dem Lande Sachsen. Die Monisten erkennen sich untereinander am deutlich getragenen Stammbaum.

DIE HALBE. Die Halbe ist, was man in ihrer Jugend noch nicht erkennt, ein letzter Wurf der Marlittziege kurz vor ihrem Tode, und daher ist die Halbe wenig lebensfähig. Bei zunehmenden Jahren der Halbe kommt die Mutter immer mehr zum Vorschein, die von so robuster Konstitution war, daß sie ihrem letzten Sprößling noch das wenige Leben schenken konnte, das er besitzt.

DAS HAMSUN, die schönste der lebenden Echsen, ein Naturspielwerk. Obwohl von Größe der Alligatoren und scheinbarer Unbeholfenheit der Glieder, brütend im Zustand versonnener Ruhe, ist es doch von einer geradezu absurden und unwahrscheinlichen Behendigkeit. Sehr scheu, wohnt es verschlüpft im Gefels. Gesehen hat es eigentlich nur ein einziger Forscher, wie man sagt, und zwar bei Sprengung eines Steinbruchs, wo sich das Hamsun mitten im Pulverdampf aufrichtete. Daraus entstand wohl die Mär, es sei im Grunde ein schlichter, biederer Geometer mit genial gestörten, beinahe weiblichen Launen. Aber dies dürfte eine Großstadterfindung sein. Das Hamsun ist nicht einmal durch den Nobelpreis aus seiner Höhle zu locken. Es leidet etwas an seinem großen Maule, einem Organ, das bei Amphibien, die in mehreren Elementen, aber auf jeden Fall im Element leben, immer rachenähnlich ausgebildet ist. Da das Hamsun nun scheu, bescheiden und demütig ist, verargt es sich dies wie auch sein großes Maul sehr. Denn eine Schönheit läßt sich oft nicht verleugnen, und es nimmt oft den Rachen dagegen voll.

DIE HANDELMAZETTE. Die Handelmazette ist ein ausgezeichnet erhaltenes Paradepferd aus dem Hofstall des Kaisers Ferdinand des Andern. Sie hat den Dreißigjährigen Krieg als junge Schimmelstute auf der katholischen Seite mitgemacht, ließ sich einmal von den Schweden fangen, was ihr kaiserlicher Herr, zu dem sie zurückkehrte, ihr etwas übelnahm. Heute, in hohem Alter, trägt die Handelmazette immer noch Heerpauken wie ein Junges durch die längsten Prozessionen. Unter dem letzten österreichischen Kaiser trug sie dessen Kinder auf ihrem Rücken manchmal in den Prater. Aber das stand der alten Schlachtstute so wenig, daß die Passanten sie ob dieser Kindischkeit belächelten. Aber die gegen heutiges Licht etwas erblindete Handelmazette merkte es nicht.

DER HARDEKOPF. Dieses Käuzchen wird nur bei Nacht sichtbar, doch schläft es auch nicht bei Tage; denn es schläft überhaupt nicht. Das Hardekopf ist immer nur etwas müde, nie schläfrig. Es verbreitet einen leicht phosphoreszierenden Schein. Vielleicht verwest es. Es ist den seltsamen Käuzchen zuzurechnen.

DER HARDEN. Dieser Specht hat die Manie, bedrucktes Zeitungspapier in sein Nest zu schleppen und es derart damit auszustopfen, daß er selber gar nicht mehr darin hausen kann. Er muß daher immer neue Nester machen, die alsbald wieder mit Papier gefüllt sind. Auch hohle Bäume stopft er auf diese Weise aus, damit sie nicht in den Himmel wachsen.

DER ERNSTHARDT. Der Ernsthardt ist aus der Familie der Spatzen, die wir alle kennen. Ihn zeichnet nur die seltsame Gewohnheit aus, daß er es einem Kolibri gleichmacht, insofern als er, was er dank seiner Kleinheit auch leicht vermag, in große Blütenkelche eintaucht, um hier so zu tun, als suche und fände er darin sein Futter. Er kommt vom Blütenstaub ganz bestäubt und betäubt zum Vorschein, so daß er immer eine Weile taumelt, was einen sehr komischen Anblick gewährt. In ungebildeten Kreisen hielt man den Fliegenfänger manchmal für einen wirklichen Kolibri, aber man wurde rasch belehrt, daß die Landschaft des Deutschen Mittelgebirges, in welcher der Ernsthardt lebt, das Vor- und Fortkommen eines echten Kolibris ganz ausschließe. Heute weiß jedermann über die Spatzennatur des Ernsthardts Bescheid.

DAS HASENCLEVER. Weil sie clever wie ein Hase ist, hat man eine stark überzüchtete Windhundrasse so genannt. Das Hasenclever besteht zuzeiten nur aus Nase und Wedel, das andere ist alles Wind. Das bedauernswerte Tier kommt dann immer in die fatale Lage, nicht mehr sein Vorne und sein Hinten zu unterscheiden, so daß es mit dem Schweiferl riecht und mit der Nase wedelt. Es ist zum Erbarmen. Wenn es auf die immer alerte cleverness verzichtete, könnte vielleicht noch ein guter richtiger Hund aus ihm werden.

HATVANY. So heißt der antiphilologische Philologe, der sämtliche neueren ungarischen Literatiere, wenn nicht erfunden, so auf dem Gewissen hat. Er stehe also hier als das Totum pro partibus. Das von ihm erfundene Ungarn rächte sich an seinem Erfinder damit, daß es ihn verbannte. Der Hatvany aber staunt im Auslande über solche Stärke seiner Schemen.

DAS GEHAUPTMANN. Das Gehauptmann ist der umfangreichste Vierfüßler der deutschen Fauna, bei außerordentlich kleinem Kopf, der mit zunehmendem Alter immer kleiner wird, dafür wächst der Leib immer mehr. Die ursprüngliche Form dieses Leibes ist nicht mehr zu erkennen. Es bleibt erstaunlich, daß vier Füße alle diese Buckel, Wülste, Täler, Auswüchse, Beulen, Geschwülste tragen können. An manchen Stellen dieses Leibes wachsen kleine Federn, an andern wieder Haare, an dritten liegt die Haut ganz bloß, an vierten ist sie eingestürzt oder zu Stein geworden. Die Unförmigkeit unseres Tieres erklärt es wohl, daß sich auf einige Stellen seines Leibes ganze Schichten von Schutt gehäuft haben, die es geduldig trägt, ebenso wie auf andern Stellen wieder eine kleine Wiese grünt. Ja, an einer Stelle hatte sich eine Zeitlang ein pygmäisches Köhlervolk angesiedelt. Aber das Gehauptmann ist so ungeheuerlich, daß seine Moral gar nicht merkt, was auf ihm vorgeht. Das Gehauptmann ißt nur Vegetabilien in ungeheuren Mengen. Fleischnahrung bekommt ihm schlecht. Sein kleiner Kopf bleibt oft ganz unsichtbar; oft enthält er sich aller Funktionen. Woraus sich auch das ungeheure Leibwachstum und der unsicher schwankende Gang unseres Gehauptmann erklären dürfte.

DAS CEHAUPTMANN. Das Cehauptmann war ein kleinerer Verwandter des Gehauptmann, zeigt aber im übrigen alle dessen

Eigenschaften. Um es dem Gehauptmann im Wachstum gleichzutun, hat man beobachtet, daß das Cehauptmann seinen ursprünglich richtig gebildeten Kopf verstümmelte, woraus man eben schloß, daß des Gehauptmanns Minimalkopf Ursache seines macht- und planlosen Körperwachstumes sei. Das Cehauptmann war in den letzten dreißig Jahren im Aussterben.

HAUSENSTEIN. Wer kennt nicht diesen Namen des schnellsten derzeit lebenden Schnelläufers? Hausenstein hat, wie man weiß, jeden aufgestellten Schnelligkeitsrekord gebrochen. Er ist unüberlaufen. Sein Wettlauf mit der Zeit steht einzig da. Er hat, wie man weiß, die Zeit – die absolute notabene – um eine Stunde vierzig Minuten sechseindrittel Sekunden geschlagen. Sein Laufen war dabei so rasch, daß die Zuschauer von dem durch den Laufenden erzeugten Wind umgeworfen wurden.

DER HEIMANN. Der Heimann lebte ehemals frei schwimmend in den nördlichen Gewässern der Mark, wo er aber außerordentlich selten mehr gefunden wird, seitdem die Menschen eine physiologische Eigentümlichkeit des Heimanns entdeckt und ihrem gemeinen Nutzen dienstbar gemacht haben. Der Heimann ist nämlich mit außerordentlich sensiblen, fast rational arbeitenden Tastfäden ausgestattet, mit denen er alles Unordentliche in Ordnung bringt, allen Schmutz beseitigt, alles Vergessene erinnert, alles Verlorene auffindet usw. Wegen dieser für die Freiheit des Heimanns so bedauerlichen Fähigkeit wird er in Aquarien als ordnungschaffendes, differenzierendes Tier gehalten.

DIE HENNINGS. Herz, das ein Schmerz nicht zu brechen vermag. Es hat nur einen kleinen Sprung bekommen, aus dem es Rede gewann wie aus einer Stimmritze. Herz, dem ein Schmerz ein engelhaftes Lächeln gab, nicht jenes gewisse »unter Tränen«, oder sind's schon Tränen, dann klingeln auch diese, fallen sie, wie silberne Schellen.

DIE HESSE. So wird eine liebliche Waldtaube genannt, die man aber wild nicht mehr antrifft. Ihrer Zierlichkeit wegen wurde sie ein beliebter Käfigvogel, der den Beschauer damit ergetzt, daß er im Käfig immer noch Gebärden tut, als wäre er im freien Walde. Er verschafft dadurch dem ihn haltenden Stadtbewohner die Sensation der Natur und wird solches erhöht von ganz kleinen Drüsen unserer Hesse, aus denen sie einen Geruch absondert, der leise an Tannenduft erinnert.

HILLE nennt man in Norddeutschland einmal einen weiten Havelock – Hille = Hülle. Er, den wir besonders so benannt finden, war ganz vollgestopft mit Zetteln, beschrieben mit orphischen Zeichen. Man fand diese Hille samt Inhalt einmal steinhart gefroren auf der Landstraße zwischen Berlin und Niederschönhausen.

HILLER. Der Umstand, daß man ihm manchmal aus unbekannten Gründen Tiernamen gab, ließ bei Fernstehenden – und wer steht hier nicht gerne fern? – die Meinung aufkommen, es handle sich um ein Geschöpf der Fauna literarica. Das ist ein Irrtum. Herr Hiller ist ein Berliner Journalist und hat nie ein Hehl daraus gemacht.

DAS HOFMANNSTHAL. Dieses gazellenartige, außerordentlich schlankbeinige, daher nur stolzierende, schönfellige Tier ist Produkt interessanter Kreuzung aus italienischer Windhündin – Züchter d'Annunzio – und englischem Northumberlandhirsch – var. Swinburne –, und sein Zustandekommen war so bestaunt, daß man menschlichem Sprachgebrauch folgend von einem Wunderkind sprach, das es auch eben wegen des Bestauntwerdens sozusagen bis ins mannbare Alter hinein blieb und als welches es auch, und sei es mit achtzig Jahren, stirbt. Das sehr kostbare, zerbrechliche Tier kann nur künstliche Luft atmen, wovon es einen außerordentlich vornehmen Geruch hat. Sein Geschmack ist durch die Fragilität seines gekreuzten Magens so verfeinert, daß es oft monatelang überhaupt nichts frißt, um zarteste Därme nicht in Gefahr der Verstopfung zu bringen, die sein geheimes Leiden ist, das es zu solchen Zeiten von seiner silbernen Terrasse aus mit klagender Stimme in die Schwermut eines Sonntagnachmittags im Juli röhrt. Manchmal äußert das

Hofmannsthal gern erfüllten Wunsch nach einer ländlichen Heuwiese, wo es dann ein paar humorige Sprünge tut, welche alle, die es sehen, zu Trauer und Tränen rühren, die aber das Hofmannsthal sehr lustig findet, wenn es auch bald davon sehr erschöpft ist. Damen haben seiner oder ihrer Zeit dem hübschen Tiere den Namen Cherubin gegeben, und es hört, wenn auch in den Jahren lang darüber hinaus, immer noch darauf, einerseits aus Liebenswürdigkeit, andererseits aus Melancholie. Es ist eines unserer schönsten Tiere.

DER HOLZ. So heißt eine Finkenart. Er zwitschert, solange er jung ist, seinen Reim Fink-Flink wie alle Finken. Aber im kritischen Alter wird der Holzfink dessen überdrüssig. Er reißt sich mit einer spaßigen Theorie die Stimmritze seines Fink-Flink durch, und alles, was der Fink in der Kehle hat, läuft aus. Mit dem Schwänzchen wippt es zu diesem Lautestrom etwas, das wie eine Zäsur in der abstrusen Melodie aussieht.

DIE HUCH ist eine Schleiereule. Sie befindet sich am wohlsten im Keller. Ihr Ruf klingt manchmal heyser, manchmal luther, wie ein hier spaßender mittelhochdeutscher Beschreiber sagt, der sein Mittelhochdeutsch eben nur so kennt, wie man's heute auf der Schule gelehrt bekommt.

DER HUYSMANS. Dieser ist ein salamandrisches Wesen. Es verbrannte auch in den Feuern der Hölle nicht, in die es sich stürzte, sondern erglühte darin wie der Teufel in einer Nonnenzelle.

IBSEN. Als Apothekerlehrling wurde er beim Pillendrehen und Pulverstampfen nachdenklich über die Menschen, welche schluckten, was er da herstellte. Und erstaunt darüber, daß sie es schluckten, machte er sich selbständig und verkaufte nach eigenen Rezepten, deren Formulare er von der Pariser Firma Dumas Fils bezog. Die Firma war in der kleinen Stadt gut eingeführt und gewährte dem kleinen Apotheker, der sich selbständig gemacht hatte, Kredit. Die Rohstoffe seiner Heilmittel bezog er mannigfach, insbesondere aber von der Firma

Darwin & Spencer aus England. Durch zu lange Lagerung seiner Sendungen in dem kleinen fensterlosen Magazin seines nordischen Städtchens wurden die Sachen etwas muffig, was aber gerade den Deutschen schmeckte, an die er eine Zeitlang ausschließlich exportierte. Erst heimlich, dann schon kühner, schließlich sehr ostentativ nahm jede halbwegs miß- oder unverstandene deutsche Frau Nora- oder Heddapillen. Was einen schwedischen Exporteur namens Strindberg mit schärferen Pastillen auf die Beine brachte, wodurch die des norwegischen etwas aus der Mode kamen. Der bedachte die Sache in seinem kleinen Laden und kam zum Schlusse: nosce te Ibsen und begann, seinen früheren Schwindel aufzudecken.

DER JACOBSOHN. Er ist wie der Kerr und der Harden aus der Familie der Spechte, deren Glieder sich in den Tod nicht leiden können, was mit dem bedauerlichen Verfall der Familie zusammenhängt. Der Jacobsohn ist von ihnen allen der geschickteste in der Unterscheidung voller und tauber Nüsse. Im Verspeisen eines guten Kernes zeigt er weniger Fertigkeit als im Zerschnitzeln eines tauben Gehäuses.

FRANCIS JAMMES: ein bäurisch-simpel, aber zierlich mit Herzen und Rosen bemalter Nachttopf, der in lächelnder Demut und sonnbeschienen auf der Holzgalerie des ländlichen Pfarrhofes steht. Die lavendelduftende, leicht hinkende ältliche Schwester des guten Pfarrers hat in frommer Unschuld und nicht ein bißchen lächelnd weiße Lilien in den Pot de chambre gesteckt. Eine Schwalbe fliegt nah dran vorbei.

DER JOHST. Voll Kraft der Glieder und innerm Feuer trägt dies wohlgebaute Tier, auf leichte Sprünge verzichtend, herzhaft und klug selbstauferlegte Halfter und Zügel. Es sieht den Weg und Ziel.

DIE KAFKA. Die Kafka ist eine sehr selten gesehene prachtvolle mondblaue Maus, die kein Fleisch frißt, sondern sich von bittern Kräutern nährt. Ihr Anblick fasziniert, denn sie hat Menschenaugen.

DAS KAISERÄFFCHEN. Der Affe ist, wie man weiß, ein in der Nachahmung des Menschen sehr geschicktes Tier. Man hat ihn auch deshalb oft vom Menschen abgeleitet, behauptend, der Affe sei ein degenerierter Mensch. Solches haben aber nur Gelehrte aus einem so eingeschränkten Beobachtungsfeld wie den heute lebenden Menschen behauptet. Das Kaiseräffchen übertrifft seine Mitaffen in der Nachahmung des Menschen um ein bedeutendes. Besonderes Geschick zeigt das Kaiseräffchen in der Nachahmung aller menschlichen Exzentrizitäten und Ungewöhnlichkeiten. Kaum geht so etwas an seinem Käfig vorbei, so kann es das Kaiseräffchen schon zum großen Gaudium der Kinder. Da diese Eigenschaft auch dem Kaiseräffchen viel Vergnügen zu machen scheint, liegt es immer in den Gitterstäben seines Käfigs auf der Lauer, und es ist so gar nicht vorhanden. Denn das Kaiseräffchen ist nur da, wenn es nachahmend, also nicht da ist. Das Kaiseräffchen an sich, das reine Kaiseräffchen, gibt es nicht.

DER KASSNER. Der Kassner ist ein Bohrwurm, der die Eigentümlichkeit zeigt, sich selbst zu durchbohren und dabei mit so außerordentlichem Geschick zu Werk geht, daß es ihm nicht schadet. Der Kassner lebt in Büchern sehr verborgen und tritt nur ans Licht, wenn er sich aus ihnen ganz voll, ja fast überfressen hat. Wegen seiner obenerwähnten Eigentümlichkeit wird er in gewissen Zirkeln schöngeistigen Tischrückens gern gezeigt.

KELLER. Diese deutschschweizerische Nationalflagge steht auf dem Verlagshause Cotta 1921 halbmast. Auf allen andern deutschen Verlagshäusern ist sie hochgezogen, denn man ist hier fieberhaft dabei, das im Keller lagernde Gold in derzeitige deutsche Mark zu verwandeln, also ein glänzendes Valutageschäft zu machen. Mehr ist darüber nicht zu sagen 1923.

DIE CELLARMAN RECTE KELLERMANN. Das ist ein modischer Konkurrent des Jensens, mit dem es infolge äußerer Hurtigkeit verwechselt werden könnte, wäre sie nicht ein Tausendfüßler. Die interessant geformte und begabte Assel gedeiht im Schatten anderer Riesenbegabungen. Oft hält sie sich warm unter dem Leibe des träg liegenden Hamsuns. Die tausend Beine bringen die Kellermann beliebig schnell und auf allen Flanken, vorn, hinten, am Rücken, auf der Nasenspitze fort. Seine Zartheit ist Lichtscheu. Lebt im wilden Westen des »Gefühligen« ebensogut wie in Wallstreet des »Gedanklichen«. Kommt aber auch in der Küche vor, unter Backtrögen.

DAS KERR. Das lebhafte Kerr ist eine Abart des Buntspechtes. Es beklopft mit seinem ausgebildeten Schnabel alles, was es auf der Welt gibt, und unternimmt, um noch mehr beklopfen zu können, oft weite Reisen. Wenn es klopft, stößt es immer kurze Schreie aus, in allen Modulationen versucht, aber immer deutlich bleibend, so daß man ihn im Walde an diesem Schrei sofort erkennt schon von weitem. Man nennt ihn den König der Grunewälder. Erhebt er sich gegen seine Natur um einen Meter höher als sein Baumwipfel, so duldet das ein auf dem Nachbarbaum horstender Verwandter des Kerrs nicht, welcher Harden heißt.

DER KEYSERLING. Der Keyserling war ein Kranich, also ein Wandervogel. Er wanderte aber immer. Nirgends blieb er länger, als bis der sehr neugierige Vogel die Denkgewohnheiten seiner Hausgenossen ausgekundschaftet hatte, die sich der Keyserling am liebsten unter den Philosophieprofessoren aussuchte. Dieses gelang ihm bei seiner großen Übung darin und bei den wenig eigentümlichen Denkgewohnheiten der Professoren meist schon in einer halben Stunde. Zur Zeit brütet er Tee-Eier in einem Darmstädter Sanatorium für ältere Damen.

KIPLING. So taufte man die große Kanone, die zum ersten Male über dem Grabe der Queen abgeschossen wurde, und deren Echo die Buren ebenso hörten wie die Hindus, die Kanadier wie die Australier, und das im Jahre 1914 endlich auch die deutschen Langohren schmerzlich erreichte, indem es ihnen das Trommelfell in jedem Sinn des Wortes zerriß. Daß man da ein Lissauerchen in die Hose pißte, konnte nicht erleichtern.

DER KLABUND. Der Klabund ist ein überaus buntfarbiger Kugelkäfer, dem seine natürliche Buntheit noch nicht genügt. Wo immer er was Farbiges findet, rollt er sich darin herum, so lange, bis er auf seinen kleinen Stacheln einiges davon aufgespießt hat, was ihn noch bunter erscheinen läßt, als er ist. Solches macht dem Klabunde Spaß.

DIE KOLBANNETTE ist der Name einer Edelziege von vornehmem Pedigree. Ihr Fell ist seidig und hat einen Schimmer ins Romantisch-Blaue. Ihre vier graziösen Beine tragen sie leicht, aber nicht immer sicher überall dorthin, wohin sie, mit einer Leidenschaft zu hohen Bergen, gern möchte. So muß sie bisweilen, wenn sie sich wieder irgendwo verstiegen hat, heruntergetragen werden. Die Kolbannette ist außerordentlich soigniert.

DIE KOLBENHEYER. Die Kolbenheyer ist die größte in Österreich vorkommende Ameise, welche mit ungeheurem Fleiße eine Art Termitenbau errichtet gegen Feinde, die sie ihrer Harmlosigkeit wegen gar nicht hat, und mit vielen Räumen, die alle hohl und leer sind, aber sehr sauber gehalten.

DAS KORNFELD. Es ist aber trotzdem ein Tier, wenn auch ein seltsames. Von seinen sechs Beinen sind nur die vorderen beiden so weit ausgewachsen, daß das Kornfeld damit springen könnte. Die beiden mittleren Beine sind nur zum langsamen Gehen geeignet, und die beiden hintern, die ganz verkümmert sind, schleppt das Tier nach. Daher hat es einen grotesken Gang. Es versucht oft, seine Hinterbeine abzubeißen, aber es gelingt ihm nicht. Es würde auch, gelänge es ihm, daran zugrund gehen, denn diese Hinterbeine sind mit seinem Herzen verwachsen.

DER KRELL. So heißt ein scharfäugiger Sperber, gewandt im Niederstoß auf das Kleinzeug heutiger Welt. Nicht immer gut bei Stimme klingt diese oft grell. Daher der Name.

DER LASKERSCHÜLER. Er ist die einzige Art Skarabäus, den man, ehemals Königsmumien beigegeben, heute noch lebend antrifft. Er entfliegt einem geöffneten Mumiensarge, indem er seine bläulichgrün schillernden Flügel schwirrend entfaltet. Er stirbt aber alsofort im heutigen Wüstensand, wobei der Käfer einen seltsam melodischen Seufzer hören läßt.

DIE LOERKE ist, wie der Name sagt, eine nahe Verwandte der Lerche. Sie steigt singend hoch über die Höhe eines Fabrikschornsteines hinaus, dessen Rauch ihr oft die Kehle irritiert. Ihn zu vermeiden, macht sie höchst kunstvolle und dabei äußerst anmutige Spiralen. Die Loerke ist weder zu fangen noch zu zähmen. Sie gehört zu unsern tönendsten und schönsten Sängern.

LAUTENSACK. Diesen Namen gab man einem in der Zeit verspäteten altbayrischen Landstreicher, der nie die Knoten des Sackes zu lösen vermochte, der seine Laute enthielt. So spielte er darauf durch den Sack durch, was sonderbar klang und dem vortrefflichen Spieler einen wildwütigen barocken Humor gab. Einmal wäre es ihm fast schon gelungen, den fatalen Knoten zu lösen, da fiel er von einem zufälligen Streich, oder Gott schlug ihn, denn dieser Lautensack sollte, guter Katholik der er war, nur gedämpft spielen.

MAETERLINCK. Unter den vielen Leichenwäschern des toten Sardou war auch einer namens Maeterlinck. Er nahm sich des Verstorbenen Hausapotheke mit. Die kleinen Reste populärer Gifte, die sie enthielt, verbrauchte er in seiner rasch etablierten Konditorei, deren also zart vergiftete Kuchen großen Zuspruch fanden. Nach Verbrauch dieser Giftreste wickelte der Konditor seine Ware in mit Weisheiten und Banalitäten bedrucktes Papier. Die Weisheiten waren von Emerson, die Banalitäten von ihm. Als die Deutschen der Duncan-Zeit unseligen Gedenkens nackte weibliche Beine auf der Bühne für höchste Kunstoffenbarung hielten, schickte ihnen der Konditor sein Ladenfräulein Monna Vanna, die nur einen Mantel anhatte. Die deutsche Kunstbegeisterung saß in enthusiastischem Schweiß gebadet.

DER MELL. Dieses ist der Name eines in Österreich vorkommenden Rehs, das auffallend schüchtern ist. Es traut sich aus

Schüchternheit kaum zu leben, besitzt aber eine Festigkeit des Leibes, die oft weit größeren seiner Gattung nicht eigen.

DER MAUPASSANT. Ein Tauchervogel, der mit unendlicher Grazie Perlen aus der Tiefe holt. Diese Tiefe darf allerdings nicht tiefer sein als jene profondeurs du cœur, wie man sie um 1880 in Paris gelotet hat.

DIE MALLARMÉ. Ein zartes Insekt von außerordentlich geistvoller Konstruktion und amethystblauer Farbe. Es ist eingeschlossen in ein Stück glashellen Bernsteins, das, selber ein Unikum, eine kristallische Form zeigt. Das erstaunliche ist, daß das Insekt in dieser Eingeschlossenheit zu leben vermag.

DER MORGENSTERN ist, wie man weiß, dasselbe wie der Abendstern. Es kommt nur darauf an, zu welcher Tageszeit man für den Stern schwärmt, ihn so oder so zu nennen. Unser Morgenstern hatte am Morgen allerlei schöne und allgemeine Gefühle, die ihm am Abend nicht mehr gefielen. Also wiederholte er sie abends, indem er sie persiflierte, um doch andern Morgens wieder in den Gemeinplatz seiner sternhaften Stereotypie zu fallen.

DER THOMASMANN UND DER HEINRICHMANN. Beide diese Tiere gehören zu einer Familie mittelgroßer Holzböcke. Sie sind von verschiedener Farbe bei sonstiger Gleichheit der Lebensweise und Natur. Man findet sie immer auf demselben Baum lebend, aber auf dessen gegengesetzten Seiten, da sich die beiden Holzkäfer durchaus nicht leiden können. Bohrt der Thomasmann unten an einem Baum, so sitzt auf dem gleichen der Heinrichmann oben. Findet der eine die bebohrte Linde saftig, so findet sie der andere morsch, und umgekehrt. Das seltsame ist, daß sich beide immer im Baume irren. Sie glauben auf einer Eiche zu käfern, wenn sie auf einer Tür aus Kiefernholz sitzen, auf einer Fichte, wenn es eine Kommode aus Lindenholz ist. Immer aber findet aus Ärger über des andern Anwesenheit der eine morsch, was der andere saftig findet. Nur wenn man die beiden Käfer auf einen Federhalter setzt, geben sie sich eifrig ihrer Tätigkeit hin, indem sie emsig darauf hinunter und hinauf laufen. Was die Farbe anlangt, so zeigt der Thomasmann schwarzweißgestreifte Flügeldecken, während die des Heinrichmanns blauweißrot mit manchmal auftauchenden, doch bei menschlicher Annäherung rasch wieder verschwindenden roten Tupfen sind. Diese roten kleinen Tupfen lassen sich übrigens durch leichtes Reiben entfernen.

DAS MEYRINK. Das Meyrink ist das einzige auf die Erde gefallene Mondkalb, das einzufangen gelang. Das Meyrink wird von seinem Einfänger zeitweilig gezeigt. Schwangeren Frauen ist derzeit das Anschauen des Meyrinks wieder erlaubt, nachdem es anfangs wegen einiger aus Schrecken vorgekommener Frühgeburten verboten war. Inzwischen haben sich die Frauen in jenen Umständen an den Anblick so gewöhnt, daß sie ihn schmunzelnd ertragen. Österreichisch-ungarische Offiziere wie deutschnationale Abgeordnete wollten die Schaustellung des Meyrinks verbieten, weil es sie mit seinem einen großen Auge verzerrt, wie sie sagten, spiegele. Der Besitzer wies aber nach, daß die Spiegelung gar nicht verzerrt war, sondern daß das Objekt des Meyrinks Auge verzerrte. Der Besuch des Meyrinks hat nachgelassen, seitdem man viele Mondkälber frey herumlaufen sieht, von denen man nicht sicher sagen kann, ob sie vom Monde, wohl aber, daß sie auf den Kopf gefallen sind.

DAS MOMBERT. Das Mombert ist ein Invertebrat und dadurch merkwürdig, daß es seine nicht zu große Hirnmasse in Ganglien verwandelt besitzt. Dieser Umstand hängt zusammen mit des Tieres Lautäußerung, welche eine auffallende Ähnlichkeit mit dem Lallen deutscher Lyriker zeigt. Das friedliche, einsam lebende Tier ist ein Wiederkäuer, doch nimmt es seit seiner ersten Nahrung keine neue mehr auf, sondern kaut die erste immer wieder.

DER HANSMÜLLER. So nannte der kleine Moritz Benedikt seinen Papierdrachen, den er meist des Sonntags in der Fichtegasse aufsteigen ließ. Da der kleine Moritz viel Schnur hatte, flog der Hansmüller sehr hoch, so daß Kinder ihn für einen Vogel hielten, was aber nur ein Gemächte aus alten Zeitungsblättern war. Später riß der Faden, und der Hansmüller fiel auf das Dach eines alten Theaters, wo man ihn manchmal aufflappen sieht. Jetzt wissen auch die Kinder, daß der gerissene Hansmüller nur aus Papierfetzen besteht.

DER ROBERTMÜLLER. Eine genaue Beschreibung dieses stark angegriffenen Tieres zu geben ist dadurch erschwert, daß es seinen Standpunkt sehr oft wechselt und selber nicht immer genau weiß, wo es steht. Um genau zu sein, sei hervorgehoben, daß es aber immer sein eigener Standpunkt ist, den es wechselt. Er ist ein amerikanisch präparierter Windhund mit Flügeln, fliegt und läuft im Zickzack und ist unverfolglich. Ähnlich der keltischen Shawblüte, die auf kymbrischen Gespensterschäften wächst und ihren Geruch über Nacht ändert, ist unser Tier schwer festzustellen. Manche sagen, er sei gar kein Tier, sondern sein eigener Trick; andere wieder, er sei ein Abstämmling des Jensens, nur seien seine Vorderpfoten nicht zum Greifen eingerichtet, sondern mit einer metaphysischen Spannung überzogen, welche den Robertmüller befähigt, im letzten Augenblick immer in die Luft zu fliegen oder in die Zukunft. Die Zoologen streiten noch, ob diese Verkümmerung der Vorderpfoten ein Vorzug oder eine Schwäche unseres Tieres sei.

MENCKEN. So heißt der bedeutendste lebende amerikanische Zoologe, und das heißt, da Lowell nur amerikanisch, aber nicht bedeutend war, dieser Mencken ist nicht nur der bedeutendste, sondern auch der erste. Sein scharfer Witz macht es bedauerlich, daß man den Mencken keiner bessern Fauna gegenübersieht als der zumeist ridikülen nordamerikanischen, die von presbyterianischen Pfarrersfrauen – und das sind 90% aller Bürger der U.S. – auf die dürre Weide geführt wird.

DER MEREDITH. Dies ist ein anglo-keltisches Synonym für Einhorn. Was sich sonst in dieser christlichen Zeit als dieses heidnische Tier gebärdete, war Kostüm und Pappe. Bloß das

Meredith war ein natürliches, richtiges Einhorn, das gigantische weibliche Wesen zeugte wie ein Gott. Das bekannteste heißt Diana. Zuweilen verwickelt das Meredith sein Horn in die Telegraphendrähte, befreit sich davon mit vielem Witz, aber ohne auch nur für einen Augenblick seine schöne Haltung zu verlieren. Als man das Meredith im protestantischen Deutschland zeigte, scheute das poetisch dressierte Deutschland davor, denn es kannte und liebte das Einhorn nur von Böcklin in Öl gemalt. Mit einer Jungfrau darauf. Und Schweigen im Walde genannt.

MÜNCHHAUSEN. Dies ist der Name eines heraldischen Scherzes, der ein aus sämtlichen Wappentieren zusammengesetztes Tier darstellt. Im Innern des Münchhausens ist ein Spielwerk angebracht, das, zieht man an einer Schnur, schmetternde Musik macht.

DER MUSIL. Der Musil ist ein edles, in schönen Proportionen kräftig gebautes Tier, an dem, da es zu der kleinen Familie der Damhirsche gehört, wo solches nicht Brauch, auffällt, daß es Winterschlaf hält. Der Musil schläft nach jedem reißend verlebten Jahre fünf Jahre lang in unzugänglichem Forst. Seine ungeheure Kraft der Muskeln nicht nur, sondern auch die hohe Sensibilität seines nervösen Lebens, welche der Musil in seinem wachen Jahre zeigt, scheinen den auffallend langen Winterschlaf nötig zu machen.

MARTENS. So heißt der steifste Stehkragen, der zu den Vorhemden heutiger deutscher Literatur getragen wird. Marke: never clean.

MEYER C.F. heißt ein kleiner spaßiger Hügel am Züricher See, der eine Zeitlang für einen sehr hohen Berg gehalten wurde. Es war aber nur eine auf den Hügel gestellte Kulisse. Was den Hügel selber betrifft, so zeigt eine Spitze ein Häuschen, eingerichtet im Geschmack jener Renaissance, die man um 1885 für Renaissance hielt. Der Zoologe Franz Baumgarten hat ein ganz vortreffliches Buch über den Hügel geschrieben.

NIETZSCHE. Er ist vielleicht der bedeutendste Zoologe des Naturparkes. Nicht nur etwa, weil er die George Sand als Schreibbuch agnosziert hat – »wie sie dagelegen haben mag« – und Zola als »die Freude am Stinken«. Solche Seitenblicke auf das Unwesentliche im Unwesenhaften messen ja nur immer wieder jene unabmeßbare Distanz ab zwischen Literatur und Schriftsteller und fallen wie Lote von fremder Oberfläche in eigne Tiefe. Haß gegen alles Angemaßte, wenn man gekommen ist, das Schwert zu bringen, scheidet von den bloßen Lebewesen die positive Person. Und diese verachtet die Kunst der Begabungen und die Talente, den Schauspieler Kunst, durch Verwandlung im Raume sich fortzubewegen, während ungenützt von ihren Seelen die Zeit verstreicht oder stillsteht im Kopf der Gaffer. So sind ja auch die Europäer, insonderheit die Deutschen, diese begabtesten unter den Juden, alles geworden, was man bis zur jeweilig letzten Stunde werden kann, sind Christen geworden, ja Buddhisten sogar, aber – sie sind gar nichts. Sie machen mit nichts Ernst, diese Deutschen. Sie spielen Nation und Bekenntnis, Krieg und Frieden, spielen Potsdam gegen Weimar, Weimar gegen Potsdam aus, je nachdem man in einem symbolischen Versailles 1871 oder 1918 schreibt; und so bewegen sie sich durch äußerliche Verwandlung, durch Modulation, bei ungerührtem Wesenskerne, bei still und stramm stehender Zeit im Raume fort. Daß sie aber irgendwo mit irgend etwas anfingen, endlich Ernst zu machen, dazu bedarf ihr Leben des Paradoxes; denn bloße Belehrung tut's nicht: Cesare Borgia als Papst. Des Zoologen Nietzsche Böses ist das Gladiatorennetz, worin der deutsche Spiegelfechter endlich sich verfinge, ist das erstgeborne Konkrete, woran der Spiegelnde endlich Lust fände zu Verhaftung, dieser Nein sagende Deutsche aus Bequemlichkeit, aus Komödianterie, aus Koketterie des Geistes mit den allerletzten Dingen endlich Ja und Eins sagte in der Zeit. Und Nietzsche, der Lust zur Geschichte macht, nannte dieses Böse mit den süßesten Namen gar verführerisch für nordische Ohren, nannte es Süden, Italien, Bizet...und er war eifersüchtig auf diesen Süden des Geistes wie auf einen Körper – »ich habe fehlerhafte Linien bei Sorrent gesehen«. Ja, der mit der metaphysischen Schuld der Schauspielerei beladene Mensch – Wagner oder der Deutsche oder der Europäer – muß, um aus dem puren Werden zu einem Sein zu kommen, ein ganz gefährliches Übriges tun, ein Monströses. Wie, wenn seine Bekehrung zum Kreuze in und durch den Antichrist erst geschähe? (Was erwartete Nietzsche von Wagner?) Damit der ahasverisch Werdende aus seinem Schicksale sich risse: ist sein erstes bewußtes Nein zum Guten, Spät-Heiligen, nicht sein erstes Ja zum Leben? Das Kreuz als zu früh, als arrogiert und als Arroganz gegen ein noch unbekanntes Leben, als noch nicht möglich, als geschichtlich noch nicht erreichbar, als das Vorurteil, man hätte schon Geschichte, die sich taufen lassen dürfte, als Religion vielleicht des Jüngsten, sicher nicht des heutigen Tages –: es bleibt als ungeheure Aufgabe der große Rebus gegen ein vielleicht einmal bestätigtes, jetzt noch verfrühtes und daher unsittliches Urteil über die Instinkte, ein Urteil aus Mäulern und Mündern, die im christlichen Tonfall Musik treiben, bevor sie eine Sprache haben; es bleibt nur die Heraklesarbeit der Vorausnahme des Antichristlichen, um in der liberalen Gegenwart eine Gegenantike zu schaffen, eine »Fülle der Zeit« noch einmal und immer wieder zu ermöglichen.

Das Nietzschesche Böse als das geschichtliche ens realissimum, woran man eigene Realität und Konsistenz erst empfängt; Renaissance der demiurgischen Zeitalter, wie die ein und selbe Erscheinung des Humanismus und der Reformation sie ans Licht hob, hier als Antike, dort als den Alten Bund; Renaissance als die eine »mystische« Idee aller »Bildung«, um im Augenblicke des Einzelnen »Fülle der Zeit«, das Demiurgische, bis zu seiner Selbsterkenntnis und Selbstüberwindung zu wiederholen, aber als historische Tat, nicht auf dem Wege des Historismus: Cesare Borgia also als Papst, als Paulseinheit des Verfolgers und Apo-

stels, ja noch in der Judaseinheit des Verräters und »Allergläubigsten«, und im Antichrist!
Das hier in den ewigen Augenblick und in die historische Gegenwart gerissene Erleben und Überwinden der demiurgischen Periode als hypothetische Negation des Logos, um der vollendeten Erkenntnis seiner in der Kirche, um seiner mit dem Indifferentismus korrespondierenden theologischen Überreife die Gefahr zu bereiten, ohne welche der Advent weder in der Zeit noch in der Seele seinen Begriff erfüllte: das ist zugleich die Vorausnahme des vornehmsten und tiefsten eschatologischen Geheimnisses und seine Integration in den Einzelnen – der Antichrist als Provokation des Christus. Die letzten Dinge und Gestalten, in die Zukunft projiziert, sind da vom bisher kühnsten Protestanten entdeckt als heuristische Prinzipe für die höchste Not des Glaubens, anzuwenden vom fast Übermenschlichen gegen sich selbst, gegen das Phantomhafte in ihm, entdeckt als die verzweifeltsten Aphrodisiaca zum amor dei.
DER PANNWITZ. So heißt eine kürzlich entdeckte Papageienart. Er sagt alles, was man ihm vorsagt, nach, nur in der umgekehrten Reihenfolge der Worte. Dadurch wird das vorgesagte Einfachste dunkel oder, modern gesprochen, orphisch. Also orphisch finden des Pannwitzes Rede alle mit der Sprache nicht Vertraute.
PELADAN. Peladans nennt man die billigen Basarartikel, die in den Fremdenläden der Rue Rivoli in Paris besonders an sächsische reisende Hochzeitspaare verkauft werden. Die Dinger sind aus unbestimmbarem, aber billigstem Material hergestellt. So gibt es Richard Wagners Kopf als Zigarrenabschneider, den persischen Flügelmenschen als Futteral für Röllchen, Siegfried das Horn blasend als Stockgriff, Isolde als Zigarrenspitze usw. Die kaufenden Paare sehen entzückt in diesen Peladans eine Vereinigung von gallischem Esprit und deutscher Gemütstiefe.
DIE PFEMFERT ist eine Bremse, die sich mit Vorliebe Parteipferden auf die Nase setzt und sie durch ihren Stich zum Scheuen

oder wenigstens zum Schäumen zu bringen sucht. Von dem schwachen Blute, das die Pfemfert bei diesen Gelegenheiten ihren Opfern zapft, lebt sie recht und schlecht, aber mit großer Leidenschaft. Ihre rotgefärbten Flügel haben der Pfemfert auch den Namen der Revolutionsbremse eingetragen. Ihre Tätigkeit bei den Pferden nennt man eine Aktion. Daß ihr Stich so starke Wirkung haben könne, ein Parteipferd zu töten, ist übertrieben. Wer solches glaubt, unterschätzt die Robustheit der Parteipferde, die es mit jedem starken Karussellgaul aufnehmen.

PHILIPPE, CHARLES LOUIS oder –: Unsere liebe Frau von der Träne im Auge. Oder des Menschenfreundes allerdemütigster Monolog, nachts um eins auf einer Bank bei Regen gehalten in Erinnerung an einen weiblichen Mitmenschen aus dem Viertel Grenelle: Daß du Marie hießest, sagtest du, und ich verstand alles. Aßen wir manchmal zusammen bei Vater Tageuille, so stieg das Mitleid und die Margarine in uns hoch. Du sprachst kein Wort, aber in unsern Herzen war Zwiesprach, daß uns Tränen in die Augen traten. Ich ging gebeugten Hauptes hinter dir deine Leidenswege. Hin und zurück, hin und zurück. Wir teilten das Brot, und die Taube, die heilige, war über uns. Wir teilten das letzte Hemd. Ich gab dir des guten Wortes Steuer; denn ich weiß, die Frauen sind steuerlos. Ich gab dir meine Umarmung. Und endlich gab ich dir meine arme Syphilis. Wie ein leuchtender Sternenmantel wird sie sich um dein Elend legen. Du wirst ins Spital kommen, wirst das weiße Linnen haben und die gute Suppe. Es muß der Mensch sein Letztes, sein Einziges, das ihm blieb, hingeben, um eine Seele zu retten.

DIE POLGAR. Das ist eine feine, stille, silbergraue Maus, besonders artig anzusehen, wenn sie – was das kluge Tier mit gutgespielter Unbewußtheit tut – über die verstimmte Leier der Zeit läuft, hierbei ein verstaubtes, sehnsuchtsvolles kleines Geklimper verursachend. Die große Menge hält das Polgar für harmlos, doch hat unsere Untersuchung ergeben, daß jenes zarte Mehl aus dem von unserm Tiere angenagten Fundamenten

Ekrasit, wenn auch in sehr fein verteiltem und abgeschwächten Zustande, enthält. Aus winzigen Vornehmheiten und Bösheiten, unvermeidlichem Zeitungspapier, Lyrismen und Lozelachs und mit schönen roten Blutkörperchen eines bessern Lebens baut das Polgar Viennensis aparte Gedankennester, die man wegen ihrer seltsamen Zusammensetzung aus Fragilität und Dauer Filigranitkunstwerke nennt.

DER PULVER. Dies ist eine Tagfalterart aus der großen Gattung der Kohlweißlinge. Doch zeichnen ihn zarte blaßrosafarbige Flügel aus, die aus Wachs geformt sind. Auch an Kunstblumen können sie erinnern. Sitzt das Pulver auf einer Rose, so sieht es aus, als hätte man auf eine natürliche Blume eine aus dünnem Stoff geheftet.

PRÉVOST MARCELLE hieß eine französische im Berlin der neunziger Jahre etablierte Sprachlehrerin, die sich großen Zuspruchs bei jenen Mädchen erfreute, welche ungestraft unter Palmen wandeln wollen. Sie lernten bei Mlle Prévost ein niederträchtiges Französisch, aber sie kamen in ihren Liebesaffären damit aus.

DER RATHENAU ist aus der wegen ihres Nestbaues kuriosen Gattung der Webervögel. Er baut höchst kunstvolle Nester. Aber nicht nur für sich, sondern auch für andere, nicht selbstbauende Vögel, die sich aber, da sie schweifend sind, nicht in diese Nester hineinbegeben. Der Eigensinn des Rathenaus, der sich auf den Stolz seiner Nestbaukunst gründet, geht so weit, daß er anderer Vögel Nester oft ausbessert und ändert, ja auch zerstört, um ein Nest nach seinem Plane hinzubauen. Das Nest des Rathenaus ist höchst kunstvoll. Wärme besitzt es der vielen sehr vernünftig erdachten Öffnungen wegen wenig. Da aber der Rathenau, immer Nester bauend beschäftigt, selten in seinem Neste weilt, geniert ihn das nicht.

DER RINGELNATZ kam die bordeauxweinroten Ozeane heruntergeschwommen, zwischen bottle und battle, weiß Gott woher, setzt er unvermittelt auf tiefsten Grund eines Witzes höchste Spitze. Vielleicht aus des Wanderers Rimbaud Lenden entsprungen irgendwo zwischen Abessynien, dem Niederrhein und der Welt.

RABINDRANATAGORE ist der Name des auf Europa heruntergekommenen Indiens. Auf die Dauer konnte der schwächliche indische Mauerrest dem Ansturm englischer Bibelgesellschaften, amerikanischer Theosophen, sächsischer Naturapostel, französischer Bergsonianer und preußischer Monisten nicht widerstehen. Das sterbende Indien gibt von sich, woran es starb, und diesen Vorgang nennt man Rabindranatagore.

DIE RILKE. Um die Zugehörigkeit der Rilke zum Tier- oder Pflanzenreiche streiten miteinander die Zoologen und die Botaniker, indem sie diese nicht haben wollen und der Zoologie, die Zoologen sie nicht haben wollen und der Botanik oder Pflanzenkunde zuweisen; und sagen die Zoologen, es fehle der Rilke das Blut, weshalb sie sie von sich weisen, und sagen hinwieder die Botanisten, sie habe ein tierisches Gebiß, welches sie instand setze, Verszeilen jeder Länge immer dort auseinanderzubeißen, wo kein Gelenk sei, weder ein melodisches, noch ein rhythmisches. Und es muß dieses Gebiß und seine sonderbare Benützung wirklich zugegeben werden. Seltsam ist hinwieder der Umstand, daß die Rilke nur weiblich vorkommt, wenn auch gewisse äußere Geschlechtsmerkmale, wie Barthaare, männlichen Charakter haben. Doch neigen sich diese Merkmale, wie der Bart der Rilke, sanft melancholisch abwärts, als ob sie eigentlich nicht dasein wollten und nur aus Verlegenheit da wären, dementiert auch von der hohen weiblich zarten Stimme der Rilke, die sich zu verflüstern geneigt ist oder zu verhauchen. Ähnlich darin dem Werfel ist auch die Rilke als Schoßtier beliebt, aber mehr von älteren Damen wegen seiner sexuellen Stubenreinheit und des frommen, etwas blöden Augenaufschlages, der das bei jenen Damen so sehr geliebte Entzückenswort »himmlisch« auslöst. Unter sieben solchen Damen kann man sicher immer als die siebente die Rilke treffen. Um ihr Geschlecht zu betonen, bekommt sie da gern ein Häubchen aufgesetzt, das ihr, wie die Damen ausrufen, »himmlisch« steht. Das Tier hat von dieser dauernden Verhimmelung die Neigung angenommen, seine Naseweise in theologische Bücher, Marienlegenden und ähnliches zu stecken.

ROSTAND, auch Fulda ausgesprochen, Fulda, auch Rostand ausgesprochen, war das Steckenpferd des deutschen und französischen Geistphilisters, das er für den leibhaftigen Pegasus hielt. Mit einem kleinen Unterschied: der deutsche Bildungsspießbürger glaubte dem Genius der französischen Poesie zu huldigen, wenn er sich für Rostand entzückte. Aber der französische Épicier tat ein Gleiches nicht mit Fulda.

RUSKIN. Dies ist der Name eines Propheten, der sich zuweilen, ohne jede geschlechtliche Entschuldigung, in eine englische Gouvernante verwandelte und als solche die kirchliche Kunst gegen die Kirche ausspielte. Die Gouvernante Ruskin litt an chronischem sittlichen Kopfweh. Der Prophet schrieb mit der rechten Hand, was die linke Hand der Gouvernante nicht geschrieben haben wollte. In Germany ist er nur als die Gouvernante geschätzt, denn hier zumal ist man sittlich, bieder, keusch usw.

DAS SALTEN. Es gibt eine Fliegenart, die man unter dem Namen Salten nur in ihrem Zustande als Larve kennt. Als solche Larve lebt das Salten in und von Zeitungspapier jeder Farbe und jeder Zusammensetzung, unansehnlich, aber hartnäckig. Die ausgeschlüpfte Saltenlarve führt in mannigfachen Formen ein Eintagsleben. Sie kriecht aus als grüne, als blaue, als schwarzgelbe Fliege, je nach den Abwässern, über denen sie ihren Tag auslebt.

DER SCHAUKAL. Dieses harmlose Tier ist nicht mit dem Schakal zu verwechseln, wenn der Schaukal auch, solange er jung ist, sich vom Aase nährt und das Gehaben eines reißenden Tieres anzunehmen pflegt, sofern er sich unter Schafen befindet. Ausgewachsen kann er sein Bäh-Bäh nicht mehr verstellen, so gern er ihm auch einen bedeutungsvollen Klang geben möchte. Manchmal gelingt es ihm dabei, sein Bäh sozusagen himmlisch tönen zu lassen, aber man hört dies aus der großen Schar der Mitblökenden nur heraus, wenn es so still ist wie im Hochland.

DIE SCHELER. Die Scheler ist eine Echsenart von beträchtlicher Länge und geschmeidiger Dünne. Beides setzt sie instand, überall hinzukommen, wo man sie nicht erwartet. Sie legt ihre zahlreichen Eier um verwitternde Steine, so daß sie deren Oberfläche oft ganz überdecken, zumal die Scheler die von Eiern unbedeckten Stellen mit einer schillernden Masse überzieht. Die Scheler besitzt zwei Augen, von denen eines sehr scharfsichtig, das andere aber blind ist. Was aber nicht hindert, daß das Tier das gut sehende Auge oft schließt, um mit dem blinden Sehversuche anzustellen, bei welcher Anstrengung es meist jenen Saft absondert. Die vier Füße hat unsere Scheler unter der Haut verborgen, wodurch sie eine sehr leise Gangart bekommt. In den langwährenden Brunstzeiten ist die Scheler außerordentlich lebhaft. Von den Eiern ist noch nachzuholen, daß sie oft das gleiche Ei einige Male legt. Was die Farbe betrifft, so ist die Scheler auf dem Rücken tiefschwarz mit einem ganz dünnen roten Streifen. Auf dem Bauche aber schillert sie vieldeutig und beziehungsreich.

DER SCHIEBELHUTH. Ein stolzbefiederter, hochfliegender Vogel aus der Familie der singenden Schwäne. Nur sieht man ihn nie im Wasser plätschern. Seine Rastplätze im unzugänglichen Dickicht des Urwalds. Voller Stimme und Stimmen, wie Orgel oft, dann wie zarte Kinderflöte ist des Schiebelhuths Gesang weithin tragend und tief eindringend, posaunisch und zärtlich, Schlittenglöcklein und Münsterglocke. Er gehört wie der Borchardt zu der allerseltensten Art.

DAS SCHICKELE. Das zierliche Schickele ist wegen seines rötlichen Pelzes vielgejagtes, elegantes Wiesel. Das Schickele, zu lebhaft und unruhig, immer im Laufen, immer im Suchen und immer gejagt, auch wenn es nicht gerade gejagt wird, den Jäger auf der Ferse glaubend, setzt keinerlei Fett an, wodurch das leidenschaftliche Tier in Deutschland, wo der Bauch die Würde bedeutet, nicht beliebt ist.

DIE SCHLAF. Die Schlafente gilt als der deutsche Marabu, weil sie kahlköpfig ist und auf einem Beine steht. Sie gilt darum als ein nachdenklicher Vogel. Aber die Schlafente denkt nur, warum sie keine Federn auf dem Kopfe hat. Manchmal versucht sie auf keinem Bein zu stehen und fällt um.

SUARES. Dieses ist nur mehr der große Schrei eines normannischen Wildvogels grauen oder steinschwarzen Gefieders nach dem lateinischen Süden. Aus Sterbensangst nach dem Leben, aus Regen nach der Sonne, aus Einsamkeit nach Gott: darum der Schrei.

DIE SCHMIDTBONN ist eine weit kräftigere Henne, als sie aussieht. In der Jugend gackert sie beim ersten Ei, daß man meint, ein Kind sei vom Himmel gefallen. Ausgewachsen gewöhnt sie sich das ab und legt in Nachdenklichkeit ihre Eier, die, noch nicht ganz gewürdigt, wie sie es verdienen, oft liegenbleiben.

DIE FRIEDSCHNACK. Die Friedschnack ist eine große Libelle mit Flügeln, deren Farben alle orientalische Teppichbuntheit überstrahlen. Sie bewegt sich in schönen Bögen mit außerordentlicher Grazie. Läßt sie sich nieder, so vermeint man, sie habe einen Tanz beendigt.

SHAW ist der Name eines Gärtners, der sich zum Bock gemacht hat. Als ein Zoologe, der sich in der Rolle des Zoon gefällt, wenn er auch immer wieder aus der Rolle herausfällt. Oft sehr amüsante Bocksprünge nimmt er zurück, indem er ihren Witz erklärt. Daß Shaw ein Pseudonym für Trebitsch sei, wurde eine Zeitlang behauptet wegen einer gewissen philologischen Inkommensurabilität, bis festgestellt wurde, daß die Trebitsch den Namen Shaw nicht einmal aussprechen, geschweige führen kann.

DAS SCHAEFFER, auch die preziöse Albrecht genannt, ein Wesen mit vier Füßen, aber doch drei Meter über der Erde schwebend oder pendelnd oder – man kann's nicht genau sagen. Es geht auf Luft, scheint sich von ihr zu nähren. Das ganze noble Tier macht den Eindruck, als wäre es eine Einbildung seiner selbst oder eine Reminiszenz aus Sagenhaftem oder aus vielem Gelesenen.

DER SCHNITZLER. Schnitzler ist der Name eines seinerzeit bei allen Wiener Damen und süßen Mädeln wegen seines melancholischen Feuers sehr beliebten Rennpferdes in der Freudenau, Stallbesitzer Fischer. Mann setzte aus Sympathie auf Schnitzler, auch wenn man wußte, daß er nicht einmal auf Platz kommt. Weil Schnitzler so beliebt war, und auf daß die Enkelinnen der süßen Mädeln in die Freudenau gehen, ist man im Jockeiklub übereingekommen, Schnitzler, wenn und solang er rennt, immer Dritter sein zu lassen, auch wenn er nach der ersten Runde aufgegeben. Möge er noch lange so rennen.

DAS SCHÖNHERR. Großstadtbewohner halten das Schönherr für einen Hirsch, und sein braves Muh für einen Brunstschrei. Auf dem tirolischen Lande, aus dem er stammt, steht das Schönherr im Stall des Bauern Kranewitter, wird aber da wegen seiner wäßrigen Milch nicht gemolken. Dieser Wiederkäuer geht auch unter dem Namen des Thomas – bayrische Varietät – und des Ganghofers – österreichische Varietät. Alle drei Varietäten sind sehr stolz auf den idiomatischen Klang, den sie ihrem Muh geben können.

DER WEVONSCHOLZ. Das ist ein Vogel, der sich dadurch nützlich erweist, daß er die Bandwurmstücke, die dem Hebbel abgehen und die auch dem Paulernst als unverdaulich abgehen, nicht liegen läßt, sondern mit vielem Behagen verzehrt. Manchmal singt dieser Vogel ganz schön. Und er sänge vielleicht noch besser, wenn er andere Nahrung zu sich nähme.

DIE ERASCHRÖDER, scherzweise auch R.A. Schröder geschrieben, hat man einige Zeit für einen vertriebenen Paradiesvogel gehalten, der seine Vertriebenheit in opalfarbenen Tränen so still wie ausdauernd beweint. Als dann unser Vogel sein

Paradies in Preußen wiederfand, erkannte man, daß er aus dem andern nie vertrieben worden war, sondern immer in diesem preußischen beheimatet gewesen.

SO MBART. So Mbart heißt der eherne Stier, dem die Juden an ihrem großen Reinigungstage, der alle zehn Jahre statthat, ihre unreinen Glaubensgenossen opfern. Die wirkliche Opferung ist aber seit langem durch die Symbolhandlung eines Huldigungstelegrammes an So Mbart ersetzt worden.

DAS STEFFEN. Dieses ist ein apokalyptisches Tier und derzeit nur in einem Exemplar mehr sagenhaft als wirklich bekannt. Doch ist an seiner Existenz zu zweifeln nicht erlaubt. Es besitzt das Steffen nur ein Auge, kann dieses aber von einer Stelle seines seltsam geformten Leibes auf jede andere Stelle bewegen. Sein Geschlecht hält es verborgen. Es hat Flügel, doch sind diese derart angebracht, daß es damit nicht fliegen kann. Es hat Beine, doch macht es davon aus bisher nicht erkannten Gründen nur selten Gebrauch. Meistens hockt das Steffen, pflanzt sein Auge mitten im Gesicht auf und läßt eine Welt sich seltsam darin spiegeln.

DIE STEHR. So heißt eine große Made, die man im Fladen des Gehauptmann entdeckt hat. Ihre auffallende Größe brachte auf die Vermutung, daß sie nur zufällig in diese Umgebung geraten sei. Man hat daher versucht, die Stehr in andere Lebensbedingungen zu setzen, was mit großer Vorsicht, wenn auch selten, gelang. Aber die Stehr ist eine Made geblieben.

STEINER. Saxa loquuntur, ruft jene Menschheit, die gegen gutes Entree, das dieser Noah einhebt, in seine Arche steigt, deren Zukunft nicht auf Wasser, sondern auf Steiner liegt. Schnell, schnell, gleich wird es regnen, ruft der Unternehmer, und die Schäfchen laufen. In hoc petro hat der Kapitalismus das, was er seine Kirche nennen mag, gebaut, und siehe, der Stein mehrte sich und wurde Steiner. Und alles Geschiebe und Geröll der gescheiterten, zerdrückten Seelen sammelte sich um ihn, um sie, um es, um diesen religiösen Großunternehmer auf Aktien, der, was je zum Religiösen gedacht und geformt worden ist, entdachte und entformte, zu Grus zermahlte, mit Schleim und Seich befeuchtete und Brot daraus buk für zahnlose Gebisse. Solches Tun nannte man Sophia, dem Theos schon seinen Segen geben müsse. Aber Gottes Segen war nur bei Steiner wie ehemals bei Cohn.

DER SCHWABACH. Ein langsam zu gut gebauten Knochen Fleisch der Muskel gewinnender Quadruped. Klug und nobel legt er sich keine heute so billigen Wattons bei, die je nach äußerm Anlaß dort- und dahin rutschen, um aufzufallen.

DAS STERNHEIM. Dieses Tieres Hartnäckigkeit, mit der es in norddeutschen großen Städten lebt, führte nicht gerade zu seiner Domestizierung, aber zu seiner Duldung, insoweit jenen Großstädtern erträglich gemacht, als das Sternheim durchaus und gerne deren Neigungen teilt, deren Gewohnheiten mitmacht und sich eigentlich nur mehr durch seine Absonderungen von dem Berliner unterscheidet. Diesen mischt das schadenfrohe Tier einen ätzenden Geruch bei, der die Hausgenossen etwas ärgert. Man nimmt an, daß das sonst wenig bemerkliche Sternheim, welches ein sehr eitles Tier ist, sich durch diese Beimengung bemerkbar zu machen sucht. Es ist von der Art, daß es, erreichte es damit seinen Zweck, bemerkt zu werden, auch angenehmen Duft beimengte, wenn anders dies nur aus der bestimmten Natur seiner Verdauungsorgane und der von diesen bedingten Nahrung, welche allerlei Abfall oder sonst Liegengelassenes ist, möglich wäre. Auch verlangt der scharfsäuerliche Geruch seiner berlinerischen Hausgenossen einen ähnlichen, weil ein angenehmer nicht gegen den scharfen aufkäme. Das Sternheim ist, wenn solcher Anthropomorphism erlaubt, von einem geradezu menschlichen Geltungstrieb besessen, worauf sich auch sein besonderer Mimetismus zurückführen läßt. Dieser Mimetismus gilt, wie man annimmt, als ein Selbstschutz der Tiere, und er äußert sich in der Fähigkeit, Aussehen und Farbe der Unterlage anzunehmen, auf welcher das Tier lebt. Das zu seinem Ärger gar nicht auffallende, weil kleine und graue Sternheim mimetiert nun Auffallen. Es wechselt grau in rot, wenn man es auf Grau setzt, wird blau auf Gelb usw. Das Tier gefährdet sich übrigens nicht durch dieses Auffallen. Mit dem Unangenehmen seiner Absonderung versucht es durch das Ungewöhnliche, wie es absondert, auszusöhnen, was ihm manchmal auch gelingt, manchmal aber so mißlingt, daß es schon nicht mehr schön ist.

DAS STORM. Man kann von ihm nicht sagen, es sei lange tot, denn es hat nie lebendig existiert, sondern immer nur im ausgestopften Zustande. Es besaß also nie etwas, was man innere Organe nennt. Die glatte graugelbe Haut war mit Seegras, Heidekraut, Möwenfedern und derlei ausgestopft, wodurch das Storm einen faden, laulichen Geruch bekam, um dessentwillen es heute noch in den braven deutschen nordischen Bürgerhäusern pastorlichen Zuschnittes über alles geschätzt ist. Der Geruch ist das Wesentliche des damit ausgestopften Stormes. Man nennt diesen Geruch Stimmung. Er ist vielfach eingefangen, auf nullprozentigen Spiritus gebunden und in Fläschchen aller Formate auf den Markt gebracht worden. Das bekannteste dieser Stimmungswässer hieß einmal Jörn Uhl und war dies eine Zeit durch das beliebteste Mundwasser des deutschen Gemütes bis in seine zahnlosesten Tiefen.

STÖSSL. So heißt ein humorvoller Wiener Gassenhund ohne bestimmte Rasse. Bei allen netten Leuten bekannt und beliebt, ist der Stößl klug, ruppig und immer guter Laune.

DER STRAUSS. Dieser schwäbische Strauß hat mit dem afrikanischen nur den Namen und ihn deshalb gemein, weil er sonst nichts mit ihm gemein hat. So verträgt des schwäbischen Straußes Magen nur die allereinfachste, gut verkochte Nahrung, und seine kurzen Beine tragen ihn nur vom Schlafzimmer ins Schreibzimmer und wieder zurück.

DAS STUCKEN heißt eine kleine Pelzmotte. Sie haust in altem Pelzwerk, aber weniger, weil es da warm ist, als um es aufzufressen. Das flügellose Tierchen wird in kürzester Zeit mit einem stattlichen Pelz fertig, dessen Farbe es jeweils annimmt. Darum kann man es auch mit dem Auge nicht wahrnehmen, wohl aber mit dem Ohr, denn das Stucken macht beim Zerfressen des Pelzes ein rhythmisches Geräusch mit seinen vielen Beinen. Ans Tageslicht gezogen, merkt man, daß das Stucken keine Augen hat.

DIE SUDERMANN. So heißt eine in den ganz, aber schon ganz feinen Kreisen von Berlin WW vorkommende Milbe, welche einen Hautausschlag erzeugt, den man Eleganz oder auch Elejanz nennt. Davon Befallene reden außerordentlich foin, wenn sie auch geschwollen sind. Die Krankheit ist nur dadurch zu heilen, daß man dem davon Befallenen das Bankdepot, das wirkliche oder behauptete, wegnimmt und ihn eine ehrliche Arbeit verrichten läßt. Die Sudermann selber ist unausrottbar.

STRINDBERG. Das war ein nordischer Kater, am Aschermittwoch des bürgerlich liberalen Lebens geboren, ewig triste, immer post festum. Ein Dämon verdorbenen Magens, hielt er am Ende den Ichthys für den Hering seines Dalles. Hungernd eigentlich nur nach dieser Fastenspeise, d. h. nach dem einsamen Genusse der Wut und voll Gier nach luziferischer Einsamkeit im All und unter den Allen, leben der Strindberg und sein anderes Geschlecht wie Hund und Katze miteinander, weil sie zur Zeit der Brunst bis zur vollkommenen Unmöglichkeit selbst der innern Einsamkeit einander besessen haben. Das große Geschrei, das dieser Kater nach jeder Paarung erhebt, und das man bezeichnend den Katzenjammer genannt hat, kommt tief aus Leib und Seel' des Tieres, das da im strafenden Feuer des Geheimnislosen brennt, weil erotische Wut und psychologische Gier gleichzeitig am Weibchen gezehrt und so ihn wie es völlig jedes Noch-Sinnes entleert haben. Das Bestreben des Katers am einzigen Tage, den das nächtliche Tier als solchen erkennt, am Aschermittwoch, geht dahin, die ernüchterte Welt auf dem pessimistischen Wege, von unten her, wo die Ratten und Mäuse wohnen, aus dem Jugendreich des Chat noir und des Schwarzen

Ferkels wieder mit Sinn zu laden: erstens um überhaupt weiterleben zu können; zweitens um in den aufgezeigten Tragödien der seelischen Delikatesse und der Diskretion die Genüsse der Defloration des Sekreten noch einmal zu durchrasen. Diesen Versuch, sich selber und das Mitgeschöpf vor Gott noch einmal zu desavouieren, die Diskretion in einer permanenten theoretischen Indiskretion immer wieder zu brechen, dies nannte man einst, als der große Kater von Strindberg noch nicht gewichen war, seinen Naturalismus.

DER SWINBURNE. Dieser große englische Zaubervogel sang einmal vor dem Aufgang einer Sonne, die nicht aufging: ein Versehen. Er sang einmal vor dem Kruzifix gegen das Kruzifix; das war ein Mißverständnis. Das Wunder dieses Vogels ist, daß er trotzdem voll außerordentlichen Gesanges ist, menschlich gesprochen: einen Stil hat, wie ihn männlicher keiner seiner Zeit und später besaß. Dieser Stil ist so unnachahmlich, daß der Swinburne selber ihn nicht imitieren konnte, wie er alt geworden es versuchte.

TENNYSON. Mit Musikbegleitung rezitiert bisweilen ein älterer Mime Enoch Arden – mehr ist von diesem Vergil der Provinz nicht bei uns vorhanden. Er war poeta laureatus; niemand lachte darüber, denn es paßte zu ihm; er dachte genau das, was seine Königin dachte, und er schrieb nur einen besseren Stil. Er nahm sich immer furchtbar ernst, was bei einem Engländer, wie Chesterton sagt, ein grauenvoller Anblick ist. Er hatte einiges zu sagen, besaß aber weit mehr Worte, als dafür nötig war; darum weiß er, redet er länger, nicht mehr, was er sagt.

DER TOLSTOI. Der war ursprünglich ein Steppenpferd, doch aus einer bereits gepflegten Rasse. Er wurde zuerst von grusinischen, tscherkessischen Häuptlingen und Kosakenhetmans geritten. Später gehörte er zur regulären schweren Kavallerie der Literatur, machte im Norden und Süden der Zeit und des Raumes alle größern Feldzüge mit, auch solche, die mehrere Bände dauern. Zäh, trocken, aber feurig, immer voll Kapriolen, als feiner Steppenklepper mit Wut Champagner aus Kübeln saufend, aber immer an der Krippe und eigentlich verwöhnt, nahm der Tolstoi sein Schicksal, Stabstrompeterroß zu werden, als selbstverständlich hin. Er hatte Sieger durch die Schlacht getragen; es wieherte nur freundlich und herablassend, als man seine spätern Äpfel als Goldäpfel anbetete. Das Ausschlaggebende an diesem Pferde ist sein Steppenpferdverstand. Er wollte niemals begreifen, daß es die Funken schließlich aus seinem Huf zog, wenn es dahinsprengte; daß aber sein stupsnasiger kurzer Kopf zottig, schwerfällig und unschön war, auch wenn es das große naive Auge rollte, bis es glotzig hervortrat; und daß der lange Schweif, den man ihm wachsen ließ, einer geistigen Wüste Gobi angehörte, ein Rudiment war aller asiatischen Wüstenrassen ohne Heiterkeit. Mit dem Besen dieses Schweifes peitschte es sich christlich die Lenden und glaubte dabei, die Welt zu kehren und zu stäupen – es entsprach das eben seinem engstirnigen Pferdeverstand. Aber die Funken, die ihm ehmals von den Hufen stoben, blieben unvergessen.

DIE ULLMANN. Dieses Wesen gibt es nur in einem einzigen Exemplar. Es wird wohl »die« genannt wegen gewisser äußerlicher Zeichen, scheint aber alle möglichen und denkbaren Geschlechte in sich auf dunkle urtümliche Weise zu vereinen. Die Stimme der Ullmann erinnert an ländlichen, zuweilen verstimmten Orgelton in einer leeren Frühkirche. Der organische Bau der Ullmann scheint einer ganz frühen Zeit anzugehören, zu der uns die Brücken verlorengegangen sind. So ähnlich muß der erste Mensch gesprochen haben, als er dem, was er sah, die ersten Benennungen gab und anbetete Gott im Wort und das Wort in Gott.

DAS UNRUH. Das Unruh ist ein netter Frosch, der normalerweise im Teich lebt und sich hier von kleinen Wasserläufern nährt. Doch ist es mit einer großen Kehlblase ausgestattet, mit der es nicht singt, die es aber manchmal mit Luft zu füllen das Bedürfnis besitzt. Dazu begibt es sich, wozu ihm sonst alle Eignungen fehlen, auf das feste Land und zieht ordentlich Luft ein. Seine Kehlblase dehnt sich aus bis zur Größe eines Kindskopfes. Dadurch erregt das kleine Unruh die Aufmerksamkeit der Passanten. Und es verdoppelt seine Anstrengungen, Luft einzuziehen, was dazu führt, daß seine Kehlblase den Umfang einer großen Wassermelone annimmt. Zu seinem Glücke verliert das Unruh bei diesem Mißverhältnis von Leib und aufgenommener Luft das Gleichgewicht und rollt ins Wasser zurück, wo sich die Blase sofort leert. In diesem seinem Elemente ist das Unruh ein zierliches Fröschchen.

VAIHINGERS BAUCH IN JENA.

Es kahnt ein Ich im Mondlichtschein
Zweikantig um das Kantenbein
Sowohl als ob, als ob so auch,
Obwohl dann auch als ob im Bauch.
Sowohl – als ob, als ob – so auch,
Ob auch – der Bauch wohl so – wohl auch
So wohl – als auch Kant redet hier
Als Ob und Bauch.

DIE VOLLMÖLLER. Die Vollmöller ist eine Seeschlange, von der nur manchmal ein Stück auf der Oberfläche des Meeres sichtbar wird. Wie lang sie ist, weiß man nicht; aber die Behauptung, sie sei länger als dreißig Zentimeter, ist als übertrieben zurückzuweisen.

DAS WALSER. Dieses ist ein überaus zierliches, graziöses und launiges Tierchen aus der Familie der Eichhörnchen. Auf den allerhöchsten Bäumen sieht man es nicht; es macht auch keine Versuche, da hinaufzugelangen. Aber den mittleren gibt des Walsers naive und schelmische Anmut eine frohmütige Lebendigkeit.

WASSERMANN, auch mogen jaakob genannt, ist ein Stern von größerer Kleinheit im Sternbild des Fischers und kann besonders gut von der hohen Warte des Beer-Hofmann gesichtet werden. Er steht so hoch über Wien wie unter Dostojewski und wurde berühmt durch einen mysteriösen Sphärenklang, der wie von

Jahve selber kommend den Deutschen, dem neuen auserwählten Volke, beziehungsweise dem Deutschen schlechthin seinen endgültigen ahasverischen Namen gab: Wahnschaffe. Diesen geheimnisvollen Namen fand man auch eingeprägt einem Meteoriten von unlesbarer Größe, der bei näherer Untersuchung sich als ein Gemengsel von Graphit, Tinte, Holzpapier, Mezieh, Ambition und Filmbändern entpuppte.
DIE WEDEKIND. So hieß eine Sphinx, halb Geschlecht, halb Kopf, doch beides in verkehrter Weise angeordnet, so daß das Geschlecht den Ober-, der Kopf den Unterleib bildete. Also ruhte sie und zeigte ohne Respektlosigkeit, sondern aus ihrer Natur, dem Beschauer den Hintern und was in dessen Gegend liegt. Die Sphinx Wedekind gab sich ihre Rätselfragen selber auf. Diese beschäftigten sich in der Hauptsache so sehr mit ihrer umgestülpten Natur, daß kein menschliches Wesen sich für dieses Fragespiel interessierte. Darüber wurde die Wedekind sehr indigniert. Sie erkannte, daß man sie verkannte. Sie hatte sich gefragt: Warum wollen die Menschen nicht im Geschlechtsakt ihre einzige würdige Tätigkeit sehen? Warum sind die Huren nicht die Königinnen der Welt, Muster der Frau? Warum genießt der Phallus nicht die Ehren des Gottes? Warum wird nicht ununterbrochen Tag und Nacht...? Als sie so lange gefragt und sich Antwort gegeben hatte, weil niemand kam, die Rätsel dieser Sphinx zu lösen, stürzte sie sich in den Abgrund ihres Tiefsinnes, sich selbst und die Welt dreimal beklagend, daß sie ihren Propheten nicht erkannt hätte.
DIE WEIGAND ist unsere größte Süßwasserschnecke, die ihren schleimigen Leib in einem Gehäuse birgt, dem sie mit großer, im Altern zunehmender Fertigkeit eine umfangreiche Form gibt. An deren zerbrechlichen Rändern setzt die Weigand einen blassen Farbenschmelz ab, der an jene Seeschnecken erinnert, die sich an der französischen Küste finden. Das Fleisch der Weigand schmeckt süßlich. Es ziert den bürgerlichen Mittagstisch, ohne da sonderliche Aufregung hervorzurufen.

WEININGER. Nicht in geweihter Erde, sondern als Selbstmörder hier unter den Literatieren, doch gleich einem Pfahle im Fleische sumpfigen Bodens, ruht, fest in protestantischen Händen das Kreuz, worein durch ein Wunder Gottes die Waffe sich verwandelt hatte, O. Weininger, ein Wiener und Jude, der diese beiden in sich aufgehoben hat, mutig, ehe Wandel und Lehre ihm sich spalteten. Solange er die Unschuld des denkerischen Menschen umspannte, durfte er alles dissoziieren; solange er nicht selber fiel, durfte er das eine Geschlecht in die beiden Geschlechter fällen; solange das X ihm nicht konkret wurde, durfte er es ausdrücken durch M + W: Mann gekreuzigt an Weib und umgekehrt. Die Waffe in seinen Händen war das für sich dastehende Funktionszeichen einer gelösten Verbindung, und uns ziemt nicht zu wissen, welch ein Element da frei und aufgegeben worden ist. Nur eines kann man sagen über diesem Heldengrabe: er hatte gehört in den Lüften des Mannesalters das Heranbrausen des Konkreten. Das X lief in der Funktionsreihe Gefahr, seinen mathematischen Ausdruck zu verlieren und Impression zu werden. Da empfahl er sich der unbekannten Barmherzigkeit Gottes.

DER KONRADWEISS. Der Konradweiß ist ein Klopfkäfer, der am liebsten im Gestühl katholischer Kirchen oder im Holz der Altäre bohrt. Er erzeugt dabei mit seinem harten Kopf ein klopfendes, stark rhythmisches Geräusch, wodurch er manchmal die Frommen stört. Der Konradweiß hört mit seinem Klopfen auf, wenn die Orgel spielt, woraus man auf sein musikalisches Gehör geschlossen hat. Um so lebhafter klopft er bei der Predigt in einem seltsamen Gegentakt zum Takt des Predigers.

DAS WERFEL. Von kugeliger Runde besitzt das Werfel nicht wie der Igel dessen Fähigkeit, sich einzurollen, sondern eher auszubreiten. Aber es hat vom Igel dessen Stacheln. Nur sind diese ganz zart und weich und manchmal auch, das Tier schmerzend, nach innen gekrümmt mit der Spitze. Dieser Widerspruch zwischen dem Aussehen und dem Sein des Werfels machen das runde, weichmütige, etwas faule Tier zu einem heute sehr beliebten mondänen Schoßigel empfindsamer Seelen. Kaum ein Salon, in dem man ihm nicht begegnet, und wo es nicht herumgereicht wird. So im Schoße liegend wie eine spitzstachlige Granate, bewundert der mit der Art dieser Stacheln nicht Vertraute die Hände, welche diesen Stachelhügel streicheln können wie eine Katze, und soll solches auch in der Tat beim Streichelnden sehr angenehme Gefühle auslösen. Doch ist das Werfel vornehmlich um einer andern Eigenschaft willen beliebt, mit der es Gott ausgestattet hat. Es kann singen wie ein Caruso und tut es so gern wie oft, besonders wenn Lärm ist. Lärmt zum Beispiel ein Krieg, so singt das Werfel, daß, druckte man das Gesungene, leicht ein Oktavband von 308 Seiten damit zu füllen wäre. Um dieser seiner ausgezeichnet Arien und Triller singenden Tenorstimme wird das Werfel von andern Tieren, die es nachzuahmen suchen, stark beneidet.

WHITMAN. So heißt der Große Pan, nie gestorben, weil unsterblich, er allein unter den Göttern, wenn auch oft Zeitenlang verschwunden in der tiefsten Grotte der Erde. Auf des Greises verrunzelter Hand ruht ein Schmetterling, die dieser für das hält, was sie ist: Ast vom Baum der Erde, aus dem man auch jenes Kreuz auf dem Scherbenberge zimmerte.

DAS WILDE. Dies war ein berühmter und berüchtigter Scherenschnitt vom Ende des verflossenen Jahrhunderts nach einem menschlichen Kostüme, in welchem mit Vorliebe und mit dem Anstande eines Brummell das Wilde, eine Schönheit von Raubtier, also die Negation der Negation, vor den Urvätern unserer Snobs aufzutreten liebte. Nero ähnlich, der als Komödiant auftrat, um mehr noch als Kaiser, um alles, um Proteus selber zu sein. Getreulich nahm Wilde teil an dem falschen Universalismus einer Zeit, eines Systems in ihren Hypokrisen: was man ist, man kann es auch scheinen, was man hätte werden müssen, auch spielen. Nur durch furchtbare Exzesse vermögen die nun einmal noch bestehenden Gesetze den Schranken der Kasten Ehrfurcht und dem Schauder der Charaktere vor dem Schicksal dessen offizielle Ahnung zu verschaffen. Einem solchen legalen Exzesse fiel auch das Wilde zum Opfer, zu einem vergeblichen Opfer, denn dieselbe Kaste, die es ergetzte, verurteilte das Wilde, indem sie ihre Kleider wechselte, statt des Cutaway die Robe anzog.

WILAMOWITZ. Wilhelminische Monumentalfigur des preußischen Pastors, bekleidet mit Löwenfell und Keule des Herakles. Auf Rollen gestellt, ist es verschiebbar. Man konnte es vor dem Berliner Dom, vor der Universität und vor dem Neuen Schloß sehen. Tönt wie eine Memnonssäule mit Hilfe eines Grammophons deutsche sogenannte Verse in antikischen Metren. Bürger halten's für Griechisch. Dichter halten's für gar nichts.

DIE WILDGANS. Die Wildgans ist eine ganz zahme Hausgans, gern in Wiener Kleinwohnungen gehalten. Kinder binden ihr, da ihr Flügel fehlen, solche aus Papier an, worauf die Wildgans sehr stolz ist und Flugbewegungen macht. Dabei stößt sie Schreie aus, welche durchaus die einer Gans seiend den Tonfall von oft gehörten Leierkästen angenommen haben. Kleine Bürgermädchen sagen »Mein Schwan« zur Wildgans.

DAS WOLFENSTEIN. Das grämliche Wolfenstein ist das Murmeltier der Flachlandschaft, die es vergeblich durch eifriges Graben mit seinen Pfoten, ja mit dem Kopfe, zu vertiefen sucht. Es hat von dieser Leidenschaft, das Flache tiefer zu machen, etwas Verbissenes bekommen, so daß es sich manchmal, ohne es zu merken, in seine eigenen Pfoten beißt.

DAS ZAHN. Dieses ist wie das Heer ein in der Schweiz gezogenes Haustier, das gepökelt massenhaft nach Deutschland exportiert wird. Es wird bei armen Leuten als Kellerfleisch gegessen. Doch schmeckt es nach Kuhleder.

DER ZECH. So heißt ein in Kohlenbergwerken lebender Höhlenkäfer, wo er das einförmige Geräusch der Spitzhacke mit seinem guten Takte begleitet. In den belgischen Gruben nannten die dortigen Leute den Zech auch Verhaeren.

DAS ZOBELTIETZ. Ein weitverbreitetes Tier, das unter Ullsteinen am liebsten haust, und dessen Fell Zobel vortäuscht. Man kauft es und verkauft das Fell dieses Tieres ganz billig bei Tietz. Daher der Name.

ZOLA. Besaß ein weitläufiges Fabrikgebäude zur Herstellung sozialer Schematismen. Seine Situationsmaschinen stanzten den Menschen glatt und sauber heraus. Andere Maschinen, welche die Wahrheit in der Kausalitätsreihe platt walzten, nahmen die ausgestanzten Menschen auf und setzten sie zu Ensembles zusammen, die auf einer Versuchsbühne abgerichtet wurden, so natürlich wie die Natur zu spielen. Ein kleiner Mond aus Silberpapier macht die nötige Sentimentalität.

DAS STEFFZWEIG. Des Steffzweigs muß in diesem Bestiarium Erwähnung geschehen, da es von einigen wenigen immer noch als ein Lebewesen angesehen wird. Aber es ist das Steffzweig ein Kunstprodukt, hergestellt anläßlich eines Wiener Dichterkongresses aus Federn, Haut, Haaren usw. aller möglichen europäischen Tiere. Es ist sozusagen ein Volapüktier. An seine organische Existenz glaubt man zur Zeit nur mehr in entlegenen Ländern und in gewissen Genfer Kreisen. Einige wollen das Steffzweig in einem Leipziger Hause, Kurze Straße 7, unter einem kleinen Glassturz gesehen haben. In den letzten Jahren hörte man von einem Arnzweig als einem richtigen Tier. Es zu erkunden war noch keine Möglichkeit, da es in Zion vorkommen soll. Dieses Land ist hinwieder in der Geographie nicht festzustellen. Verbürgte Nachrichten melden, daß der Arnzweig ein gutes, ehrliches, von Gott geschaffenes Tier sei.

DIE GROSSEN DICHTER DEUTSCHER NATION

ABELES – nicht vorzustellen, wie eine so große Menschheitsliebe in so kleine Gedichte hineingehen kann!
AMAN – hat nur eine kleine Geschichte von elf Zeilen veröffentlicht, aber sie ist der Daumennagel eines Riesen.
ARNHEIM – hat sich mit einem Roman, in dem nur Partizipialsätze vorkommen, so sehr selbst übertroffen, daß wir ihm raten, es bei diesem einen Roman bleiben zu lassen. Nach solcher erreichter Gaurisankarhöhe kann nur ein Abstieg folgen.
BEMAN – der größte Dichter der allerjüngsten Generation. Statt einer Probe geben wir dem Leser unser Ehrenwort.
BERNHEIM – seine unvergängliche Tat ist die Abschaffung jedes Artikels in der deutschen Sprache. Sternheims schüchterner Versuch charakterisiert diesen Verfasser doch als einen Schriftsteller des Überganges.
BRONNEN – sein Drama, in welchem der Embryo seinen Erzeuger mit der Nabelschnur erdrosselt, hat dem traditionellen jüdischen Familienproblem bis auf weiteres das größte Monument der Lösung gesetzt.
BUMCKE – um von ihm zu sprechen, müßte man von allem sprechen, aber das Leben ist zu kurz.
BUSSE – man zittert, dieser Dichter könnte einmal aufhören, denn die Nation würde den Schmerz nicht ertragen. Wir raten, sich allmählich diesem Sirenengesang zu entziehen.
CERFEL – er läßt seine Lieder des ersten Lebensjahres auf seine Windeln drucken. Der Effekt der Dichtung wird durch jenen auf den Olfaktorius außerordentlich gesteigert.
COHEN – Verfasser eines Stückes, das zu sehen man nie müde wird, weil man es nicht spielt.
CORI NOY – ist durch einen einzigen Vers berühmt geworden, der so viel enthält, daß der Nachwelt nichts mehr zu sagen bleibt.

DEDEKIND – hat gegen das Sprichwort Sotto umbilico ne religione ne veritá beides dort gefunden.
DONAT – seit sie dichtet, nennt man Gefühle nur mehr Donate.
EMANN – ist trotz herrlichster Werke so unbekannt geblieben, als hätte er den deutschen Schillerpreis bekommen.
ERFEL – hat in seine Gedichte die Menschheit so völlig hineingepreßt, daß sie außerhalb dieses Bandes nicht mehr vorhanden ist.
FECHER – war durch seine proletarischen Dichtungen der Retter des Vaterlandes. Das Proletariat gab seine Revolution auf, als es an Fecher sah, wohin sie führe.
FLAISCHLEN – seine Gedichte gehen so direkt zu Herzen, daß man gegen die unvermeidlichen Überraschungen der ersten Lektüre Vorsichtsmaßregeln treffen muß.
GAUKE – seine Sonette stehen neben denen Petrarcas, mit dem Unterschied, daß der Italiener nur eine Frau, unser Dichter aber vier Dutzend unsterblich gemacht hat.
GEHMEL – hat 999 Gedichte an seine Frau gemacht; alles von ihr ist drin; nichts fehlt.
GINZKEY – ist der Stolz seines kleinen Landes, das sich in seinem Unglück nur an ihm aufzurichten vermag.
GRATAUS – hat sich aus seinem Talent einen kleinen Bezirk gemacht und ist da nie herausgegangen.
GRUTSCHKE – hat einen Einakter gemacht und geschworen, einen zweiten erst dann zu dichten, wenn der erste vergessen ist.
HAUSER – hat Dante so meisterlich übersetzt, daß seitdem der Italiener ganz vergessen ist. So ist zu übersetzen!
HÄUBLER – ist das Genie der Wortzusammensetzungen. Er hat das berühmte Gedicht gemacht, dessen vierundzwanzig Zeilen, jede zu elf Silben, nur aus einem einzigen Wortekomposit bestehen.
HORLICKA – sein Roman »Die Not von Wien« hat die Bevölkerung dieser Stadt ihre Not vergessen machen. Der Roman ist Österreichs einziger Ausfuhrartikel.
HUNCKE – sie hat ein Gedicht gegen Amerika gemacht, über

das Amerika schäumt. Huncke aber wird von Japan gehalten.
HÜTERSLOH – hat, konsequent einen Versuch eines im Namen Gleichklingenden weiterbildend, eine leider aus äußern Umständen unvollendete Periode geschrieben: nach Verbrauch von 7860 kg Papier ging dieses in Deutschland aus. Die wiedergehobene Produktion läßt hoffen, daß Hütersloh seinen Satz vollendet.
KARLCHEN – seine bissigen Satiren machen seinem harmlosen Herzen Ehre.
KURCKE – man hat zur Erklärung seiner tiefen Gedichte eine Kommission eingesetzt.
LIENHARD – hat den Erdgeruch entdeckt und versucht, damit den Fußgeruch aus der deutschen Literatur zu vertreiben.
LISSAUER – sein Lied gegen England erschien unter glücklichen Umständen, hatte aber schlimme Folgen, denn es machte die andern Nationen eifersüchtig auf ein Volk, das solch ein Genie besitzt. Sie beschlossen daher Deutschlands Untergang. Es ist manchmal unpatriotisch, zu schöne patriotische Verse zu machen.
LÖBELES – hat grönländische Dichter so gut übersetzt, daß das Übersetzen Mode wurde, wodurch wir leider eine Unmenge Originaldichter verloren haben.
MARIE MADELAINE – die Wollust ihrer Gedichte stellt ihrer Keuschheit das beste Zeugnis aus.
MEVERS – eine Erzählung von ihm wurde ins Französische übersetzt. Es sind schon wegen geringerer Ursachen Kriege entstanden.
MOLFSKEHL – hat ein Distichon geschrieben, das nur einige Längen hindern, den Versen des Meisters gleich zu sein.
MUNDELFINGER – hat seine Trilogie Shakespeare Goethe George nur mehr durch einen Namen zu einer Tetralogie zu erweitern: Gundolf.
NORA, NUSCHE, NOWAK, NUMBERGER, NUTSCHKE, NIEZKI, NOGIGES, NIERENDORF, NOWASIS – eine Milch-

straße von Sternen! Unsere Mühe, sie einzeln festzustellen, war größer als die, sich diese Namen zu merken. Man merke sie sich!
OMPTEDA – er ist so fruchtbar, daß wir alle seine Talente nicht aufzählen können.
PAWALKE – die Verse, die er den Musen abringt, lassen den Geiz der Damen bedauern.
PRESBER – der Homer des deutschen gutbürgerlichen Abtrittes.
RADAU, PETER PAUL EMIL HEINRICH – hat sich vier Vornamen gegeben in der Hoffnung, wenigstens mit einem von ihnen auf die Nachwelt zu kommen.
RAUBE – ist unter allen knorrigen Dichtern der Knorrigste.
SALUS – seine Gedichte sind so beruhigend, daß sie in Spitälern als Umschläge für Kranke verwendet werden. Der Dichter ist auch Arzt – ist nicht Apoll der Dichter und Ärzte Gott?
SCHERING – hat durch seine Übersetzung Strindbergs die Schwerverständlichkeit dieses Schweden erwiesen.
SCHROIKER – setzt alle seine Operntexte in Musik, was sonst nie jemand gemacht hätte.
SOBELSOHN – seine Verse sind einziger Genuß einer Pension, Berlin, Augsburger Straße. Egoisten, wie Genießer schon sind, lassen sie den Dichter nicht bekannt werden.
TEITELBAUM – hat die Milch seiner Amme in freien Rhythmen bedichtet. Die gerührte Amme spendet ihm seitdem das doppelte Quantum. Der Dichter ist die Freude seiner jungen Eltern.
WRZIZCINSKI – es gehört ein ungeheures Talent dazu, mit solcher Vorsicht Rhythmus, Reim, Harmonie, Sinn und Klang zu vermeiden und doch solche herrliche Gedichte zustande zu bringen.
ZARUK – hat eine Hymne auf Zion verfaßt. Als sie dort bekannt wurde, verließen die 7600 Juden Palästina.
ZUBERBÜHLER – für ihn wurde das Wort »wurzelecht« erfunden.

ZUR IDEOLOGISCHEN MORPHOLOGIE DER LITERARISCHEN BESTIAE

DAS FAUSTISCHE URVIECH

Bei Bearbeitung der norddeutschen Fauna – soweit sie sich nicht mit der europäischen Abart der Felis leo palaestinensis gekreuzt hat, welche Abart ihre Behandlung im Bestiarium erfuhr – konnten wir einer immer mehr sich aufdrängenden letzten Konsequenz aus den bisherigen Schlüssen uns nicht mehr entziehen, und mußten wir zu der Annahme schreiten, daß alle jene unbeschnittenen Tiere von der Gattung der genannten Wiederkäuer, die ihre Hörner nur mehr zum geistigen Aufstoßen tragen, ihren Ahnen in einem Geschöpf zu erkennen hätten, dessen exorbitante Reste in den verkohlten Wäldern des Dreißigjährigen Krieges gefunden zu haben wir so glücklich waren. Die Schwierigkeiten der Rekonstruktion waren groß. Fest stand, daß wir es hier mit einem vollkommen isoliert lebenden Tiere zu tun haben, das (zum Unterschied vom gleichfalls isoliert lebenden romantischen Einhorn, welches jungfräuliche Geschöpf seine Gehirntätigkeit in aller gottgefälligen Unschuld emaniert) sein Horn in eifersüchtiger Weise nach innen gebogen trägt, wie uns ein tiefes Loch in der Stirnwand und ein in das Hirn gehender hörnener Kanal bewiesen. Mit diesem Horne hat also das Tier, statt sich oder seinen Daseinsprozeß in die Welt zu integrieren, diese Welt gierig in sich selber integriert, was wir zum Unterschiede von einem faktischen Vorgange auf der menschlichen Ebene als die metaphysische Seite des Nasenbohrens ansprechen müssen. Diese anatomische Kuriosität forderte den Schluß heraus, daß dieses Tier sowohl sehr tiefsinnig wie sehr bockbeinig gewesen sein muß; denn bei so aufreibender und unendlich zu denkender Beschäftigung mit sich selbst, als welches das Nasenbohren oder Hineinstopfen der Welt in sich selber beschrieben werden muß, ist eine bis zu ibsenischer Tollwut gehende Gereiztheit gegen alle selbständige Umwelt unmittelbare Wirkung, wenn diese Umwelt es wagt, den geschlossenen Kreislauf des kompletten Ichgefühles zu stören. Der Starke ist am mächtigsten allein, besonders unter dünner gesäter provinzialer Bevölkerung, wo der als ein Starker mißverstandene Sonderling, das monströse Ich nämlich, eine gewisse panische Wirkung übt und die Korrektur durch die das schrankenlose Individualisieren hassende, ja verachtende Gassenbubenschaft fehlt. Des immanent jähzornigen und überheblichen Charakters unseres Tieres gewiß, schlossen wir auch sofort auf bösartige Absonderungen, und richtig: die Analyse der Reste seiner Hervorbringungen ergab, daß es seine Nahrung in Gestalt und Geruch des Problems von sich gegeben habe, chemisch also bereits so gespalten, daß kein Spatzenmagen mehr darin Nahrung gefunden hätte, zum Unterschiede von den Äpfeln des freundlich spenderischen Pferdes. Diese boshafte Art, eine restlose Verdauung durchzuführen, also nichts sonst zu scheißen als den abstrakten Dreck, den Mist an sich, das vollkommen Verwertete – dies muß aus dem Umkreis des Tieres jede Natur verscheucht haben. Was so egozentrisch fäkalisierte, kannte nicht Vogel noch Käfer in seinem Umkreis. Kein Gemeingefühl, keine engere Horde kann es gehabt haben, ja, daß es in der weiblichen Art vorgekommen sein sollte, auch das ist, wenigstens theoretisch, undenkbar. Jedenfalls hat ein ursprüngliches Mitteilungsbedürfnis ihm nicht ingewohnt, was seine Beschränktheit auf den nordgermanischen Boden beweist. Wir haben uns daher auch nicht weiter bemüht, Spanien, Frankreich, Italien oder andere gottes- und himmelssüchtige Länder nach Spuren unseres Tieres zu durchforschen. Erscheint doch in diesen Ländern durch das Vorhandensein eines echten Publikums das Mitteilungsbedürfnis, auch wenn es dem literarischen Ego nicht ab ovo ingewohnt haben sollte, in dieses per nationis gratiam einverleibt, woraus folgt, daß eine Entartung des kunstfertigen Tieres zum wildschweifenden

Schöpfer, der sucht, wie er sich selber verschlinge, nicht vorkommen oder schlimmstenfalls nicht zu Ende kommen kann. Hier möchten wir zu bemerken nicht unterlassen, daß ein ursprüngliches Interesse der Deutschen für ihre Literatur natürlich nicht besteht, dasselbe vielmehr erst durch Parasiten und Bakterien kritischer Art vermittelt werden muß. Das so erzeugte Interesse ist, wie ohne weiteres klar, ein krampf- und krankhaftes, denn es entsteht durch Bildung, als welche ein äußerst unangenehmer und penetranter Aussatz ist.

Nach vollendeter Rekonstruktion des Skelettes haben wir das so wiedergewonnene Tier, das in sich selber eine Niete ist, als das »faustische Urviech« klassifiziert, stolz darauf, den bisher illegitimen Bälgen der Gedankenblässe mit der ungestümen Leiblichkeit damit einen Vater und dem nichts als Individuellen sogar eine Vergangenheit verschafft zu haben.

DIE STRUKTUR DES MEIERSCHULZE

Es war an einem Maiabend des Jahres 1785, daß Friedrich Wilhelm Meierschulze aus einem Hause der Metzgergasse in Königsberg trat, leichten Schrittes und stramm gehobenen Hauptes, und, ohne rechts und links zu blicken, die Postgasse hinunterging, wo vor einem scheunenartigen Gebäude eine Kutsche schon länger auf ihn gewartet zu haben schien. Denn der Kutscher saß bereits auf ihrem Bock, und sie rumpelte alsbald die Gasse hinunter, nachdem F. W. Meierschulze darin Platz genommen hatte. Vor der Stadt schlugen die Pferde einen muntern Trab auf der Chaussee ein, die nach Berlin führte, des Reisenden Heimatsort, in dem eine zahlreiche Verwandt- und Bekanntschaft seine Rückkehr seit etlichen Jahren schon ungeduldig erwartete, welch allezeit unser Meierschulze in jenem Sanatorium zu Königsberg zugebracht hatte.

Sehr gehobenen Hauptes, leichten Schrittes und ohne nach rechts und links zu sehen, genau so verließ er das Haus. Und dessen war nicht Ursache die fein wehende Frühlingsluft, die ihn umfing – er achtete ihrer gar nicht im geringsten – und auch nicht, daß die Behandlung in dem Hause ganz ohne ihre Widerwärtigkeiten gewesen war, im Gegenteil, sie war oft recht rigoros, ja hart gewesen, wenn es auch der Patient nicht so gar sehr spürte. Denn er hatte in seinem Dasein so viel ertragen gelernt, daß es ihm dauernd den Rücken krumm bog – und diesen Schönheitsfehler zu korrigieren, war er ja besonders in das Sanatorium des berühmten Mannes gegangen. Und der Fehler war korrigiert. Der Mann in immerhin schon gut mittleren Jahren hielt sich und stand und ging und sprach aufrecht wie ein Pfahl. Er saß sogar in seiner kommoden Kutsche wie ein Pfahl. Er hörte, brauchte man ihn später, diesen Vergleich nicht gerne. Denn es war gar keiner, und gerade daran wollte er nicht erinnert sein. Er wollte seinen überaufrechten Gang durchaus aus seiner Moral abgeleitet wissen, nicht, nun, es muß gesagt werden, aus dem Stock, den er auf Anraten des alten Professors verschluckt hatte, da nichts sonst helfen wollte. Als er nämlich die Geschichte seiner Leiden dem Königsberger Hexenmeister erzählte, kam er auch auf den Stock zu sprechen, den der alte König des öftern auf ihn hatte niedersausen lassen, zugleich mit dem Paradox: daß man ihn »nicht fürchten, sondern lieben« solle. Und da hatte schließlich der Königsberger, der doch sonst ein Feinschmecker war, den sonderbaren Einfall und Rat für den gekrümmten Patienten gehabt, er möge den Stock verschlucken, denn dann hätte er ja das Mittel, das zur Liebe zwinge, im eigenen Leibe, zugleich mit der den Stock schwingenden Kraft jenes, der die Liebe heische. Und nichts war einfacher als das. Friedrich Wilhelm Meierschulze schluckte und hatte seitdem einen aufrechten Gang, der etwas übertrieben aussah, aber immerhin Eindruck machte, wie er aus der Kutsche merken konnte, fuhr sie durch einen Krug; denn da standen die Bauernkerle bei seinem Anblick mit heruntergefallenen Armen und sperrten Maul und Augen auf.

Wie sagte der alte Herr beim Abschied? »Handle so, als ob die Maxime deiner Handlung durch deinen Willen zum allgemeinen Gesetz werde!« Ja, das war, so wußte er, wohl die kürzeste Fassung eines von jenem oft wiederholten Satzes, wobei es immer um Willen und Handlung herging, zwei Dinge, welche das arme Metökenherz unseres Meierschulze außerordentlich erfrischten, denn er fühlte sich, nach langen vergeblichen Anstrengungen zum Sein, durchaus zum Handeln geboren, wodurch er in einem Enkel und mit Hilfe eines kleinen philologischen Schnitzers – »das Leben ist ein Geschäft, drum handle«, witzelte der Enkel – mühlos vom Handeln auf den Großhandel kam. Mit dem Willen, da wird es schon werden, dachte unser Held und schrie plötzlich laut auf: »Ich kann, was ich will«, so daß der fromme litauische Kutscher ganz erschrocken auf dem Bock zusammenfuhr und ein Kreuz mit der Hand schlug, welche die Peitsche hielt. Denn er hatte die Gotteslästerung gehört, und ihn schauderte.

Was ihm der alte Herr in Königsberg für den Anfang prophezeit hatte, das traf ein: daß man F. W. Meierschulze eine Zeitlang für sehr krank halten und darum meiden würde, aber daß dies kleine Martyrium ihn, wenn dies überhaupt möglich, nur noch gesunder machen würde. »Das ist die Konkurrenz der veralteten Doktoren, wissen Sie, die ihre Wut über meine Heilerfolge an Ihnen auslassen werden. Besonders den Willen wird Ihnen gelegentlich einer arg verekeln wollen. Aber nur immer aufrecht, lieber Freund! Und da Sie ja den Stock –«. »Ich weiß, Herr Professor«, wehrte etwas in F. W. Meierschulze ab, denn der genannte Stock war noch nicht ganz fest eingewachsen und rührte sich manchmal als ein richtiger Fremdkörper, der er im immerhin fleischigen Leibe war.

Man mied F. W. M. in der Tat. Man sah ihn nicht gern. Er litt. In der soi-disant Verbannung tröstete es den unentwegt Aufrechten nur wenig, daß er sie mit einem Freiherrn von Stein teilte, so nutzbringend ihm auch die Unterhaltung mit diesem Manne war, der an unseres Helden Aufrechtheit eine etwas ironische Freude zu haben schien. Es war wohl nur ein Scherz, doch Friedrich Wilhelm Meierschulze liebte solche Scherze mit heiligen Dingen nicht; aber es gab ihm doch einen hoffnungsvollen Trost, als der Freiherr einmal zu ihm sagte: »Tu es Petrus et in hoc petro...«

Darunter, seinem König nicht dienen zu können, litt unser Held damals unsäglich. Denn es fehlte so im Schachbrett seiner erkannten Pflichten ein Stein, und er war auf das unbesetzte Feld stierend gezwungen, diesen fehlenden Stein noch stärker als bisher zu denken, wodurch er sich ein theoretisches Wissen sowohl über seine Königstreue wie über seinen Pflichtenkomplex erwarb, womit er dann vier Generationen seiner Landsleute ausstatten konnte, ja, es profitierte sogar, und bis an den Bauch, eine siebente davon.

Daß ihm das Exil und seine vorübergehende Dauer vorhergesagt worden waren, bestärkte ihn in seinem Glauben an die gelungene Kur und hinderte die Ausbildung eines Ressentiments, wozu übrigens auch die Zeit im Exil zu kurz war, so kurz, daß er es bald darauf überhaupt vergaß. Und dies um so leichter, als sich Meierschulze inzwischen so ausgedehnt hatte, daß er sich selbstverständlich vorkam. Und da begann er sich historisch zu konzipieren, was anfangs nicht ohne einige dialektische Kunststücke abging, da es galt, das historisch Vergangene so in das Gegenwärtige hineinzubringen, daß eine dem moralischen Habitus Meierschulzes entsprechende Zukunft herauskommen mußte. Worin dieses schwierige Kunststück der Geschichtskonstruktion versagte, darin kamen später andere Umstände zu Hilfe.

Unser Held konnte ein gewisses Lächeln nicht vertragen, das er an seinen im Süden und Westen wohnenden Verwandten immer dann zu bemerken glaubte, wenn er das Wort »deutsch« aussprach. »Ihr wollt mir wohl mein Deutschtum nicht glauben?« konnte er da auffahren und machte sich bolzensteif mit Bauch heraus und Brust hinein, daß das zweireihige Jakett im Jägerschnitt nur so knackte. Er bekam darauf verschiedene Antworten, je nachdem er, sein Urenkel, sein Ururenkel, sein Urururenkel die Frage stellte. Etwa diese: »Wir haben das Deutsche nur nicht so jede Zeit parat wie du, weil es bei uns ein guter alter Kasten ist. Nur Neuvermählte zeigen gern ihre Wohnungseinrichtung, die ihnen selber noch auffällt, weil sie ihnen noch nicht ganz richtig gehört. Unser alter Kasten, der steht schon so lange auf dem Fleck, daß wir ihn gar nicht mehr merken.« – »Jawoll«, sagte da giftig Friedrich Wilhelm Meierschulze VIII, »auch nicht, daß ihn Stück für Stück die tschechischen Würmer davontragen.« Oder man sagte ihm: »Wir können halt in der Herstellung eines Champagners aus Apfelmost und Zucker so was besonders ehrenwert Deutsches nicht sehen, außer in der Benennung dieses Sudes, den du ›Kaiserblume‹ taufst.« Darauf antwortete hohnlachend Friedrich Wilhelm Meierschulze IX: »Deutschlands Zukunft liegt auf dem Wasser«, und stimmte das Flottenlied an. Einer sagte ihm einmal: »Wenn seinerzeit die Tschechen so wie ihr Preußen und Wenden und Sachsen Deutsch von uns gelernt hätten, dann wären diese verdeutschten Tschechen unsere Preußen, und in Wien hätte man statt tschechische Klofařs und Kramařs mit einem lauten ars deutsche Kramars und Klofars mit einem stummen ars, wie ihr deutsche Bülows und Quitzows mit einem stummen Weh habt.« – »Also du meinst, es sei eine Rassenfrage innerhalb der deutschen Nation?« schnarrte Friedrich Wilhelm Meierschulze X. – »Das meint er wohl nicht«, sagte ein Fremder, »sondern nur, daß Sprachgemeinschaft noch nicht unbedingt Volksgemeinschaft oder gar Kulturgemeinschaft bedeutet. Die Englisch sprechenden Irländer sind deshalb noch keine Engländer, und die Französisch redenden Flamen noch keine Franzosen. Zu Metöken werden jene, welche Sprache und Sitte der Eroberer annahmen.« – »Wir Metöken?« – »Ja, in der Seele, dort, wo ihr den Staat herumtragt.« – »Und der Staat ist nichts?« – »Er ist euer zum Gesetz der Welt erhobenes Metökentum.« – »Handel und Gewerbe lagen in Griechenland allein auf den Schultern der Metöken.« – »Wie heute in der Welt. Ganz richtig. Nur daß damals Handel und Gewerbe nicht den Staat ausmachten wie heute. Neben Perikles saß nicht ein Schneider im Amte kraft seines Schneidertums. Darum seid ihr heut die Mächtigen, denn ihr habt heute die Macht des Staates, kennt daher nichts als ihn und wollt nichts anderes als ihn, denn Zweck und Sinn eures Lebens erfüllen sich nicht menschlich oder göttlich, wie es sonst der Brauch, sondern staatlich, und das heißt ohne persönliche Verantwortung.«

Nach solchen Debatten pflegte der jeweilige Meierschulze auf sein wohlgeordnetes Besitztum zu sehen, seine Kontore, Kanzleien, Krane, Lifte, W.C.s, Schiffe, Soldaten und der zweifelhaften Wirtschaft dieser oder jener seiner südlichen Verwandten vergleichend sich zu erinnern, um alsofort wieder sein vollkommenes Gleichgewicht zu finden, aus dem er eigentlich nie gekommen war, denn er verstand die andern gar nicht, und die andern ihn nur wenig. Auch deshalb, weil man, um sich zu verständigen, auf ein Deutsch sich geeinigt hatte, das eigentlich kein Mensch redete. Und zudem war es ein reiner Zufall, daß sie überhaupt miteinander und deutsch redeten. Ein anderes Mal ging ein Gespräch so: »Lieber Bruder, du bist vortrefflich in der Not...!« – »Ohne mich –« »Gewiß, ohne dich verloren in der heutigen Welt für Heutiges. Aber deine Art schafft uns eben die Not! Ja, manchmal kommt's mir vor, als ob du wie vom bösen Geist besessen die Not extra schafftest, um dich so recht als Nothelfer zu zeigen, dein Dasein schön zu beweisen, dem ohne die Not der Sinn fehlte, den wir ihm zu geben gewohnt sind, und den du aus deiner Art nicht anerkennen, kaum verstehen kannst, weil er dir nicht Pflicht wird, und der als Pflicht, als ein so Selbstgesetztes, überhaupt nicht zu fassen ist.« – »Aber du siehst doch den Zerfall überall dort, wo mein Pflichtbewußtsein nicht herrscht.«

– »Und die andern sehen den Verfall dort, wo es herrscht, oder sie geben ihren Verfall zu und sagen, dein Pflichtleben verursache ihn, denn es verdränge das Leben. Was du lebst, das impostierst du andern, denen es nicht im Wesen liegt und bei denen es daher nicht gedeihen kann, wie bei dir. Das nennst du dann Verfall der Welt, aber es ist nur deine bestimmte Welt, die, auf die ganze Welt ausgedehnt, überall dort verfällt, wo sie eben nicht leben kann.« – »Gut ist, was im heutigen Leben –« – »Verzeih die Unhöflichkeit der Unterbrechung, aber wir wollen nicht aus Vergleichen gut und schlecht, wahr und falsch bestimmen, denn das Urteil ist hier unwichtiger als dies, daß es und von wem es und wie es ausgesprochen wird. Und da ist nichts weiter zu sagen, als daß du in der heutigen Welt mit deiner Pflicht dich bis auf weiteres besser behauptest als der andere, den nicht die Pflicht vollkommen definiert, wie du sie allein kennst. Du bist nichts als der Stärkere in der jetzigen Welt, die in ihrer augenblicklichen Artung deiner Art günstiger ist. Du hast wie die Juden, die Schotten, die Norweger, die Amerikaner, lauter deinige Verwandte, die größere Anpassungsfähigkeit an das heute Kurante, und das ist für dich gut, und deshalb auch, aber nur für dich, an und für sich gut, das Gute schlechthin.« – »Ich handle nach Maximen, die sich selbst zugleich als allgemeine Naturgesetze zum Gegenstand haben können «, antwortete der betreffende Meierschulze, nunmehr schon nichts mehr sonst als der leibhaftige kategorische Imperativ. Und das ist ein Malheur, dachte der andere, daß dieser Meierschulze mit uns sprachverwandt ist und sich daher zugleich auch noch denken kann. Er wäre sonst ein so umgänglicher Amerikaner.

Friedrich Wilhelm Meierschulze machte sich seine Geschichte, denn Unsicherheiten der Herkunft verlangten eine Ahnenreihe, die auch bis Wittenberg zustande kam. Bis dahin. Denn da es ihm vor allem und auf nichts sonst eigentlich ankam als auf das Fortschreiten, ließ sich in Hinsicht auf den Weg Jahr 1000 bis Luther nichts weiter empfinden als die Freude, daß diese Zeiten wirklich überstanden seien, die er mit Vorliebe und stiller Verachtung die ›dunklen‹ oder, redete er öffentlich, ›finstern‹ nannte. Und er war glücklich, in der absoluten Gegenwart, nach der er strebte – und die ihm auch die Zukunft einschlang – keine andern Spuren jener finstern Zeiten zu finden als solche, die er sich ästhetisch zurechtlegen und damit, wie auch mit der universellen Bildung, vom Halse schaffen konnte. Ja, es setzte ihn das Unhistorische seiner eigenen Lebensform, welcher der Begriff der Dauer fremd war, erst recht instand, jenen Historismus zu produzieren, den einer die historische Krankheit nannte. Sie bestand darin, daß der hermetisch in seinen Pflichtbegriff wie Insekt in Bernstein eingeschlossene F.W.M. um sich ein Leben sah, dessen organisch sich formenden Werte aus historischer Kontinuität des Seins – und nicht des Wollens – sich produzierten, und die selber zu produzieren er sich ganz außerstand merkte. So versuchte er, sich diese Werte aus der wissenschaftlich disziplinierten Bildung wenigstens anzueignen, worin er auch bald jeden schlug. F.W. Meierschulze wurde der wissenschaftliche Mensch schlechthin. Er wurde der Mann, den man überall in der Welt und in allen Sprachen ›Professor‹ nannte. Er verfaßte dickste Bücher über Malerei, trotzdem er den einen Maler in seiner Familie als einen Taugenichts auslachte und einen anderen, der überhaupt kein Maler war, ein malerisches Genie nannte. Er schrieb Abhandlungen über den Geschmack, trotzdem er Stilformen aus dem Zweckgedanken erfand. Er beherrschte sämtliche indianischen Dialekte, nur die deutsche Sprache schrieb er, daß einem speiübel wurde. Er erfand das Gesamtkunstwerk mit ethischen Absichten, weil er das Einzelkunstwerk mit ästhetischen Absichten weder zustande bringen noch aufnehmen konnte. Nichts war vor seinem wissenschaftlich gedrillten Verstande sicher, nicht einmal der Verstand selber. Denn gelegentlich verleitete ihn sein in allem Gewesenen und Seienden herumvagabundierender und suchender Bildungstrieb dazu, seinem Verstand eine mystische Maske zu geben und gegen den Verstand zu Felde zu ziehen: er wurde höchst verständig verrückt. Aber das waren seltene Extratouren von sehr kurzer Dauer. Im Grunde waren unserm Helden beide Formen, in denen Outsider der Familie gegen die Aufklärung, diesen falschen Vertrag zwischen Wissenschaft und Orthodoxie, protestierten, gleich zuwider: sowohl die Form Goethes, der zugunsten des Denkens entschied, wie auch die Form der Romantik, welche zugunsten der Orthodoxie entschied. Unser Held war für Schiller, für die Aufklärung und den Fortschritt, seines ethischen Pflichtkomplexes als des Normativen sicher.

Im verschluckten Stock, dem physiologisch-anatomischen Erbstück der Familie Meierschulze, besaß unser Held ein Attribut des Königs, der Stock und Pflichten auferlegte, im eigenen Leibe. Der Untertan wurde sein eigener Untertan und erkannte sich. F. W. M. propagierte den Demokratismus der Pflicht, die er hinreichend abstrakt faßte, so daß sie leicht alle Konkretierungen annehmen konnte. Er schuf damit keine Demokratie, die ja nichts als ein gefühlter Zustand ist, sondern die Organisation.

Der Begriff des Lebens deckte sich ihm mit dem Vorstellungskomplex einer zweckhaften Organisation erkannter Pflichten, wobei sich die Pflicht immer mehr aus ihrer bisherigen ethischen Kategorie herausbegab und gern jedem Ding als Etikette aufgeklebt wurde, das sich ohne diese Tabulierung nicht hantieren ließ. Diesem seinem Lebensbegriff ordnete unser Held auch die Wissenschaft unter, indem er ihre Methoden zu ihrem Sinne überhaupt machte, – die Wissenschaft wurde nichts als Methode, was sie gegen den bisherigen Sinn der Wissenschaft so abhob, daß die Meierschulzes nicht ganz unrichtig von einer deutschen Wissenschaft sprechen konnten.

Friedrich Wilhelm Meierschulze liebte es überhaupt, vor gewisse Begriffe das Wort »Deutsch« zu setzen, nicht nur aus dem begreiflichen nationalen Stolze des Herr gewordenen Metöken, sondern in wenn auch nicht ganz deutlich gewordener Einsicht, daß die Sache in seiner Hand etwas anderes geworden war. Es sagte zum Beispiel: »Der Deutsche Gott.« Oder er sprach von deutscher Treue, etwas mit dem Tonfall, als ob es woanders keine gäbe, und es irritierte ihn wenig, als ihm – es war 1866 – ein Bayer sagte, daß sich das Wort »deutsche Treue« wie eine Übersetzung von Fides Punica ausnehme. Er parierte damals mit »unabwendbarer Folge« – Meierschulze der Elfte sagte amerikanischer »Logik der Tatsachen« – und er flüchtete sich in die Hegelsche Geschichts- und Rechtsphilosophie, aus der sich eine Auserwähltheit jedes Volkes leichter lesen läßt als die Juden die ihre aus dem Alten Testament. Wenn Meierschulze sich auf eine Diskussion von Rechtsgründen damals nicht einließ, so geschah es, indem er, seines metaphysischen Rechtes wie seiner ewigen Seligkeit aus dem alleinigen Glauben sicher, sich nur und auf nichts sonst als auf den Existenzgrund berief. Seit Sadowa stützte er sich auf die Kanone und trieb Rechtsstudien auf der Artillerieschießstätte. Das gab ihm so viel Sicherheit, daß er um diese Tatsache sein Leben gruppierte, später, als er es niederschrieb, gelegentlich und unter dem Pseudonym Heinrich Treitschke veröffentlichte. Meierschulze, der klein zu bleiben geboren war, wäre ohne den geschluckten Stock auch klein geblieben. Aber der Stock streckte ihn: er wuchs an ihm, wurde nicht größer, aber massig.

Diese Proömium meines deutschen Romanes, den zu schreiben nur Faulheit hinderte, nicht die oft besprochene Unmöglichkeit eines deutschen Romanes, steht hier an diesem Ort, weil es die wichtigsten Strukturteile der deutschen Seele enthält, wie diese sich heute zeigt. Auch in den Belles-lettres und ihren Verfassern. Kapitel des Romanes enthalten mit allem Fleische, auf welches das Proömium verzichten muß, unter vielem auch dieses: Meierschulzes Italienreise, id est seine künstlerische Ambition, seine Hochzeitsreise nach Paris, id est seine erotische Ambition, seine Fahrt nach London, id est seine geschäftliche Ambition; enthält Das Wartburgfest, id est seine Religion. Sein Besuch bei Bismarck, id est seine Politik. Sein Empfang Roosevelts, id est auch seine Politik. Seine Depesche an Ohm Krüger, id est noch immer seine Politik. Die Gründung des Palais de Danse, id est seine mit dem Geschäft multiplizierte »Pariser« Erotik. Sein Kulturkampf, das ist sein Kulturkampf. Sein Eucken, das ist sein Idealismus für Minderbemittelte. Sein Reserveoffizier, das ist sein Idealismus für Höherbemittelte usw. usw.

Ich werde den Roman doch noch schreiben und schenke den Stoff niemandem.

DER FREUD

Der Freud ist zunächst eine zu Fackelkraus analoge Sprachbildung. Mit überraschender Weglassung des Vornamens und durch die Hinzunahme vertraulichen Augenblinzelns gibt sich hier eine Bekanntheit und zugleich eine Intimität mit dieser Bekanntheit, die nun ihren Ruhm auch in der ganzen Menschheit ausbreiten könnte, ohne doch aufhören zu können, eine lokale und esoterische Bekanntheit zu bleiben. Denn diese ganz begeisterte Menschheit würde eben bloß zu Wienern, zu Lesern der »Fackel« und der psychoanalytischen Schriften: der Begriff der Menschheit würde eingeengt statt erweitert werden kraft einer fluchartigen Affinität der Leser zu ihren Autoren. Was den Freud anlangt, so verwandelte sich da der Genius der Menschheit auf dem Locus des Allzumenschlichen in den Genius loci, und der Wiener »Stock im Eisen« erhöbe sich zur Säule des Herakles, welcher Name hinwieder nur das antike Pseudonym für den Fackelkraus ist, der insofern – allerdings mehr Crêpe de Chine als Atlas – die ganze Schuld am Weltkriege trägt, als und um so mehr er durch immer heftiger betonte Schuldlosigkeit seiner Person Gefahr läuft – man soll den Gott nicht an die Wand malen – zum Agnus Dei zu werden, das diese fremde Schuld dann hinwegnehmen müßte. Wie das Sonntagspublikum unserer zoologischen Gärten sich um den Affenkäfig drängt, weil der Affen physiognomische, die Distanz scheinbar wieder aufhebende Nähe zur Komik wird, so sammelt sich eine Waisenschar der illegitimen Kinder ahndungsvoll um ihre Väter, den Freud und den Fackelkraus, in der verschämten, aber zudringlichen Form des Abonnenten oder Patienten, Scheinkomplemente des Wahlvaters, diesen zur Legitimierung von Schemen lockend, die er gezeugt durchs Wort er weiß nicht wie und weiß es doch; und so muß er in unerhörter Weise mit diesem Worte, dieser Sprache ringen gegen Neurose und Lektüre, als Arzt das Leben, das er geschaffen, abtreibend, als Publizist wieder einsammelnd in sich, was er ausgegossen. Der Fall, daß ein Publizist sein Publikum zurücknimmt, also inmitten der Publizität diese selber aufhebt und nichts sonst schildert als die Wonne des Wegschauens von dem, was seine Schilderung im Konkreten auswirkte: welch eine Verzweiflung, die sich an den Worten erhängt, welch ein Schauder von der Erkenntnis seiner selbst, aber auch welch ein Genießen am Strick!

»Lieber krank werden, als unbehandelt von solchem Arzte durchs Leben wandeln, der mit der Lust, der Libido auf dem besten Fuße, dem Pferdefuße steht!« so ruft in der hypokriten Gesellschaft, welche natürliche Bindungen nur noch markiert, und der die Kriege auf das Haupt kommen müssen, um der eingebildeten Übel wieder Herr zu werden, das alte Maß der wirklichen Leiden wiederherzustellen, so ruft am Generationsende aller Laster der Müßiggänger aus. »Lieber überhaupt lesen können als nicht lesen können, was der Kraus über mich geschrieben hat«, so ruft des in Wien so Vielgenannten namenloser Zeitgenosse, dessen von Gottes Zuchtrute noch unbefriedigter persönlicher Masochismus sich wollüstig getroffen fühlen will in dem allgemeinen Porträt dieser Zeit. Er nimmt die Gefahr der Bildung in Kauf, die Gefahr des Zusammentreffens mit den bedeutenden Phänomenen der Schrift, nur um lesen zu können auf dem Höllentore, wer er sei: ein Schurke, ein Schieber, ein Schmock – aber er sieht's gedruckt, gedruckt in der ihm heiligen rotbroschierten Schrift, er ist da in ihr, immerhin auf der Seite der Böcke, aber er ist da, er lebt, er hätte es nicht geglaubt!

»Dieser ist mein vielgehaßter Sohn, an dem ich mein Mißfallen habe«, so verkehrt sich im Munde des falschen Propheten das Wort, und nur bei dieser Verkehrung wohnt das Blasphemische solcher Schriftstellerei, welcher mit dem unmöglichen Versuche, den Journalismus in den Bezirk der Sprache zurückzuführen, aus welchem er sich selber durch einen Akt der Einsicht gestoßen hat, ein ganz anderes, unbeabsichtigtes gelungen ist: daß die Steine, die sie hinter sich gegen die Leute geworfen hat, diese Leute erst aus dem Boden gestampft haben! Für jeden entlarvten Betrüger standen ihrer zehn auf, und die hatten anstatt Karriere plötzlich ein »Höheres«, eine verschwommene, verschmockte Art Gewissen, die – »Hemmung« nämlich, die sie nun nicht weiterließ, hin zu den ihnen bei den Königen bereiteten Stühlen, zu den Redaktionsschemeln nämlich. Die Hemmung ließ sie nun nicht hin, sehr zum Wehe aller andern Berufe und insonders der Dichtung, wohinein nun alle Gehinderten können, sofern sie nicht noch immer dichtgedrängt bei der tausendsten Vorlesung ihres Propheten stehen, weder vor noch zurück können, die Ausgänge der Redaktionen verstopfen und die Eingänge zu den psychoanalytischen Ordinationszimmern – ein Greuel für Gott und den Teufel.

Jener nahm den mediokren Subjekten die Lust zum Schlechten, aber gab ihnen nicht die Lust zum Guten, gab ihnen den Stein der Hemmung statt Brotes und zeugte so Wesen, Menschen, die es nicht in Wahrheit gibt, sondern nur in der Hysterie. Jener sprach über das Gute nicht dämonisch, und das machte den andern nötig, den Regimentsarzt seiner Marodeure, die zum ewigen Rückzug befehligt werden und nach den Wonnen eines unerreichbaren geistigen Hinterlandes schmachten. Das macht den Freud nötig als den psychologischen Definitor der Hemmung und machte zum ersten Male das sittliche Phänomen der Lauheit zu einer Krankheit, also zu einem außersittlichen Phänomen, also zu nichts und alles, was nach ihrer Behebung geleistet werden könnte, zunichte, da die volle und werthabende sittliche Entscheidung in der Hilflosigkeit und Verlassenheit von jedem Außen erreicht werden muß. Zoologisch gesprochen ist der Freud die zum Wurm im Apfel der Sünde degenerierte Schlange des Paradieses. Da der Teufel aus dem Mythologischen ins Psychologische fiel, tauchte der Verführer auf als der Arzt. In dieser Rolle korrespondiert er gleichsam unauffällig mit dem Tode, nimmt ihm zum Schaden der Seele einen Teil der Schrekken. Als Arzt ist der Teufel trotz seines Falles subaltern geworden. In der Gestalt der Schlange des Asklepios hält er die Würde des bösen Prinzipes wenigstens noch an einem Stabe aufrecht, gleicht jedoch einem Könige ohne Land, da er dieses doch notwendigerweise durch die Pyrrhussiege seiner Therapie verlieren muß, ohne es allerdings gänzlich durch den wahren Sieg über sich und die Sünde, wie ein absolvierender Priester, aufgeben zu können. Er bleibt im beruflichen Protest gegen die Gesundheitsfiktion Besitzer des Landes, d.h. der Notwendigkeit von Übel und Sünde. Da dieser Schlange gewesene Wurm gewohnt war, in unendlichen Zeiträumen zu denken, erscheint ihm sein Apfel als ein Globus, als eine ganze Welt. Es ist daher müßig, mit dem Freud über die Allgewalt der Libido zu streiten. Denn gerade in der Setzung dieser Allgewalt hat er sein ursprüngliches Wesen wahr. Sprach er als Schlange einst: eritis sicut deus, so spricht der jetzige Wurm: seid wie die Psychoanalytiker. Denn die missionierende Kraft der psychonalytischen Schriften ist größer als ihre Absicht, die Therapie. Wider den bewußten Willen ihrer Autoren. Aber so geht nun einmal ihr Verhängnis und beweist den Satz, daß außer dem einen Arzte kein Heil, auf lateinisch: extra ecclesiam non est salus. Die böse Materie ist nämlich durchaus stärker als jeder sie voraussetzungslos Erkennende. Es kann das Böse nicht ohne bedeutende Gefahr für den Erkennenden erkannt werden, insofern dieser nicht auch die letzte Affinität zu ihm in sich gelöscht hat. Aber Wiener und Juden, diese beiden

Kinder des Desillusionismus, können metaphysisch nicht untergehen; sie vermöchten in einer absoluten Entscheidung nicht zu leben; weswegen sie den Dreh lieben und den Begriff des Nebbich, also den Trugzug des Mattsetzens und das anarchistische Attentat auf das Kontinuum: den Bombenwurf des Nebbich. Wiener und Juden sind vermöge einer ahasverischen Lebensdauer mit allem, was fliegt, kriecht, singt, malt und dichtet, heilig oder erhaben genannt wird, intim, weil der Schein, daß sie alles das könnten, schon und wenn schon und von Akiba her und für alle Zukunft stärker in ihnen ist als die protestantische und protestierende Tatsache des schlechthin einmaligen in Subjekt wie Objekt, woraus der Problematiker seinen tiefen Respekt vor den Dingen zieht und vor sich selber. Diesen Respekt können Wiener und Juden nie haben wegen ihrer pseudometaphysischen Intimität mit sich, untereinander und mit allem, was ist: also haben sie da in dem Freud, in dem Wurm und seiner Methode sich zu winden die wissenschaftliche Erlaubnis gefunden, kein Geheimnis mehr weiter mit sich noch außer sich zu haben. Zum ersten Male wieder seit langem tritt der Arzt als Magier auf, beinah mit einer Irrlehre, eingedenk also seiner Präexistenz als Schlange, und mit einer Praxis, die bis auf den Daimon des intuitiven Durchschauens ohne weiteres zu erlernen ist, welcher Daimon zudem jeden, der ihn besitzt, zum Arzte macht. Sokrates, der sich selber Arzt ist! Ahnt man, worum es hier geht? Das hohe Ziel der Erkenntnis wird unglaublich tief gehängt, die ahasverische Person möchte sich auf- und auswickeln, zu Ende kommen; die Schlange, schon Wurm geworden, möchte endlich ganz verschwinden. Mittelst einer Schein-Nichtexistenz des Teufels soll Gott aufgehoben werden. Über alles die Schweigsamkeit: nichts sagte Franz von Sales lieber. Ich bescheidener Zoologe sage nur noch: Hütet die Lust in jeder, auch in gestrafter, Gestalt vor den Ärzten! Habt Achtung vor der Sünde und den Leiden aus ihr! Seid euch selber sehr geheimnisvoll, auch im Bösen. Geht lieber unter als zum Arzte geistigen Schiffbruches. Denn eine gewisse Gesundheit möget ihr gewinnen, was ihr aber verliert, ist der Adel.

ANTIGONUS UND PHILAMINTHE

Jedes Kunstwerk muß exemplifizieren, den Gehalt haben, muß in seiner Einmaligkeit die Einheit und Universalität des Gesamtgeschehens aufweisen können. Wir wollen uns daher keiner zufällig durch die Zeitung oder von der Phantasie uns zugewehten Geschichte hingeben, sondern uns diese in bewußter Konstruktion selber herstellen.

Annehmend, daß Begriffe mittlerer Allgemeinheit eine allseitige Fruchtbarkeit zeitigen, sei der Held im Mittelstande einer größern Provinzstadt, sagen wir etwa in der Person eines Gymnasialsupplenten, lokalisiert. Sofern derselbe Mathematik und Physik unterrichtete, kann vorausgesetzt werden, daß er diesen Beruf aus einer kleinen Neigung und Begabung zur Auflösung näherer Probleme erwählt habe, denen er in eigenen Studienjahren mit schöner Hingabe, roten Ohren und einem kleinen Glücksgefühl im klopfenden Herzen obgelegen haben dürfte, ohne allerdings die Erstellung weiterer und höherer Aufgaben und Prinzipien zu bedenken oder zu erstreben, wohl aber mit der Ablegung der Lehramtsprüfung einen logischen, definitiven und bürgerlichen Abschluß findend. Er paßt in den solcherart imaginierten Charakter, daß er die Formen des Lebens mit der gleichen Selbstverständlichkeit hinnehme wie die Formeln der Mathematik: beide als seiende Dinge, über deren Realität man sich keine weiteren Gedanken zu machen hätte, denen Fiktivität zuzumuten verwunderliche Schrulle wäre und deren einzige Problematik in gewissen Schwierigkeiten ihrer Kombinationsfähigkeit, das heißt Auflösbarkeit, sich dartue. Die Einteilungsfähigkeit und -aufgabe der rechnerischen und erlebten Materie war ihm stete Sorge, aber auch interessiertes Vergnügen, und immer darauf erpicht, daß »es genau ausgehe«, hatte er zu den Fragen seiner sogenannten Wissenschaft dasselbe Verhältnis wie zu denen seiner Stundeneinteilung, seiner Geldsorgen und denen jener Lebensfreude, die ihn als solche gar nicht berührte, die aber irgendwie mitzumachen sich verpflichtet fühlte, da sie von den Kollegen anerkannt wurde, mithin ein seiendes Ding darstelle, dessen Forderungen zu erfüllen waren. Er trank ohne sonderliches Behagen Bier, besuchte nachher das öffentliche Haus, hatte Wege zum Spezialarzte, gab Stunden, fuhr auf der Straßenbahn, stand im Laboratorium, fraß in den Ferien an Mutters Tisch, schwarze Nägel zierten seine Hände, rötlichblonde Haare seinen Kopf, von Ekel wußte er wenig, Linoleum schien ihm ein günstiger Bodenbelag.

Eine solche Existenz, vollständig determiniert von den Dingen einer ebenen Außenwelt, in der kleinbürgerlicher Hausrat und Maxwellsche Theorie einträchtig und paritätisch durcheinanderstehen, muß als Minimum von Persönlichkeit angesehen werden, so daß sich mit Recht die Frage erhebt, ob ein solches Non-Ich Gegenstand menschlichen, geschweige denn novellistischen Interesses sein dürfe, da man ja sonst ebensowohl die Geschichte irgendeines toten Dinges – sagen wir beispielsweise einer Schaufel – entwickeln könnte.

Dieser Einwand ist um so berechtigter, da nicht einzusehen ist, wie sich die Verhältnisse mit Ablegung der Lehramtsprüfung wesentlich ändern sollten. Wohl mußten im Kopfe des Helden – Namen tun nichts zur Sache, er heiße also Antigonus – doch auch irgendwelche eigene Gedanken gewesen sein, um so mehr als die kleine Denkbegabung zur Mathematik unleugbar vorhanden war, aber sie blieben an das hier und jetzt Gegebene gebunden. Immerhin verdichtete sich dieses Denken zur Zeit der Examina zu gewissen Zukunftshoffnungen und vagen Bildern: er sah sich im eigenen Heim, sah, wenn auch ein wenig schwankend, das künftige Speisezimmer, aus dessen abendlichem Dunkel die Konturen eines schöngeschnitzten Anrichteschrankes und der grünliche Schimmer des wohlgemusterten Linoleumfußbodens deutlicher sich abhoben. Auch ließ das Futurum exactum dieser Formungen ahnen, daß in jener Wohnung eine Hausfrau vorhanden zu sein haben werde, was jedoch alles, wie gesagt, schematisch blieb. Die Erheiratung einer Frau war ihm im Grunde genommen unvorstellbare Angelegenheit: wenn ihm auch beim Bilde der zukünftigen Hausfrau gewisse erotische Schwaden durchs Gehirn zogen und etwas in ihm meckerte, daß er deren Unterkleidung so genau kennen werde, mit allen Fleckchen und Löchern, wie seine eigene, wenn ihm also jenes Weib einmal als Mieder, einmal als Strumpfband angedeutet wurde – dies auszudrücken, vermöchte eine hierherzusetzende Illustration Kokoschkas – so war es ihm anderseits undenkbar, daß ein konkretes Mädchen oder Weib, mit dem man normale Dinge in normaler Syntax reden könnte, irgendeine sexuelle Sphäre hätte. Frauen, die sich mit derlei beschäftigten, standen völlig abseits, keinesfalls niedriger als jene, aber in einer völlig andern Welt, die mit der, in der man lebte, sprach und aß, nichts gemein hatte: sie waren andere Lebewesen fremdester Konstitution, die stumme oder zumindest unbekannteste irrationale Sprache redend sich vorzustellen ihm nahelag. Denn wenn man – ohne auch gerade biervoll zu sein – zu diesen Frauen gelangte, so geschahn die Dinge mit großer zielbewußter Fixheit, und niemandem wäre es beigefallen, etwa über Staubtücher – wie seine Mutter – oder über diophantische Gleichungen – wie die Kolleginnen – zu reden. Es erschien ihm daher unerklärlich, daß es je einen Übergang geben könne von diesen rein objektiven Themen zu jenen subjektiven, es war ihm dies ein Hiatus, dessen Entweder-Oder (ein Urquell alles Sexualmoralismus) sich übrigens gleicherweise in der Wedekindschen Psyche leicht aufweisen läßt.

Wenn wir also Antigonus in die Konstruktion einer erotischen Begebenheit hineinsetzen wollten, so dürfte sich die Möglichkeit ergeben, daß er im Dilemma seiner Determinenten jene voluntaristische Entscheidungsfähigkeit eines verantwortlichen Ichs erlange, die ihn zu novellistischer Heldenhaftigkeit eben doch berechtigen würde.

Vorderhand geschah natürlich nichts dergleichen. Antigonus legte die Examina ab, erhielt eine Supplentenstelle mit dem Auftrage, sein nunmehr abgeschlossenes Wissen weiterzugeben, was ihm unschwer gelang, denn dieses war ihm, wie bereits berichtet, in keiner Weise persönliche Angelegenheit, sondern eben ein Paket, das nunmehr säuberlich abgeschnürt und handlich sowohl dorthin als daher gelegt werden konnte. Aus der gleichen Vorstellung heraus gab er dem Schüler kleine Paketchen seines Wissens, und dieser mußte sie ihm in Gestalt von Prüfungsergebnissen wieder zurückgeben. Wußte der Schüler nichts zu antworten, so bildete sich Antigonus die wenn auch nicht klare Meinung, jener wolle ihm sein Leihgut vorenthalten, schalt ihn als verstockt und war solcherart mit einem gewissen Temperamente an seinem Berufe beteiligt. Hatten die Schüler sein Wissen zur Leih, so war ihm jedes Klassenzimmer, in dem er unterrichtete, bald Aufbewahrungsort eines Stücks seines Ichs, gleich wie der Kasten in seinem kleinen Monatszimmer, der seine Kleider beherbergte, und die er sinngemäß als ebensolche Teile selbigen Ichs rechnete. Fand er in der Tertia seine Wahrscheinlichkeitsrechnung, zu Hause im Waschtisch seine Schuhe vor, so fühlte er sich unzweideutigerweise der Umwelt gegeben und verknüpft.

Solches Leben währte einige Jahre. Hierauf trat die von uns als notwendig vorweggenommene erotische Erschütterung ein. Um nicht fernab zu schweifen, gesellen wir Antigonus ein naheliegendes Komplement bei, nämlich seiner Hauswirtin Töchterlein, das einem meiner Freunde zuliebe Philaminthe genannt sei.

Es entsprach der Weibauffassung des Antigonus, jahrelang ohne irgendeinen Wunschgedanken neben einem Mädchen einherleben zu können. Ob dieses Negativum auch der Wesenheit des Mädchens entsprochen hatte, bleibt eigentlich irrelevant, denn Antigonus wäre sicherlich nicht der Mensch gewesen, ihr bürgerliches Seufzen zu verstehen, und da es ohne männlichen Angriff eben meistens nicht geht, so wäre ihr Begehren gewißlich in Kürze eingeschlafen. Es ist daher anzunehmen, daß Philaminthes Phantasie, gleichgültig, ob sie sich jemals mit Antigonus befaßt hätte oder nicht, auf auswärtige Objekte gerichtet war, und man wird nicht fehlgehen, ihr romantischen Charakter zuzusprechen. Es ist beispielsweise in kleinern Städten üblich, täglich den Bahnhof zu besuchen, um den durchfahrenden Schnellzug anzustaunen, eine Sitte, der Philaminthe gerne folgte. Wie leicht ist es nun möglich, daß ein junger Herr, am Fenster des abrollenden Zuges stehend, dem nicht unhübschen Dinge zugerufen hätte: »Komm doch mit«, eine Begebenheit, die Philaminthe fürs erste in einen blöde lächelnden Pfahl verwandelt hätte, der nur mit schweren Füßen nach Hause gelangte, nachts aber sie von nun an immer häufiger träumen ließ, daß sie mit müden, ach so müden Beinen enteilenden Zügen nachzulaufen hätte, die auf Griffweite erlangbar in nichts versanken; blickte sie dann tagsüber von der Näherei auf, stundenlang den aufreizend unvollkommenen Zickzackflug der Fliegen um die Stubenlampe verfolgend, so erstand jene Bahnhofsszene aufs neue: es wurde ihr deutlich, daß sie wohl noch auf den abfahrenden Zug aufspringen, vielleicht eine rührende Verletzung bei diesem kühnen Sprunge davontragen hätte können, um sodann gebettet auf den weichen Polstern der I. Klasse und handgehalten von ihm in die dunkle Nacht hinauszufahren; Schaffner hätte sich, nachdem er Buße für die fehlende Fahrkarte samt reichlichem Trinkgeld erhalten, unterwürfig zurückgezogen, und es blieb nur offen, zu überlegen, ob im entscheidenden Augenblicke die Notbremse ihrer Ehre erreichbar gewesen wäre oder nicht, da beide Alternativen atembeklemmende Möglichkeiten boten.

In solcher Sphäre lebend, hatte sie also wenig Sinn für Antigonus, denn wenn sie auch nicht seine graugestrickten

Socken, die sie ausbesserte, gestört hätten – auch den Schnellzugsgeliebten würde sie wohl nicht anders als grausockig präzisiert haben, wenn sie sich die Frage überhaupt vorgelegt hätte –, so stand doch fest, daß Antigonus seine Sonntagsausflüge mit Rucksack und Gamsbart IV. Klasse besorgte, und selbst der Hinweis auf die Pensionsfähigkeit einer Laufbahn hätte nicht vermocht, ihr Blut rascher fließen zu lassen.

So versteht es sich, daß diese beiden Menschen nur aus raumzeitlicher Zufälligkeit aneinander geraten konnten, daß in grob-materieller Dunkelheit sich ihre Hände aus wirklichem Zufall begegneten und daß das Begehren, das jäh zwischen Männer- und Frauenhand da emporflammte, zu ihrem eigensten Erstaunen es tat. Sie sprach die reinste Wahrheit, als sie, an seinem Halse hängend, wiederholte: »Ich wußte ja nicht, daß ich dich so lieb habe«, denn das konnte sie vorher wahrlich nicht wissen.

Antigonus fand sich durch den neuen Sachverhalt einigermaßen beunruhigt. Er hatte nun den Mund stets voll Küssen, und stets sah er die Türwinkel ihrer Umarmungen, die Bodenstiege ihrer raschen Zusammenkünfte vor sich. Schläfrige Pausen erlebte er am Katheder sitzend, kam mit dem Lehrstoffe nur ruckweise vorwärts, hörte den Prüflingen nur zerstreut zu und schrieb indessen »Philaminthe« oder »ich habe dich lieb« aufs Löschblatt, dies jedoch keinesfalls in normaler Buchstabenfolge, sondern er verteilte, damit des Herzens Geheimnis sich nicht verrate, die Buchstaben nach willkürlich erklügeltem Schlüssel über das ganze Löschblatt, wobei die nachträgliche Wiederzusammensetzung der magischen Worte ein zweites Vergnügen an ihnen darstellte.

Wenn er dabei Philaminthes über alle Maßen gedachte, so sah er sie allerdings nur in ihrer flüchtigen Geschlechtsbereitschaft. Hinter den Türen Geliebte, in der Öffentlichkeit neutrale Gesprächspartnerin – das heißt, man sprach vom Essen und der Häuslichkeit –, war ihm das Mädchen doppeltes Lebewesen geworden, und während er des einen Namen sehnend aufs Löschpapier malte, war ihm das andere gleichgültig wie ein Möbelstück.

Philaminthe, dieserhalb weniger punktuell veranlagt, faßte eines Tages ihre Erkenntnis in die glücklich gefundenen, glücklich gewählten Worte: »Du liebst nur meinen Körper«, und wenn sie auch zwar nicht recht wußte, was sonst Liebenswertes an ihr zu finden wäre, ja wenn sie sich – und da kann Wedekind wieder als Zeuge angerufen werden – auch wahrscheinlich jede andere Art Liebe verwundert verbeten hätte, so war dies weder ihr noch ihm bekannt, und beide empfanden die aufgeworfene Tatsache als Kränkung.

Antigonus nahm sich's zu Herzen. Hatte ihr Liebesspiel bis jetzt erst nachmittags begonnen, wenn er aus der Schule heimkehrte und die Mutter ausgegangen war, während stiller Übereinkunft gemäß der Morgenstunden relative Ungewaschenheit von dieser ästhetischen amourösen Tätigkeit ausgeschlossen geblieben war, so bemühte er sich nunmehr, die Universalität seines Liebens durch dessen Ausdehnung auf sämtliche Tagesstunden zu beweisen. Nie verabsäumte er in der Folge, den ihm knapp vor dem Schulgange gebrachten Kaffee rasch schlürfend, ihr einige innige und leidenschaftliche Worte zuzuraunen, und die Zusammenkünfte auf der Bodenstiege, früher bloß ein eilendes und ununterbrochenes Finden von Mund zu Mund, wurden nun vielfach zu einem sinnigen, stummen Aneinanderpressen und Handverschränken verwendet. Auch sie schien Zugang zu seinem Geiste zu suchen: korrigierte er abends seine Hefte, und waren sie allein zu Hause, so wurde diese Zeit oft nicht mehr zu tollen Umarmungen verwendet, sondern sie nötigte ihn, bei seiner Arbeit zu bleiben, die er unter der Petroleumlampe am Speisezimmertische ausführte, räumte inzwischen im Halbdunkel beim schöngeschnitzten Anrichteschranke und kam nur manchmal zu ihm, seinen blonden unter der Lampe gebeugten Scheitel, der wenigen Haarschuppen nicht achtend, zu küssen oder, Hand auf seiner Schulter oder Schenkel ruhend, sich still und traulich zu ihm zu setzen.

Wir wollen nicht rechten, ob die Mutter im Hinblick auf seine Pensionsfähigkeit häufig genug abwesend war, denn weder Antigonus noch Philaminthe dachten in ihren Seufzern vorderhand an bürgerlichen Segen, vielmehr hegten sie eine panische Furcht vor plötzlicher Heimkehr der Alten, hatten für diesen Augenblick immer einen genau festgelegten Sitz- und Beschäftigungsplan parat, um den Kupplerblick, sofern die abgearbeitete Alte einen solchen gehabt hätte, was aber schließlich doch nicht unwahrscheinlich gewesen wäre, mit Harmlosigkeit aufzufangen.

Es war also keineswegs Angst vor der Ehe, deren Joch er in seiner Liebesbereitschaft sogar willig akzeptiert hätte, die ihn in einen Zustand des Unbehagens brachte, sondern wir müssen, sofern wir die Setzung dieses Unbehagens gelten lassen, uns der schematischen Weibauffassung erinnern, in der Antigonus früher lebte, um zu verstehen, daß ihm die neue Sachlage nicht sonderlich adäquat sein konnte und daß sich Komplikationen ergeben werden. Es könnte beispielsweise Antigonus an seiner steten Aufgabe zur Gefühlssteigerung, an seiner unausgesetzten Spannung, das »Ich-hab-dich-lieb«, das beim ersten Kusse zwar erstaunlich, aber immerhin einfach ins Wort trat, jetzt mit einem Pathos erfüllen zu müssen, dessen Arsenal keineswegs einfach zu handhaben war, glattweg ermüden und sich aus seiner komplizierten Hingabe nach jenen einfachen und ruhigen Formen der Liebe sehnen, die einst die ausschließlichen für ihn waren; ein Augenblick der Hemmungslosigkeit könnte bald eintreten, und Antigonus würde fliegenden Pulses zum Ziel der Sehnsucht seiner niedrigen Lüste enteilen, um allerdings alsobald, im gleichen Tempo und in schweigender Angst vor dem Spezialarzte, zu Philaminthe zurückzujagen, die Sprachlose mit der Erzählung einer romantischen Verführung – die Frau eines Generals zog ihn in ihr Haus und Schlafgemach – imponierend zu überrumpeln. Wir wollen den sich anschließenden atemlosen Dialog Heinrich Mann überlassen und uns nach andern Kombinations- und Entwicklungsmöglichkeiten umsehen.

Antigonus malte nach wie vor Philaminthes Namen auf Löschblätter, doch ohne Teilnahme, setzte das Wort auch nicht wieder aus kunstreicher Zersplitterung zusammen, sondern verfolgte mit gereizter Aufmerksamkeit die Schüler, die weniger denn je wußten. Die Anspannung seiner Gefühle hatte ihm den Begriff des Seienden verschoben: lag es früher in seinem kleinen Wissen, das er mit den Schülern tauschte, in den Kleidern, die er in bestimmter Ordnung anlegte, in der pflichtgemäßen Rangordnung, in der er mit Vorgesetzten und Gleichgestellten zu verkehren hatte, so hatten diese unzweifelhaft berechtigten Belange nunmehr unliebsamerweise in seinem Ich keinen Platz mehr: Philaminthes Aufgabe, die er eben wie jede andere voll auf sich genommen hatte, war eine Unendliche, denn mehr als ihren Körper lieben, hieß nach einem unendlich fernen Punkte streben, und dies zu vollziehen, bedurfte es aller Kräfte der armen, erdgebundenen Seele. Und muß diese das aufgeben, was ihr wirkliche Welt bedeutete, also ihr ausgebreitetes metaphysisches Werterlebnis, so ist sie leicht geneigt, nicht nur sich selbst, sondern auch das ganze wunderbare Phänomen ihres bewußten Seinsbestandes zu entwerten und zu negieren.

Alles Unendliche ist einmalig und einzig. Und da des Antigonus' Liebe sich bis ins Unendliche projizierte, wollte sie auch einzig und einmalig sein. Dem aber stand die Bedingtheit ihres Werdens gegenüber. Nicht nur, daß er zufällig gerade an das Gymnasium dieser kleinen Stadt versetzt wurde, nicht nur, daß er zufällig gerade bei Philaminthes Mutter Zimmerherr werden mußte: es war die wahllose Zufälligkeit des so plötzlich perfektionierten Liebesbeginns, die er nunmehr als Ungeheuerlichkeit empfand, und die Erkenntnis, daß das Begehren, das damals zu ihrem Erstaunen in ihren Händen emporschoß, das gleiche sei, das er in den Armen jener Frauen erlebte, die er jetzt als Huren beschimpfte. Doch hätte er sich über diesen Mangel an Einmaligkeit, so sehr er ihn auch wirklich schmerzte, von seiner Seite schließlich hinweggesetzt, wenn er ihn nicht folgerichtigerweise auch bei Philaminthe hypostasieren hätte müssen. Denn das Subjekt kann in seinem Streben nach Unendlichkeit zu eigenerlebter, einmaliger Universalität vielleicht wachsen; seinen objektiven Gegenpol zu gleicher Größe zu erweitern, bedarf es aber einer Phantasie, die wohl Dante, jedoch kaum Gabriel Rossetti, zum wenigsten Antigonus, aufbrachte. Dies heißt aber, daß er die Flamme des Begehrens stets um Philaminthes Händen sah und, obwohl ihrer Treue sicher, an der Möglichkeit ihrer Untreue leiden mußte und sicherlich tiefer, als er es in jedem materiellen Fall vermocht hätte.

So wurde er nicht nur in der Schule unleidlich, sondern auch dem Mädchen gegenüber. Setzte sie sich, ihrer Gartenlaubenhabitüde folgend, traulich zu ihm, so riß er sie manchmal an sich, biß ihr die Lippen wund, um sie ein andermal wieder ungelenk wegzustoßen; kurz, er äußerte alle Ungezogenheiten der Eifersucht in ihrer rüpelhaftesten Form. – Es muß eigentlich nicht eigens erzählt werden, denn es versteht sich von selbst, daß Philaminthe schon längst, in Mutters Eßzimmer, Antigonus' Geliebte geworden war. Wenn sie damals ihre letzte Gunst, wie sie das nannte, was in Ansehung des von allem Anfang an als selbstverständlich Gewährten eher als symbolische Besitzergreifung zu bezeichnen wäre, wenn sie diese letzte Gunst auch lange hintangehalten und sich eigentlich erst gegeben hatte, als er, um ihr eben zu beweisen, wie seelisch er liebe, keinerlei diesbezügliche Wünsche und Gesten mehr äußerte, so lag es jetzt auf dem Wege ihrer geradlinigen Phantasie, daß sie, keiner Schuld sich bewußt, die Krise, die sie mit Verständnislosigkeit an ihm bemerkte, durch die verpönte körperliche Liebe zu heilen suchte, ihm eifrig das entgegenbringend, was sie sonst, schelmisch erhobenen Fingers, ihm so gern verzögerte. Die Arme! Sie wußte nicht, daß sie damit nur Öl ins Feuer goß. Denn wenn Antigonus die sogenannte Gunst auch nicht verschmähte, so war es nachher um so ärger, denn um so klarsichtiger erkannte er, daß das ihm Geschenkte ebensowohl und mit gleicher Leidenschaft jedem andern hätte zuteil werden können.

Er hatte sich nie mit andern verglichen, hatte stets seinen Unwert nur an der Unendlichkeit seiner Aufgabe gemessen. Nun sah er auch mit Schrecken, daß eine Unzahl junger und eleganter Männer durch die frühsommerlichen Straßen sich bewegten, und nie verließ ihn mehr der Gedanke, daß jene mit Leichtigkeit und im Meßbaren bleibend, lächelnd über ihn, den Über-sich-Ausholenden, nicht nur Philaminthes nein, aller Frauen Liebe genössen, die allesamt für ihn bis jetzt unberührbar, doch nichts anderes seien als schlechte Weiber.

Zu ihr zurückkehrend, würgte er sie am Halse mit der Motivierung, niemand, hörst du, niemand könne und werde sie je so lieben wie er, und die Tränen des entsetzt geschmeichelten Mädchens, dessen romantischer Sinn die Situation bejahte, flossen mit den seinen zusammen, beschließend, daß nur der Tod von solcher Qual erlösen könne.

Philaminthes Phantasie nahm das Wort des Sterbens auf und wandelte die Vorzüge der Todesarten ab. Die ungestümen Formen ihrer Liebe forderten ein großes Ende, und sie hätte sich nicht gewundert, hätte ihnen Edschmid sechzehn gedungene Mörder auf den Leib geschickt. Da dies jedoch nicht geschah und sich auch nicht die Erde zu erwünschtem Beben öffnete, noch der Hügel vor der Stadt Lava zu speien anfing, vielmehr Antigonus trotz schmerzverzerrter Miene täglich zur Schule wandelte und sie schon voll blauer Flecke war, vermochte sie ihn, ein Ende zu bereiten, daß er einen Revolver erstünde. Er fühlte, und wir, die wir es herbeiführen, mit ihm, daß damit die Würfel gefallen seien. Mit trockenem Munde, feuchten Händen betrat er das Waffengeschäft, stotternd das Verlangte bezeichnend und gleich sich entschuldigend, daß er solches zu seiner Verteidigung auf einsamen Wanderungen benötige. Mehrere Tage hielt er seinen

Kauf verborgen, und erst, als sie, eines Morgens den Kaffee bringend, ihm mit zurückgeworfenem Kopfe zuflüsterte: »Sage mir, daß du mich liebst«, legte er ihr zum Beweise die Waffe auf den Tisch.

Nun erfolgten die Dinge mit großer Eile. Den nächsten Sonntag trafen sie sich, sie einen Besuch bei einer Freundin vorschützend, wie so oft, im Nachbarorte zu gemeinsamer Wanderung. Ein letztes Mal sich in den Armen zu ruhen, hatten sie einen verschwiegenen Waldplatz mit schöner Fernsicht auf Berg und Tal gewählt, dem sie nun zustrebten. Aber der Blick, dessen Weite sie sonst als schön bezeichneten, sagte ihnen in ihrer Beklommenheit nichts mehr. Sie durchstreiften bis in die Nachmittagsstunden ziellos den Wald, hungrig, da das Essen nicht zum Tode paßte, und ruhten endlich wahllos und erschöpft zwischen den Büschen. »Es muß sein«, meinte Philaminthe, und Antigonus zog die Waffe hervor, lud sie behutsam, legte sie vorsichtig neben sich nieder. »Tu's rasch«, befahl sie und schloß in letztem Kusse die Arme um seinen Hals.

Über ihnen rauschten die Bäume, Licht brach in kleinen Flecken durch leichtbewegte Buchenblätter, und weniges sah man vom wolkenlosen Himmel. Der Hand erreichbar lag der Tod, man mußte ihn bloß aufnehmen, jetzt oder in zwei Minuten oder in fünf, man war völlig frei, und der Sommertag war zur Neige, ehe ihn die Sonne verblaßte. In einer einzigen Handbewegung konnte man die Vielheit der Welt erledigen, und Antigonus empfand, daß sich eine neue und wesentliche Spannung zwischen ihm und jenem Komplexe auftat. Der Freiheit eines einigen und einfachen Entschlusses gegenüber wurde auch dessen Willensobjekt zur Einheit, wurde rund und schloß sich in sich, handlich in einer Totalität wurde es problemlos und ein Wissen der Ganzheit, wartend, daß er es aufnehme oder wegstelle. Eine Struktur absolut ausgehender Ordnung, gelöster Klarheit, höchster Realität ergab sich, und es wurde sehr licht in ihm. Fernab rückte der Totaleindruck der Welt, und mit ihm versank das

Gesicht des Mädchens unter ihm, doch verschwanden sie keineswegs völlig; vielmehr fühlte er sich jener Weltlichkeit und dem Weibe intensiver gegeben und verknüpft denn je, erkannte sie weit über jede Lust hinaus. Sterne kreisten über dem Erleben, und durch den Fixsternhimmel hindurch sah er Welten neuer Zentralsonnen im Gesetze seines Wissens kreisen. Sein Wissen war nicht mehr im Denken des Kopfes; erst glaubte er die Erleuchtung im Herzen zu fühlen, aber sie dehnte sich, sein Ich mitweitend, über ihn hinaus, floß zu den Sternen und wieder zurück, erglühte in ihm und kühlte in sehr wundersamer Milde, öffnete sich und wurde zu unendlichem Kusse, empfangen von den Lippen der Frau, die er als Teil seiner selbst und doch schwebend in maßloser Entfernung erfaßte und erkannte. Denn das Ziel des Eros ist das Absolute, das erreicht wird, wenn das Ich seine brückenlose, hoffnungslose Einsamkeit und Idealität, über sich und seine Erdgebundenheit hinauswachsend, dennoch durchbricht, sich abscheidet und, im Ewigen Zeit und Raum hinter sich lassend, die Freiheit an sich erwirbt. Im Unendlichen sich treffend, gleich der Geraden, die sich zu ewigem Kreise schließt, vereinigte sich die Erkenntnis des Antigonus: »Ich bin das All« mit der des Weibes: »Ich gehe im All auf« zu letztem Lebenssinn. Denn für Philaminthen, im Moose ruhend, erhob sich das Antlitz des Mannes zu immer weitern Fernen und drang dennoch immer tiefer in ihre Seele, verschmolz mit dem Rauschen des Waldes und dem Knistern des Holzes, mit dem Summen der Mücken und dem Pfiff der Lokomotive zu einem rührenden und beseligenden Schmerze der vollkommenen Geheimnisenthüllung eines empfangenden und gebärenden Wissens des Lebens. Und während sie die Grenzenlosigkeit ihres wachsenden und erkennenden Fühlens entzückte, war ihre letzte Angst, solches nicht festhalten zu können: geschlossenen Auges sah sie vor sich, vom Rauschen und von Sternen umgeben, das Haupt des Antigonus, und ihn lächelnd von sich haltend, traf sie sein Herz, dessen Blut sich mit ihrer Schläfe vermischte.

– – Es ist der anmaßende Irrtum der Naturalisten, daß sie den Menschen aus Milieu, Stimmung, Psychologie und ähnlichen Ingredienzien eindeutig determinieren zu können vermeinen. Wir wollen uns hier mit der materialistischen Beschränktheit nicht auseinandersetzen und bloß anmerken, daß der Weg Philaminthes und Antigonus' wohl zur Ekstase hätte führen können, um in ihr den unendlich fernen Punkt eines außerhalb der Leiblichkeit und doch in ihr eingeschlossenen Liebeszieles zu finden. Da aber, wie gesagt, das Menschliche keineswegs eindeutig ist, so ist immerhin auch anzunehmen möglich, daß der Weg vom Schäbigen ins Ewige für Antigonus und Philaminthe vorzeitig abgebrochen worden wäre. Wenn auch die Todesbereitschaft als solche eine gewisse Katharsis bildet, deren logische Lösung und Folge als eine kleine spießbürgerliche Befreiung ihrer armen Seelen zu denken ist, als eine Festigung der Seinsanschauung aus Labilität ihrer kleinen Qual, so wäre, nachem sich die Dinge zwischen den Gebüschen eben bloß in gewohnt plumper Ungelenkheit vollzogen hätten, nichts anders übriggeblieben als das soi-disant natürliche Ende. Spät abends hätten dann Antigonus und Philaminthe den letzten Zug erreicht, um einem Brautpaare schon gleich in einem Wagen erster Klasse, Hand in Hand, der Heimat zuzueilen. Würden Hand in Hand vor die ängstlich harrende und erschreckte Mutter hintreten, und pathetischen Gestus des Nachmittags beibehaltend, kniet der Pensionsfähige auf dem grünlich schimmernden Linoleumboden nieder, den mütterlichen Segen zu empfangen.

Jedes Kunstwerk muß exemplifizierenden Gehalt haben, muß in seiner Einmaligkeit, die noch durchaus nicht Eindeutigkeit sein muß, die Einheit und Universalität des Gesamtgeschehens aufweisen können. Wir haben uns nichts vorgeflunkert, haben unsere Geschichte nach ihren Möglichkeiten hin durchdacht und danach gemeinsam konstruiert. Wir wollen uns gegenseitig nichts vormachen, wir wollen uns aber auch nicht verhehlen, daß unsere Geschichte sehr schön ist.

VON DER GEISTIGEN ERNÄHRUNG DURCH INTUITION

Die Intuition ist eine auf allen Wiesen wachsende Wunderpflanze, deren Alter bis in die Zeit Platons nachgewiesen ist, aber wahrscheinlich viel weiter zurückreicht. Die in Deutschland häufigste Varietät wächst aber nicht auf den Wiesen, sondern ist nachgewiesenermaßen stets nur auf dem eigenen Mist derer gewachsen, die sie gebrauchen. Sie wird langsam zwischen den Zähnen gefletschert und verleiht dann wunderbare Erkenntnisse, wie wir sie bei Spengler oder in der Mechanik der Zeit von Rathenau finden. Sie kann aber auch hastig hinuntergeschlungen werden, wie es der Expressionismus tut, und dann erzeugt sie erhebende Blähungen, die in Form von Gedichten, Gottesanrufungen, geistigen Explosionen und sonstigen Ohnmenschlichkeiten abgehen. Bei ganz senilen Leuten, wie dem einst verdienstlichen Schleich, wird sie zu einem Brei erweicht, nach dessen Genuß die Seele aussieht wie der Garten einer Kriegsgewinnlervilla, in dem der rauhen Natur durch Gnomen aus Terrakotta und Elfen aus Biskuitmasse eine Ahnung von Höherem verliehen ist. Das charakteristischste Symptom fortgesetzten Intuitionsgenusses ist eine sich bei jeder Gelegenheit zeigende Abneigung gegen den Verstand von geradezu verheerenden Folgen, so daß heute in Deutschland trotz des eigentlich endemischen Charakters der Erscheinungen von einer Intuitionsepidemie gesprochen werden kann. Es steht heute so damit, daß jeder, der etwas behaupten will, das er weder beweisen kann, noch zu Ende gedacht hat, sich auf die Intuition beruft. Es wäre daher zu beantragen, daß sich alle deutschen Schriftsteller durch zwei Jahre dieses Worts enthalten mögen, wonach sie zum erstenmal ihr wahres Gesicht sehen würden, wie einer, der einen zeitlebens getragenen Bart abrasiert.

Was die verschiedenen Varietäten der Intuition betrifft, wird ganz übersehen, daß ihre Stammform auch auf rein rationalem Boden gedeiht. Der entscheidende Einfall, mag er noch so methodisch vorbereitet worden sein, springt auch beim wissenschaftlichen Denken wie von außen unerwartet vor das Bewußtsein. Ebenso wird durch erhöhte Gemütszustände auch das rein rationale Denken, das mit Gefühl scheinbar gar nichts zu tun hat, mächtig gefördert. Wieviel mehr jenes, das in einer anderen biologischen Abhandlung dieses Buches das nicht-ratioïde Denken genannt worden ist, dessen Penetranz und innere Fortpflanzungsgeschwindigkeit geradezu von der Vitalität der Worte abhängt, einer um den relativ belanglosen Begriffskern gelagerten Wolke von Gedanke und Gefühl. Dann erst denke man an jene Erkenntnisse, die »mit einem Schlage das Leben erhellen« – Paradefälle der Intuition; man wird dann auch da sehen, daß es sich nicht um eine plötzlich ausbrechende andere Art Geistestätigkeit handelt, sondern um einen allmählich gewordenen kritischen Zustand der Gesamtperson, der endlich umschlägt, wobei der aktuelle, vermeintlich zündende Gedanke gewöhnlich nur der Explosionsblitz ist, der die große Umreaktion begleitet. »Etwas, das sich nicht erkennen, beschreiben, definieren, nur fühlen und innerlich erleben läßt, das man entweder niemals begreift, oder dessen man völlig gewiß ist« – »mit einem Schlage, aus einem Gefühl heraus, das man nicht lernt, das jeder absichtlichen Einwirkung entzogen ist, das in seinen höchsten Momenten sich selten genug einstellt« – werden solche Erlebnisse gewöhnlich beschrieben. Das ist aber nur ein Grad auf der großen Skala, die von da über den Zustand des Gläubigen, des Liebenden, des Ethischen zur Haplosis, zur visio beata und den andern großen Formen der Weltempfängnis führt; mit einem sehr bemerkenswerten Nebenast im Pathologischen, der von der verbreiteten Zyklothymia bis zu schweren Wahnzuständen reicht.

Man wirft ein, daß die Analyse der psychologischen Form menschlich nicht interessiere, sondern nur die Synthese der in ihr gewonnenen Inhalte. Die Welt, in der wir leben und gewöhnlich mitagieren, diese Welt autorisierter Verstandes- und Seelenzustände, ist nur der Notersatz für eine andere, zu der die wahre Beziehung abhanden gekommen ist. Zuweilen fühlt man, daß von alldem nichts wesentlich ist, für Stunden oder Tage zerschmilzt es in der Glut eines andern Verhaltens zu Welt und Mensch. Man ist Strohhalm und Atem und die Welt die zitternde Kugel. In jedem Augenblick erstehen alle Dinge neu; sie als feste Gegebenheiten zu betrachten, erkennt man als inneren Tod. Das Pferd vor dem Wagen und der Vorübergehende kommunizieren. Oder wenigstens Mensch und Mensch messen sich nicht, beschnüffeln einander nicht wie Kundschafter, sondern wissen voneinander wie Hand und Bein an einem Körper. Das ist die Stimmung philosophisch schöpferischer – oder aber auch philosophisch eklektischer Zustände. Man kann sie intellektuell als verspäteter Christ auslegen oder das Fließen des Heraklit an ihr demonstrieren, überhaupt allerlei heraus- und hineinlesen, unter anderem auch ein ganz neues Ethos. Glauben wir daran? Nein. Wir spielen damit Literatur, galvanisieren Buddho, Christus und andere Ungenauigkeiten. Ringsum tobt die Vernunft in Tausenden von Pferdestärken. Man trotzt ihr und behauptet, in einem verschlossenen Kästchen eine andere Autorität zu haben. Das ist der Sammelkasten Intuition. Man öffne ihn endlich und sehe, was darin ist. Man wird auf der einen Seite die große Gruppe der religiösen Erlebnisse finden, die sich nach der Durchdringung mit dem Verstand sehnen, auf der andern das Ressentiment von Literaten, welche das bezweifeln, was der Verstand wirklich leisten kann, dagegen unerhört gläubig gegen alles sind, was ihnen gerade einfällt.

VON DER STREITFRAGE ÜBER DIE BIOLOGISCHEN BEGRIFFE ZIVILISATION UND KULTUR

Es ist eine alte und, wie mir scheint, recht unfruchtbare Streitfrage, wie man Zivilisation und Kultur unterscheide und welche höher stehe. Ich glaube, wenn man unterscheiden will, ist es am besten, Kultur dort zu sagen, wo *eine* Ideologie herrscht und eine noch einheitliche Lebensform, Zivilisation dagegen als den diffus gewordenen Kulturzustand zu definieren. Jeder Zivilisation ist eine Kultur voraufgegangen, die in ihr zerfällt; jede Zivilisation ist ausgezeichnet durch die bekannte technische Beherrschung der Natur und ein sehr kompliziertes, sehr viel Intelligenz forderndes, aber auch schluckendes System sozialer Beziehungen.

Es sind alle Kulturen in verhältnismäßig kleinen Räumen und Gesellschaften entstanden und haben sich von dort ausgebreitet. Darin liegt an und für sich eine Verdünnungs- und Erschöpfungstendenz; die gleiche liegt in der zeitlichen Wirkung durch Generationen. Ideen lassen sich nicht übergeben wie Wissen; sie erfordern gleichen seelischen Zustand, und in Wirklichkeit ist höchstens ähnliche seelische Disposition vorhanden: so sind sie ständig der Veränderung unterworfen. Solang sie neu sind, werden sie dadurch vielleicht bereichert, später korrumpiert. Sie realisieren sich unterwegs allerdings in Einrichtungen und Lebensformen; aber eine Idee verwirklichen heißt, sie schon teilweise zerstören. Alle Verwirklichungen sind Zerrbilder, und in höherem Alter werden sie immer leerer und unverständlicher, denn Form und Idee haben ein ganz verschiedenes Lebenstempo; so ragen immer die Formen einer älteren Schicht in die Ideen einer neuen herein und konkurrieren mit ihnen an Einfluß. Die Entwicklung selbst ist nichts, das sich in einer einheitlichen Linie auswirkt. Mit der natürlichen Abschwächung, welche die Idee durch ihre Ausbreitung erleidet, kreuzen sich Einflüsse aus neuen Ideenquellen. Der innerste Lebenskern jeder Zeit, eine neblige, quellende Masse, ist eingebettet in Formen, die der Niederschlag viel älterer Zeiten sind. Jede Gegenwart ist gleichzeitig schon hier noch um Jahrtausende zurück. Dieser Wurm bewegt sich auf politischen, wirtschaftlichen, kulturellen, biologischen und unbegrenzt viel andern Gliedern, deren jedes ein anderes Tempo hat und einen andern Rhythmus. Das ist ein Teil der Gründe, warum späte Zeiten so uneinheitlich sind und in solchen Zivilisationszeiten die Kulturen zerfallen wie Gebirge.

Es wird der Kultur fast immer eine unmittelbare Beziehung zu den Wesenheiten zugeschrieben, eine Art schicksalhafter Sicherheit der menschlichen Haltung und noch instinktive Sicherheit, der gegenüber dann der Verstand, das Zivilisationsgrundsymptom, eine etwas klägliche Unsicherheit und Indirektheit besitzen soll. Man kennt die Symptome, worauf sich das stützt. Der große, besonders aus der Ferne geschlossen wirkende Gestus von Mythos und Religion, andererseits die Umständlichkeit, mit dem Verstand das zu sagen, was ein Blick, Schweigen, ein Entschluß viel besser ausdrücken. Der Mensch ist eben nicht nur Intellekt, sondern auch Wille, Gefühl, Unbewußtheit und oft nur Tatsächlichkeit wie das Wandern der Wolken am Himmel. Die aber nur das an ihm sehen, was die Vernunft nicht bewirkt, müßten schließlich das Ideal in einem Ameisen- oder Bienenstaat suchen, gegen dessen Mythos, Harmonie und intuitive Taktsicherheit alles Menschliche vermutlich sehr ungöttlich ist.

Wie bereits gesagt, muß man das Wachstum der Anzahl daran beteiligter Menschen für die Hauptursache des Übergangs von Kultur in Zivilisation ansehen. Es ist klar, daß hundert Millionen Menschen zu durchdringen ganz andere Aufgaben stellt als hunderttausend. Die negativen Seiten der Zivilisation hängen zum größten Teil damit zusammen, daß diesem Volumen des sozialen Körpers seine Leitfähigkeit für Einflüsse nicht mehr entspricht. Man betrachte den Zivilisationshöhepunkt vor dem

Krieg: Eisenbahn, Telegraph, Telephon, Flugmaschine, Zeitung, Buchhandel, Schul- und Fortbildungssystem, Wehrpflicht: alles zusammen völlig unzureichend. Der Unterschied zwischen Großstadt und noch schwarzem Land größer als der zwischen Rassen. Vollkommene Unmöglichkeit, selbst in der eigenen Schicht in die Voraussetzungen eines andern Gedankenkreises einzudringen außer unter ungeheurem Zeiteinsatz. Folge: schmale Gewissenhaftigkeit oder impetuose Oberflächlichkeit. Mit dem Wachstum der Zahl hält die geistige Organisation nicht Schritt: darauf sind 98 v.H. aller Zivilisationserscheinungen zurückzuführen. Man kann tun, was man will, Christus könnte auf die Erde wieder niedersteigen: es ist ganz ausgeschlossen, daß er zur Wirkung käme. Die Frage auf Leben und Tod ist: geistige Organisationspolitik. Das ist die erste Aufgabe für alle heute lebenden Tiere. Wird sie nicht gelöst, so sind alle andern Anstrengungen vergeblich, denn sie ist die Voraussetzung dafür, daß sie überhaupt wirken können.

ROMANTIK

Romantik ist das, was, ohne selbst definiert zu werden, alles andere durch sich definieren will: das indefinible Definiens. Diese Definition geht dich, Mitmensch, als Romantiker an und bedarf, da sie als solche dir als solchem unfaßbar ist, eine Veranschaulichung, damit du wenigstens intuitiv vielleicht etwas merkst. Also: Buddhismus ist Romantik, ferner ist Romantik: Neuplatonismus, Christentum, Katholizismus, Protestantismus, Täufertum, Sturm und Drang, Zionismus, Philosemitismus, Antisemitismus, Nationalismus, Sozialismus usw. usw. Du mußt nur darauf achten, daß das Wort Romantik immer Prädikat und niemals Subjekt sein darf. Das bedeutet (damit du es verstehst), daß du dich niemals verleiten lassen darfst, zu sagen, was du unter Romantik denkst, sondern du mußt umgekehrt von allem dir und deiner Gemeinde irgendwie Unklaren sagen: es sei

Romantik. Du darfst also z.B. niemals sagen, Romantik ist Okkasionalismus. Dagegen wäre es gern gehört und würde für interessant befunden, sagtest du, Okkasionalismus sei Romantik. – Du weißt jetzt Bescheid. Die Sache ist sehr einfach, wie das Leben, das ja auch Romantik ist, nicht wahr? Denn auch das romantische Leben begreifst du jetzt. Romantik ist nämlich nicht nur das magische Wort, das dich aus einem Esel zum sensiblen Eingeweihten macht, sondern auch der goldene Zauberstab, der aus dem Klubsessel innerweltlicher Askese die Blüten zartesten Sensualismus hervorlockt. Romantik ist sowohl das trauliche Edelweiß im Knopfloch des bayrischen Fremdenverkehrsvereinsvorsitzenden, als auch die bläuliche Topfblume in des dermaligen Heiligen Römischen Reiches Streusandbüchse. Kurz, Romantik ist die Zaubernacht, in der alles Rindvieh mondbeglänzt ist. Und ahne es: Romantik ist das in Berlin sich selbst setzende Subjekt. Du fragst intuitiv: Das wohin sich selbst setzende Subjekt? So wisse: das Subjekt setzt sich auf ein grenzenlos organisch Weiches, auf den durch seine antiklassisch formlos quellende Fülle und seine zum Gehirn antithetische Lage organisch gegebenen Träger eines sublimen Sensualismus.

DEKADENT

Dieses Lieblingswort im kritischen Sprachschatz des Spießbürgers war einmal ein in der Geschichtswissenschaft gebrauchter Hilfsbegriff – heute spricht man da lieber von Umbildungen als von Niedergängen einer Kultur oder Periode oder Institution. Auf das Literarische angewandt, bedeutete der Begriff zweierlei: entweder bezeichnete er die Literatur, welche in einer politisch niedergehenden Zeit gemacht wurde, und die deshalb durchaus nicht selber niedergehend, dekadent zu sein brauchte, oder er bedeutete Niedergang und Verfall einer bestimmten Literatur, wobei der Verfall aus dem von ihr selber aufgestellten Standardwert bestimmt wurde. So gibt's im ersten

Fall eine gar nicht dekadierende Literatur der politisch dekadenten römischen Kaiserzeit, im andern eine Dekadenz des englischen Dramas im 17. Jahrhundert. Heute wird das Wort nur mehr vom Spießbürger in einem geschlechtlich-sittlichen Sinn gebraucht. Mit einem entrüsteten Auge, einem geil zwinkernden, genährt von einem undeutlich-deutlichen Vorstellungs- und Gefühlskomplex von raffinierten Schweinereien, Orgien, Nero, Kokain in völliger moralischer Unempfindlichkeit. Archetypen der Dekadenz sind in solcher Vorstellung etwa Baudelaire und Wilde. Wird das Wort »dekadent« gegen einen deutschen Schriftsteller angewandt, so bedeutet es nicht nur das, was es dem Bürger bedeutet, sondern auch undeutsch, welsch, kosmopolitisch. Dichterisch ist solch ein Dekadent dem Spießer ein Nichts, politisch ein Landesverräter, sittlich ein Schweinehund und religiös ein Teufelsbraten. Nur wenn er im sichern Genuß einer hohen Rente ist, kann man ihm die Tochter zur Frau geben.

NOTWENDIGE EXKURSE

ERSTER EXKURS

Die Geschichte der Ideen und ihrer Denkbarkeit ist die Geschichte ihrer Ausdrückbarkeit. Wir denken das, was wir ausdrücken können, und sonst nichts. Nur so ist das Gesetz der Identität von Gedanke und Ausdruck, von Form und Inhalt zu verstehen: als Gleichzeitigkeit ihres In-die-Erscheinung-Tretens. Nicht die Ideen wachsen oder nehmen zu, sondern ihre Ausdrückbarkeit. Das Unsagbare wird in dem Augenblick unser Besitz, in dem wir es als unsagbar ausdrückten. Es wurde damit ein Paradox des Unmöglichen Wirklichkeit: das Unsagbare ist als solches gesagt, das Formlose ist als solches geformt worden.

Die Geschichte des Wirksamwerdens einer Idee ist kein seinslogisches, sondern ein soziales Phänomen. Als solches, aber nur als solches, wird es in einer historischen Darstellung seine Rolle spielen. Der Zustand heutiger Literaturgeschichtschreibung macht einige prinzipielle Bemerkungen nötig, auch dazu bestimmt, dem Leser des folgenden wie dieses ganzen Buches die Mühe zu ersparen, darin etwas zu suchen, was er in seinen Literargeschichten zu finden gewohnt ist und hier nicht finden wird.

Es ist nicht die Aufgabe einer literargeschichtlichen Darstellung, das Verständnis der Kunstwerke zu beleben oder dazu anzuleiten oder es zu wecken. Kürzer: es ist nicht die Aufgabe solcher Darstellungen, im Leser eine ästhetische Reproduktion hervorzurufen. Die historische Darstellung muß vielmehr diese Reproduktion als bereits stattgefunden voraussetzen, damit sie das werde, was sie sinnvoll – im Sinne wissenschaftlicher Ökonomie – nur sein kann: Darstellung der künstlerischen und literarischen Vorgänge, die sich in Wirklichkeit ereignet haben. Jene erste ästhetische Reproduktion ist eine einfache und betätigt sich schon, wenn der Mensch vor einem Kunstwerk in den Ausruf »Wunderbar!« ausbricht – womit er aber noch kein Literarhistoriker wird, wie alle jene sogenannten Literarhistoriker meinen, die in ihren Büchern nichts anderes als solche »Wunderbar!« und »Abscheulich!« verlauten lassen, indem sie in einem willkürlichen oder zufälligen Schematismus Autorennamen und Büchertitel anhäufen und diese mit einer Flut von ästhetisch belanglosen lobenden und tadelnden Beiworten wie mit Fleiß- und Strafzetteln überschütten, geholt aus einem unerschöpflichen Füllhorn ethischen, ästhetischen und politischen Stumpfsinns.

Der Historiker, dieses Namens würdig, setzt also diese einfache Reproduktion des Werkes als geschehen voraus und bringt diese bereits erfolgte Reproduktion zur Darstellung. Die Literaturgeschichte ist, wie Croce sagt, ein historisches Kunstwerk über ein oder mehrere andere Kunstwerke. Der sie zu schreiben unternimmt, wird in seiner Person ein Mensch von Geschmack, ein Unterrichteter und ein Ästhetiker sein müssen, in welchen drei Arbeitsstadien jedes relativ unabhängig ist, nämlich unabhängig vom folgenden, nicht aber vom vorausgehenden Stadium. Und er muß historisch darstellen können. Was aber heißt das? Der Begriff des Historischen ist vor jedem Mißverständnis zu schützen. Die Frage nach dem Wesen des künstlerischen Vorganges ist keine historische, indem man etwa nach dem »Ursprung der Kunst« fragt, sondern sie ist eine philosophische Problemstellung, welche die Ästhetik zu lösen versucht. Als Frage nach der »historischen Entwicklung der Kunst« ist sie überhaupt keine Problemstellung, sondern nichts als Unsinn aus einem Mißverständnis. Da die Kunst kein Naturprodukt ist, sondern als menschliches Wirken selber die Voraussetzung der menschlichen Geschichte bildet, kann man nicht ihr historisches Entstehen suchen wollen. Die Kunst ist keine auftauchende und verschwindende menschliche Einrichtung, wie etwa der Staat oder das Geld oder die Invaliditätsversicherung, deren Ursprünge allerdings historisch feststellbar sind, ebenso wie deren »Entwicklung« oder deren »Fortschritt« nach einem allseits bekannten und gebilligten Ziel. Das Kind macht Fortschritte im Gehen in der Richtung auf das Leistungsmaximum des Zieles Gehen. Die Sinnlosigkeit, von einem Fortschritt der Kunst bei nicht vorhandenem Ziel zu sprechen, leuchtet ein. Es nimmt zwar jede Darstellung menschlicher Geschichte so etwas wie einen Fortschritt an, aber kein Gesetz solchen Fortschrittes, mit welchem Gesetze, und sei es wie immer, die Darstellung die Geschichte selber aufhöbe – die Geschichte, d.h. das empirische Geschehen in konkreten Vorgängen. Es ist aber dieser Begriff des Fortschrittes für den Historiker nichts weiter als das, was man den Gesichtspunkt nennt, nämlich des Historikers Idee von der Art der Lösung jenes menschlichen Problems, dessen Geschichte er schreibt. Ohne diesen Begriff des Fortschrittes, der in Wirklichkeit der Gesichtspunkt ist, entstünde das Kunstwerk der Geschichtschreibung gar nicht, sondern bliebe Chronik, in der Kunst Katalog.

Der Gesichtspunkt ist des Historikers Idee und nur seine, da es ein anderes als ein subjektives Kriterium hier gar nicht geben kann. Und kein eunuchisches Kriterium, wenn auch viele Historiker, besonders der Künste, mit der von sich ausgesagten absoluten Objektivität jene fatale Operation an sich vollzogen zu haben behaupten. Die Wertigkeit des wertenden Subjektes entscheidet über den Wert des Historikers, nicht aber, daß diese Subjektivität nicht vorhanden sei.

Kunst ist nicht formulierende wissenschaftliche, sondern definite Ausdruck gebende Erkenntnis. Die Geschichte der Kunst ist nicht Geschichte einer Wissenschaft, als welche der Begriff des Allgemeinen ist, sondern Geschichte individuellen Ausdrucks, weshalb sie so etwas wie einen Fortschritt im Sinne wissenschaftlicher Erkenntnis nicht kennt. Das Äußerste, was sich der Kunsthistoriker erlauben darf, kann nur sein, daß er innerhalb eines bestimmten abgegrenzten Problems – das Fresko, die Sonate, der Reim – von einem Mehr oder Minder der Annäherung an die Problemlösung sprechen kann. Nur so kann man von Auftritt, Höhe und Verfall des elisabethischen Dramas reden. Oder es kann der Historiker an dem Ideal der Vollendung, das sich der Künstler selber gesetzt hat, von einer fortschreitenden Bewegung des Künstlers zu diesem seinem Ideal oder von ihm weg sprechen, z.B. von Wielands Ideal seiner Verserzählung, Gauguins Ideal seiner Vereinfachung usw. Man sieht: immer wird das Maß, an dem ein »Fortschritt« zu messen, von den zu messenden künstlerischen Erscheinungen eines Umkreises oder eines Problems selber aufgestellt, nicht und nie aber von einem außerhalb dieser Erscheinungen irgendwo am Ende schwebenden Ideal überhaupt oder von einem irgendwann einmal in einem ganz andern Problemkreise verwirklichten Ideal. Raffael stellt in gar keiner Weise einen »Fortschritt« gegenüber Giotto dar, Beethoven keinen gegenüber Händel, Goethe keinen gegenüber Shakespeare. Aber auch Cézanne keinen »Rückschritt« gegenüber Ingres und George keinen gegenüber Mörike. Denn es fehlt hier durchaus alles Gemeinsame, das einen auf »Fortschritt« eingestellten Vergleich rechtfertigen könnte. Daß die Menschheit – ein sehr halbseitiger Begriff – einem künstlerischen Ideale zustrebe und man die Etappen des ihm zustrebenden Genius der Menschheit wahrnehmen und messen könne, ist ein Zeichen großer Einfältigkeit in allen Dingen der Kunst und eines ebenso grundlosen wie selbstgefälligen Optimismus in allen Dingen der Sittlichkeit. Man gewinnt in weitergehenden Zeiten mehr Wissen, einmal aus dem einfachen zeitlichen Zuwachs, dann aus dem immer in solchen Zeiten gesteigerten Interesse an dem, was einmal war, in denen und mit denen sich die Menschen nicht ganz wohl fühlen, weil sie mehr gelebt werden als leben. Der Historismus wird immer in Zeiten mit geringer präsenter Wertlebigkeit gedeihen. Dieses »Mehrwissen« ist nun kaum ein allgemein menschlicher »Fortschritt«, ganz bestimmt ist es kein künstlerischer. Historisch zu wissen, ob man hygienischer, komplizierter, sensibler usw. geworden ist, das hat für die Kunst keinerlei Bedeutung: sie kann davon in der Richtung auf ein Anderssein beeinflußt werden, nicht aber in der Richtung auf ein Besser- oder Schlechtersein als die künstlerische Aktivität irgendeiner frühern Zeit. Kein heute lebender Dichter ist »schlechter« als Homer, sondern nur anders. Wer aus dem Anderssein ein Besser- oder Schlechtersein ableitet oder darein gar einschließt, der gibt kein Urteil ab, sondern äußert ein unbegründbares Vorurteil. Aus dem Vergleich zu gewinnende Kunsturteile sind nur dann möglich, wenn sie vom Künstler selber bestimmt dadurch provoziert werden, daß er das Maß angibt, an dem er gemessen zu sein wünscht, ein erklärter Nacheiferer Shakespeare an Shakespeare, ein Nachahmer der Goetheschen Strophe des Westöstlichen Diwan an dieser Strophe. Hier begrenzt der Dichter selber sein Problem, verzichtet bewußt auf die Andersheit und versucht eine Identität mit seinem Progonen zu erreichen. Aber die Seltenheit solcher über die in der Zeitnähe vom Vorbild natürlichen Beziehungen hinaus ins Künstliche gebrachten Abhängigkeiten zeigen ebenso wie die künstlerische Gleichgültigkeit eines Phänomens, bei dem einer seine Person auslöscht, um der Schatten einer andern zu sein, der Irrelevanz solcher Ausnahme im Kunstablauf, der sich nicht in den Kategorien der Werte »besser« und »schlechter« vollzieht, sondern in der zunächst indifferenten Wertkategorie des »Anders«.

ZWEITER EXKURS

Je weniger Geld der Mensch hat, desto mehr spricht er vom Geld. Kein Volk redet in so vielen Literaturgeschichten so viel von seiner Literatur wie das deutsche. Keine Literatur ist geschichtsloser, d.h. traditionsloser, als die deutsche; jeder fängt sie hier bei Adam und bei sich an und endigt sie mit sich. Nirgends gibt es daher so viele Bücher, welche versuchen, dem Deutschen eine Geschichte seiner Literatur einzureden.

Denn nur von einem bildungsmäßigen Einreden sind diese Darstellungen Beweis, da von einem echten Blutkreislauf, der durch das deutsche Volk und seine Literatur, beide aneinander und ineinander organisch verwachsen, seine Welle trüge, nicht die Rede sein kann. Versuche, wie der Hofmannsthals, die Tradition des Wiener Barock der leopoldinischen Zeit aufzunehmen, werden mißverstanden. Andere, wie Lautensacks volkstümliches und naives Erinnern an Blut seines Blutes, an Nithart, an Abraham a Santa Clara, wird als deutsche Literatur nicht erkannt, der schwäbisch-bäurische Essig, sehr deutsche Literatur, wird übersehen. Aber eine kunstgewerblich gemachte Heimatschreiberei wird als deutsch angesprochen, Dummheit als deutsche Gemütstiefe, Albernheit als schlichtes Gefühl. Man kann sagen, der deutsche Schriftsteller nimmt seit einem Jahrhundert den Weg zu seinem Volke durch den Bildungstrichter seiner Literaturgeschichten, nimmt ihn da, sucht ihn da, formt sich, bevor er auszieht, schon danach. Das Volk liest in seinen Engel, Koch, Oehlke usw., daß es und was es alles für Dichter hat, alte und neue, große und kleine, und freut sich darüber; im übrigen liest es, was es freut. Nämlich was anderes. Eine Darstellung dieses »andern« wäre auch in der einfachsten Form einer Statistik des Meistgelesenen der Deutschen von großem Werte. Man würde daraus das ästhetische Wollen dieses Volkes kennenlernen, erfahren, nach welchen Idealen es sich orientiert, welches sein geistiger Zustand, welches seine innere Bildung ist. Zwei Seiten unserer Literaturgeschichten, Stefan George gewidmet, sind, auch wenn sie, was sie nicht sind, kritisch wertvoll wären, insofern ganz lügenhaft, weil die wenigen Menschen, welche diesen Dichter lesen, öffentlich gar nicht in Betracht kommen. Selbst fünf Seiten Thomas Mann entsprechen nicht der Wahrheit, wenn ihnen nicht zwanzig Seiten W. Bloem und vierzig Seiten Courths-Mahler folgen. Für das Frankreich Ludwigs XIV. wäre die Forderung einer solchen auf das Meistgelesene aufgebauten Darstellung ohne Sinn, ganz gleichgültig, wie hier das Resultat ausfiele, es wäre ohne Importanz. Aber von höchster ist es für sogenannte demokratische Zeiten wie der jetzt gelebten. Die »führenden Männer« dieser Zeit, Wilhelm II. oder Stresemann, Scheidemann oder Noske, Heim oder Hindenburg: keiner dieser Männer wird je von George gehört haben, aber jeder von ihnen hat Ganghofer gelesen oder Stratz oder Herzog. Zwischen diesen Figuren ist Korrespondenz. Die ästhetische Belanglosigkeit eines Stratz festzustellen, ist nicht die Aufgabe der Literaturgeschichtschreiber, zumal sie sich durch das, was sie über Hofmannsthal sagen, nicht ausweisen, daß sie zur ästhetischen Kategorie Recht auf ein Urteil haben. Aber dies vermöchten sie aus Kongenialität: die geistige Bedeutung des Meistgelesenen als Ausdruck des Nationalgeistes aufzuzeichnen, auf ihn wirkend, von ihm Wirkung empfangend. Die Lektüre der führenden Männer dieses Volkes ist dieses Volkes Lektüre und enthält dieses Volkes Art nach allen Dimensionen ausgedrückt.

DRITTER EXKURS

Ein Buch in zwei Bänden, gefüllt mit journalistisch Zusammengehörtem und Lesefrüchten aus dritter Hand, mißlungener Versuch, ein plattes Romanschema damit zu füllen, bei einem richtigen Bühnenschriftsteller begreifliches Mißlingen, Personen und Vorgänge seiner Welt erzählend sichtbar zu machen – denn der richtige Bühnenschriftsteller ist Schauspieler – also außerhalb der Bühne wesenlos oder defektuös – ist Sternheims Roman »Europa« trotz aller Anstrengung, das Nichtige der Mitteilung als wichtig einzureden durch eine Sprache, die nur ein Berliner Kommis so nennen kann, ist, sage ich, dieser Roman »Europa« sehr instruktiv für die Erkenntnis unseres belletristischen Zustandes. Unsere Naturalisten sel. Gedenkens verabscheuten die Intelligenz als das Dichten störend oder ungünstig beeinflussend: Ressentiment geringer Intelligenzen. Niemand war stolzer auf seine makellose Dummheit als ein deutscher Dichter der achtziger Jahre. In den neunziger Jahren und später hat sich dies nur insofern geändert, als der damals moderne Dichter seine Verachtung der Intelligenz zum System machte. Es hieß, besaß er schon Gehirn, dies wieder in Ganglien zurückbilden. Kurz vor dem Marasmus trat die mächtige Hilfe Bergsons auf, der den Belletristen und Dichtern sagte: 1. daß der Künstler sich nicht um die Dinge bewege, sondern in ihrem Innern installiert selber diese Bewegung sei; 2. daß die aus ihrem Wesen heraus unbewußt reine poussée vitale, indem sie sich dilatiere und distendiere, ihrer selbst bewußt und fähig werde, über ihr Objekt zu reflektieren. »Toute naissance est co-naissance«, sagte mit chinesisch-ernstem Gesicht bald darauf Claudel. Mit andern Worten: Die Empfindung wird ganz von selber Wissen um die Empfindung, der Baum ganz von selber Botanik, und der Ladenjüngling braucht nur Liebschaften zu haben, um ein Wissen über die Liebe wie Stendhal zu bekommen. Denn das Wesen einer Sache sei Koinzidenz von Person und Sache, ließe man nur die poussée sich dilatieren und sich an einer gewissen Stelle zwar als poussée aufheben, »zu sich selbst zurückwenden«, wie Bergson sagt, um Intelligenz zu werden, – wie diese Unmöglichkeit mit der Natur der reinen poussée vereinbar ist, darauf gibt Bergson nur mit Augenniederschlagen die Antwort: »Ces choses de la vie profonde, l'instinct seul les trouverait, mais il ne les cherchera pas.« Und Strindberg fing an, mit bloßem Instinkt im Kachelofen eines Berliner Zimmers aus Schwefel Gold zu machen. Unsere Belletristen wurden durch solche Zeithaltung, für die Bergson nur Ausdruck ist, ungemein stolz, wie man bald merkte, denn was sie machten, war ja nicht mehr eine bestimmte Haltung der menschlichen Intelligenz zu den Phänomenen des Lebens und daraus sich ergebende Transzendenz, sondern war etwas ganz und gar Neues, nämlich das Leben selber in seiner emotionalen Aktivität. Der neue Dichter letzten Datums ist also der immediate Ausdruck des Lebens, das er nicht etwa perzipiert, sondern mit dem er identisch ist. Sollte er nicht stolz werden? Fiel ihm doch das absolute Alles-Sein zu, ohne Mühe. Und genau wie der naturalistische Belletrist von 1880 verachtet der expressionistische von 1918 die Intelligenzia als alles deformierend, was sie berührt; und sie nennen sich die »Geistigen«, die Besitzer des wahren Intellektualismus und suchen den »andern« als pedantische Vernünftelei zu entwerten. Ganz unintelligent, wie sie sind, beten sie doch ganz götzendienerisch die Intelligenz an, den Geist, das Wort »Geist« wenigstens. Das Buch »Europa« strotzt von solchen Worten aus der Intelligenzsphäre, nur von den Worten, oft genug auch die ganz falsch verstanden. Ich zähle 8mal Elan, 5mal Dynamik, 2mal Brisanz, ferner Mehrwert, Palpitation, Stoßtrieb, Hyperbel, motorisches Prinzip, immer vom Autor zum Leser, nicht von seinen Personen untereinander gesprochen, und ohne Anlaß. Eine sogenannte philosophische Auseinandersetzung über Denkinhalte und Begriffsinhalte füllt Seiten dieses Romans, weil irgendeine zufällig aufgeschlagene Seite Kant den Verfasser hilflos konsternierte. Dem Verfasser ist es noch nicht, wie einem andern Belletristen in einem Romane »Die achatnen Kugeln«, gelungen, seine Identität mit der poussée vitale dadurch zu zeigen, daß dieses Romanes Helden, ansonst zweibeinig, Raum und Zeit völlig aufheben, nur mehr die Bewegung schlechtweg sind, daher jetzt im Schwarzwald, eine halbe Stunde später am Kansas sind. Der Verfasser der »Europa« hat für die Götzenverehrung der Vitalität nur die Vokabel, die er anbetet. Zwei erzählte Beischlafe versuchen in dem Ablauf des Romanbächleins Niagara zu machen: »Die asiatische Banise« ist ein Schulaufsatz dagegen. Zu dem Zwecke, vor dem Leser den geschwellten Bizeps der geliebten Vitalität spielen zu lassen, ist dem Verfasser kein Beiwort gewaltig genug. Ich zähle folgende Beiwörter: 10mal kolossal, 3mal formidabel, 4mal epochal, 2mal monumental, 7mal Fanal, 3mal fabelhaft, 4mal enorm, 3mal prachtvoll, 3mal pompös, 2mal saftig, 2mal wuchtig, 2mal herkulisch usw. Auch dieses immer vom Verfasser zu etwas gesagt, nie von Personen zu deren etwaiger Charakteristik solcher Berliner Kommis-Metaphorie. Eine bei einem Schriftsteller erstaunliche Unkenntnis der bildhaften Kraft der Sprache trifft hier glücklich den Ausweg in die Vitalität, die man in solchen Beiworten arretiert zu haben glaubt.

VIERTER EXKURS

Jenen einer ästhetischen Wissenschaft Beflissenen, Lehrern wie Schülern, welche diese ihre Wissenschaft dessen, was die Kunst ist, auf Untersuchungen darüber aufbauen, wie die Kunst auf den Menschen wirke, um dann daraus wieder weiterzufinden, was die Kunst oder die »wahre« Kunst sei – jenen Jüngern ihrer schon ganz unfraglichen Wissenschaft seien in dem folgenden die ganz simpelsten Voraufgaben ihrer Aufgabe gestellt, mit deren Lösung sie schon einige Semester hinbringen können, lehrend oder lernend. Ohne weiteren Anspruch auf Originalität der folgenden Aufstellungen zu machen – der kürzlich verstorbene Remy de Gourmont hat am besten darüber traktiert –, enthalten sie nur alles Wesentliche in Hinweisen, Fingerzeigen, wo der fleißige Student sich ausarbeitenderweise einerseits den Doktorhut, andererseits die aus seiner Arbeit erworbene Erkenntnis holen kann, daß es auf diesem Wege zur Feststellung dessen, was die Kunst ist, nie kommen kann, nicht einmal dessen, was die »wahre« Kunst ist. Und er wird sich dann vielleicht der großen deutschen Philologie erinnern, die allerdings seit langem nicht mehr auf den deutschen Hochschulen zu Hause ist, sondern in Neapel, und wird als solcher Philologe die Ästhetik als Linguistik gewinnen, wie dieses Benedetto Croce getan hat, der sich allerdings von Wilhelm von Humboldt datiert und nicht von Wilamowitz. Die bescheidene Sache ist die:

Jeder Akt hat seine eigene Vollendung zum Ziel. In das Ziel ist die gewollte Wirkung inbegriffen. Jeder Akt will sich beim

Handelnden als erfolgreich vollenden; auch den Akt des einsamsten Denkers will dieser wirksam.

Der Erfolg ist ein Faktum für sich selber und steht außerhalb des Werkes und des Aktes, den er begleitet. Für die künstlerischen Akte ist der Erfolg ein mögliches Faktum, welcher das Wesen selber des Aktes nicht ändert. Der Erfolg schafft nicht ein Werk, sondern bringt es auf eine Weise ans Licht, daß davon immer etwas in der Erinnerung der Menschen bleibt. Hier von einem Kriterium sprechen hieße, zuviel sagen, denn der Erfolg ist ein Faktum wie eine Blume oder ein Brand oder ein Fluß. Gegen dieses Faktum ist so gut wie nichts zu stellen, nämlich nichts als die Ideen gewisser Menschen über die künstlerische Schönheit. Und auch diese Opposition ist nicht radikal, da im Prinzip diese Schönheit nicht außer den Möglichkeiten eines Erfolges steht; in welchen Fällen man dann das Urteil unterstreichend von einem »berechtigten Erfolg« spricht. Aber jeder Erfolg ist als Erfolg legitim. Die Sonne ist auch dann legitim, wenn sie das Korn verbrennt, und nicht nur dann, wenn sie es zur Reife bringt. Der Erfolg setzt ein Werk ans Licht: das ist sein Wert, der ganz unabhängig vom Werte des Werkes ist und von diesem her nicht bestimmt wird, noch auch von ihm bestimmbar ist.

Da die Kunst da ist, hat sie eine Funktion; sie befriedigt ein menschliches Bedürfnis. Ein Werk erfüllt seine Funktion um so mehr, je intensiver und extensiver es das menschliche Bedürfnis befriedigt. Es sagt gar nichts, dieses Bedürfnis das künstlerische Bedürfnis zu nennen. Dies sagt so nichts, wie daß der Tabak das Bedürfnis nach Tabak befriedigt. Da ist naiver Finalismus, der sich auf die einfache Relation von Topf und Deckel beschränkt. Die Kunst gefällt –: der Erfolg ist der Anfang einer Probe zugunsten des Werkes. Der Erfolg hat ein Werk zu einem Turm hochgehoben, den eine den Wert des Werkes bestreitende Gruppe anrennt mit dem Effekt, den Turm dadurch nur noch höher zu machen, statt ihn, wie sie will, zu stürzen. Der Menge, welche dem Werke den Erfolg gegeben hat, wird gesagt, daß sie betrogen und dumm sei. Die Menge findet das Werk schön (weil es ihr gefällt). Man kann ihr nur antworten: Ja, es ist schön (weil es gefällt). Über das Gefallen etwas später.

Ganz zufällige Umstände wählen ein Werk für den Erfolg aus: nach erfolgter Wahl ist das Werk geheiligt wie die vom Priester unter vielen Hostien ausgewählte eine Hostie. Hier nun setzt die häufigste kritische Bemerkung ein: es gäbe eine Ästhetik, eine Lehre vom Schönen. Es gibt sogar sehr viele solche Lehren. Aber es sei der Einfachheit halber nur eine angenommen und diese so, daß sie gute Gründe hat, sich einem Erfolg, wie immer er auch sei, entgegenzustellen. Die Existenz der Ästhetik verpflichtet, ein absolut Schönes anzuerkennen, wonach jene Werke als schön geurteilt werden, welche mit diesem Ideal-Schönen eine proportionale Ähnlichkeit haben.

Es gibt zwei Gruppen der sensiblen Reaktion: eine, welche den Erfolg macht (oder ihm nachgibt), und die andere, welche sich dem Erfolg entgegenstellt und dem erfolghaften Werke den Charakter des Schönen abspricht. Beide Empfindungen sind gleich spontan, aber nicht gleich rein. Die zweite resümiert sich aus einer Ästhetik, welche eine Mischung ist von Glaubungen, Traditionen, Meinungen, Urteilen, Gewohnheiten, Anschauungen. Sie enthält mit dem Respekt vor dem, was war, auch noch Angst vor dem andern (-Neuen) und Appetit nach dem Neuartigen (-Veränderten).

Alle Ästhetiken präkonisieren das neue Alte –: es handelt sich ihnen darum, den Nerven und der Bildung einer Kaste zu schmeicheln (sie zu schonen?). Das künstlerische Urteil ist ein Amalgam von Sensationen und Aberglauben. Das Urteil der Menge aber ist nichts als sensationell und gar nicht ästhetisch. Es ist nicht einmal ein Urteil, sondern ganz naives Einbekenntnis eines Vergnügens. Woraus folgt, daß bloß die ästhetische Kaste jene Qualität besitzt, die eines Urteils über die Schönheit eines Werkes, absprechend oder zusprechend, fähig ist. Die Menge also macht den Erfolg, die Kaste macht die Schönheit. Beides ist äquivalent, denn in Akten und Empfindungen gibt es keine Hierarchie, beides ist gleichwertig und beides ist verschieden. In Opposition stehen: die Meinung der Empfindung und die Meinung des Intellektes. Die Empfindung kümmert sich nur um das Vergnügen; fügt sich zum Vergnügen ein intellektuelles Moment, so ergibt dies Ästhetik. Die Menge sagt aus: Es gefällt mir, und trotzdem ist es nicht schön; oder: Dies mißfällt mir, und trotzdem ist es schön. Die Menge kann nur und nichts sonst als die Wahrheit aussagen. Das ästhetische Urteil hingegen ist eine sehr komplexe Form der Lüge mit all ihren Reizen.

Antworten nach dem Absoluten der Schönheit, der Wahrheit wie der Gerechtigkeit liegen in der Theologie, die hier nicht beschäftigt ist. Als in der Vergangenheit bestimmt gewordene Ideen drücken die Ideen der dichterischen Schönheit, der philosophischen Wahrheit, der sozialen Gerechtigkeit, der theologischen Liebe eine bestimmte Konkordanz aus zwischen unsern derzeitigen Empfindungen und dem allgemeinen Zustand unserer intellektuellen Einsicht.

Über den emotionalen Ursprung der Schönheit wären genaue Untersuchungen anzustellen, was den Studenten an Stelle ihres müßigen Historismus empfohlen sei. Die für die künftige Mutter gewählte Frau wird konform dem Rassentypus des Wählenden sein, und das heißt – sie soll »schön« sein. Ist die Frau hier weniger kritisch, so vielleicht deshalb, weil der Mann seiner Nachkommenschaft weniger von sich mitgibt als die Frau. Das erste Zuchtwesen der Schönheit war die Frau. Das heißt der Mensch. Es wäre genau festzustellen; daß alle einem Tiere, einer Landschaft, einem Gegenstande gegebenen »Schön«-attribute von der menschlichen Schönheit derivieren: Korallen(lippen), Saphir(augen), Marmor(kälte, -weiße, -härte). Das Vokabularium der Klischees dichterischer Sprache ist voll davon. Auch von dessen Umkehrung: der Schwan hat einen Frauenhals für: Schwanenhals der Geliebten. Oder ebenholzschwarz wie Frauenhaar für: ebenholzschwarzes Haar. Nebenbei: daraufhin ist der Tropus der allerneuesten Literatur, als das neueste Alte, anzusehen. Der sexuelle Charakter der Schönheit hat seinen symbolischen Ausdruck in dem Faktum gefunden, daß Werke, die nichts als den nackten menschlichen Körper darstellen, die unbestrittensten plastischen und malerischen Kunstwerke sind. Die Hartnäckigkeit, mit welcher der griechische Plastiker sexuell blieb, setzte ihn für alle Zeiten außer jede Debatte. Neben dieser groben Beziehung der äußern Deutlichkeit wären noch die feineren Beziehungen zu untersuchen, wie sie u.a. die sexuelle Pathologie ans Licht gebracht hat.

Was zur Liebe veranlaßt, erscheint schön; was schön erscheint, bringt zur Liebe. Aber es ist natürlich durchaus nicht notwendig, daß ein Werk, um uns schön zu erscheinen, sexuell sein muß; es genügt, daß es »einnehmend« sei – wo aber ist der Sitz dieses Sympathiegefühles zu suchen? Das Gehirn ist nur Transmissionszentrum. Es zum generalen Zentrum des Menschen zu machen, ist nur ein glücklicher und verdienstlicher Irrtum. Zu untersuchen wäre, welches das Ziel der menschlichen Aktivität ist und ob es die Fortpflanzung ist. Zu erinnern, daß es sich nicht um intensive sinnliche Erregungen oder um sexuell lokalisierte handelt, wenn vom genitalen Zentrum versus ästhetisches Vergnügen die Rede ist. Gesagt wird nur: Die ästhetische Erregung versetzt den Menschen in einen der erotischen Erregung günstigen Zustand, gleichgültig, ob es Musik, ein Bild, das Drama oder ein pornographisches Bildchen ist. Das umgekehrte Beispiel ist weniger paradox: von der erotischen Emotion führt ein leichter, oft fataler Weg zur ästhetischen. Ohne die Liebe keine Kunst, ohne die Kunst nichts von Liebe als der roheste physiologische Funktionalismus.

Aber es handelt sich hier nicht um die Kunst, sondern um die emotionale Kraft alles dessen, was sprachlich unter das Wort »Kunst« gebracht wird oder was sich als Schau, Spiel, Unterhaltung usw. vor die Menge stellt und worüber man seine Eindrücke austauscht. Eine hierarchische Wertunterscheidung wird hier nur von der Wirkungsintensität getroffen. Nun erhöht der Erfolg, den ein Werk hat, dessen emotionale Kraft. Für die Menge besteht der natürliche Glaube, daß jedes Werk, das Erfolg hat, schön ist, und daß jeder Durchfall oder Mißerfolg verdient sind. Was die Kaste Schönheit nennt, das nennt die Menge Erfolg. Aber sie entlehnt gerne dafür das sinnbare Wort »künstlerische Schönheit«, um die Qualität ihres Vergnügens zu erhöhen, ein im übrigen nicht verwerflicher Vorgang; denn da Erfolg und Schönheit den gleichen Ursprung im Emotionalen haben, ist der einzige Unterschied der beiden nur die Verschiedenheit der betreffenden nervösen Systeme, denen diese Emotionen zugehören. Es wäre hier etwa die sogenannte stoffliche Identität des erfolgreichen »Kitsches« und des »schönen« Dichterwerkes an Beispielen zu zeigen. Ferner historisch zu zeigen, daß jene wenigen, welche einer nichts als ästhetischen Empfindung fähig sind, Beispiel und Muster einer weit größeren Menge sind, welche diese nichts als ästhetische Emotion zu haben vorgibt (Snobismus) und nur der Suggestion erliegt oder dem Befehl ihrer Jugenderziehung und Erinnerung gehorchen oder dem Einfluß ihres Milieus nachgeben oder der Mode folgen. So kann es vorkommen, daß eine von der großen Menge abgelehnte Schönheit einen Kastenerfolg hat; aber wie der Mengenerfolg, ist auch der Kastenerfolg vergänglich: die Kaste von heute rühmt ein Werk, das die Kaste von morgen verachtet (Geschichte des Rembrandt-Bildes, der Wagner-Musik).

Es wäre biologisch der Fall jener mehr schwerflüssigen als diffusen Individuen zu untersuchen, bei denen die Emotionen nicht zum Zentrum der großen Sensibilität hin widerhallen, sei es, daß dies Zentrum atrophiert ist, sei es, daß der emotionale Strom auf einen Widerstand stößt, auf ein Hindernis, auf ein undurchdringliches Terrain. Ohne für die Berechtigung der Analogie ein Vorurteil zu schaffen, sei an einen durch den Draht geleiteten elektrischen Strom erinnert: der Draht fällt auf eine Holzunterlage, und statt Bewegung gibt es Wärme, der Zug fährt nicht, sondern brennt. Die Emotion begegnet auf ihrem Weg zum erogenen Zentrum einem Widerstand, an dem sie sich bricht, auf den sie sich aber einrichtet; und alle Zellen, welche den gleichen Weg gehen, haben das gleiche Schicksal. Es kann solcherart die ästhetische Emotion in ihrer reinsten, desinteressiertesten Form als eine Abirrung von der erogenen Form angesehen werden. Es sei erinnert an die forensischen Fälle, wo unter dem Zwang der Sitte und der Straffälligkeit vom Angeklagten oder dessen Sachverständigen gegen die Behauptung des Anklägers versichert wird, daß die Wirkung des beanstandeten Werkes »rein künstlerisch« sei und nicht das erogene Zentrum berührt habe. Wogegen der Ankläger meist bemerkt, daß dies für die Gebildeten, also für eine Kaste, zugegeben werden könne, nicht aber für die Menge. Was hier oft nur behauptet wird, ist aber sonst Faktum: das in der Aphrodite kultisch gewordene nackte Weib verwirrt den antiken Gläubigen so wenig, wie die zum Säugen entblößte Brust der Madonna den christlichen Gläubigen sinnlich erregt – es bleiben nach Verflüchtigung des Weibes die reinen Formen als Formen der Schönheit. Jener Widerstand im Fluß der Emotion erlaubt uns das Denken, Vergleichen, Urteilen. Der ununterbrochene Strom der Emotion triebe uns an die Schwester der Aphrodite und Madonna, aber in der Unterbrechung entfernt er uns von ihr, denn: die Schwester ist »weniger schön« als die Göttin, als die Jungfrau.

Ob das Emotionale in die Intelligenz eindringt und von daher diese Mischung von Emotionalem und Intellektuellem entsteht, welche man den ästhetischen Sinn nennt, dieses ist nur behauptet, aber nicht bewiesen worden. Denn die Intelligenz ist ein Zufall. Einen Zustand der Menschheit anzunehmen, in dem uniform Gesundheit, Gleichgewicht, Gleichartigkeit, Mäßigung, Ordnung herrschen, und in dem die Katastrophen des Genies unmöglich, die Zufälle der Intelligenz sehr selten wären – dies bedeutete, daß die Emotionen immer ihr Ziel erreichen, weil die Intelligenz, d.h. die Folge dessen, was wir naiv das Böse nennen, den Faden des Emotionalen weder verknotet noch abschneidet. Aber es bestünde dann das nicht mehr, was man die Welt nennt.

In der Formation des ästhetischen Sinnes konkurrieren also zwei Arten Emotionen: die erogenen und alle andern, wie immer diese auch seien, und in einer Proportion, die mit jedem Menschen variabel bis ins Unendliche ist. Die ersten Emotionen erleben wir bei der Vorstellung eines vollkommenen Typus unserer Rasse. Für die Mehrzahl der Menschen ist – jeder vom Sexuell-Sinnlichen bezogene Begriff rigoros ferngehalten – der Anblick Apollos angenehm, weil er das Verlangen weckt, sei es direkt, sei es je nach dem Geschlecht durch Gegenbeschwörung. Die Schönheit ist ein Versprechen von Glück – die sensualistische Philosophie, die Stendhal diesen Ausspruch tun ließ, sollte wissenschaftlich erst einmal aufgearbeitet werden. Eine idealistische Philosophie hat für dieses sensualistische Glücksversprechen das Wort Schönheit erfunden, das man nun auf alles anwendet, was dem Menschen Realisierung einer seiner Begehrungen verspricht, die immer zahlreicher und komplexer wurden. Das emotionale Bedürfnis hat sich bis in die Extreme der tollsten, blutigsten emotionalen Kausierungen ausgebildet. Um doch als Ziel zu haben: an die einzige immanente Pflicht der menschlichen Kreatur zu erinnern, nämlich die Erhaltung der Art. Was immer auch die Sinne sind, welche die Emotionen zuerst treffen, sie springen von da zum Zentrum der allgemeinen Sensibilität. Die wilden, grauenvollen Tragödien, an denen sich die Griechen ergötzten, waren Filter. Hätten sich die Tragiker, die als große Dichter (wie die Frauen) weder Geschmack noch Ekel kennen, nicht die Mühe genommen, die Geschichte des Orest, des Polineikes, der Elektra durchzudenken, wir würden diese Geschichten nur als die Delirien einer tief verkommenen oder ganz kindlichen Gesellschaft ansehen. Keine Tragödie Shakespeares oder Racines, die nicht hunderte Male von scheußlichen Komparsen vor den Gerichten gespielt wurde. Der Student hätte hier nach Beispielen aus der forensischen Medizin zu suchen, wie sich irgendeine Erregung in einen sexuellen Akt umsetzt (das Problematische des »Lustmordes«), weil der Refraktor fehlt, an dem sich zum größten Teil der emotionale Strom bricht.

Die auf halbem Wege aufgehaltenen Emotionen transformieren sich in Intelligenz, ästhetischen Geschmack, Frömmigkeit, Moralität, Grausamkeit, Verbrechen – nach einem dunklen dynamischen Modus, in dem noch Umstände und Umgebung mitspielen, aber nur mitspielen. Und müssen sich nicht immer nur in dies oder das transformieren, sondern können auch in nur teilweisen Transformationen genug für eine zweite Richtung, eine dritte behalten. So scheint die Liebe, sei es deren Exzeß oder deren Mangel, an die Grausamkeit gebunden. Die Mimik der Liebe und der Grausamkeit ist die gleiche. Wenn auch geteilt, bleibt der emotionale Strom stark genug, um intensive Akte zu produzieren. Grausamkeit, Intelligenz und Frömmigkeit zum Beispiel in Torquemada.

Dieses nur Angemerkte auf das Ästhetische gewandt: je nach der Derivationsstärke des emotionalen Stromes wird z.B. der eine Zuhörer einer Tragödie alles das aus ihr behalten, was reine Schönheit ist; er wird weniger sensibel für den Mord sein als für die Geste des Mörders. Der andere wird die Tragödie verlassen wie einen Boxkampf. Der eine sagt vor einer Plastik: welche Nackenlinie! Der andere: ein Prachtweib! Zwischen diesen Extremen sind tausend Nuancen. Für den Typus der Mitte gibt es keine Idee der Schönheit – er beurteilt das Werk nach der Stärke und Qualität seiner Emotion. Das eine macht ihm Vergnügen, das andere »läßt ihn kalt«. Dieser Typus der Mitte bestimmt den Erfolg.

Die ästhetische Kaste beurteilt das Werk gleichfalls emotional; aber die Emotion ist von einer besondern, nämlich der sogenannten ästhetischen Ordnung. Zur Kunst gehören danach nur Werke, welche diese ästhetische Emotion geben können.

Daher sind hier ausgeschlossen die utilitarischen, moralisierenden, sozialen usw. Werke, deren Ziel etwas abseitig von der ästhetischen Emotion liegt. Auch die sexuell überbetonten Werke gehören zu den abgelehnten, weil sie zu direkt wirken und zu deutlich klar mit der primären vom Menschen konzipierten Idee der Schönheit korrespondieren. Die ewig unbeständige ästhetische Kategorie ist bei allem Wechsel von Idealismus zu Realismus, Sentimentalismus zu Brutalismus, Religiosismus zu Sensualismus ein enggeschlossener Bezirk. Kunst ist, was eine »reine« Emotion gibt, das heißt eine Emotion ohne Vibrationen außerhalb einer limitierten Zellengruppe. Kunst ist, was weder zur Tugend noch zum Patriotismus, weder zur Ausschweifung noch zum Gelächter, weder zu Krieg noch zu Frieden, überhaupt zu nichts auffordert, was nicht die Kunst selber ist. Die Kunst ist unparteilich, unempfindlich, lacht nicht, weint nicht. Es hat dieser Sachverhalt gar nichts, weder mit der Ratio, noch mit irgendeiner Wahrheit Konformes. Es handelt sich um Bräuche einer bestimmten Kaste. Aus der Unfähigkeit des nervösen Systems geboren, hat die Idee der Schönheit auf ihrem Wege alle Arten Regeln, Vorurteile, Glaubungen und Gewohnheiten aggregiert und hat sich einen Kanon geformt, dessen Form, ohne absolut zu sein, in einem gegebenen Zeitmoment nur zwischen gewissen Grenzen oszilliert. Und dieser Vorbehalt ist notwendig. Die ästhetischen Menschen einer Epoche sind sich über die Idee des Schönen einig; man könnte hier Werke und Namen nennen, die abzulehnen so viel hieße wie keinen künstlerischen Sinn haben. Aber Werke eines ganz andern, ja gegensätzlichen Tones wurden in andern Epochen von der ganz gleich konstituierten Gruppe bewundert und als das »Schöne« inkarnierend bezeichnet. Um 1700 war alles den Italienern und Franzosen im Deutschen Nachgeahmte allein den Deutschen die Kunst; um 1800 war es die Nachahmung einer vermeinten Antike, um 1870 Nachahmung eines vermeinten Mittelalters; um 1900 die Nachahmung der natürlichsten Natur usw. Der ästhetische Sinn ist also historisch variabel, aber im jeweils gegebenen Zeitmoment sehr solide. Man kann sagen: Die Geschichte der Künste ist der catalogue raisonné jener Werke, welche in der Zeitenfolge von der ästhetischen Kaste ausgewählt wurden.

Die Urteile der Menge über die von ihnen abgelehnten Werke sind falsch. Aber nicht minder falsch sind die Urteile der Kaste über die von der Menge gebilligten Werke. Der Titel Kunstwerk kommt beiden Gattungen zu, da beide Emotionen hervorrufen, beide also, wenn auch nicht in der Qualität, so doch im Wesen gleich sind. Der Appell an die literarische Gerechtigkeit als entscheidenden Faktor ist ohne Sinn, da der Begriff dieser Gerechtigkeit von einer Kaste bestimmt ist. Man kann hundert Verehrer Walter Bloems viel leichter umbringen als überzeugen, daß Bloem keine Kunstwerke schreibt. Der Appell supponiert irrig eine Gleichhaftigkeit der Emotionen bei Menschen verschiedener physiologischer Kategorien. Ein Werk ist für jene schön, denen es Emotion gibt; die Sensibilität ist nicht zu betrügen und nicht zu bestechen, weder die der Menge noch die der Kaste. Weshalb auch alle Versuche, die »Kunst ins Volk zu bringen«, das heißt den Geschmack zu ändern, absurd sind, als von der Meinung ausgehend, daß sich der Geschmack an der Kunst lernen lasse wie die Chemie. Und selbst wenn es gelänge? Weshalb soll die Menge den Geschmack der kleinsten Kaste adoptieren, warum die Kaste nicht den der Menge?

Jede Ästhetik, welche ihre Elemente und Grundsätze von der Wirkung dessen, was sie jeweils Kunst nennt, zu gewinnen sucht – sei es nun Wirkung auf die Massen oder die Kasten – kann immer nur relativ sein, denn das Maß unserer emotionalen Fähigkeit ist bedingt vom Maß unserer jeweiligen emotionalen Rezeptivität und von dem Stand unseres nervösen Systems.

Nichts weiter als Aufgaben sind den Studenten hier gegeben, um sie von dem Jammer zu erlösen, mit dem sie derzeit ihre Zeit in den Kollegien und Seminarien der Ästhetik und Literatur hinbringen.

FÜNFTER EXKURS

Was man die Literatur nennt, wird Erscheinung immer beim Niedergang einer Kultur. Deren frühe Blüte, welche in den März ihres Daseins fällt, kennt nur die Dichtung, gebundene Rede eines kultisch verbundenen Volksganzen. Tritt inmitten der Literatur, also in Verfallszeiten als Atavismus und geniale Katastrophe der Dichter auf, so erleidet er die Zeit und die Zeit ihn. Ist er das Genie, so stirbt er frühen Tod. Ist er es weniger, so erhält er sich am Leben, indem er sich in die schützende Literatur begibt. Das katastrophale Genie inmitten der Literatur hat bestenfalls eine kleine Gemeinde von Freunden, nie das Volk. Wie die Literatur die Gebildeten haben, hat die große Menge die Belletristik, ein Derivat der Literatur, wie diese ein Derivat der Dichtung. Die homerische Zeit besaß nicht, was wir Literatur nennen. Der Literat Lukian trat erst im Verfall auf, wie der Literat Petronius in der neronischen Zeit. Das christliche Mittelalter ist Literatur, wo es sich lateinisch dichtend äußert, an die römische Verfallszeit gebunden, woran die neuen Inhalte nichts ändern. Die mönchischen Hymnologen sind literati, in den literis Gebildete, nicht Dichter. Die Dichter des Mittelalters sind die Barden der Heldensage in der Frühzeit. Die Bildung der nationalen Sprachen nimmt diese Heldensage auf: es sind Dichter, und der letzte Rest der lateinischen literati verschwindet. Aber die Bindung der mittelalterlichen Welt lockert sich, löst sich auf. Das Heldengedicht schrumpft auf das Volksbuch zusammen, der Minnesang wird Meistersingerei und Gassenlied. Die Renaissance stellt Antikisches als Muster auf, das befolgt wird: neue Bildungselemente erweitern die Literatur, die von nun ab der herrschende Begriff wird. Außerordentliche Leistungen werden ihr eigentümlich, denn auch die Bildung im weitesten Sinne kann Kultur schaffen, doch bleibt diese exklusiv, nur einem Teile des Volksganzen zukommend, weil von ihm nur tragbar und förderbar. Innerhalb der Literatur ist der Dichter nur bedingt Ausdruck seines Volkes. In dieser Bedingtheit ist er diskutabel, was Inhalt der Literaturgeschichten ist. Denn alle kulturellen Verfallzeiten – und solche sind innerhalb des christlichen Gedankens auch Teilkulturen – sind skeptisch, werden von der Skepsis eingeleitet, begleitet und zu Grabe getragen. Die seltenen Genies solcher Zeit weinen immer den verlorenen Göttern, den zerstörten Altären nach. Priester, für die es kein Amt mehr gibt, sind sie.

Verteilt sich, was wir Leben nennen, auf die zwei Wagschalen des irdischen Tuns und himmlischen Sehnens, auf das Politische und das Religiöse, so ist die Dichtung das Gleichgewicht dieser Schalen. Sie wird dann nicht sein können, wenn alles Leben nur auf der einen Schale liegt. Im nichts als religiös bestimmten Leben ist die Dichtung so überflüssig wie im nichts als politisch bestimmten Leben. Dichtung ist der Ausgleich im Geiste zwischen den Gegensätzen der nichts als sinnlichen diesseitigen Welt und der nichts als jenseitigen geahnten, geglaubten und gefühlten Welt. Dem Sinnlichen durch ihre Materie, dem Übersinnlichen durch ihr Menschentum verhaftet ist die Dichtung nicht die Überwindung dieser Gegensätze durch ein Drittes, sondern die transzendierende Bindung dieser Gegensätze in einem Dritten, das vom Geiste ist. Denn die Dichtung ist sinnlich *und* übersinnlich, zeitlich *und* überzeitlich, niemals das eine *oder* das andere.

In Zeiten der Literatur ist der Dichter eine inkommensurable Größe, die man zu verstehen sich bemüht, in welchem Verstehenwollen und bestenfalls Verstehenkönnen sich das Unzeitgemäße des Dichters in solchen Zeiten ausdrückt. Aber das Wesentliche des Dichters, seine bis zur persönlichen Anonymität gehende Verbundenheit mit dem Ganzen des Volkes, dessen artikulierter Ausdruck der Dichter ist, dies ist nicht »verstehbar«. Es gilt das sowohl für die retrospektive Betrachtung des Dichters aus dem Blickwinkel der Literatur, wie für die Einstellung auf den katastrophal inmitten des Literarischen auftretenden Dichter. Welche Katastrophe übrigens in den letzten siebenhundert Jahren der Deutschen nur ein einziges Mal mit Hölderlin eintrat, dem Dichter und seinem Volke zum Unheil. Hölderlin gab sich in der Literatur kein Ventil und ließ sich keines in ihr geben. Wir alle andern, die, was sie dem Genie nahmen, ihrem Talente zum Opfer brachten, das davon steile Flamme zum Himmel bekam.

Dem außerordentlich einfachen Problem der Dichtung und des Dichters steht die außerordentlich komplexe Erscheinung der Literatur und des Schriftstellers gegenüber. Vom Schriftsteller als Dichter im folgenden Exkurs.

SECHSTER EXKURS

Der Dichter ist heute bei dem gebräuchlichen Namen Literat angelangt, worunter einer verstanden wird, den unerforschte Gebrechen hindern, ein brauchbarer Journalist zu werden. Die soziale Wichtigkeit dieser Erscheinung ist nicht geringzuschätzen und rechtfertigt wohl, ihr einige Überlegung zu widmen. Daß diese sich auf die Betrachtung der Intellektualität beschränkt und im kleinen wie der Versuch einer erkenntnistheoretischen Prüfung ausfällt, indem sie den Dichter der literarischen Zeit nur als den in einer bestimmten Weise und auf bestimmtem Gebiete Erkennenden betrachtet, ist gewollte Einschränkung, die sich natürlich durch ihr Ergebnis rechtfertigen läßt. Sooft aber hierbei vom Dichter, als einer besonderen Gattung Mensch, die Rede sein wird, sei vorausbemerkt, daß damit nicht nur die gemeint sind, welche schreiben; es gehören auch jene dazu, welche die Tätigkeit scheuen – sie bilden das reaktive Seitenstück zu dem aktiven Teil des Typus.

Man könnte ihn beschreiben als den Menschen, dem die rettungslose Einsamkeit des Ich in dieser Welt und zwischen den Menschen am stärksten zu Bewußtsein kommt, weil er in seinen ihm eingeborenen Urelementen die individuelle Anonymität der

Gemeinschaft besitzt. Als den Empfindlichen könnte man ihn auch beschreiben, für den nie Recht gesprochen zu werden vermag, dessen Gemüt auf die imponderablen Gründe viel mehr reagiert als auf gewichtige, der die Charaktere verabscheut mit jener furchtsamen Überlegenheit, die ein Kind vor den ein halbes Menschenalter früher sterbenden Erwachsenen voraus hat, der noch in der Freundschaft und in der Liebe den Hauch von Antipathie empfindet, der jedes Wesen von den andern fernhält und das schmerzlich-nichtige Geheimnis der Individualität ausmacht, der selbst seine eigenen Ideale zu hassen vermag, weil sie ihm nicht als die Ziele, sondern als die Verwesungsprodukte seines Idealismus erscheinen. Ihnen allen entspricht oder liegt zugrunde eine bestimmte Erkenntnishaltung und Erkenntniserfahrung wie auch die dieser entsprechende Objektwelt.

Man versteht das Verhältnis des Dichters zu dieser Welt am besten, wenn man von seinem Gegenteil ausgeht: das ist der Mensch mit dem festen Punkt a, der rationale Mensch auf ratioidem Gebiet. Man nehme die Scheußlichkeit des Wortversuches ›ratioid‹ hin wie auch die ihm zugrunde liegende historische Vortäuschung; denn nicht hat sich die Natur nach der ratio gerichtet, sondern diese nach der Natur. Aber ich finde kein Wort, das nicht nur die Methode, sondern auch das Gelingen gebührend ausdrückt, nicht bloß die Unterwerfung, sondern auch die Unterwürfigkeit der Tatsachen, dieses unverdiente Entgegenkommen der Natur in bestimmten Fällen, das in allen Fällen zu verlangen dann freilich eine menschliche Taktlosigkeit war. Dieses ratioide Gebiet umfaßt roh umgrenzt alles wissenschaftlich Systematisierbare, in Gesetz und Regel Zusammenfaßbare, vor allem also die physische Natur; die moralische aber nur in wenigen Ausnahmefällen des Gelingens. Es ist gekennzeichnet durch eine gewisse Monotonie der Tatsachen, durch das Vorwiegen der Wiederholung, durch eine relative Unabhängigkeit der Tatsachen voneinander, so daß sie sich auch in schon früher ausgebildeten Gruppen von Gesetzen, Regeln und Begriffen gewöhnlich einfügen, in welcher Reihenfolge sie immer entdeckt worden seien. Vor allem aber schon dadurch, daß sich die Tatsachen auf diesem Gebiet eindeutig beschreiben und vermitteln lassen. Eine Zahl, eine Helligkeit, Farbe, Gewicht, Geschwindigkeit, das sind Vorstellungen, deren subjektiver Anteil ihre objektive, universal übertragbare Bedeutung nicht mindert. (Von einer Tatsache des nicht ratioiden Gebiets dagegen, z.B. dem Inhalt der einfachen Aussage »er wollte es«, kann man sich niemals ohne unendliche Zusätze eine hinreichend bestimmte Vorstellung machen.) Man kann sagen, das ratioide Gebiet ist beherrscht vom Begriff des Festen und der nicht in Betracht kommenden Abweichung; vom Begriff des Festen als einer fictio cum fundamento in re. Zu unterst schwankt auch hier der Boden; die tiefsten Grundlagen der Mathematik sind logisch ungesichert, die Gesetze der Physik gelten nur angenähert, und die Gestirne bewegen sich in einem Koordinatensystem, das nirgends einen Ort hat. Aber man hofft, das alles noch in Ordnung zu bringen. Des Archimedes Wunsch ist heute noch der Ausdruck für unser hoffnungsfreudiges Gehaben.

Bei diesem Tun ist die geistige Solidarität entstanden. Nichts ist daher begreiflicher, als daß die Menschen versuchen, das gleiche Vorgehen auch in den im weitesten Sinne moralischen Beziehungen einzuhalten, obgleich es dort täglich schwieriger wird. Auch auf dem moralischen Gebiet wird heute nach dem Prinzip der Pilotierung vorgegangen und werden in das Unbestimmte die erstarrenden Caissons der Begriffe gesenkt, zwischen denen sich ein Raster von Gesetzen, Regeln und Formeln spannt. Der Charakter, das Recht, die Norm, das Gute, das Imperative sind solche Pfähle, auf deren Versteintheit gehalten wird, um daran das Netz der hundert moralischen Einzelentscheidungen, die jeder Tag fordert, aufhängen zu können. Die heute noch herrschende Ethik ist ihrer Methode nach eine statische, mit dem Festen als Grundbegriff. Aber da man auf dem Wege von der Natur zum Geiste gleichsam aus einem starren

Mineralienkabinett in ein Treibhaus voll unausgesprochener Bewegung getreten ist, erfordert ihre Anwendung eine sehr komische Technik der Einschränkung und des Widerrufs, deren Kompliziertheit allein schon unsere Moral zum Untergang reif erscheinen läßt. Man denke an das populäre Beispiel der Abwandlung des Gebots »Du sollst nicht töten«, von Mord über Totschlag, Tötung des Ehebrechers, Duell, Hinrichtung bis zum Krieg, und sucht man die einheitliche rationale Formel dafür, so wird man finden, daß sie einem Sieb gleicht, bei dessen Anwendung die Löcher nicht weniger wichtig sind als das feste Geflecht.

Denn hier hat man längst nicht-ratioides Gebiet betreten, für das uns die Moral bloß ein Hauptbeispiel abgibt, wie die Naturwissenschaft eines für das andere Gebiet gewesen ist. War das ratioide Gebiet das der Herrschaft der »Regel mit Ausnahmen«, so ist das nicht-ratioide Gebiet das der Herrschaft der Ausnahmen über die Regel. Vielleicht ist das nur ein gradueller Unterschied, aber jedenfalls ist er so polar, daß er eine vollkommene Umkehrung in der Einstellung des Erkennenden verlangt. Die Tatsachen unterwerfen sich nicht auf diesem Gebiet, die Gesetze sind Siebe, die Geschehnisse wiederholen sich nicht, sondern sind unbeschränkt variabel und individuell. Es gelingt mir nicht, dieses Gebiet besser zu kennzeichnen als darauf hinweisend, daß es das Gebiet der Reaktivität des Individuums gegen die Welt und die anderen Individuen ist, das Gebiet der Werte und Bewertungen, das der ethischen und ästhetischen Beziehungen, das Gebiet der Idee. Ein Begriff, ein Urteil sind in hohem Grade unabhängig von der Art ihrer Anwendung und von der Person; eine Idee ist in ihrer Bedeutung in hohem Grade von beiden abhängig; sie hat immer nur okkasionell bestimmte Bedeutung und erlischt, wenn man sie aus ihren Umständen loslöst. Ich greife eine beliebige ethische Behauptung heraus: »Es gibt keine Meinung, für die man sich opfern und in die Versuchung des Todes begeben darf« – und jeder von den Spuren ethischer Erlebnisse Beschlagene und Behauchte wird wissen, daß man ebenso leicht das Gegenteil behaupten kann und daß es einer langen Abhandlung bedarf, bloß um zu zeigen, in welchem Sinn man es meint, bloß um Erfahrungen in einer Wegweiserrichtung aneinanderzureihen, die dann doch irgendwo sich unübersehbar verästelt, aber doch irgendwie ihren Zweck erfüllt hat. Auf diesem Gebiet ist das Verständnis jedes Urteils, der Sinn jedes Begriffes von einer zarteren Erfahrungshülle umgeben als Äther, von einer persönlichen Willkür und nach Sekunden wechselnden persönlichen Unwillkür. Die Tatsachen dieses Gebietes und darum ihre Beziehungen sind unendlich und unberechenbar.

Dieses ist das Heimatsgebiet des Dichters, das Herrschaftsgebiet seiner Vernunft. Während sein Widerpart das Feste sucht und zufrieden ist, wenn er zu seiner Berechnung so viel Gleichungen aufstellen kann, als er Unbekannte vorfindet, ist hier von vornherein der Unbekannten, der Gleichungen und der Lösungsmöglichkeiten kein Ende. Die Aufgabe ist: immer neue Lösungen, Zusammenhänge, Konstellationen, Variable zu entdecken, Prototypen von Geschehensabläufen hinzustellen, lockende Vorbilder, wie man Mensch sein kann, den innern Menschen erfinden. Ich hoffe, diese Beispiele sind deutlich genug, um jeden Gedanken an »psychologisches« Verstehen, Erfassen und dergleichen auszuschließen. Psychologie gehört in das ratioide Gebiet, und die Mannigfaltigkeit ihrer Tatsachen ist auch gar nicht unendlich, wie die Existenzmöglichkeit der Psychologie als Erfahrungswissenschaft lehrt. Was unberechenbar mannigfaltig ist, sind nur die seelischen Motive, und mit ihnen hat die Psychologie nichts zu tun.

Der Mangel an Erkenntnis, daß es sich überhaupt um zwei ihrer Wesenheit nach verschiedene Gebiete handelt, verschuldet die bürgerliche Betrachtung des Dichters als eines Ausnahmemenschen (von wo es zum Unzurechnungsfähigen nicht weit ist). Er ist insofern Ausnahmemensch, als er der Mensch ist, der auf

Ausnahmen achtet. Er ist weder der »rasende«, noch der »Seher«, noch »das Kind«, noch irgendeine Verwachsenheit der Vernunft. Er verwendet auch gar keine andere Art und Fähigkeit des Erkennens als der rationale Mensch. Der bedeutende Mensch ist der, welcher über die größte Tatsachenkenntnis und die größte ratio zu ihrer Verbindung verfügt – auf dem einen Gebiet wie auf dem andern. Nur findet der eine die Tatsachen außer sich und der andere in sich, der eine findet sich zusammenschließende Tatsachenreihen vor, der andere nicht.

Ich bin nicht sicher, ob es nicht Pedanterie ist, so umständlich auseinanderzulegen, was vielleicht Binsenwahrheit ist. Zur Entschuldigung möchte ich hierbei Ungesagtes anführen, das ebenso wichtig: vor allem die Abgrenzung von den sogenannten Geisteswissenschaften und historischen, die nicht einfach ist, aber das bisher Gesagte bestätigt. Ob solche Untersuchungen aber als Pedanterie zu bewerten, wird sich zuletzt nur nach der Wichtigkeit richten, die man dem Nachweis zumißt: daß die Struktur der Welt und nicht die seiner Anlagen dem Dichter seine Aufgaben zuweist.

Man hat öfters dem Dichter die Aufgabe zugewiesen, der Sänger, der Verklärer seiner Zeit zu sein und sie, so wie sie ist, in die überglänzte Sphäre der Worte zu ekstasieren; man hat von ihm Triumphpforten für den »guten« Menschen verlangt und Verherrlichung der Ideale: man hat »Gefühl« – das heißt natürlich nur bestimmte Gefühle – von ihm verlangt und Absage an den kritischen Verstand, der die Welt verkleinere, indem er ihr die Form nimmt, so wie der Steinhügel eines zusammengestürzten Hauses kleiner ist als das einstige Haus. Man hat zuletzt in der Praxis der Expressionisten, die das gemeinsam hat mit dem alten Neo-Idealismus, von ihm verlangt, daß er die Unendlichkeit des Gegenstandes verwechsle mit der Unendlichkeit der Gegenstandsbezeichnungen, wodurch ein ganz falsches metaphysisches Pathos entstand: Alles das sind Konzessionen an das »Statische«, ihre Forderung widersprach den Forderungen des moralischen Gebietes, ist materialwidrig. Man wird einwenden, daß das hier Gesagte nur eine rein intellektualistische Auffassung widerspiegle. Nun, es gibt Dichtungen, die von allem hier als Hauptaufgabe Betrachteten wenig haben und dennoch erschütternde Kunstwerke sind; sie haben ihr schönes Fleisch und das des Homerischen leuchtet durch Jahrtausende zu uns. Im Grunde kommt das doch nur von gewissen konstant gebliebenen oder wieder zurückgekehrten geistigen Einstellungen. Die Bewegung der Menschheit seither kam aber von den Variationen. Und es bleibt bloß die Frage, ob der Dichter ein Kind seiner Zeit sein soll oder ein Erzeuger der Zeiten.

SIEBENTER EXKURS

Ein allerdings jugendlicher Herausgeber bekanntmachte im August 1914 in den Journalen, daß er das Erscheinen seiner Zeitschrift einstelle, denn »nun sei die Zeit zum Handeln«. Wie verkommen muß das Denken oder vielmehr das, was man heute so darunter versteht, geworden sein, um in einen solchen exkludierenden Gegensatz zum Handeln gebracht werden zu können! Wie sehr muß das Handeln nichts mehr weiter als Handel, Welthandel meinetwegen, bedeuten, mit bedenklich vereinbar, aber nicht mehr mit gedanklich! Aus welchem Denk- oder Handelskreise ja auch Wort und Sache der Realpolitik stammt, die einer immer dann zu treiben vorschlägt, wenn er rein nichts politisch zu denken hat, sondern nur »handeln« will.

Nicht übel hat jemand das Denken ein verhaltenes Handeln und Sprechen genannt. Die denkende Vernunft ist eine Kraft, die sich in Arbeit zu transformieren sucht; sicher hat sie ihr mechanisches Äquivalent, und alle Denker, alle wahrhaft Intellektuellen leiden nicht nur nicht an sozialer Anästhesie, sondern fühlen sehr lebhaft die soziale Mission der Wahrheit. Descartes war, was immer er auch dagegen sagen mochte, verzehrt vom Proselytismus, und Leibniz träumte, wenn er seinen Instinkten Lauf gab, von einem Dienertum der Mikrokephalen und Anthropoiden und der Retablierung des Despotismus zugunsten der denkenden Gattung. Wenn Renan lächelnd die Macht zu verachten vorgab, so weil er ein verstümmelter Aristokrat war und zu stolz, um sich zu beklagen; aber sein Lächeln war nicht das eines glücklichen Menschen, sondern voll Bitterkeit des Ressentiments. Auch wenn die Denker die Indifferenz gegenüber der populären Demenz empfahlen, so taten sie das im Bewußtsein ihrer numerischen Schwäche und der indiskutabeln materiellen Allmacht des Irrtums: darum affektieren sie lieber die Unempfindlichkeit, als daß sie einen ohnmächtigen Haß zugeben. Aber sie lebten wahrhaft nicht in behaglicher Ruhe neben dem Irrtum, denn dies ist nicht möglich. In jedem Denker ist die Leidenschaft eines Ikonoklasten, und er hat gegen jeden Narren einen physiologischen Haß, – der mag im heutigen relativistischen Denkbetrieb recht schwach geworden sein, so schwächlich wie das Denken selber, das abdankt, wenn ein Krieg die Zeit bringt, wo »zu handeln« ist. Irrtum, zu sagen, daß es abdanke, denn es hat ja nicht geherrscht. Es hat schon zuvor gehandelt und mit sich handeln lassen.

Das Handeln – politisches, militärisches, wirtschaftliches – wird heute mehr als je als der schöpferische Akt schlechthin angesprochen, dem das Denken als kritische Anstrengung des menschlichen Geistes untergeordnet sei. Nur in der Metapher und fern allem wahrhaften Glauben, daß es wirklich so sei, wird eine Glaubenshandlung oder ein Dichtwerk als Tat angesehen. Und dem entspricht, daß man in der kritischen Tätigkeit ein Tun von noch viel zweifelhafterm Wert erblickt, zumal Kritik heute in litteris so selten ist wie häufig das Rezensententum, das von der Kritik nichts als sekundär-formale Derivate entlehnt und seinen Unfug damit treibt; genau so wie das meiste dessen, was sich heute Kunst nennt oder so genannt wird, von der Kunst formale Derivate entlehnt und damit seinen manchmal interessanten Aufwand besorgt: innerhalb dieses Bereiches protestiert der »Künstler« gegen seinen »Kritiker« und zitiert die Goethesche Aufforderung, den Rezensenten totzuschlagen, womit er sich übrigens nur auf die Seite Goethes schlagen will. Scheiden wir diese falschen Wertträger und Wertgeber aus, um in der absoluten Sphäre von Kunst und Kritik, von schöpferischer und wertbestimmender Kraft zu bleiben, so geben wir gleich den Rangunterschied zu und sagen, daß die schöpferische Kraft höhern Ranges ist als die kritische, aber bemerken: daß sich vorhandene schöpferische Kraft nicht ausschließlich in Werken der Kunst geäußert, ja daß es Epochen in der Geschichte eines Volkes wie in der Einzelgeschichte der schöpferischen Person gibt, wo sich diese Kraft in Kunstwerken gar nicht äußern kann und als doch vorhanden andere Formen der Äußerung aufsuchen und ausbilden muß. Die schöpferische Kraft setzt Elemente und Materien als vorhanden voraus, mit und aus denen sie als synthetisch gerichtete Kraft arbeitet: sie äußert sich in keinerlei Werk, wenn diese Elemente und Materialien nicht gegeben sind, als welche wir in der Schriftkunst außer der Sprache die Ideen kennen, die in einer Zeit gemein vorhanden sind; also nicht bloß die individuell erreichbaren Ideen – nach denen immer jeder Epigone greift – oder gar von der Schriftkunst zu schaffende Ideen, ebenso auch nicht individuell erzeugte Sprechformen oder aus deren altem Bestande erlernte. Nur bedingt ist der Dichter sprachschöpferisch, aber Ideen zu schaffen ist gar nicht der Dichtkunst, sondern der Philosophie Aufgabe. Damit sein Werk Erscheinung werde, muß der Dichter in einer spirituellen Atmosphäre stehen, in einer gewissen Ordnung der Ideen hausen, um sein synthetisches Werk herstellen zu können. Die Seltenheit solcher Atmosphäre bezeugt die Seltenheit großer schöpferischer Epochen und bezeugt ferner das Zu-kurz-Kommen, das Ungenügende, Untragende im Werke an sich großer Begabungen, wie zum Beispiel Shelleys oder Lenaus. Es ist das gelungene Werk eben nicht allein auf die schöpferische Kraft des einzelnen zu stellen, sondern auch auf diese zweite Komponente, welche das ideell tragende Zeitmoment ist. Dieses Zeitmoment zu schaffen, ist nicht nur außerhalb der Kraft des Dichters – selbst es zu kontrollieren, ist nicht in seiner Artung und Macht. Aber diese Kontrolle zu üben, liegt im Bereich der kritischen Kraft, deren Äußerung ist, in allen Gattungen des Wissens, der Philosophie, Theologie, Geschichte, Kunst den betreffenden Gegenstand zu sehen, wie er an sich wirklich ist, das heißt aus ihm das Gesetz seines kritischen Methodus abzuleiten. Die Kritik tendiert, ohne Ordnung, einen Kanon der Ideen zu errichten, eine intellektuelle Situation zu schaffen, in welcher die schöpferische Kraft des Dichters die für ihre Äußerung günstige Atmosphäre findet. Denn es erreichen die von der Kritik aus der phänomenologischen Anschauung ihrer Gegenstände gewonnenen ideellen Werte die Gesellschaft, rühren, bewegen, ändern deren Leben – und damit ist der Boden geschaffen, auf dem die schöpferischen Epochen der Literatur zustande kommen. Ein Hinweis auf die kritische Vorperiode der deutschen Klassizität, die Tätigkeit der Schweizer und Lessings, dürfte hier genügen und im einzelnen nicht auszuführen sein.

Es gibt kein zeitloses Dichten, denn der Dichter lebt als ethisch höchst wertvoller Teil der menschlichen Gemeinschaft in und aus einer bestimmten Zeit in die Zeiten, nicht aus den Zeiten in seine Zeit; er ist nie und nimmer ein Unmensch, ein Abstraktum, das sich wie zufällig und mit seinem Unwesentlichen in einem Privatmenschen versteckt, der einen bürgerlichen Namen hat, um mit seinem Wesentlichen, eben dem Dichterischen, außer der Zeit und Welt zu sein, die er lebt – bei den Sternen etwa. So außerzeitlich lebend konzipiert sich rollenden Auges nur der Dichterling und Dilettant. Es ist vielmehr so, daß der Dichter seine Zeit am intensivsten lebt – erleidet – aus Energien solchen Mitlebens, deren Übermaß die Unsterblichkeit seines Werkes nähren. Nur dieses Mitleben gibt dem Dichter den Wert, der als ein ethischer sein Tun mit anderm Tun vergleichen läßt. Es wird die sittliche Größe und Bedeutung des Werkes daran zu erkennen sein, bis zu welchem Umfang der Dichter seine erlebte und erlittne Umwelt zum Ausdruck bringt.

Je komplexer das Leben, je durchworfener dessen kulturelle Wertigkeit, um so wichtiger wird die kritische Arbeit zur Bereitung der von der Zeit her bestimmten Möglichkeit einer dichterischen Entfaltung, welche die Dauer in sich trägt. Außerordentlich war die kritische Arbeit, welche dem Erscheinen Goethes voranging, ihm Welt und Leben als die geordneten Elemente und Materialien in ganz anders durchgearbeiteter Weise bot, als diese Elemente etwa jenen durchaus genialen frühfertigen Engländern Byron, Shelley, Keats gegeben wurden, deren Werk immer noch, heute noch sanguinische Hoffnungen begleiten und begleiten müssen, weil es für die in sich ruhende Dauer nicht vollendet und irgendwie am frühen Sterben ihrer Schöpfer mitgestorben ist. So haben diese Schöpfungen nicht viel mehr Dauer als Werke weit weniger glänzender Epochen, jener etwa, aus der uns Herrick noch etwas bedeutet, dessen Wert doch gewiß als Eigenwert geringer ist als der des Keats oder Byrons. Man kann sagen: Jene Engländer wußten nicht genug, und so fehlt ihrem Werke bei allem Glanz, aller Tiefe und aller Energie die kulturelle Weite, die höchste sittliche Bedeutung und, nicht zuletzt, die dichterische Mannigfaltigkeit. Dieses Werk blieb genialisch unvollendet, weil ihm keine kritische vorgehende Kraft die Atmosphäre schuf. Ein groteskes Beispiel solchen Nichtwissens aus fehlender Kritik, wie wir dies verstanden haben wollen, bietet der sogenannte deutsche Naturalismus der achtziger Jahre, wo allerdings auch ein sehr großes kritisches Wissen nicht vermocht hätte, aus diesen Dilettanten mit Nachahmungstrieb Dichter mit schöpferischer Kraft zu machen. Einer der Gründe, daß dieses »Jüngste Deutschland« so etwas wie Epoche sein konnte, lag aber immer darin, daß keine Zeit kritisch verwahrloster war als diese vom Jahre 1880 bis 1900 und nicht nur in der speziell ästhetischen, sondern in jeder Kritik.

Der geistige Zerfall aller dieser Größen, die sich platt auf ein platt gesehenes Leben warfen, um auf dem Bauche oder tiefer einen Abdruck davon zu nehmen, mußte darum bereits in einem Alter eintreten, wo sonst der schöpferische Mensch erst seines ganzen Umfanges inne wird: hier wurde man die gähnende Leere inne, in die man rasch Errafftes von überall her stopfte: Klassik, Romantik, Symbolik, Mystik – wie es Laune und Mode brachte. Die nachfolgende Generation erschrak und besann sich: sie wurde kritisch. Und erst die dritte Generation seit jenen Sundermann und so weiter ahnt Verantwortung, denn sie ist kritisch vorbereitet.

Über die Bedeutung des gebrauchten Wortes Wissen ist noch einiges zu sagen, vor allem, daß es nicht etwa Belesenheit bedeutet. Daß übrigens der Dichter nichts lesen dürfe, war ja nur deutsche Meinung jener »Dichter« um 1880. Aber daß der Dichter belesen zu sein habe, ist keinerlei Forderung. Shelley war belesen, und Coleridge verschlang Bibliotheken. Pindar aber dürfte nur sehr wenige Bücher gelesen haben und auch Shakespeare nicht viel mehr. Aber in jenen Epochen, der des Pindar und der Shakespeares, gab es ein immediates Wissen aus einem lebendigen Kulturganzen; Volk oder Gesellschaft waren von Gedanken durchdrungen, welche das Leben deutlich abformten; es bedurfte eines Umweges über Lernen und Bücher gar nicht, um zu wissen; und war der Zustand dieser Gesellschaft, dieses Volkes eben ein solcher, daß er ohne kritische Mittler schon die Basis für die Auswirkung der schöpferischen Kraft gab, von diesem Zustand selber seine Data, seine Materie und seine Elemente empfing. Nicht anders im Mittelalter, das die im Verfallslatein aufgekommene Kritik wieder vergessen konnte, weil ein Zustand war, der unmittelbar dem Minnedichter gab, was er brauchte. Alles Wissen der Welt ist für den Dichter nur dann von Wert, wenn es ihm das Zeitmoment vermittelt, das er lebt, damit sich seine schöpferische Kraft äußern kann. Zu dieser Kraft selber kann er natürlich durch keinerlei Wissen gelangen, denn sie ist nicht erlernbar, außer in jeden öden Zeiten, wo für Dichten ein Nachahmen von Mustern galt. Aber diese Nachahmer von Mustern waren Gelehrte und Bürgermeister und seltsame Pedanten, Dichter aber in gar keinem Sinne des Wortes.

Wo die Gesellschaft nicht mehr so ist, daß sie sich ohne Mittler dem Dichter als Element bietet, da mögen Bücher und Kenntnisse dazu Hilfen sein, daß einer sich eine seinem Bilde der Welt gleichende Welt aus Wissen und Einsichten konstruiert, in der er leben und wirken möchte. Dieses Gebilde ist aber für den Künstler durchaus kein volles Äquivalent für die verlorene kulturelle Voraussetzung eines Shakespeare – wohl aber kann solches Konstruieren eine Vorbereitung für eine kommende solche kulturelle Voraussetzung sein, eine Beschleunigung ihres Eintretens, und darin liegt der Wert solcher konstruktiven Vorwegnahmen dessen, was sein könnte, sein sollte, sein wird. Nichts war in dem Deutschland von 1750 vorhanden, was das Perikleische Zeitalter auszeichnete oder die Zeit der Elisabeth. Und hier ist der Grund für die schwierige, weil schwache Seite des Dichters seit dem Ende des Grand Siècle. Hier lag die schwierige und schwache Seite auch Goethes. Aber seine Stärke darin, daß es eine kritisch belebte und lebendige Bildungsschicht gab, diese wenigstens, und welche bedeutend genug war, daß sie ein Äquivalent abgeben konnte für den fehlenden allgemeinen Kulturstand. Goethe fand seiner schöpferischen Kraft den Boden, wenn auch nicht in einem lebendigen kongenialen Leben der Nation, so doch in einem lebhaften Dasein einer durchaus kultivierten gebildeten Schicht gegeben, an deren kritischer Weiterbildung er, das dichterische Amt beiseite setzend, selber noch arbeitete. Jenen Engländern im ersten Viertel des 19. Jahrhunderts fehlte nicht nur das national-kulturelle Leben, sondern auch dic kritisch gebildete Schicht, und so verbrauchten sie ihre schöpferische Kraft in einer Isolation von allen Seiten: sie kamen nicht zur Welt, die sie brauchten, um das zu bedeuten, was sie ihrer Anlage nach bedeuten sollten.

Man erwartete von diesem Kriege, von dessen Erlebnis man überhaupt alles erwartete wie von einem Universalautomaten, auch so etwas wie eine fundamentale geistige Erneuerung der Literatur, und man dachte in solcher Erwartung nicht nur wie auf der daran politisch interessierten Seite an so etwas wie eine betont national-patriotische Literatur – die betreffenden Sänger dürften sich ja wohl ausgezwitschert haben –, sondern an allerlei geistige Vertiefung und gefühlsmäßige Erweiterung, Mysterienspiele über das Erbarmen vielleicht oder sonst so was Frommes, Weiches, Gütiges, Herzübergebendes. Wir erlauben uns, diese damit dem Kriege zugeschobene Rolle des Kritikers durchaus zu bezweifeln; denn wir vermissen in ihm gänzlich jene reinen Ideenkomplexe, die allein für die Künste in Betracht kommen. Denn die genannten Gefühligkeiten wird man doch wohl nicht als Ideen ansprechen wollen, so wenig wie vor dem Kriege die mechanische Tatsache, daß die Menschen das Telephon bestaunten, weil sie das Telephon mit der Stimme verwechselten, oder das Flugzeug anbeteten, weil sie diese Maschine für die darin fahrenden Menschen hielten. Wir erinnern an die Französische Revolution, deren positive Wirkung auf die Kunst nicht nur außergewöhnlich gering war im Verhältnis zu dem Ereignis, sondern welche, nach Goethes Zeugnis, eher eine negative Wirkung auf die Kunst gehabt hat, und nicht nur in Deutschland. So außerordentlich stark der Rationalismus von 1700 bis 1770 als ein reiner Ideenkomplex auf die Gestaltung der europäischen Literaturen wirkte, so gering war in diesem Bereiche die Wirkung der Revolution, deren Ideen, sofern welche da waren, sich sofort auf eine politische Praxis nicht nur wandten, sondern von ihr überhaupt als Ideen ausgewählt wurden, indem von jeder Idee die Legitimation ihrer menschlichen Vernünftigkeit verlangt wurde – sehr entsprechend so dem französischen Geiste, wie es dem englischen Geiste entsprach, daß man 1642 bei jeder Einrichtung nach deren Legalität fragte oder bei Ideen danach, ob sie in Übereinstimmung mit dem Gewissen seien. Solche typisch insulare Haltung eroberte sich die Welt nicht, während es den Ideen der Französischen Revolution wohl gelang, die allgemeine Begeisterung zu wecken, weil die geringste Rolle in den menschlichen Betätigungen überall die Vernunft spielt. Daß sie, die man ein Jahrhundert lang rein ideell manipulierte, von nun ab die erste Rolle im praktisch-politischen Leben haben solle, begeisterte zu allem Sinn und Unsinn, Heroismus und Verbrechen, welche die Revolution begleiten. Und dies, weil die Ideen der Revolution unmittelbar praktisch gerichtet waren als die ganz unkritisch »richtigen« Ideen – darum, weil sie in diesem unmittelbaren Sinn praktisch-politisch waren, sind die Ideen von 1789 nicht mit reinen Ideenkomplexen vergleichbar, wie sie die Renaissance und die Reformation aufstellen, wohl aber vergleichbar mit den Ideen von 1917, die aus einer Praxis abgezogen direkt in eine Praxis gebracht werden sollen. Das von praktischen Erwägungen geleitete Hin- und Herschieben schafft, so riesig auch die darauf verwandte Kraft ist, nicht das, was als eine geistige Atmosphäre für die Kunst und den Künstler allein in Betracht kommt. Was hier geschieht, ist kein geisteskritisches Werk – das schon zehn Jahre vor dem Kriege einsetzte und durch ihn gar nicht geändert oder auch nur modifiziert wurde –, sondern ist nichts als praktisch-politisches Bessermachen, wodurch diese Tätigkeit als höchst wichtige durchaus nicht für ihren Bereich entwertet werden soll, sondern nur für den Bereich der Kunst und der Kritik. Wer sich von der Änderung eines Wahlmodus eine Aufbesserung der Kunst verspricht, irrt sich entweder über das Wählen oder über die Kunst. Es sind nichts als praktische Gedanken, die einer über Wählen, Sozialisierung des Kapitals und so weiter hat, aber es äußert sich hier nicht der kritische Geist, den die Neugierde nach den besten Ideen leitet, nicht nach den praktischsten. Indem so der kritische Geist sterile Konflikte vermeidet, indem er sich nicht in die Sphäre begibt, innerhalb welcher enge und relative Konzeptionen allein irgend Wert haben, mag er seinen augenblicklichen Einfluß mindern, aber nur dadurch gelangt er zu den weitern und vollendetern Konzeptionen, denen er allein sachlich verpflichtet ist. Jede Art Praxis, sei diese politischer, moralischer, ja selbst religiöser Art, beruht auf nur sehr inadäquaten Ideen, denn es ist den Menschen in ihrer großen Mehrzahl nicht eigentümlich, daß sie ein brennendes Verlangen danach haben, die reine Idee zu erkennen; sie begnügen sich bestenfalls mit dem Beiläufigen. Aber auch dieses Beiläufige wird nur dann aufgenommen werden können, wenn die dem kritischen Geist Verpflichteten eben nicht dieses Beiläufige besorgen, sondern nur die reinen Ideen bedenken, mit andern Worten, wenn sie nicht praktisch und relativ, sondern rein und absolut denken, mag man sie auch im Augenblick wie immer mißverstehn und mag dieses Mißverständnis so universal sein wie in unsrer Zeit. Der spekulativ reine Kritiker wird zu seinem eignen Mißverständnis, wenn er sich in die unmittelbare praktische Kritik begibt, denn er muß als spekulativer Kritiker wissen, daß auf diesem Gebiete die Werte der Wahrheit die geringste Kompetenz haben und sie darin, wenn überhaupt, so nur in verzerrender Maskierung eingeschmuggelt werden können. Diese Verstellung zu besorgen, aus was immer für Gründen, ist nicht nur nicht Aufgabe des Kritikers, sondern deren Aufhebung. Es ist eine flach liberale Redensart aller Arten von billigen Weltverbesserern, daß man es satt habe, solche Subtilitäten echter und falscher Kritik zu unterscheiden, und daß jeder verpflichtet sei, so gut er könne, praktisch an dem Karren der Menschheit zu ziehn, damit er aus dem Dreck käme, denn Bewegung sei die Hauptsache, und alles wolle die Wahrheit, wofür wir nur schnell noch eine Partei gründen, nämlich die der praktisch Denkenden. Nun, auf solche Weise würde die Erkenntnis der Wahrheit eine amüsante soziale Angelegenheit werden, ein lustiges Wettrennen aller nach allem, mit erheiterndem Übereinanderpurzeln und dem leichten Glücksgefühl bequem genommener Hindernisse, kurz, sehr viel Staub und sehr wenig Denken. Äußern ungeduldige jugendliche Gefühle den

Wunsch nach solchem Praktischwerden der kritischen Kraft, so bedeutet das nicht viel Irrtum und nur dies, daß diese Jugendlichen nicht wissen, daß das »Praktische« darin besteht, ein Gesetz über die Reblausschäden brauchbar zu konzipieren oder eines über das Lombardgeschäft; diese Jugendlichen denken bei ihrem Wunsche nach »praktischem Denken« ans Weltumstürzen, weil sie in ihrem Temperamente, wie W. Rathenau mir einmal schrieb, nicht wissen dürfen, daß eine umgestürzte Tonne Teer ihren Inhalt wohl von sich gibt, aber höchst langsam, und daß sich die Menschen die Form ihres Lebens in einem mühsamen Schritt ergangen und nicht in Sprüngen erhüpft haben. Äußern aber die Alten den Wunsch, daß das Denken praktisch werde, so wollen sie damit, wenn überhaupt etwas, die Beuge des Reinen in ihr Unreines – zumeist aber ist es nichts weiter als Verachtung des Denkens aus ihrem Ärger, aus dem Bauche das Denken nicht denken zu können.

Allen diesen Versuchungen gegenüber hat der kritische Geist zu widerstehn und nicht darauf zu hören, daß auch er terrae filius sei. ›Périssons en résistant‹ kann in höchster Bedrängung immer nur sein letztes Wort sein. Der kritische Geist muß geduldig zu warten wissen und darf nicht hurtig zum Ziel eilen wollen, weil es von praktischer Wichtigkeit sei; er muß die Distanz zu den Dingen bewahren; er muß imstande sein, Elemente auch dann als positive zu werten, wenn sie einer Macht zugehören, die in ihrer praktischen Sphäre vom Bösen ist; er muß Elemente auch dann als negativ wertig erkennen, wenn sie in ihrer praktischen Sphäre vom Guten sind; denn das Praktisch-Gute und das Praktisch-Böse sind keine Kriterien; und er muß dies tun, ohne hier der praktischen Sphäre zu schmeicheln, dort ihr zu drohen, denn der kritische Geist ist nicht Partei. Ab integro saeculorum nascitur ordo: dies ist der Leitsatz für die kritische Einstellung, was nicht bedeutet, daß er in eine Abstraktizität verfallen soll, tautologisch wie die Mathematik. Die Einstellung wird ihn nur davor bewahren, in Urteil und Wertung innerhalb des Relativen zu bleiben, indem er das »Wenigst-Relative« als das schon »Fast-Absolute« auszeichnet. Auf die literarische Kritik, der wir unsre Beispiele entlehnten, auch hier gewandt, will das sagen, daß man etwa bei erkannter Unwertigkeit einer Literatur – nehmen wir die deutsche von 1880 bis 1900 an – die Vergleichspunkte nun nicht innerhalb dieses Unwertes selber sucht und das weniger Schlechte als Maß für das ganz Schlechte aufstellt, sondern daß man auch den Zustand der gleichzeitigen außerdeutschen Literatur in Betracht zieht oder, wenn auch dies nicht zureicht, um die kritische, immer positive Aufgabe zu lösen, frühere Literaturen. Wir haben in diesen Bemerkungen den Umfang des Gegenstandes kaum angedeutet, geschweige erschöpfend beschrieben; wir wollten nur Wert und Wesen der Kritik prinzipiell anmerken in einer Zeit, welcher der Begriff der Kritik sich verunreinigt hat so sehr, daß Kritiker selber, dies nicht merkend, auch dann noch wahrhaft kritisch zu sein vermeinen, wenn sie nichts als praktisch sind.

ACHTER EXKURS

In den literarischen Betätigungen dieser Zeit wird an einem sehr vieldeutigen Begriff »Dichter« aus einem mißverstandenen Traditionalismus festgehalten, mit dem sich sowohl die Produzenten wie die Konsumenten des heute Gedruckten ihr harmloses Vergnügen scheinbar veredeln, in Wahrheit aber verekeln und verbittern. Es dürfte diese Zeit seit 1880 etwa an fünftausend im Schreiben tätige Deutsche das Prädikat Dichter vergeben haben; jeder wurde, wenn auch nicht von allen, so doch von einigen einmal, öfter oder immer ein Dichter genannt. In dieser noch nie dagewesenen Armee von Dichtern mußte der Streit über die hierarchischen Kompetenzen ausbrechen; es gibt, von »schlechten« Dichtern abgesehen, Chargen aller Art vom »echten«, »gottbegnadeten Poeten« an bis hinunter zum »Unterhaltungsschriftsteller«. Zwischendurch gibt es »mittelmäßige«,

»verlogene« und so weiter Dichter, gibt es »Literaten« und gemeinhin »Schriftsteller«, gibt es »Ästheten« und »nichts mit dem Leben zu tun habende Phantasten« und so weiter. Etwas, das von geringem Gewicht ist, sucht sich damit Schwere zu geben, daß es noch Leichteres, als es selber ist, aufzeigt. Ein Gradunterschied wird als Wesensunterschied behauptet. Das Surrogat entschuldigt sich nicht mit einem andern Surrogat gleicher Gattung, sondern versucht das andere schlechthin zu entwerten, weil es dadurch schon das Echte zu werden meint. Die wahre innere Zusammengehörigkeit, der Treffpunkt im überhaupt Leichten wird nicht zugegeben, sondern mit distanzierender Geste geleugnet, wobei das Surrogat »Unterhaltungsliteratur« nichts gewinnt, aber das andere Surrogat, das es nicht sein will, verliert. Man nimmt hier lieber den literarisch zweifelhaften Ruf der Langweile auf sich, wenn man damit nur seine Zugehörigkeit zur »Literatur« behauptet, als daß man mit zugegebener Unterhaltlichkeit sich in eine Gegend rangiert, die kulturell und gesellschaftlich nicht angesehen ist. Man kann diese krampfige Geste an einer Äußerlichkeit sehen: die Selbstbezeichnung »Dichter« wird von diesen Dichtern als ridikül abgelehnt und nur bei Jubiläen hingenommen; Literat gilt ihnen als hämisches Schimpfwort; Schriftsteller finden sie vom Journalisten entwertet, mit dem sie nicht verwechselt werden wollen. Da sie mit der Berufung kokettieren, fühlen sie sich nicht als Beruf. Da sie nicht stehen, sondern der Nachfrage unterliegen, fühlen sie sich nicht als Stand. Und ihre Lage erkennen sie nur an der Auflage. Mit dem Bemühen, sich in einen Wesensgegensatz zur Unterhaltungsliteratur zu stellen, haben diese Schriftsteller in ihre Arbeiten eine aufgeregte Unsicherheit und in das harmlose Leben ihrer Leser eine Unbehaglichkeit gebracht, wie sie der Zwang guter Manieren bei jenen hervorruft, die ohne Kinderstube keine erworben haben. Der Heraufgekommene, der nur das eine Ziel hat und haben kann: Wie mehre ich meinen Kapitalbesitz und den damit verbundenen Einfluß? läßt sich das kultiviertere Leben, das ihm als das ihm zukommende eingeredet wird, sauer werden, aber nicht lange. Der Kaufmann, der Fabrikant, der Unternehmer, sie lassen sich den Anspruch jener Literatur auf Dichtung gefallen und begeben sich, beredet von einer Presse, einer schöngeistigen Gattin, einer dichtenden Tochter, seufzend in das Unbequeme, vor dem Eintritt in diese Romane und Stücke gewissermaßen ihre Schuhe auszuziehen und kunst-rituelle Waschungen vorzunehmen; sie nehmen das Kreuz der Vornehmheit auch in litteris auf sich, denn sie sind, wie sonst auch hier, im voraus eingestellt auf eine Anstrengung, die sich nicht »lohnt«, die ihnen eigentlich nicht zukommt und die sie – ihren Geist in einer ganz andern und ihnen respektablern, nämlich ihr eines Ziel fördernden Praxis betätigend – nicht im mindesten einsehen. Da der Bürger aus seiner eindimensionalen Welt die Bedingungen der Dichtung nicht stellt, ist die Dichtung nicht nur seiner Zeit nicht für ihn vorhanden, sondern alle Dichtung überhaupt wird ihm zu einem Fremden. Bei dem, was er als die heutige, als sozusagen seine Dichtung vorgeführt erhält, kommt ihm alsbald eine verblüffende Erkenntnis: daß, was er hier als Literatur liest, um nichts besser ist als das Ullsteinbuch, nur zeitraubender, weniger amüsant, umständlicher, psychologisch belasteter und anspruchsvoller. Andere Unterschiede, die wie die größere Finesse der Bildung zugunsten dieser Literatur ausschlagen, kann er nicht sehen, ja er findet oft bei genauem Zusehen, daß in dieser Literatur, die mit dem dokumentarischen Anspruch des »Stimmens« auftritt, vieles nicht stimmt, daß zum Beispiel eine Banktransaktion ohne jede Kenntnis, die Maschinerie eines Ozeandampfers ganz falsch und der Seelenzustand eines von seiner Frau hintergangenen Fabrikdirektors unwahr beschrieben sind, auf welche »Richtigkeit« das Unterhaltungsbuch sans phrase von vornherein verzichtet und nichts sonst will als das durchaus Unwahrscheinliche, ja realiter Unwahre – fast könnte man sagen: das Ästhetenhafte. Die Abneigung, die der männliche Bourgeoisleser nach seinen

Erfahrungen damit gegen das bekommt, was sich ihm heute mit hochgezogenen Brauen als Literatur vorstellt und als souveräne Weiterführung der dichterischen Tradition, – diese Abneigung überträgt er, gefördert von seiner artbedingten Unproduktivität geistiger Werte überhaupt, auf alle Dichtung überhaupt: die ablehnende Meinung, die er aus der Literatur Sudermann und Wassermann gewann, hat er auch für die Literatur Flaubert, die ihm »dasselbe« wird, und er detestiert Homer wie Spitteler, weil dieser den Homer, sich von ihm herleitend, zur Literatur macht. Man kann sagen, daß die heutige Literatur mit ihrem Anspruch auf dichterische Geltung dem männlichen Teile der heute repräsentierenden Klasse alle Dichtung entwertet hat dadurch, daß sie sich ein Surrogat seiend für das Echte ausgab, weil es noch minderwertigere Surrogate gibt. Es vollzog sich in der Literatur der Neugekommenen, was auch in ihnen sonst: sie wollen nicht als Leute von heute erscheinen, wo doch das ganze Heute von ihnen repräsentiert wird; also geben sie sich Ahnen, wenn sie deren Bildnisse auch nur an die Hausfassade hängen, denn innen ist für das riesige Aufgebot von Vorderen, das heute getrieben wird, gar kein Platz. Auch wäre mit ihnen zu leben oder ihnen gar nachzuleben eine Bürde, deren Verpflichtung und Verantwortung sie gar nicht ertrügen, auch dann nicht, wenn sich die usurpierten Ahnen auf die Menage einließen. Die Literatur der Neugekommenen macht als deren Diener die gleiche Bewegung mit: sie sucht ihre Nobilitierung durch einen Traditionalismus zu erreichen, um sich durch ihn im ganzen koordiniert zu datieren; mehr naiv als insolent hantiert sie mit dem überlieferten dichterischen Gut, das die Gewerbe- und andern Freiheiten auf die Gasse gestellt haben zum Gebrauch für jedermann, der ein Talent hat, denn die Kunst ist zu nichts als einer Talentfrage geworden. Die heutige bürgerliche Literatur tut unrecht gegen sich, wenn sie sich die neuere Literatur nennt und damit Maßstäbe für sich und ihre gleichgesinnte Kritik provoziert, an denen sie nimmer zu messen ist. Unrecht, denn sie fälscht damit die einzige Bedeutung, die sie überhaupt haben kann: nichts als ein zeitliches Dokument zu sein. Sie kann sich die neue Literatur nennen und sich dessen bewußt werden, daß sie ihresgleichen in den Zeiten nie hatte, aus deren Kunst sie nur das sekundär-formale Konvenü entlehnt und so lange entlehnen muß, als sie sich noch, über ihr eigentliches Wesen im Irrtum, der alten Dichtung blutsverwandter Erbe und direkter Nachkomme glaubt, deren Ausdruck sie zu sekundär gemachten Formmitteln mißbrauchen muß – »Form« und »Inhalt«, dieses Untrennbare trennend – weil sie, keinem Kulturkreis entwachsend, wohl als ein Zeitelement da ist, aber als vermeinte Dichtung sich selber mißversteht zusamt den Begriffen der Dichtung und des Dichters.

Es zeichnet das dieser Zeit gemäße und von ihr gebilligte Verhalten zu dem ihr fremden, weil nicht in ihr bereitungsmöglichen Dichterischen aus, daß es wählend ist, wo man nur schöpferisch oder überhaupt nicht sein kann. Und dieses wählende Verhalten ist nicht einmal eklektisch, da es sich nicht für eine der zu wählenden Formen entscheidet, sondern für keine und alle Formen, da nur Mode die Wahl trifft und nicht die geringste innere Verwandtschaft zu irgendeiner der historisch gegebenen Formen. Ja, manchmal glaubt diese Zeit, als ein rechter Münchhausen, der sich am eigenen Schopf aus dem Sumpf zieht, daß sie gerade im Formlosen ihre spezifische Form gefunden habe, oder sie erklärt, sehr konsequent, das Materiale schon für das Geistige, womit sie auf den Geist verzichtet, den sie nicht besitzt, und sagt, sie wolle ihn auch gar nicht, und gerade dies sei ihr »Geist«; so gebiert sie, was sie ganz von außen sehend einen »Stil« nennt, aus denen Gußformen des Beton in Bauten oder aus den plastischen Hinterteilformen des Sitzenden in Stühlen: In dieser auf jede vom Geiste hergebrachten Änderung verzichtenden Materialbetonung drückte sich diese Zeit nicht aus, sondern sie ist es glatterdings.

Es muß durch eine Zwischenbemerkung mögliche Verstimmung einiger Leser aufzuheben versucht werden, denn sie könnten das eine oder andre Wort als ein mit nichts als affektierter Betonung gegen sich gerichtetes halten und entsprechend darauf reagieren: verstimmt, unwillig, geärgert oder bösartig das Schreiben als ein Rationalisieren auch des Affektiven verkennen. So wenig wie den einzelnen Menschen eine negative Beziehung zur Kunst diesen schon zu einem Menschen mindern Wertes macht, ebensowenig wird auch der gesamten heutigen Gesellschaft die Tatsache, daß sie die Voraussetzungen zur Dichtung nicht schafft, als ein Vorwurf gesagt, sondern nur und nichts als eine Tatsache konstatiert und über ihren Wert oder Unwert nichts ausgemacht, dadurch allein noch nichts ausgemacht. Und daß diese Zeit, im Erinnern befangen und ihrer sehr engen Determination zu entrinnen suchend, ihre gedruckten und gelesenen Dinge als Dichtwerke einzureden sich bemüht – wie sie auch alle ihre technischen Erkenntnisse, Erfindungen und Findungen als Werte geistiger Art anspricht –, dies ist zu menschlich, als daß irgend kleinster Spott darüber geschmackvoll wäre, so grauslich diese Erscheinung auch im einzelnen sich äußern mag und als lebenszerstörend von uns erkannt wird. Es liegt ganz ferne, aufzustellen, daß keine Dichtung zu haben den Unwert einer Zeit entscheide. Es ist ja durchaus denkbar nicht nur, sondern wie wir wissen möglich, daß eine Zeit die Kräfte, die als Dichtung nicht zum Vorschein kommen, anderswie äußert, und was dort Kraft wäre, kann in dem andern auch nur Kraft sein. Wir denken etwa an die ersten Jahrhunderte der Christenheit, die voll größten Lebens und innerhalb der Christenheit so gut wie ohne Dichter waren. Wir vermeinen den Dichter, den Künstler durchaus nicht als die Spitze der Pyramide, um derentwillen der ganze Bau menschlichen Lebens errichtet wird. Der heldische Mensch, der heilige Mensch, der denkende Mensch stehen dem Künstler als Höchstleistung der menschlichen Gattung mindest zur Seite – alle sich gleichbar in dem einen, auf das alles menschliche Tun nur bezogen werden kann: im

Ethos, dessen Erscheinungsform sich nur wandelt im dichterischen, heiligen, heldischen und denkenden Menschen. Nur konstatiert, nicht vorgeworfen wird den führenden Klassen dieser Zeit und den Trägern ihrer sogenannten Ideale, daß sie die Voraussetzungen ihres Dichters positiv nicht zu schaffen imstande sind und sie ihrem Wesen nach gar nicht enthalten können; daß sie sich die Surrogate als das Echte einzureden versuchen und daß den Dichter nicht zu haben eine Zeit durchaus nicht schon als eine im Vergleiche mit andern Zeiten minderwertige charakterisiert. Und doch wird ein Rest der Verstimmung nicht zu beheben sein, denn ihn wird diese Zeit immer über sich selbst empfinden, wenn sie nicht mit Gewalt ihr Gewissen betäubt und die Minute im Tage nicht flieht, wo sie sich, mit ihrem Gewissen allein, ins eigne Antlitz sehen kann und schaudernd kaum mehr ein menschliches Gesicht erblickt, sondern eine zerworfene Grimasse.

Die Zwischenbemerkung, getan, um den Leser an die Sachlichkeit unseres nichts als rational bestimmten Wollens ausdrücklich und um seinetwillen zu erinnern, ist geschlossen und stellt vor die zu beantwortenden Fragen: Warum soll diese zeittragende und repräsentierende Gesellschaft außerstande sein, Bedingungen der Dichtung als kulturelle Äußerung in sich zu erzeugen oder zu enthalten? Zu enthalten, weil die Gesellschaft behaupten könnte, sie enthielte sie schon, nur fehle es an den dichterischen Personen. Und die andere Frage: Zugegeben, diese Zeit ermöglicht den Dichter, ihren Dichter nicht – schafft die so für andres frei werdende gleiche Kraft nicht ein dem Dichter in dem einzig bezüglichen Bereiche, dem ethischen Bereiche, Gleichwertiges, weil die gleiche produzierte Kraftmenge enthaltend?

Ernst gefragt und ernst besprochen, unter Männern und nicht unter schöngeistig schwärmenden Frauen, wird von jenen rasch zugegeben werden, daß alle diese in den Gazetten, Salons und Theatern genannten und gerühmten Dichter keine Dichter sind, auch nicht kleinere oder minderbegabtere als Hölderlin, sondern überhaupt keine und nichts weiter seien als eine Weile mehr oder minder unterhaltende Leute im schöngeistigen Fache, was aus der Wirkung auf das weibliche Wesen und dessen hohe Selbsteinschätzung begreiflich, aber gar nicht irgendwas oder -wen ernsthaft verpflichtend wäre. »Aber natürlich«, hört man, »was ist das neben Bismarck, Zeppelin, Edison, Pierpont Morgan, Hindenburg! Die Knochen des kleinsten Industriechemikers sind mehr wert als...« Anstrengung und Leistung dieser bürgerlichen Dichterei sind ein vom betont Ernsthaften dieser Zeit, dem Fabrikanten, Kaufmann, Ingenieur, Bankier rasch überschautes, sehr bescheiden eingeschätztes Quale und eine Quantité négligeable an den »wirklichen Werten« dieser Zeit gemessen, die für Frauen und Unmündige zu garnieren ebendiese Literatur da sei. Die repräsentativen Männer dieser Zeit wissen mit ihr nichts andres anzufangen, als sie zu verachten und ihr nur dann einige Aufmerksamkeit zu schenken, wenn sie sich in die ihnen alleingültige Wertkategorie begibt: die des zahlenmäßig ausgedrückten Gewinnes. Hohe Einkünfte aus literarischer Tätigkeit haben dem ernsthaften Manne dieser Zeit einigen Respekt vor dem Schreibwesen abgenötigt; der kurante Nenner Bankdepot gab dem Stande in der bürgerlichen Welt sein weniges Ansehen. Aber es könnte die bürgerliche Literatur dagegen sagen, daß Aneignung oder Ablehnung, hohe oder geringe Löhnung ihrer Hervorbringungen durch den bürgerlichen Menschen nichts gegen den dichterischen Charakter beweise, da das Verhalten einer Zeit zu ihren Werten, wie die Geschichte der Wertgeltungen zeige, nicht endgültig entscheide. Doch wäre dieser Einwand auch dann nicht stichhaltig, wenn die Schillersche Formel von der richtenden Weltgeschichte richtig wäre; denn es drückt sich in der Stellung des bürgerlichen Menschen zu seiner Literatur auch noch ein andres als bloß kritisches Verhalten aus, nämlich ebendas, was im tiefern Grunde allein hier in Frage steht: Ob diese Zeit überhaupt die Vorbedingungen ausbildet für jene

Werte, die sich in einer Dichtung manifestieren. Wir notieren diese Art, wie man sich mit dem in litteris Erzeugten abfindet, nur als einen Oberflächenreflex der innern wertproduktiven Fremdheit und Unfähigkeit dieser Zeit, deren wirklich vorhandene Dichtung nicht aus ihren Trägern, nicht mit ihrer Welt, sondern gegen sie zustande kommt, und deren einzige Beziehung zu dieser Zeit negativ ist, nämlich Ablehnung, woran nichts ändert, daß einzelnes dieser Dichtung eine Art Aneignung durch den Bürger erfährt, weil er dieses einzelne mißversteht wie Meredith oder Dostojewski, die er wesentlich in der »Psychologie« vermutet. Er wird diese Aneignung aus Irrtum auch immer gleich damit einschränken, daß er das Genannte »übertrieben« findet – welche »Übertriebenheit« eben das Dichterische ist – also etwa: Strindberg ist dasselbe wie Ibsen, nur »krankhaft«, und Zola ist der »Fortsetzer« Flauberts. Von der andern Seite her ist dann Ernst Hardt dasselbe wie Hofmannsthal, nur »weniger ästhetenhaft«, oder Wildgans dasselbe wie George, nur »lebensnäher«, und so weiter. Daß das kritische Verhalten des kapitalistischen Menschen zu der Dichtung nicht nur dieser Zeit, sondern zu der jeder Zeit durchaus die Wertmaßstäbe aus dem gewinnt, was die heutige bürgerliche Unterhaltungsliteratur aller Grade konstituiert, davon kann sich der Zweifler aus den deutschen Literaturgeschichten der letzten vierzig Jahre überzeugen: keinen dichterischen Wert irgendeiner Zeit vermag eine nicht Werte, sondern nur Nutzformen ausbildende Gesellschaft anders sich einzuordnen als durch Aufhebung des spezifisch dichterischen Wertcharakters und durch Substituierung eines der Dichtung als einem ästhetischen Phänomen fremden Begriffekomplexes aus biologischen, naturwissenschaftlichen, sozialen, biographischen Elementen mit beiläufigem ästhetisch-philologischem Aufputz zur Rettung der »Wissenschaftlichkeit«. Die intensivste Anstrengung des bürgerlichen Geistes dieser letzten Jahrzehnte bringt die Vorstellung des Bildungsdichters zustande, und sie macht damit die tragische Not des deutschen Dichters seit Goethe, von keiner kulturellen Bildung des Volkes getragen und gehalten zu sein, zu einer Tugend. Vergißt, daß diese Not Hölderlin in den Wahnsinn trieb, und ahnt nicht, was es den Dichter Goethe kostete, aus sich selber die nicht in seinem Volke gegebenen Bedingungen des dichterischen Seins wenigstens für eine Zeitspanne zu schaffen. Noch ein- und zum letztenmal seitdem versuchten dies die deutschen Romantiker, nicht mit den Mitteln der Bildung, sondern dem der religiös-politischen Bindung. Auch ihre Anstrengung mußte versagen, wie jene dünne Bildungsschicht sich verbrauchen, die in Weimar hergestellt worden war – es blieben von beiden nur die historischen Begriffe, die ein lebendiger Inhalt nicht mehr füllt: Klassik-Romantik.

Im Epigonentum manifestierten sich nicht Dichter mit nur »geringerer Begabung« als die Dichter, die sie nachbildeten, sondern ebendiese vom Leben dieser Epigonen abgetrennte Begabung – das Talent – wurde als dekorative Literatur manifest und tauschte sich diese für den Begriff der Dichtung ein. In dem Jahre, da eine sprachtaub gewordene Philologie, die Wilhelm von Humboldt nicht zum Meister hat, den Westöstlichen Diwan in ihre banausischen Modi brachte, feierte ein im Krieg siegreiches Geschlecht den schalen Witz eines »Mirza-Schaffy« als Dichtung, schrieb Vischer, der dickbäuchige Ästhetiker, unter dem Beifall der Gebildeten eine Parodie auf den Faust und gründete sich das Reich, womit die kleinkapitalistische Periode der Bourgeoisie sich schloß. Was nach der Reichsgründung noch vom dekorativen Epigonismus hervorgebracht wurde, erlebte schon Widerspruch und Ablehnung, die sich bis zu jener »Revolution in der Literatur« verdichteten, welche für das »neue Deutschland« eine neue, die »veränderten Lebens- und Zeitumstände widerspiegelnde Literatur« verlangte, womit nicht die Einsetzung des Dichters gefordert wurde, sondern eine Änderung im Nachzuahmenden. Aber bei dem epigonischen Nachahmen blieb man durchaus. Nicht mehr die frühere Dichtung sei nachzuahmen, sondern – das Leben. In dem Maß, als dieses neue Leben sich als kapitalistische Lebensweise determinierte und seine Sicherungen ausbildete, die es als das Leben schlechthin erscheinen ließen, anders weder denkbar noch wünschbar, im selben Maße gewann die Revolution in der Literatur das Terrain und hatte von dem Augenblick an völlig gesiegt, wo sie sich in die ausgebildete bürgerliche Welt integrierte, die nun, wie für alle andern Kulturdinge, die sie nicht schaffen konnte, eine Pauschalsumme für die Herstellung ihrer Literatur auswarf. Die anfänglichen, aus der kleinkapitalistischen, vom Epigonentum gebildeten Ideologie stammenden Vorurteile gegen die »neue Literatur« verschwanden – wie die gegen Darwin, Sozialismus, Zola, Böcklin, Wagner – und vergingen in dem Maße, als sich das Bürgertum in seine hochkapitalistische Form einlebte und sich in ihr sozusagen vermenschlichte: von dem Momente ab erkannte es die neue Literatur als *seine* Literatur, was sie von Anfang an gewesen war. Die führende Klasse hat nicht immer und gleich den Mut zu ihrem Abbild – nicht weil sie in ihre Literatur Zweifel setzt, sondern in sich selber. Nur dieser anfänglich oft mangelnde Mut erklärt so unbegreifliche Gegnerschaften, wie man sie erst gegen Ibsen hatte, bis man sich auch in ihm ungefährdet erkannte und dann auch gleich mit Stolz als »gedichtet« erkannte.

Bewegungen innerhalb der bürgerlichen Literatur wie die angeblichen Gegensätze Naturalismus-Symbolismus oder Heimatkunst-Stilkunst und wie diese Streitfälle alle heißen mögen, in denen sich manchmal so etwas wie ein dumpfes Gefühl äußerte, daß uns die Flucht aus dem Bannkreis des bürgerlichen Geistes Rettung aus der Literaturexistenz bringe –, diesen Bewegungen im einzelnen zu folgen erübrigt sich, da nur das Wesentliche hier zur Entscheidung steht. Wie auch immer Geste und Ton gewählt wird, dem Bürger die gegenwärtigen Sehenswürdigkeiten in seinem Leben abzuspiegeln und zu deuten, mit welchem Aufwand auch immer Wechselfälle und Zufälle dieses bürgerlichen Lebens als »menschliche Probleme« angesprochen werden: Das Hin und Her, Frage und Antwort, Aufgabe und Lösung bleiben Zeitbild und müssen es bleiben, denn ein Weltbild konstituiert sich nur aus Werten, als welche der kapitalistische Geist nicht hervorbringt, wenn er auch seine naturwissenschaftlichen Methoden als Gesetze im Wertsinne mißversteht und behauptet. Er drückt darin nur seine Form des Hinlebens aus, aber nicht das Leben. Darum sagten wir in einer andern Schrift, daß, was man die moderne Literatur nennt, in der Definition des bürgerlichen Menschen dieser Zeit enthalten sei und ein andrer als ein soziologischer Zugang zu ihr nicht bestünde, wenn man ihrem Wesen gerecht werden wolle und von ihr nicht etwas verlange, was sie sich selber vielleicht imaginiert, aber was sie nicht ist: Dichtung. Die kapitalistische Welt kann eine Literatur, aber sie kann keine Dichtung haben. Die Gradunterschiede innerhalb dieser Literatur werden von uns ohne weiteres zugegeben, aber die Wesensgleichheit betont: sie ist *eines* Geistes.

Um die Überzeugung des Bourgeois, daß er eine im Begriff der Dichtung enthaltene und von diesem Begriff definierte Literatur in dem habe, was er seine »moderne Literatur« nennt, um diese von Erzeugern wie Verbrauchern dieser Literatur geteilte Überzeugung zu schwächen und damit das »gute Gewissen des Kapitalismus« auch von dieser Seite aus unsicher zu machen, ist festgestellt worden, daß der kapitalistische Geist seiner formalen Struktur und den Kategorien seiner Werte nach gar nicht fähig ist, etwas anderes als ein im Umkreis seines Hinlebens sich begebendes Schrifttum hervorzubringen, das bei allen scheinbaren Verschiedenheiten untereinander wesentlich dasselbe und nicht besser als mit dem Worte Unterhaltungsliteratur zu bezeichnen ist, weil es am deutlichsten die zeitliche Hinfälligkeit und die ethische Gleichgültigkeit ausdrückt im Gegensatz zu den sittlichen und ewigen Werten der Kunst, die immer auf ein Weltbild orientiert ist. Wie der kapitalistische Mensch – das heißt der Vitaltypus, der sich sowohl im »Kapitalisten« wie »klassenbewußten Proletarier« inkarniert – seine immer umfangreicher werdenden Gesetzbücher für »besser«, weil »fortgeschrittner«, hält als das ehemalige »auf Treu und Glauben« der Gemeinschaft; wie er die stattliche oder vereinliche Ablösung der Nächstenliebe für eine bessere Praxis dieser Tugend hält und die Naturwissenschaften für »die moderne Philosophie«; wie er sich mit allen seinen modernen Neuerungen nicht nur nicht als Antagon des Alten, sondern als dessen Besserer und Vollender glaubt: so erscheint ihm auch in den von ihm beigestellten Künsten die Kunst schlechthin zumindest weitergeführt und auf die Höhe seines sonstigen Fortschritts gebracht; er gibt höchstens zu, daß die großen den ehemaligen Künstlern ebenbürtigen Talente heute noch nicht da seien, nicht aber, daß sie gar nicht da sein können; er erwartet sie vielmehr sicher und seiner Größe entsprechend. Diesen naiven Glauben zu widerlegen und das gute Gewissen des kapitalistischen Menschen zu erschüttern, war das einzige positiv kritische Bemühen der letzten zwei Jahrzehnte: Dilthey, Tönnies, Tröltsch, Scheler, Max Weber, Sombart, Rathenau, Croce, Chesterton waren, um nur einige der älteren Generationen zu nennen, solche Kritiker, und positiv war ihre Kritik, da sie den Typus des kapitalistischen Menschen feststellte nicht als den Effekt eines besonderen wirtschaftlichen Systems, wie dies die ganz im kapitalistischen Geiste geübte sozialistische Kritik tut, sondern als dessen Erreger, Träger und Verbreiter. Die sozialistische Kritik vollzieht sich durchaus innerhalb, nicht wie sie meint, außerhalb des kapitalistischen Geistes und sie ist im angegebenen positiv kritischen Sinne ebensowenig gegen den kapitalistischen Typus, in dem sie selber aufgeht, wie die moderne »soziale Dichtung« von Hauptmann, Ibsen oder Gorki gegen ihn ist. Alle heute positive Kritik kann nur und nichts als den kapitalistischen Geist, der des Menschen ist, zum Objekt haben, von einem andern Geiste her, der ebenfalls des Menschen ist. Wer in der Folge die Ursache sieht, den Menschen als Folge seiner Wirtschaft, der wird kritisierend Wirtschaft gegen Wirtschaft setzen und sich damit ganz im Gleise des kapitalistischen Geistes bewegen, so staatssozialistisch er auch ist oder so revolutionär er sich auch dünkt. So wie die Sozialgesetzgebung Funktion des Kapitalismus ist, den sie in seinem Geiste nicht nur nicht aufhebt, sondern festigt, genau so festigt der Literat mit »radikaler« Einstellung den kapitalistischen Geist, indem er dessen »übelste Begleiterscheinungen und Auswüchse« satirisiert und lächerlich macht. Beides, die Satire und die Sozialgesetzgebung, hat einen Nutzwert innerhalb der kapitalistischen Welt und nur da, nicht und nirgends sonst: Jene Gesetzgebung hebt den Geist nicht auf, sondern nützt ihm, jene Satire ist sozialer Nutzwert, aber nicht Dichtung, das heißt menschlicher Wert.

Die Tatsache der erwähnten positiven Kritik am kapitalistischen Geiste zwingt zur Annahme einer geistigen Position, die in dieser Zeit vorhanden ist, aber außerhalb des herrschenden Geistes dieser Zeit ihre Wertinhalte aus einem Kulturbegriff bekommt, der mit dem kurrenten bürgerlichen Kulturbegriff nichts gemein hat und mit dem er nur durch die negative Ablehnung verbunden ist; was nicht heißt, daß er aus dieser negativen Ablehnung erwüchse, denn die bloße Negation ist zu einer positiven Bildung nicht zureichend. Aus diesem dem herrschenden »Geiste« fremden Geiste dieser Kritik, aus dieser andern als kapitalistisch-sozialistischen Ethik müssen wir die Speisung auch der andern immanenten menschlichen Energien annehmen, wie solche jene kritischen sind. Da wir als eine solche menschliche Energie das Kunstwollen kennen und dieses sich in den verfallenden Scheingebilden der bürgerlichen Literatur als ethische Energie nicht manifestieren kann, müssen wir ihre Entfaltung von jenem Punkte ausgehend suchen, von dem aus das Ganze der bürgerlichen Welt kritisches Objekt ist, und müssen die Energie des Kunstwollens aus einem Ethos gespeist annehmen, das *nicht* jenes des bürgerlichen Typus ist. Dies wird in allen Graden von Intention bis zu Gelingen das Wesen einer *Kunst* dieser Zeit charakterisieren: daß sie nicht kapitalistischen Geistes ist und mit ihm nur, wenn überhaupt, durch die bewußte oder naive gänzliche Ablehnung zusammenhängt. Um es an Bekanntem zu explizieren: Der »reaktionäre« Dostojewski, dem sich der Westen als der bürgerliche Geist darstellen muß, den er als Ganzes ablehnt, ist der Dichter; aber der »radikale« H. Mann ist nicht ein »weniger talentierter Dichter«, sondern ein von Dostojewski ganz wesensverschiedener schreibender Bürger kapitalistischen Geistes. Flaubert, dem das Ganze der bürgerlichen Welt Objekt ist aus seinem ganz anders qualifizierten Ethos heraus, ist der Dichter; aber Zola, der auf ein kleines Entgegenkommen der bürgerlichen, bloß im Besserungssinne kritisierten Welt nicht vergeblich zu warten brauchte, ist bürgerliche Schöngeistigkeit. Daß die bürgerliche Welt ohne Unterscheidung mit dem einen wie dem andern als nur im »Talent« oder »Temperament« Verschiedenen sich abfindet, das sagt nur über das ethische Unvermögen dieser Welt aus, den Dichter zu erfassen, weil sie ihn ja auch nicht bedingen kann; indem der Bürger über die vom Ethos abgelösten – er kann das! – engern ästhetischen Werte der Genannten klug redet, unterschlägt er das Problem, weil es das Problem seiner eigenen Existenz ist. Er unterschlägt aus Angst, wenn es ihm bewußt wurde, oder aus Taubheit seines sittlichen Zustandes. Im ersten Fall hat er tausend Kniffe im Kampfe um seine im Innersten aufgehobene und somit bedrohte Existenz ausgebildet. Das ehrlich-grobe Mittel jenes Staatsanwaltes, der Flaubert wegen der Frau Bovary anklagte, hat sich aus Zweckmäßigkeitsgründen sehr verfeinert, so sehr, daß innerhalb der Bürgerlichkeit jener Staatsanwalt heute schon eine lächerliche Figur wurde, aber die Zensur eine Institution des den bürgerlichen Typus als den menschlich-allgemeinen Typus vertretenden Staates.

Die gespannte Erwartung des Wirtschaftlichen, endlich doch die ihm unbekannten Dichter dieser Zeit genannt zu bekommen, können wir nicht befriedigen, denn er kennt sie auf seine Weise längst, schätzt sie und verehrt sie auf seine Weise zum einen Teil, bezweifelt sie zum andern und würde sich ihm bis nun unbekannt Gebliebenen nicht verschließen: er wird mit ihnen nach dem ästhetischen Schema seiner spezifischen »modernen« Literatur – die kein andres als ein beiläufig ästhetisches hergibt – fertig werden. Die seine Welt kompromittierenden Begreiflichkeiten wird der typische Mensch dieser Zeit unbegreifliche Schrullen, Snobismen und Pathologien nennen. Die pathetische Einsamkeit Nietzsches, das Verkrochensein Cézannes, die politische Leidenschaft jenes Russen, das Kreuztragen van Goghs, die Arbeitszelle Flauberts, Borchardts Hermetik, der Aufschrei einer gläubigen Jugend: der Bürger, der diese Bücher liest, diese Bilder kauft, er wird das Leben dieser Künstler, das er als »Privatleben« vom Werke abtrennt, weil das von ihm Bestellte seiner »Kunst« solches Trennen immer verträgt, ja verlangt, nichts weiter als absonderlich und gesucht finden, und daß es durchaus ohne solche »Extravaganz« gehe, wie ihm Sudermann beweist, den er in jedem Salon ganz wie sich selber trifft, oder Hauptmann, dessen 60. Geburtstag doch ein Nationalfest war, oder Bloem, mit dem er die Etappe besuchte. Umgängliche Leute, mit denen auch ganz gut über Kapitalsanlagen zu reden ist. Anschauung und Praxis, daß das Leben des Menschen in Sein und Tun zerfalle, zwischen welchem Getrennten allenfalls Berufswahl, Neigung oder Talent eine nicht nötige Brücke bilde, ist dem bürgerlichen Menschen dieser Zeit so vollkommen konstitutionell, daß es ihm wie ein mystischer Hokuspokus vorkommen muß, wenn gesagt wird, daß in der menschlichen Person das Werk nichts anderes ist als ihr Sein und dies nichts anderes als das Werk und daß hier nur der Draußenstehende eine Trennung vornimmt, aber sich immer bewußt bleiben muß, daß diese Trennung willkürlich geschieht, genau so wie die Trennung eines Gebildes in Inhalt und Form.

Es wurde die Grenze gezogen zwischen dem, worin sich der

bürgerlich-kapitalistische Typus als der herrschende dieser Zeit den seine Literatur genannten Ausdruck gibt und nur geben kann, und dem, worin sich das Kunstwollen in dieser Zeit manifestiert. Es wurde für das Diesseits der Grenze der Vitaltypus des bürgerlich-kapitalistischen Ethos fixiert, von dem das allgemein Unterhaltungsliteratur genannte ein vielfach schillerndes und graduell sehr abgestuftes Derivat ist, *eines* Geistes bei plumpster Gemeinheit des Mittels wie bei dessen höchster Raffinierung. Es wurde im kurz hingestellten Gegensatz das Jenseits der Grenze angemerkt, gesagt, daß und warum die Kunst dieser Zeit die Voraussetzung ihres Daseins nicht in der kapitalistischen Welt haben kann und wo sie diese allein in dieser Zeit hat: in einem anders qualifizierten Ethos als es das des modernen Typus ist und das sich zum Teil als dessen völlige Negation, zum andern aus noch zu bestimmenden Komponenten konstituiert.

NEUNTER EXKURS

Unter den menschlichen Werken genießt allein das Kunstwerk das Privilegium, fast intakt durch die Zeiten zu dauern, denn das wissenschaftliche Werk ist provisorisch, das politische, das wirtschaftliche Werk wandelt sich alsbald in mechanische Kräfte. Es sind außerhalb des Künstlerischen ungemein wenige historische Figuren, die, dem Schicksal des Verblassens und Vergessens entgehend, mit den unvergänglichen Gestalten des künstlerischen Ingeniums rivalisieren, und auch diese wenigen tun es nur mit ihrer Person, nicht mit ihrem Werke, denn Alexanders Reich zerfiel wie das Cäsars, aber in unverändert reiner Linie ist bleibend Platons Dialog und der Vers Vergils. Und es ist Alexanders und Cäsars Größe nötig, die Schatten des Vergessens fernzuhalten, und weit weniger genügt, ein Mimnermos und ein Properz, um als Dichter auf die Nachwelt zu kommen. Dieser Umstand ist heute dem geringsten Reimer geläufig und nicht nur ihm. Aber – und dies ist von Wichtigkeit – das Bewußtwerden dieser Tatsache von der reinen Dauer des Künstlerischen hat ein Gleichgewichtsverhältnis gestört, das vorhanden war, als die Tatsache noch, ohne Wissen um sich selber in Bescheidenheit lebend, die nötigen Korrekturen bekam.

Zeiten eines intensiven Gesamtlebens der Menschen haben den Künstlern ihren bescheidenen und oft niederträchtigen Platz angewiesen und sich wenig aus ihnen gemacht. Man domestizierte diese wilden Tiere, indem man ihren Stolz bändigte und ihnen bewies, daß sie weniger wichtig wären als Schuster und Bäcker. Man lese im Plutarch das erste höchst grausame Kapitel des Lebens des Perikles, und man denke an die Rolle der Dichter in Platons Republik. Wohl strömte das Volk in heiliger Begeisterung zusammen, um ein neues Werk des Phidias zu sehen, aber es ließ ihn im Gefängnis oder in der Verbannung sterben – wir wissen es nicht genau, denn an der künstlerischen Person nahm die Antike gar keinen oder Anteil nur dann, wenn die Person ihr politisch nützte oder schadete. Die Antike kümmerte sich nur um das Werk, woraus sich, wie Plutarch in der genannten Stelle schreibt, wenn dies gefällt, nicht notwendig ergebe, daß auch der Verfasser zu loben sei. Hier reagiert eine ganz bestimmte Moralität, die auf keine Weise ästhetisch infiziert ist wie alle heutige Moral. Der antike Mensch ist auf seine Kunst stolz, weil er in ihrer Leistung ein Zeichen seiner staatlichen Macht und seines kulturellen Reichtums sieht, aber einen Aristokratismus des Künstlers duldet er nicht in der sozialen Ordnung; er weist dem Artifex hinter den letztnützlichen Gewerben einen Platz an. Kein Zweifel, die Kunst würde in solcher dauernd dem Künstler zugewiesenen Rolle verkommen, denn der verträgt als ein Neuerer, der er ist, diese untergeordnete staatliche Zugehörigkeit nicht, auch in einem weiter gedachten Staatswesen nicht, als es die Polis war. Der Künstler kann die geforderte bescheidene Haltung zu einem, zu seinem Werke nicht bewahren, das eine

Nation führt und begeistert, er sei denn ein ganz mediokrer Schuster und Gelegenheitspoet der Stadtverwaltung. Und er kann deshalb auch die soziale Geringachtung durch seine Umgebung nicht vertragen, seiner Kunst, nicht seiner privaten Person wegen, wie er ja auch gegen seine private essende, trinkende, sich gattende Person von größter Bescheidenheit sein kann und wohl auch meist sein wird. Von den beiden dem Kunstwerke die Form gebenden Elementen, dem materialbelebenden Künstler und seiner schöpferischen Umgebung, im vorigen Exkurs: Hier haben diese Elemente als die persönliche Inbrunst des Künstlers und als die sittliche Wertachtung durch die Umgebung in ihrer Beziehung aufeinander die Bedeutung der Belebung, Weiterbildung und Erneuerung der Formen. Man kann das relativ Stationäre der Form immer dort bemerken, wo die Sozietät sich den Künstler fast handwerklich einordnet, so daß er hinter seinem Werke verschwindet wie Molière und Shakespeare als Komödianten. Der Konservativismus, der sich für die alten, das heißt eingeübten Formen als die allein richtigen ausspricht, ist Ausdruck der gering-schöpferischen oder überhaupt steril gewordenen Umgebung, die den Künstler sozialisiert, weil sie ihm als Individuum mißtraut, ihn domestiziert, weil sie die ausbrechende Bestie seiner unberechenbaren Phantasie fürchtet. Nicht aber ist dieser Konservativismus Ausdruck des Künstlers selber und kann das auch gar nicht sein aus seinem Wesen heraus, das durchaus neuerungserfüllt ist und anders sich überhaupt aufhöbe. Man erinnere sich an die ständigen Entschuldigungen des Euripides. Man denke an das schließliche Schweigen des freigelassenen Racine, das mit Port-Royal gar nichts zu tun hat. Man überlege die Vagabundenexistenz Villons, der nur durch Elend und Gefängnis die von seiner Umgebung bedrohte Freiheit des Dichters gewann. Man denke an Christian Günther, der sich in keinerlei schlesische Dichterschule finden konnte und um seines Gedichtes willen lieber verreckte, statt als Stadtschreiber überflüssige Reimereien zu verfertigen. Man erinnere sich an Lenz –

aber mit der Figur dieses sich auflehnenden Hofmeisters sind wir schon in einer wesentlich anders gerichteten Zeit: Eine neue Ethik des Künstlers hebt an, profitierend vom religiösen Zusammenbruch der Zeit und der wirtschaftlichen Neugestaltung der Gesellschaft: es beginnt die Literatur.

Die schöpferische Kraft der in Gemeinschaft mit der materialbelebenden Person des Künstlers die Form bildenden Umgebung ist schwankend, und sie zerfällt in dem Maß, als sich diese Umgebung von der ideellen Einheitlichkeit entfernt und in das Tausendfache dessen zerlegt, was man Interessenten und Publikum nennt. Verschwand früher, in den Zeiten ideeller Einheitlichkeit der Künstler hinter seinem Werk, so dreht sich dies nun um: das Werk verschwindet hinter dem Künstler. War dieser früher kaum sichtbar, weil seine Umgebung gar keine Notiz von ihm nehmen wollte, so ist heute die Person des Künstlers öffentliche Notiz und sein Werk das, was hinter ihm steht. Gab es früher ein Werk und gar keine sichtbare Person, so gibt es heute eine Person im Licht von Scheinwerfern und statt eines Werkes Bücher, die bestenfalls gelungene Skizzen darstellen, Ansätze, Versuche. Wie in den sonstigen Wertträgern wurde auch hier eine Substitution vorgenommen, indem man nun die Unsterblichkeit des dichterischen Werkes, diese bewußt gewordene Tatsache, mit der Unsterblichkeit der dichterischen Person identifizierte. Man gibt der künstlerischen Anschauung der Welt einen absoluten Geltungscharakter um so mehr, als die andern dominierenden Anschauungsweisen, wissenschaftliche, politische, wirtschaftliche, technische, sich als nur relativ geltend enthüllen und die religiöse Anschauung sich gerade in der Deklination befindet. Jeder Reimer reklamiert heute Goethe für sich, jeder Kunstgewerbler Michelangelo, und sie entbinden sich mit solcher Berufung von einer wertschaffenden Verpflichtung, weil die bloße künstlerische Anschauung der Welt als die höchstwertige allein schon genügt. Wenn heute einer Terzinen macht, so glaubt er, wenn auch an einem kleinen Seitenaltar, dieselbe Messe zu zelebrieren wie Dante. Klebt ein Steinmetz seine Figürchen an die Fassade eines Warenhauses, so tut er dies mit der Geste des großen Florentiners. Und jeder malende Jüngling weiß sich, je nach Vorliebe, dem Greco, dem Rembrandt oder meinetwegen dem van Dyck ein Bruder. Die Tatsache, daß von allen menschlichen Werken allein das Kunstwerk sein Gesicht unverändert wertvoll durch die Zeiten bewahrt, ist zu ganz allgemein bewußter Notiz gekommen, und der Künstler erhebt ganz erfüllt von diesem Bewußtsein die Prärogative, als der Herr jeder Zivilisation zu gelten. Fatalerweise erhebt er diese Prärogative und besitzt er dies Bewußtsein gerade in einer Periode nachlassender werkschaffender Kraft bei beiden Komponenten, bei der künstlerischen Person und bei der Umgebung. Diese bürgerliche Periode besitzt in Abundanz Neuerungen, Erwerbungen, Erweiterungen, Freiheiten bei den künstlerischen Personen und in gleicher Abundanz ein fast frenetisches Interesse bei der Umgebung, aber –: das Werk fehlt. Es gibt interessante Bücher, Musiken, Bilder – aber das Werk fehlt. Der Künstler ist sich seines einzigen absoluten Wertes mit großer Bewußtheit sicher: er braucht nur zwei Zeilen Daktilen zu klopfen. Vor hundert und etlichen Jahren freigelassen, ist er es, der heute das ihm zulauschende Publikum zähmt, das in ihm seinen einzigen Wertschöpfer erkennt, weil er das »Gleiche« tut wie Homer und weil dieses Tun das Ewige ist.

Wir erleben so seit etwa dreißig Jahren das paradoxe Spektakel einer wachsenden Hegemonie des Künstlers als Träger des absolut geltenden einzigen Wertes, und dieser Künstler, der es weniger ist als je zuvor, kommandiert eine Umgebung, wie sie unschöpferischer nie vorhanden war. Was einigen Großen der Zeiten als von ihnen etabliert zukam, das maßt sich heute der ganze Stand an. Der kleinste Schreiber schüchtert die sentimental gewordene Bourgeoisie seiner Zuhörerschaft mit der Erinnerung ein, daß sie einen Büchner nicht erkannt habe, einen Grillparzer verkümmern, einen Nerval sich erhängen ließ, Kleist und Keats umgebracht habe, und eingeschüchtert beeilt sich das Publikum, lieber alles herrlich zu finden, als das Verbrechen zu riskieren, einen neuesten Lyriker mitverstehen oder gar verhungern zu lassen. Dem religiösen Werte entfremdet, am Wissenschaftlichen verzweifelnd, dem Politisch-Sozialen mehr als mißtrauend, gibt sich diese der Kunst überhaupt geneigte Bourgeoisie ihr ganz hin als ihr Publikum, fühlt sich ihr verpflichtet und verpflichtet sie ihrerseits wieder, alles, durch ein mehr oder minder trübes künstlerisches Medium gebrochen, von den Künstlern zu erhalten, von der Psychologie des Kindes angefangen bis zum Glauben an Gott. Und die Künstler werfen sich in die Brust und quittieren verlegen Schuldscheine, die sie nie einzulösen gedenken, denn sie wissen in ihrem innersten Gewissen sehr gut, daß ja die Schuldscheine falsch sind und sein müssen und es vertragen, mit falschem Gold oder gar nicht bezahlt werden.

Eigentümlich ist unserer desolaten dichterischen Jugend das fast zornige Schamgefühl, das sie über ihr schön gelungenes Gedicht empfindet und das oft so stark ist, daß sie sich am liebsten in das »häßliche« Gedicht stürzen möchte oder nichts als den Schrei einer am Sittlichen der Welt verzweifelnden Kreatur ausstoßen; sie beschwert sich das Gewissen mit der Frage an sich selber, ob nicht besser ein nur sittliches als ein auch dichterisches Werk zu verrichten sei. Neben andern drückt sich in dieser Haltung Verzweiflung darüber aus, daß die die Form schaffende Umgebung fehlt und daß das, was als Publikum die leere Figurantin solcher Umgebung ist, vollkommen der instinktsichern Erkenntnis mangelt, daß das wohlgelungene Werk, an dem der Dichter und die Umgebung schaffen, ex se ein sittliches ist und eine besonders betonte Sittlichkeit nur dort immer zeigt, wo der Verfasser mit seiner Kunst nicht ordentlich zurecht kommt. Nun hat, wie es scheint, die Armseligkeit dieser ihrer heutigen einzig möglichen Umgebung diese jungen Dichter schon infiziert, so daß auch ihnen selber diese instinktive Erkenntnis vom an sich schon Sittlichen des vollendeten Werkes sich ihnen vertrübt und sie in ein Ethisches zu divagieren anfangen, das immer nur problematisch sein kann, und daß sie den Beruf des Dichters so schmählich ansehen wie König Philipp in jenem Plutarchschen Kapitel, wo er den bei einem Feste mit aller Kunst singenden Alexander fragt, ob er sich nicht schäme, so gut zu singen, und Plutarch hinzufügt, daß wohl kein Jüngling rechten Verstandes und edler Geburt bei Betracht des Jupiterbildnisses in Pisa den Wunsch hegen werde, ein Phidias zu werden, oder ein Polyktet, wenn er das Junobildnis in Argos anschaue, oder ein Anakreon, ein Archilochos zu werden verlange, denn all dies seien niedere und gemeine Künste. Also scheinen sich nicht wenige der jungen Künstler heute einzustellen, weil sie den lebendigen formschaffenden Zwang der Umgebung nicht haben und ihre Kräfte wie ins Leere greifen; denn jenen billigen Trost der Dilettanten und Könner, die unbekümmert in die Leere des Zufalles hinein schreiben, malen und musizieren – solchen Trost können sich diese wenigen Künstler dieser Zeit nicht geben, weil sie ihres göttlichen Auftrages inne sind und verantwortlich für das ihnen Anvertraute sich durchaus fühlen, oder weil sie nur ehrliche gewissenhafte Männer sind. Aber sie müssen an der Bestimmtheit des Auftrags, am Sinn ihrer Arbeit zweifeln in einer Zeit, die nichts besitzt, was die rechte Erledigung ihres Auftrages, den rechten Empfang ihrer Arbeit möglich macht dadurch, daß sie ihnen eben den Zwang der Form gibt. Die neue Erweiterung der künstlerischen Wirkung, wie sie der Verfall der Gemeinschaft in Publikum und die alle Werte setzende Hegemonie des Künstlertums mit sich brachten, nahm der nun ins uferlose Leere schweifenden, zu keiner Form gezwungenen Kunst alle spezifische Wirkung überhaupt und degradierte sie zu einem Interessanten, Amüsanten, jedenfalls niemanden ernsthaft Verpflichtenden, das heißt zur Kunst Verpflichtenden. Das Kunstwerk ging dabei in Stücke, die, tausend Zwecken dienend, tausend Namen haben, die alle Kunst meinen und keiner und alle zusammen nicht die Kunst – ein Begriff, der durch die Emanzipation des Künstlers verlorengegangen zu sein scheint und nur das Wort noch in lamentablen akademischen Ästhetiken sein Unwesen treibt, deren Verfasser ästhetische Prinzipien dort suchen, wo nur soziale Zwänge existieren und historisch befangen das Novum der Literatur nicht sehen. Ist es auch nicht Kunst, so ist es doch Ausdruck, und dieser ist überhaupt alles – mit diesem Bekenntnis zum leidenschaftlichen Bekenntnischarakter der heutigen künstlerischen Person wird das Problem der fehlenden Komponente des Werkes, nämlich die formschaffende Umgebung, nicht erledigt: es ist eine romantische Illusion, welche das Mittel für den Zweck, die Materie für die Form hält. Das Problem wird nicht gelöst, sondern beiseitegeschoben, der Künstler als Bekenner seiner Leidenschaft in seiner Isolation gebilligt und von seiner Stimme, außer der Lauterkeit, nur noch die Lautheit eines Predigers in der Wüste verlangt. Er war in diesen letzten dreißig Jahren so vielerlei gewesen, Abschilderer des Wirklichen mit und ohne Temperament, Träumer seiner Träume, Deuter des Natürlichen, Analytiker, stilistischer Synthetiker, Plauderer, Ästhet, daß er nun, da alles das nichts genützt hatte, um aus dem sterilen Publikum formschaffende mittätige Umgebung zu machen, der große Aufrufer und sittliche Gesetzgeber der Menschheit werden zu müssen glaubt, erst recht aus diesem Kriege, wo alle sittlichen Mächte versagt haben. Daß der Künstler etwas auszudrücken habe, diese Entdeckung mußten heute wohl jene machen, welche damals noch Kinder waren, als bei uns Künstler auftraten, deren Stolz und Titel es war, daß sie rein gar nichts zu sagen und auszudrücken hatten, außer ihre kleinen Lesefrüchte aus darwinistischen und sozialistischen Broschüren. Aber es ist doch nur eine Wiederentdeckung nach dem kurzen Interregnum einigen Stumpfsinnes und Ernüchterung dieser Wiederentdecker, die in jenem Stumpfsinn »die Kunst« vermeinten wie alle Welt und mit aller Welt –, an welche Welt sie sich aber doch nun wieder wenden, um ihr das neue Schauspiel der Abwechslung, den

Expressionismus, zu bereiten. Denn das Problem des Kunstwerks, in dem die künstlerische Person und die Umgebung untrennbar miteinander verbunden sind, ist nicht einseitig dadurch zu lösen, daß der Künstler neue Saiten aufzieht, mit einer neuen Botschaft auftritt, nach der ja kein darauf Wartender die Arme ausstreckt, sondern sich bestenfalls nur zuhörerisch oder zuschauerisch bereit findet, das Schöne nach seinen eigenen sittlichen, das Sittliche nach seinen eigenen schönen Grundsätzen zu richten. Es ist da aber nichts weiter passiert als: nach den Parterreakrobaten und den Seiltänzern treten die Feuerfresser und Fakire auf. Oh, es ist zu verstehen, daß die paar Dichter dieser Zeit nicht wissen, ob sie die gehobene Hand nicht lieber zerschmetternd als zupfend auf die so mißgehörte Leier fallen lassen sollen, daß sie zaudern, irre werden und verzweifeln und aus der tiefsten Not ihres so sehr mißverstandenen, übertriebenen, falsch exponierten Daseins aufschreien in Gedichten, von denen sie bitter zugeben, daß es keine seien, und nur die Kühnern den Mut haben zu sagen, diese gerade seien die rechten Gedichte, und die Unzahl der konjunkturschnüffelnden Nachlaufer und Mitmacher in alle Winde verkündet, das seien die überhaupt einzig schönen und richtigen Gedichte und alles frühere und andere sei nichts als Dreck.

Aus einer Gemeinschaft, die nicht ist, entbunden, fehlt dem Künstler die vis superba formae, der Zwang der Form in einer mitschaffenden Umgebung. Er selber kann sie nicht schaffen, denn da sein Wesen Mit-Teilung ist, setzt es, damit diese zustande kommt, den andern Teil, eben die Umgebung, voraus, welche schöpferisch teilnimmt. Dieser andere formschaffende Teil fehlt, und des Dichters ungeformte Leidenschaft explodiert in ein Publikum, dessen blöde Geile er verachtet, dessen teilnahmsloses um ihn Herumsein ihn verzweifeln macht darüber, daß er, auf einer Säule stehend, nichts als sein Ich hat, das ohne Formgebundenheit zum Begriff einer halluzinierten Menschheit aufschwillt, von deren Abstraktheit er keine Form empfangen kann. Der Dichter entblößt sein Eingeweide mit der bewußt-häßlichen Geste einer sittlichen Tat, um nicht durch eine schöne Geste in den Beifall des Pöbels zu sinken, der ihm Kunst und Leben verekelt hat als das nichts als Ästhetische. Und immer noch schustert ja daneben eine Schar von Leuten Jambendramen und schneidert Entwicklungsromane und spinnt Blauveiglein mit und ohne Kriegserlebnis. So nennt also der Dichter sein Buch Verse »Der Mensch schreit«, weil er möchte, daß der stumm sich krümmende Mensch schreie, – aber es hört den Aufruf zum Schrei immer nur die schöne Leserin und der ihr befreundete Professor, der im Tageblatt die Welt mit einem neuen Dichter bekannt macht. – Was sich die neue Kunst nennt, will als sittliche Tat schlechthin genommen sein; sie lehnt nichts als ästhetische Kriterien ab und fordert sittliche, denn sie drückt, wie sie erklärt, die sittliche Wahrheit und nicht die sittlich indifferente Schönheit aus; die sittliche Wahrheit ist ihr die alleinige Schönheit, und was man bis nun die Schönheit nannte, hat sie im Verdacht, das Böse zu sein. Der Roman des Familienblattes ist nicht häßlich, sondern unsittlich und deshalb häßlich; die Malereien von Franz Marc sind nicht schlechthin schön, sondern sittliche Wahrheit und deshalb schön. Man könnte glauben, sich hier in der vorklassischen Ästhetik der Schweizer zu bewegen oder nichts als eine reaktive Verkehrung des Wildeschen Ästhetizismus zu erleben. Aber es ist weder das eine noch das andere. Es ist vielmehr eine, wenn auch sich selber noch unklare Absage an die Kunst als heute läufigen Begriff überhaupt und eine Deklaration des noch ungeformten Halbgebildes zum Ganzgebilde. Man hat es satt, nach einer die Form schaffenden Umgebung zu hungern, die nicht kommen will. Man lehnt Verständigung und Verstehbarkeit, das heißt die Mit-Teilung ab, da man sich vom Mißverstehen korrumpiert weiß. Man will es dem nichts als sensuell alle seine Werte durch den Kunstgenuß aufnehmenden Publikum mit dem ganz entsinnlichten, auf die Geometrie reduzierten Kubismus fürderhin unmöglich machen, sinnlich zu reagieren. Man verdammt die verlockende Metapher. Man vermeidet die sehr vage und schwindelhafte Gemeinsamkeit im Psychologischen. Man skelettiert den sprachlichen Ausdruck. Man gibt das klassische Ideal des Gleichgewichts zwischen gesprochener und geschriebener Sprache auf, verwirft die erste vollkommen als künstlerisches Ausdrucksmittel und erweitert und erneuert die letzte. Man hat definitiv erkannt, daß man ganz einsam ist und keine Mit-Teilung mehr möglich – wenigstens nicht mehr zu dem bisherigen formsterilen Publikum hin. Den daraus folgenden fatalen Esoterismus einer Kunst für die Künstler glaubt man mit dem Appell an eine neue Menschheit zu überwinden, die auf dem Marsche ist. Denn diesen seinen Irrtum, sich die Führung der Menschheit zu arrogieren, hat auch der heutige Künstler noch nicht aufgegeben, und in diesem Irrtum ist er noch immer nichts weiter als der Freigelassene der individualistischen Bourgeoisie, deren ästhetisch-ethischer Garkoch er nicht mehr sein will, um ethisch-ästhetischer Küchenchef einer Menschheit zu werden, das heißt bis auf weiteres doch nur für den alten Sensationalismus seines alten Publikums den neuesten Gang zu servieren, zum Beispiel den Nachtisch des Expressionismus.

Zwei Richtungen markieren sich deutlich, in denen man auf eine formschaffende Umgebung treffen kann, wenn auf beiden Seiten, auf der des Künstlers wie auf der dieser möglichen Umgebung, gewisse Bedingungen erfüllt sind. Den einen und den andern sieht man den Weg nach diesen Richtungen einschlagen: nach der sozialen Demokratie und nach der Kirche. Daß diese beiden zu ihrem Geiste erwacht sich vereinigen müssen, um formschaffende Umgebung (und natürlich nicht nur dies, sondern vor allem kulturelle Gemeinschaft) sein zu können, davon ist in diesem Zusammenhang nicht zu sprechen. Der klassenbewußte Radikalismus aus dem Bauche ist auch mit einer wissenschaftlichen Theorie noch kein kulturelles Prinzip. Und eine von der Staatsgewalt soutenierte und der herrschenden Macht dienende Kirche ist kein Instrument des reinen Gottglaubens, das die civitas dei vorbereitet, sondern die vorhandene civitas diaboli verhärtet. Die einen und andern Künstler, die den Weg zur Kirche oder zur sozialen Demokratie betreten, verlassen nicht nur das Publikum, sondern geben auch das Komplement dieses Publikums auf, nämlich die falsche Prärogative des Standes, die irrige Hegemonie des Künstlertums; sie stellen sich auf den Dienstplatz ihrer Verrichtung und dienen, wofür ihnen die Form zuteil werden wird, die sie mit keiner noch so titanidenhaften Anstrengung als Herren innerhalb ihres bourgeoisen Publikums diesem Publikum entringen können, das selber unbestimmt keine Bestimmung geben kann, das ein Scherbenhaufen, aber kein Boden ist, in den Wurzeln schießen, Halt und Nahrung gewinnen können. Der Abschied vom Publikum wird heute dem Künstler gewiß leichter sein als je. Schwer aber der Eintritt in den Dienst, da er solchen Dienstverhältnisses zu lange entwöhnt ist. Denn nicht darum handelt es sich, der Künstler der sozialen Demokratie oder der Kirche zu werden, deren Stofflichkeiten sich thematisch anzueignen und also draußen zu bleiben, sondern es handelt sich um die volle menschliche Hingabe, um den Eintritt in eine geistige Ordnung. Nicht darum handelt es sich, die sozialistische Kunst oder die katholische besser zu machen, als sie ist, nicht um solches Äußerliches handelt es sich, denn das ist kein Dienst und würde alles so lassen, wie es ist, indem es nur den Inhalt des Publikums änderte. Mit der äußersten Bescheidenheit sich in den gemeinen und religiösen Dienst stellen: nur dadurch kann der Dichter zu seinem Werk kommen. Er muß sich ein-, nicht überordnen.

Hier ist nun der Ort, von dem gebrauchten Begriff »formschaffender Umgebung« zu sprechen, der aus dem Systembegriff bei R. Avenarius abgeleitet ist und mir schon im andern Exkurs zur Aufhellung des Komplexes diente. Auf seine große Bedeutung für den Gegenstand hat neuerdings P. Bekker in seiner Schrift über das deutsche Musikleben der Gegenwart mit besonderer Anwendung auf das musikalische Kunstwerk hingewiesen, um aber doch wieder seine kategoriale Aufstellung insofern zu verwischen, als er die das Werk schaffenden und bestimmenden Momente: materialgestaltende Person des Künstlers und formgebende Tätigkeit der Umgebung in eine Wechselbeziehung vertauschter Rollen durchgängig auflöst, während meines Erachtens dieser Vertausch nur statthaben kann, nicht aber muß. Die nach scheinbar innern Gesetzen vom Künstler geordnete Materie wird Form erst dann, wenn sie wahrgenommen wird. Den Akt der Wahrnehmung vollzieht die Umgebung: in diesem Akt ist die Beziehung zwischen Materie und Umgebung gesetzt, aus der die Form allein entsteht, das heißt das vollendete Werk. Die Wahrnehmung ist ein Akt, denn sie ist Tätigkeit, nicht passives, widerstandsloses Erleiden. Unter Materie ist nicht zu verstehen, was man heute den »Inhalt« eines Kunstwerkes nennt, sondern die spezifischen Ausdrucksmittel aller »Inhalte«: Sprache also in der Dichtkunst. Der Schaffensakt der dichterischen Person ist sprachschöpferisch; durch ihn wird das Material Sprache nach scheinbar innern Gesetzen dieser Materie vom Dichter geordnet. Die Gesetze dieser Materie sind relativ konstant. Veränderlich und damit verändernd ist aber die wahrnehmende Kraft der Umgebung, von deren Wahrnehmungsbedingungen die Formwerdung der gestalteten Materie abhängt. Diese Bedingungen sind unerschöpflich wechselnd wie die Umgebung selber, und so wechselnd sind daher auch die Formwerdungen. Unter Form ist nicht zu verstehen, was man in heutigem Sprachgebrauch so nennt, wo man sich ohne formschaffende Umgebung eklektisch aller bereits Konvention gewordenen, ehemals durch die aktive Teilnahme einer Umgebung geschaffenen Formen nur »bedient«. Heute kann der Dichter ganz richtig sagen, daß er der formgebende Teil sei, insofern er eben der unter dem Zwang der Konventionen, das heißt erstarrter Formen die Form Wählende, Auswählende ist. Der Wahlakt täuscht ihm einen Schaffensakt um so leichter vor, als sich in einer eben nicht vorhandenen formschaffenden Umgebung kein Widerspruch erhebt, wenigstens kein positiver, denn der Einwand gegen ein theatralisches Werk, daß es mehr ein novellistisches sei, ist kein solcher positiver Widerspruch aus Vermögen eignen Formwillens, sondern ist nur ein ästhetisch-kritischer Einwand von bestrittener Gültigkeit, denn er hat seine Gründe nur in einer vagen gelehrten Kunstverständigkeit, nicht in einer produktiven aktiven Umgebung. Diese ist nicht vorhanden, und was ihre Stelle vertritt, ist nur ein passives Genießer- oder Kennertum. Darum fügt der heutige Dichter zu seiner von ihm geordneten Materie das zum Werke fehlende der Form aus scheinbar eigner Kraft hinzu, indem er die Materie in eine der vorhandenen, früher einmal von der Umgebung geschaffenen Formen hineinpaßt; die Wahl trifft ein Gefühl für die stärkste Wirkungsmöglichkeit, und diese stärkste Wirkung erreicht der, der sich am besten mit dem die Wirkung verspürenden Publikum identifizieren kann. Der Heutige handelt hier genau, wie der Dichter der Sequenz Eia recolamus hinsichtlich seiner beigestellten Materie handelte, als er sie der formgebenden Umwelt seiner gläubigen Gemeinde exponierte, deren Glied er war. Hier aber war die Identifizierung natürlich und ein anderes überhaupt nicht denkbar. Während beim heutigen Unterhaltungsschriftsteller diese Identifizierung artifiziell ist, da er nicht die Form bekommt, sondern unter Konvenü gewordenen Formen wählt und jene wählt, mit der er auf die breiteste Eingeübtheit dieser Form beim Publikum stößt. Womit zusammengeht, daß solche im stärksten Konventionalismus der sekundär gewordenen Formen getroffene Wahl auch schon eine Wahl in der Materie getroffen und jene gewählt hat, die sich am leichtesten dem Konvenü hingibt: die Sprache wird auf ein Minimum ihres Ausdrucks gebracht, wodurch der sogenannte Inhalt nackt und betont zum Vorschein kommt. Das passive Publikum nimmt nur die am stärksten von ihm eingeübten Schwankungen hin, deren Lösung keinerlei aktive Teilnahme verlangt, also nicht Schwierigkeiten bereitet, die es zu lösen nicht vermag und als »unkünstlerisch« alles ablehnt, was ihm solche Schwierigkeiten der Lösung zumutet. Es hat sich darum in Verlegern, Direktoren, Agenten, Kunsthändlern vermittelnde Zwischenglieder geschaffen, deren Aufgabe es ist, das Publikum in erster Instanz gewissermaßen zu repräsentieren, und welche mit ihrem Gelde dafür garantieren, daß das Publikum nicht Schwankungen ausgesetzt wird, die es, da es eben Publikum und nicht Umgebung, das heißt passiv und nicht aktiv ist, nicht mit positivem Gewinn für sich aufheben kann. Der Hinweis muß hier genügen, daß die genannten repräsentativen Zwischenglieder nur darin, daß sie mit ihrem in ihr Unternehmen gesteckten Kapital bürgen, eine wirtschaftliche Rolle spielen, die ganz nebensächlich ist neben der geistigen Aufgabe, mit der sie betraut sind und die darin besteht, »ihr Publikum zu kennen« und zu wissen, »was sie ihm bieten können«.

Es wäre ein Abriß der Kunstgeschichte nötig, um an Beispielen aufzuweisen, daß die hier dargelegte Wechselbeziehung zwischen der künstlerischen Person und ihrer Umgebung notwendige Voraussetzung für das Zustandekommen des Werkes ist und daß diese notwendige Wechselbeziehung zwischen der materialordnenden Person und der formgebenden Umgebung nur dann stattfindet, wenn ein definiter Kulturkreis als ungebrochene Einheit Person und Umgebung in der Weise umschließt, daß die künstlerische Person darin als Glied enthalten ist. Ich müßte beim Beispiel des Aurelius Ambrosius beginnen, um es bis zu dem Bruch dieser Einheit zu führen, das heißt bis zum Auftreten der modernen Gesellschaft im achtzehnten Jahrhundert, in welcher Zeit der Schriftsteller beginnt, das heißt der Abgelöste, der sich der Bildung bedienen muß, um den kulturellen Bruch zu überbrücken: was ihm im immer mehr abnehmenden Maße gelingt bis zum Versagen auch dieser Verbindung im Zeitalter des Hochkapitalismus, daß wir leben und in dem bei weiter bestehendem Kunstwillen – der als eine der menschlichen Betätigungen ja nicht aufhören kann – eine völlige Durchwerfung der das Werk konstituierenden Teile statt hat. Der zu keiner Umgebung mehr zugehörige Dichter entbehrt das formende Element und vermeint es durch »Inhalt« und »Gestaltung« zu ersetzen; schon zweifelt und verzweifelt er am verbrauchten Konvenü der sekundär weiter bestehenden Formen, und seine Haltung gegen seine Mitwelt wird wesentlich kritisch, worauf das Publikum ebenso kritisch reagiert. Das Dichten steht heute im Streite sittlicher Meinungen, der mit ästhetischen Waffen geführt wird, an deren Schärfe weder Dichter noch das Publikum mehr recht glaubt und die es nur in Erinnerung an die Kunst und in falscher Anwendung dieses Begriffes braucht, denn die Literatur stellt in ihrem Wesen ein vollständiges Novum dar, dem mit den aus der Dichtung gewonnenen Anschauungen nicht beizukommen ist. Aber dem Wesen der Dichtung auch nicht aus den Anschauungen aus der Literatur! Denn die Kunst ist nicht aus den Interpretationen der wirklichen oder angeblichen Funktionen zu bestimmen, welche sie im Leben der Menschen und dessen Geschichte erfüllt oder erfüllen sollte. Gewiß hat alles was ist einen Seins-Grund, aber der Seins-Grund eines Faktums steckt in der Ursache des Faktums, nicht in den Funktionen, die es erfüllt. Aus der Summierung aller wirklichen, eingebildeten, möglichen und denkbaren Funktionen, welche die Kunst erfüllt und je erfüllt hat, ist deren Wesen so wenig bestimmbar wie das der Elektrizität aus den Arten ihrer Verwendung. Der angebliche historische und dokumentarische Wert der Kunst ist nichts als moderne Prätension einer bestimmten theoretischen Anschauung über das Kunstwerk »wie es sein soll«, Victor Hugo gab in einem Kapitel der Misérables ein historisches Bild des Jahres 1817 mit aller Prätension historischer Exaktheit, und fast jeder Satz ist ein historischer Irrtum. Die moderne Definition der Kunst als »Spiegel ihrer Zeit« wäre auch dann noch irrtümlich, wenn der Begriff »ihre Zeit« wirklich genau zu bestimmen wäre. Was sich einen historischen Roman nennt, ist nicht das irgendwie romanhaft fassonierte Quellenstudium seines Verfassers, so viel er dessen auch getrieben haben mag, und daß der Leser ihn goutiert, ist mit nichten von seinem historischen Wissen bestimmt, mit dem er seinerseits das romanhaft hergerichtete Wissen des Verfassers kontrolliert, richtig oder mangelhaft findet. Schon beim Historiker ist die Forderung, daß er »alles wissen« müsse, nie zu erfüllen – an den Romancier gestellt, wird sie ganz absurd, denn seine Absicht ist auch im sogenannten historischen Roman keine historische, sondern eine künstlerische, die primär nicht aus der Welt der Objekte zu bestimmen ist als »Inhalt«, sondern als eine bestimmt geartete individuelle Aktivität. Was in diese Individualität eingeht, ist die formende Aktivität der Umgebung, welche dann das Werk als ein bestimmtes differenziert, und in diesem Sinn kann man allein von der Kunst einer »bestimmten« Zeit, eines »bestimmten« Kulturkreises, einer »bestimmten« Sprache reden. Die historischen Romane der Frau Handel-Mazetti sind interessantes Beispiel, wie hier ein Romanwerk nur darum historisch wird, weil sich der Dichter eine Umgebung fiktiv koordiniert, die als eine kulturelle Einheit ihm allein die nötige Form gibt, damit das Werk überhaupt werde. Die Dichterin von »Jesse und Maria« ist sowohl in ihrer sprachschöpferischen Kraft, wie in der Form von allen guten Geistern verlassen, wenn sie sich dem Heutigen überläßt, so sehr, daß sogar die hohen Qualitäten ihres in den historischen Romanen sichtbar werdenden Glaubens in ihren modernen Produkten völlig ins Banale des billigsten Komtessenkatholizismus sinken. Nicht anders ist der Historismus Hofmannsthals aufzufassen: er fingiert formschaffende Umgebung, um zum Werke zu gelangen. – Wenn ich in früherem die Aufgabe des Ästhetikers als eine nichts als kritische definiert habe, so sagt das nicht, daß diese alleinige Aufgabe eine psychologische sei und die Ästhetik ein Teil der Psychologie. Denn diese studiert den Mechanismus der mentalen Phänomene, während der ästhetische Kritiker auf die Inhalte dieses Mechanismus reflektiert, welche Inhalte die Psychologie ignoriert, um die »passiven« Phänomene voranzustellen, zum Beispiel die Lustempfindung. Die Psychologie betrachtet die Arten der ästhetischen Wirkungen, ohne sich dabei aufzuhalten, daß für das Zustandekommen dieser Wirkungen ein Kunstwerk da sein muß und daß dieses zu kennen vor allen nötig ist. Denn so wenig wie aus den sozialen Nebenfunktionen der Kunst, Erhebung, Besserung, Bildung, Belehrung und so weiter, ist ihr Wesen aus den psychologischen Effekten: Lustempfindung, Erschütterung und so weiter bestimmbar. Und Kunstwerke, die heute aus solchen Einstellungen auf die sozialen und psychologischen Wirkungen zustande kommen, sind allenfalls heutige Literatur, aber nicht Kunst.

Folge heutiger Anschauung über das Kunstwerk als ein durch nichts sonst als die individuelle Aktivität der künstlerischen Person zustande Kommendes ist die Reihe jener extravaganten Theorien über das Genie, sowohl jener, welche es als ein mystisches Sprachrohr Gottes (oder der »Menschheit«) ansehen, wie der andern, die das Genie als eine pathologische Erscheinung in die Nähe des Verbrechers oder des Minderwertigen und Überkompensierenden stellen, welche beide Anschauungen insofern identisch sind, als sie die künstlerische Person übermenschlich machen, zu einem Halbgott oder zu einem Halbidioten, also zu einem Dementen mit wechselnden Vorzeichen. Ein allgemeines Merkmal aller geistigen Demenz ist ein psychischer Automatismus, der von der Schwäche der synthetischen Urteile abhängt, und gerade das Gegenteil, nämlich die Stärke der synthetischen Kraft, zeichnet die künstlerische Person aus, also höchste sittliche Stärke, wie den Narren größte sittliche Schwäche: jenen als einen Menschen stärksten Verantwortungsgefühles im Zusammensein mit der Menschheit, den Narren als eines jeden solchen Gefühles Entbundenen, aus der Menschheit Isolierten. Die Isolierung, die der Dichter dieser Zeit als künstlerische Person durch die fehlende formschaffende Umgebung in seinem fragmentarischen Werke erleidet, wofür er sozial durch die Möglichkeit, bürgerlich-kapitalistischer Besitzer zu werden, entschädigt sein soll, zeitigt solche diagnostische Ästhetik des Genies als eine moderne Form der Domestizierung des Künstlers, die nicht seine bürgerliche, sondern seine geistige Person trifft.

Der Künstler arbeitet nicht um eine Zeit zu spiegeln, nicht um bestimmte stittliche Gefühle auszulösen, wenn beides auch als sekundäre Wirkung als im Kunstwerke eingeschlossen hinzutreten kann. Er »fühlt sich« nicht und in nichts »ein«; er betreibt weder »äußere« noch »innere Nachahmung« – was sollte er nachahmen? Die andern »Spieltriebäußerungen« in andern Büchern? Soll er sich in ein anderes »Eingefühltes« einfühlen? Dieses Einfühlen und innere Nachahmen reduzierte das ästhetische Phänomen auf einen nichts als subjektiven Akt, der im Belieben dessen steht, der ihn erfüllt, und damit wäre das Problem ins Mystische gedrängt, das neben dem Pathologischen der zweite Ort ist, wohin der verlegene Psycholog flüchtet. All diese Kunsttheoretiker manifestieren nichts sonst als ihre Inkompetenz in den Dingen der Kunst, weil sie »zurückführen« wollen auf mehr oder minder vertraute allgemeine biologische, psychologische, anthropologische und gesellschaftliche Phänomene, insoweit diese eine wissenschaftliche Gruppierung bekommen haben. Aber es manifestiert sich im Kunstwerke »eine ganz neue Kraft« (Schiller), nämlich die Kraft der künstlerischen Person, das Material in der Wirkungsrichtung auf eine formschaffende Umgebung wählend zu ordnen. Beim Läuten einer Türklingel wie bei einer Symphonie handelt es sich um Töne, bei einer Wiese wie bei einem Bilde um Farben, bei den Bezeichnungen eines Fahrplanes wie eines Gedichtes um Worte, bei einem natürlichen Menschenleib wie bei einer Plastik um eine Gestalt im Raum, aber Töne, Farben, Worte und Plastik drücken als geordnete und geformte Materie in der Kunst ein vollkommen Neues aus, das mit den korrespondierenden Bildungen, Geräuschen, Erscheinungen des natürlichen Lebens wohl vergleichbar, aber von ihnen nicht ableitbar oder abgeleitet oder in dessen

Nachahmung entstanden ist, noch in dessen Vereinfachung (»Stil«), noch in dessen Steigerung zum »Sinn« (»Symbol«). Die Materien bekommen ihren Ausdruckswert erst durch die synthetische Kraft der sittlichen Person, die man Künstler nennt.

Alle nicht der Kunst selber abgewonnenen Methoden ihrer Begrifflichkeit sind, auf sie angewandt, falsch und ergebnislos, so gelehrt auch ihr Herkommen sein mag und so angesehen die Wissenschaft, deren sie sich bedient. Es ist so, als benützte man für die Probleme der Botanik die Methode der Rechtswissenschaft oder für die Aufgaben der Astronomie die Arbeitsweisen der Medizin. Das Naturgegebene ist nicht die wesenbestimmende Substanz der Kunst, und darum ist sie wissenschaftlich von keiner jener Disziplinen her zu bestimmen oder zu erkennen, welche mit den Naturgegebenheiten als ihrer Substanz arbeiten. Die Kunst ist nicht »zurückführbar« auf etwas anderes als auf ihr ganz autonomes Selbst innerhalb der sittlichen Welt. Von dem, der sich mit der Kunst der Kunst beschäftigt, ist eine wissenschaftlich nicht erwerbbare Zugehörigkeit zu verlangen, die absoluter ist als die zur Chemie etwa oder einer sonstigen wirklichen Wissenschaft, die ohne solche innere Zugehörigkeit durchaus erlernbar ist. Ästhetik als Kritik der Kunst ist so wenig erlernbar wie die Philosophie, die man »haben« muß, um sie wissenschaftlich, das heißt methodisch zu treiben, die man aber nicht erlernen kann, um sie dann zu »haben«, wenn auch die Tatsache so außerordentlich vieler Professoren der Philosophie und Dozenten der Ästhetik dagegen zu sprechen scheint. Aber Professor der Philosophie und Philosoph ist ja, wie man weiß, nicht dasselbe; Schiller hat als Künstler in seinen ästhetischen Schriften Wahrheiten zum Gegenstande gesagt, die ein bloßer Gelehrter wie zum Beispiel Groos nur mißverstehen kann, im ganzen wie im einzelnen. Denn es gibt keine ästhetischen »Einzelphänomene«, die allenfalls von dem in der Kunst inkompetenten Gelehrten studiert und gelöst werden können. Die künstlerischen Phänomene stehen untereinander in unlösbarer

Abhängigkeit voneinander und sind nicht isolierbar; werden sie doch isoliert, so sind sie damit völlig um ihre ästhetische Zugehörigkeit gebracht und in irgendwas gewandelt, das mit der Kunst das geringste nicht mehr zu tun hat – »Kunst und Krieg«, »der Arbeiter und die Kunst« und so weiter; aber auch alle sogenannten sinnespsychologischen Einzeluntersuchungen werden ästhetisch nur dann in Betracht kommen, wenn der sie Untersuchende in seinem Gesichtsfelde die Kunst als ein Ganzes betrachtet und zudem kritischen Sinn genug hat, den untersuchten Teil immer auch Teil eines angeschalteten Ganzen sein zu lassen, welches Ganzes die Kunst ist, nicht der Krieg, der Arbeiter, die Netzhautreaktion. Ästhetik wäre danach autonome, nach ihrem eigenen Methodus vorgehende Kritik der künstlerischen Sachgegebenheiten, welche nur und nichts sonst als das Kunstwerk beibringt, wie es aus der Kraft der materialschaffenden Person des Künstlers und der aktiven, die Form gebenden Teilnahme der Umgebung zustande kommt. Daß die heutige Ästhetik, insofern sie die moderne Kunst in ihre Betrachtung zieht, dieser Definition nicht entspricht und gar nicht entsprechen kann, ergibt sich aus dem mit keiner Dichtung vergleichbaren Charakter der heutigen Literatur.

ZEHNTER EXKURS

Dieser handelt von der deutschen Sprache. Hört man einen deutschnationalen Parteiführer oder Abgeordneten, so könnte ein Naiver für Sprache das halten, worin sich die Leute einer Gegend kaufend, verkaufend und zeitungschreibend verständigen, möchte ein Naiver, sage ich, fast glauben, es läge jenem Patrioten vor Gott und der Welt nichts anderes am abgeordneten Herzen als Wahrung des Kulturgutes »Deutsche Sprache«. Ich will den Standpunkt des Naiven zu dem meinen machen und nicht im leisesten glauben, daß die lauten Hüter der deutschen Sprache, seien es Abgeordnete, Professoren oder

Studenten, ganz andere Moventia eignen. Will glauben, daß alle diese deutschen Männer Profit, Dividende, Bonus, Kapitalvermehrung, Avancement, Protektion usw. vergaßen, als ob es nichts wäre, weil sie sich in dem einen zusammenfanden: in der schweren Sorge um das bedrängte Kulturgut der deutschen Sprache. Und nicht etwa um solche in beiläufigem »Deutsch« geredete Internationalismen wie »die nächste Zuckerkampagne soll bringen eine Erhöhung der Dividende um fünzehn Prozent«, oder weniger gejüdelt, doch deutsch auch nur so geredet, daß es ebensogut botokudisch gesagt werden könnte: »Die böhmische Industrie ist deutsch-völkisch und wird es bleiben immerdar, hie alle Wege, das walte Gott, ei Potz!« Liest oder hört man unsere Nationalisten, so kommen einem ja schwere Bedenken, ob sie den hier angedeuteten Unterschied zwischen Sprache, die ein Kulturgut, und dem So-Reden, was ein Verkehrsmittel ist, auch nur zu ahnen vermögen, denn in dem nationalistischen Reden ist meist nicht ein Satz deutscher Sprache zu finden, den sie je gebildet hätten. Sie bedienen sich deutscher Bezeichnungen, in Figuren und Wendungen geordnet, die sicher irgendwie aus der deutschen Sprache herkommen, aber gewiß nie wieder zu ihr zurückkehren, sie hütend, wahrend oder gar mehrend. Sie reden auf deutsch und sie meinen, sie sprächen deutsche Sprache. Sie reden auf deutsch, auch wenn sie ängstlich Fremdwörter vermeiden, wie ihre Sprachreiniger es fordern, die wissen sollten, was die Nationalisten nicht zu wissen brauchen: daß das Deutsche so etwas wie eine tote Sprache ist – was nicht bedeutet, eine nicht mehr gesprochene. Ohne weiter fremdartig zu wirken, gehen alle Neubildungen römisch-griechischer Art in den Besitz jener Sprache über, die man Tochtersprachen des Romanischen nennt, besonders des Französischen, welches die Lehnssprache ist, die man auf französischem Boden heute spricht, wo das autochthone Baskisch und Bretonisch so gut wie ganz verschwunden sind, in welchen beiden Sprachen das Wort »Automobil« ein Fremdwort sein würde, das es im Französischen gar nicht und im Englischen nur bei dichtenden Fanatikern des Angelsächsischen – und das es im Deutschen immer ist. Denn das Deutsche ist als eine autochthone Sprache längst fertig in seinem wesentlichen Bestand an Wörtern wie an Grammatik. Daraus erklärt sich die »Dunkelheit« der deutschen Sprache, von der die Franzosen sprechen, denn wir haben eine nicht geringe Anzahl von Wörtern, deren je eines für drei und mehr Begriffe verschieden da ist. Wir sagten Kielfeder, als man mit der Kielfeder schrieb. Wir blieben bei Feder, als man schon nicht mehr mit der Feder schrieb, sondern mit der geteilten Stahlspitze. Und wir gebrauchen das gleiche Wort Feder für die Spirale in der Uhr und für einen Teil des Schiffsbodens. So haben wir ein Wort für vier verschiedene Begriffe, ein Wort, das wir nicht einmal im Geschlechte differenzieren. Neunundneunzig neue Bezeichnungen für Gegenstände betreffen seit fünfzig Jahren technische Dinge: wir müssen dafür entweder das »Fremdwort« hinnehmen, oder wir müssen mit einem Wort bezeichnen, das schon andern Begriffen als Attribut dient, oder wir müssen den Begriff umschreiben, was dem Individuellen des Begriffes widerspricht, der ein Wortindividuum verlangt. Die erste Möglichkeit, das Fremdwort zu adoptieren, ist die beste, und die alten sprachreinigenden Gesellschaften haben der deutschen Sprache wie der deutschen Politik einen schlechten Dienst mit ihrer Tätigkeit erwiesen, eine deutsche Sprache dadurch rein zu erhalten, daß sie in neunundneunzig von hundert Fällen für fremde Worte deutsche Sprachungetüme erfanden. Oder sie haben deutsche Politik richtig geahnt, indem sie ihr jeden Expansionismus und Imperialismus als sprachlich unmöglich absprachen. Denn die Sprache hat eine politische Immanenz: England kommt zu seiner Weltstellung dank seiner Sprache, die in der glücklichen Lage ist, Germanisch und Romanisch in sich zu vereinigen. England kommt sprachorganisch zu Kolonien, weil die englische Sprache dafür ein englisches Wort hat. Deutschland verliert die seinen, weil es dafür kein deutsches Wort hat. Die Bezeichnung »Telegraph« ist die bestmögliche in deutscher Sprache. Der absolute Purismus würde die deutsche Sprache unter Monstrositäten begraben. Zu Beginn des Kriegs, als dem deutschnationalen Patriotismus der Schaum vor dem Munde stand, wütete man gegen die »Fremdwörter«. Man wußte nämlich nicht, daß der Mensch die Sprache nicht erfunden hat wie eine weittragende Kanone, denn der Mensch ist, wie Wilhelm Humboldt sagt, Mensch durch die Sprache. Die Nationalisten aber glaubten, der Mensch habe die Sprache erfunden und könne daher immer weiter erfinden mit gutem Rechte. Sie hielten Gerücheerzeuger, die sie für Parfumeur forderten, für ein deutsches Wort, wie Kraftwagen für Auto und Fernsprecher für Telephon. Im Jahr 1915 erschien ein dickes patriotisches Verdeutschungswörterbuch, ein Monument der Sprachmißhandlung – es ist seltsam, wie unbekannt die deutsche Sprache gerade jenen ist, die sich aus Patriotismus mit ihr beschäftigen. Es ist bemerkenswert, wie unbekannt überhaupt alles jenen ist, die sich aus nationalistischem Patriotismus mit irgendwas beschäftigen. Es ist nicht der sittliche Defekt nationaler Schwäche, der den Deutschen inmitten eines anderssprachigen, etwa des englischen Milieus in den U.S., das Deutsche vergessen läßt. Wer für den Begriff keine andere Bezeichnung hat als Autorität, der wird eben sehr bald autority sagen, und der Rest folgt bald nach. Man hat im wilhelminischen Deutschland diesen imperialistischen Mangel der deutschen Sprache in den imperialistischen Zentren empfunden und sich so etwas wie kosmopolitisches Deutsch erfunden in all den Abbreviaturen, Wörtern aus Anfangsbuchstaben usw. Man empfand, daß die neuen Wörter, die man für die neuen Gegenstände vorschlug, keineswegs neue deutsche Wörter, sondern nur sehr grausliche Zusammensetzungen alter Wörter und dazu auch ohne die Fähigkeit wären, den Gegenstand zu bezeichnen so eindeutig, wie es nötig war. Man empfand das Hindernis, das den Deutschen die deutsche Sprache in einer industrialisierten Zeit und deren politischen Auswirkungen bereitet, und machte verzweifelte, aber vergebliche Anstrengungen, über dieses Hindernis wegzukommen – vergebliche, denn: die deutsche Sprache ist keine lebende Sprache. Man mache eine Statistik der Verhältniszahlen. Man wird in den ungefähr tausend Worten, die der durchschnittliche Berliner Kaufmann kennt und braucht, fünfhundert nichtdeutsche finden. Man wird unter den ungefähr vierzigtausend deutschen Worten, die es gab und gibt, mehr als zehntausend zählen, die weder mehr gekannt, noch gar gesprochen oder auch nur geschrieben werden. Die Zeitungen sorgen für die Verkümmerung der letzten Sprachquelle, der Dialekte, denn die Zeitungen sind alle in dem ins sogenannte Hochdeutsche übertragenen Argot der Großstädte geschrieben, also in einem Verkehrsdeutsch, das mit dem nationalen Kulturgut der Sprache nichts zu tun hat. Denn ob die Frage: »Wie hoch stehen De Beer-Aktien?« auf deutsch, englisch oder krowotisch gestellt wird, das ist im Sinn des Kulturgutes »Deutsche Sprache« gänzlich gleichgültig.

Ich kann der politischen Bedeutung der Sprache im Zusammenhange dieses Buches nicht ins einzelne nachgehen, aber ich muß die Aufmerksamkeit auf einige Fakten lenken. Im Süden wie im Westen endete die Expansion Germaniens, das bis zur Saale und zur Elbe reichte, damit, daß die in Italien und Gallien eindringenden Germanen als die kulturell Schwächeren von den romanisierten Galliern und Italikern aufgesogen wurden. Das gleiche Schicksal, das die germanischen Stämme der Langobarden in Italien erlitten, die fränkischen Stämme in Gallien, erlitten die sächsischen in Britannien. Wie sie es heute noch in Amerika erleiden. Anders war es mit der Expansion nach dem Osten. Die slawischen Völker der Wenden, Kassuben, Sorben, Prussen waren kulturell schwächer als die Germanen, welche über die Elbe gingen und hier das Herrenvolk wurden im Laufe der Jahrhunderte. Kulturell unterwertig war, was die Germanen nach dem Süden und Westen brachten, wo sie sich romanisierten. Kulturell überwertig war, was sie den slawischen Stämmen brachten, mit deren Blut sie sich wohl vermischten, deren Sprache aber nicht nur nicht annahmen, sondern ihnen die ihre gaben – ein Prozeß, der bis in den Anfang des 19. Jahrhunderts dauerte, um sich bis an die Weichsel auszuwirken; und dem auch die Tschechen nicht widerstanden hätten, wäre das Werk anders getan worden als durch die Gegenreformation, wo es zu spät war; denn von einer kulturellen Minderwertigkeit der Tschechen gegenüber den Deutschen konnte nun nicht mehr die Rede und kein Grund sein, daß diese Slawen von den Deutschen etwas annahmen, was sie selber schon besaßen. Heute ist der Prozeß sprachlicher Eroberungen durch die Deutschen, der nach Westen nie statthatte, auch nach dem Osten geschlossen. An der Weichsel hatte das Deutsche seinen entferntesten Punkt der Wirkung erreicht, um auch diese Linie zu verlieren, weil es in den letzten fünfzig Jahren wieder von dem Vergeblichen, nach dem Westen zu expandieren, gefangen war. Es hat für die Deutschen immer nur den östlichen Weg gegeben, aber man ging unbelehrt die Wege in allen Richtungen der Windrose, um sich damit auch den östlichen Weg ungangbar zu machen. Wäre die deutsche Philologie ihren Begründern treu geblieben, so hätte die deutsche Politik vielleicht ein anderes Gesicht bekommen, als das ihr jene Philologen gaben, die sich damit legitimierten, daß sie aus Telegramm »Funkspruch« machten.

ELFTER EXKURS

Dem Veranstalter eines teuern Literaturblattes – es kosten die vier Hefte zweitausend Mark – sagte eine Berliner Zeitung, daß er mit seinem Unternehmen auf Kriegsgewinner spekuliere, und in einem Ghetto-Deutsch verteidigte sich der Mann damit, daß »Kriegsgewinner lieber Sachen zum Hängen als zum Hinlegen haben«, und rief Sternheim zum Zeugen, der bestätigte, daß »vom Volk niemals Anregung oder Hilfe für die Dichter komme«. Hier wurde vorbeigeredet. Der Veranstalter verteidigte mit Augenaufschlag nur seine Spekulation, was Sternheim mißverstand. Aber er rührte an eine wichtige Sache. Was die Publizität betrifft, so kommen dabei weder »Volk« noch »Reiche« ins Spiel, das ausschließlich dem Geschäftlichen und seiner Überlegung gehört; denn der Dichter arbeitet weder für viele, noch für wenige, sondern für alle Menschen. Wie viele es dann praktisch-geschäftlich sind, entscheidet oder vermutet der Verleger nach der ersten Auflage, und das Resultat kann den Dichter erfreuen oder betrüben, aber nicht veranlassen, anders zu dichten oder es überhaupt sein zu lassen. Bei ehrlichem künstlerischen Gewissen hätte jener Veranstalter die einfachste, weil selbstverständlichste Antwort geben können, daß es an dem Faktum vorhandener Literatur nichts ändert, ob man sie in Massen für viele billig oder in kleiner Zahl der Auflage für wenige teuer verbreitet, ob sie von vielen, von wenigen oder von keinem gelesen wird. Aber er sprach als Unternehmer die Erfahrung aus, die er sich vom irregeführten Sternheim bestätigen ließ, daß der Sinn für die Kunst bei denen sei, die sie hoch bezahlen können. Er meinte damit aber: das Geschäft mit der Kunst ist nur mit den Reichen zu machen, womit er durchaus recht hat. Er traute sich nur nicht, diese geschäftstüchtige Wahrheit zu sagen, und schrieb den Reichen den Sinn für die Kunst zu. Der ist aber weder bei ihnen noch bei den Armen, wenn wir auch bemerken können, daß der Bankdirektor X, wenn er überhaupt etwas liest, den Schundroman, sein armer Kommis aber die Gedichte von Werfel liest. Aber dies zu verallgemeinern wäre falsch, denn in dem Gegensatz Arm-Reich liegt gar nicht das hier prinzipiell trennende Moment, oder wenigstens nicht in so schematischer Form. Sicher korrespondiert die jeweils neue Literatur mit der herrschenden Klasse, nicht in dem Taineschen Sinn, daß die Literatur Ausdruck der herrschenden Gesellschaft sei, denn das ist sie, so allgemein gesagt, nicht, sondern sie steht in einer direkten Beziehung zu dem Bildungsniveau, das die herrschende Klasse erreicht hat.

Dieses Bildungsniveau setzt die herrschende Klasse instand, sogar eine Literatur zu goutieren, deren Tendenz ihren politischen und sonstigen Idealen und Interessen entgegengesetzt ist und diese angreift wie im Fall Leonhard Frank. Und ebendieses Niveau, ebendieser der ästhetischen Sensibilität der herrschenden Klassen entsprechende formale Ausdruck wird jenen Klassen als »zu gebildet« nicht liegen, die mit der Tendenz eines Frank durchaus sympathisieren. So wird ein Francis Jammes dem Wiener christlich-sozial Gläubigen viel »zu literarisch« sein, er wird ihn nicht verstehen, wie wir ja auch in den neuern Kirchen den Kreuzweg nicht von Marées, Hofer oder Feistauer gemalt sehen, sondern von dem ödesten Kitschier, in den katholischen Feuilletons eine fromme, aber schlechte Literatur finden, in den sozialdemokratischen eine schlechte, aber gesinnungstüchtige und, wie gleich gesagt sei, in den Zeitungen der herrschenden Klassen eine zumeist schlechte, aber gesinnungslose. Träte heute jene vielbesprochene Revolution ein, durch welche die herrschenden Klassen von den bisher beherrschten des Proletariats und Kleinbürgertums abgelöst würden, so wäre die dann herrschende Literatur ganz der heutigen Bildung dieser Klassen entsprechend: Spielhagen, Rosegger, Freiligrath, Schiller – dieser als Grenze nach rückwärts wie als Grenze nach vorwärts: Björnson, der Ibsen des »Volksfeinds«, der Hauptmann der »Weber« und des Rautendelein. Es ist unleugbar, daß – wofür die Ursachen auf der Hand liegen – die derzeit herrschende bürgerliche Klasse das Privilegium der künstlerischen Kultur besitzt und allein nur besitzen kann. Denn was das Volk besitzt, ist nicht eine besondere Literatur, sondern Abfall der Literatur der herrschenden Klasse, vermehrt um die vom Volke konservierte Literatur aus frühern Epochen ebendieser herrschenden Klasse. Alle Bemühungen der Volksbildungsvereine verbreitern im besterreichten Fall die Masse der herrschenden bürgerlichen Bildung, bringen aber kein neues Element in sie, gar nicht zu reden davon, daß dieses Bemühen keine wesentlich andere Bildung schafft, auf die der Dichter sich beziehen und die herrschende bürgerliche Bildung entbehren könnte. Die Literatur des Volkes, das heißt das, was das Volk liest, ist immer konservativ, die Literatur von ehegestern, und wird paradoxerweise künstlerisch reaktionär immer dort sein, wo das Volk politisch radikal oder revolutionär ist: sozial-demokratische Liederdichter, katholische Erzähler in klerikalen Blättern. Während die vorlaufende, sich auf das gebildete Niveau der herrschenden Klassen stützende Literatur immer künstlerisch revolutionär ist, auch bei »reaktionärer« Gesinnung: Claudel, Sorge. Man erinnere sich an das durchaus Reaktionäre in der französischen Revolutionsdichtung, die, jede Tradition unterbrechend, auf den Formausdruck von 1700 zurückging, während die Neuerer unter den reaktionären Emigranten waren: Constant.

Käme heute das sozialdemokratische Proletariat zur Herrschaft, es würde als seinen besten literarischen Ausdruck so etwas wie den Zolaismus entdecken, also künstlerisch reaktionär sein. Die ununterbrechbare künstlerische Tradition aber würde von den überlebenden Besiegten getragen werden, und von ihnen müßte die neue herrschende Klasse empfangen.

Das alles hat mit den »Reichen« nichts zu tun. Die wenigen Schöpfer neuer dichterischer Gebilde korrespondieren mit wenigen, die für die Aufnahme bereit sind. Diese wenigen werden sich gewiß immer nur in den herrschenden oder diesen bildungsgemäß affiliierten Klassen finden, aber von einer absoluten Koinzidenz der Dichter und der herrschenden Klasse ist nicht zu sprechen. Die wenigen den Dichter Erkennenden sind, wenn auch zur herrschenden Klasse gehörig, weder in deren Herrschaftsinteressen befangen, noch deren vornehmste Träger, am allerwenigsten sind sie aber mit den Reichen schlechthin zu identifizieren, wie jener Herr mit Händen und Schultern behauptet, der den Geschundenen auf Japanpapier vorführt – wie er behauptet, um sich einen sittlichen Grund für das unsittliche Geschäft zu geben, denn seine Reichen sind nicht nur »die, wo was zum Hängen lieben«, denn sie mögen, wo was teuer kostet, auch wenn man nur kann hinlegen, und ist nur nebbich Literatur.

ZWÖLFTER EXKURS

Dem Urteil der Eingeweihten überlasse ich es, ob ich eine Wirklichkeit oder eine Utopie mit dem folgenden Versuch eines Geistes der konservativen Parteien beschreibe. Ihn anzustellen schreckt mich der Umstand nicht ab, daß O.A.H. Schmitz einmal als Retter des preußischen Konservativismus versagte. Möglich, daß ich mit meinem Versuch Eulen nach Danzig oder München, oder wie sonst das konservative Athen heißt, trage und das, was sich in den respektiven Blättern und Reden äußert, nur Maske ist für den wahren und verborgen gehaltenen Geist und dieser sich mit meinem Versuche deckt. Doch ist Tatsache, daß der sich äußernde Geist doch mehr »Jeist« ist und nur höchst dürftig eine im übrigen recht korpulente Blöße deckt, strotzend in Interessen höchst ungeistiger, wenn auch (kartoffel-) spiritueller Art. Das Mantelstück, das sich der heilige Schmitz abschnitt, war gut gemeint, aber es rutschte ob seiner Kleine vom umfangreichen Leibe des Bettlers im Geist. Wir wollen freigebiger sein, nicht nur ab-, sondern auch gleich zuschneiden, wobei es uns auf den Umfang des zu Bedeckenden, nämlich die konservative Partei im engern, so wenig ankommt, daß wir sie gleich im weitesten erfassen, ganz Alldeutsch dazunehmen, ferner die D.V.P. und das Zentrum dort, wo es dem Grundsatz huldigt: commercialia non sunt turpia.

Unbekümmert darum, ob ich damit zu spät komme, bringe ich also den folgenden Geist der konservativen Parteien zum Vorschlag und schicke voraus: politischer Geist ist ein zweckhafter Geist, kein reiner, weshalb es hier ohne Belang ist, die Existenz Gottes oder eine geoffenbarte christliche Religion überhaupt vorauszusetzen, denn wichtig ist hier allein, die Religion als dem konservativen Zwecke dienend zu beweisen. Ich nehme uns unter uns an und vermeide darum aufhaltende Redensarten. Wir tun also ganz ungeniert so, als gäbe es so etwas wie Gott und christliche Religion nicht oder noch nicht, um freien Platz für eine dem konservativen Geist taugende erkenntnistheoretische Grundeinstellung zu bekommen, hinreichend, darauf alles andere, auch Gott und die Religion, aufzubauen. Unsere Grundeinstellung krümmt allerdings den menschlichen Stolz in den spitzesten Winkel, aber solches ist die notwendige Voraussetzung jeder rohen Machtpolitik, die ja niemals von einer Würde des Menschen abgeleitet werden kann. Und wir sagen demnach: wenn auch der Determinismus, das heißt die mechanische Konzeption der Welt nicht alles erklärt, so versteht man doch hinwieder ohne ihn überhaupt nichts. Somit erkennen wir, daß wir nichts sind als Effekt und Resultat von elementaren Kräften, unbekannt und unerkennbar der lebendigen Materie. Wir produzieren nur leere Worte darüber, wie Freiheit, diesen kindlichen Traum eines verzweifelten Wahnes, wie Gleichheit, ewig dementiert von den Fakten, wie Gerechtigkeit, diese Jeremiade der Besiegten. Das Individuum, mechanisches Produkt von es determinierenden Ursachen, ist nicht frei, sondern liegt in den Ketten des Erbes, ist verwurzelt den Toten, die es im Weiterschreiten der Zeit immer mehr und stärker beherrschen. Es ist aber auch nicht gleich, sondern verschieden, und darum als Einzelnes, als Rasse, als Klasse unterlegen oder überlegen. Der Nachbar ist nicht der Bruder, sondern der Gegner, wenn nicht der Feind, so will es das vitale Gesetz, welchen Konflikt die Gerechtigkeit, diese unwissenschaftliche, ideologische Illusion des menschlichen Geistes, nicht lösen kann. Aus dem Zusammenstoß komplexer und ungleicher Kräfte impostiert sich diese amoralische Feststellung: der Sieg des besser Geeigneten. Somit ist die Gewalt das Regulativ des Fortschrittes und der Krieg der Vater aller guten Dinge. Der Krieg ist der natürliche Zustand alles dessen, was lebt. Im Kriege bilden sich und lösen sich die Rassen auf. Er ist der Schmelztiegel, in den die in ihrer Fruchtbarkeit unparteiische Natur die Gattungen wirft, die sie schafft. Der Krieg eliminiert die Untauglichen des Lebens, die mißglückten Elemente, die minderwertigen Völker. Durch den Krieg hat der Mensch gelernt, daß er sich der Notwendigkeit einer Disziplin zu unterwerfen habe; durch den Kreig hat er begriffen, daß und warum es ihm Bedürfnis ist, sich einem Plan unterzuordnen. Aus Mißtrauen gegen den Nachbar, aus Furcht vor ihm, hat er seine eigene Rasse lieben und den Wert des moralischen und materiellen Patriotismus schätzen gelernt, den er von seinen Vorderen überkommen hat. Der Krieg vereinigte die Individuen des gleichen ethnischen Charakters, der gleichen Sprache, der gleichen sittlichen und geistigen Artung und der gleichen Geschichte. Die aus dem Kriege geborene Disziplin ist die Kraft, welche es dem Menschen möglich gemacht hat, der gegenwärtige zivilisierte Mensch zu sein. Er erkennt nun, daß er nur als Folge seiner Ahnen existiert: aus seiner Tradition. Hier wäre Kant, der viel für den ewigen Frieden Mißbrauchte, mit jener Bemerkung zu zitieren, die ausführt, daß es Zustände der Zivilisation geben könne, die keinerlei Freiheit des Geschehens mehr erlauben, und wo der Krieg das einzige und unerläßliche Mittel ist, eine also erstarrte Zivilisation weiterzubringen. Es hat die aus dem Kriege als notwendig erkannte Disziplin den Menschen notwendig bescheiden gemacht und ihn an die geringste Rolle erinnert, die ihm zu spielen zukommt. Diese Disziplin hat seinen Wahn gemindert, sie hat ihm die Freude des Verzichtes beigebracht und den Enthusiasmus des Opfers.

Aber erst die Religionen geben dieser Disziplin den definitiven Sinn und die Subtilität, indem sie das bloße Seinsbedürfnis des Menschen und die Freude daran versöhnen mit der harten und absoluten Notwendigkeit, sich in die Tyrannei der natürlichen Gesetze des Lebens zu finden. Die Religionen machen das Transitorische und Gelegentliche der aus dem Kriege geborenen Disziplin zur dauernden Zucht. Der Anthropomorphismus der Religion verrät den Geist, der sie konzipiert hat, und aus dem

Anthropomorphismus haben hier wieder die Religionen die Macht des Einflusses auf den Menschen, den sie nun ihrerseits ändern, indem sie ihn aus einem tierischen, niedern und gemeinen Instinkten unterworfenen Wesen zu einem sittlichen und frommen Geschöpf umbildeten. Von der Religion lernten die dem Tierischen nahestehenden Massen die Resignation; die Religion schuf den Begriff der Ordnung; und sie gestattete und sicherte das Überleben und die Veredlung der Gattung, indem sie das Individuum durch eine notwendige Lüge dahin brachte, sich ihrer Funktion zu unterwerfen.

Von der Gewalt erhalten die Menschen das Gut ihrer Gemeinschaft in der Rasse; von der Religion die Hilfe der Tradition, der Autorität und des Verzichtes, die allein das Dasein in der Gemeinschaft möglich machen, in welcher der einzelne nichts bedeutet, weil er nur als Erbe lebt und nur das vom Krieger und vom Priester bewahrte und gehütete Erbgut ihm das Leben als gesitteter Mensch überhaupt möglich macht.

Es kann den konservativen Geist nur zieren, wenn er sich etwas an Darwin akkommodiert, der ja über die Zeit, wo er nicht fair war, hinaus ist. Zudem wird es den grundbesitzenden Konservativen, soweit sie etwas Landwirtschaftliches gelernt haben, leicht sein, eine Fülle neuerer naturwissenschaftlicher Beobachtungen hier beizusteuern, welche das Gesagte stützen. Ich erinnere nur an die Veredlungsversuche und die Rolle, welche dabei der Atavismus spielt; auch die Chemie der Dungmittel liefert Belege, die sich nur im Grade der Komplexität von dem über den Menschen Gesagten unterscheiden. Zudem ist, wen der Darwin schrecken sollte, rasch mit einem Zitat aus Joseph de Maistre zu beruhigen, der sagt: »Il faut purifier les volontés ou les enchaîner; leur donner un frein moral ou une entrave matérielle; les gouvernements ont besoin d'une foule muette forcée d'obéir, ou d'une foule croyante à qui l'on persuade d'obéir.« (Ich will dieses Zitat nicht den Proletariern preisgeben, weshalb ich es französisch zitiere.) Eigentlich ist in diesem Zitat alles gesagt, wovon ein konservativer Geist leben kann. Doch aber ist die modernere wissenschaftliche Begründung nötig, einmal weil Wissenschaftlichkeit heute beliebt und angesehen ist, und dann, weil sie schönere Paradepferde liefert. Das Haben, Behalten und Mehrhaben der konservativen Pleonexie ist ja öffentlich nicht vorführbar und ist auch allein noch kein Geist, als welcher eben die Aufgabe hat, diese Pleonexie mit guten philosophischen Gründen zu rechtfertigen nicht nur, sondern ihre Einziggültigkeit zu etablieren. Jeder Geist einer Partei muß an sich die Forderung stellen und zu erfüllen trachten, daß er der Geist der Menschheit sei. Der Konservatismus muß beweisen können, daß nur jene den Sinn des Lebens ergreifen, welche ihn als eine ständige Exaltation des Kultus der Ehre und Befolg der Ahnentugenden betrachten, jener Ahnen unsres Stammes, welche den Boden erobert haben, auf dem wir hausen, welche die Quellen unsres nationalen Patrimoniums aufgeschlossen haben, von denen wir leben, und welche uns mit der heroischen Leidenschaft des Opfers die Freude am Verzicht auf all das überliefert haben, was den Menschen vom moralischen Ideal seiner Rasse, seines Volkes entfernt. Ob wir den geoffenbarten Charakter der christlichen Religion glauben oder nicht – wichtig ist, daß wir diese Religion als Regel unsres Lebens erkennen: als die verstärkte Tradition und den Ruf zum Gehorsam. Diesen wahren Sinn der Welt fälscht der Individualismus, als welcher eine unwissenschaftliche aus der Reformation geborene Ideologie ist, die den Protest und die Revolte als eine konstante Notwendigkeit behauptet. In allen Revolutionen ging immer der Geist eines Volkes zugrunde, wurde immer eine vorhandene Zivilisation einer Ideologie geopfert, die ohne Zusammenhang mit irgendeiner Rasse, einem Volke jene Internationalität besitzt, welche als der wahre Träger einer toll gewordenen Modernität diese zwei auflösenden Elemente gezeugt hat: den Freimaurer und den emanzipierten Juden. Und als Drittes die Forderung der Demokratie, die dem Volke das Wort gibt, das ihm wie dem Caliban nur dazu dient, jene zu verfluchen und zu verleumden, von denen es das Wort gelernt hat. Gegen diese zerstörenden, die Größe vernichtenden Tendenzen gibt es nur diese beiden Gewalten: die Kirche und die Armee.

Der hier vorgeschlagene Geist hat seine schwachen Stellen, wir verhehlen das nicht. Es ist von der Rasse die Rede, und wir wissen auch ohne den Semi-Gotha, daß hier im Punkt der Reinheit nicht alles stimmt. Man wird darum die Bedeutung des nationalen Erbgutes mit einer Rassentheorie stützen müssen, die sich mehr auf Geist und Seele als auf Nasen und hängende Schultern gründet. Die Götter der Wagnerschen Opern wären ganz aus dem Spiel zu lassen, wie sich überhaupt die Alldeutschen bei dieser theoretischen Grundlegung etwas mäßigen müßten. Aber im ganzen sind wir überzeugt, daß man in Ansehung der Wichtigkeit, die eine wohlfundierte konservative Weltanschauung für alles, was konservativ ist, besitzt, die Lücken ohne Fehl sowohl in der Rassentheorie ausbauen wird, wie auch die in der andern Voraussetzung des Determinismus. Dieser kann nämlich so komplex sein, daß es unmöglich wird, wissenschaftlich den Anteil der verschiedenen Elemente zu fixieren, welche den Menschen ändern. Die im Kampfe Überlebenden werden bei geänderten Kampfmitteln und mit dem Auftreten der Masse problematisch. Dies zu hindern, wird der Konservative in seiner Geldheirat mit der Industrie bestrebt sein müssen, der Stärkere zu bleiben und immer zu bedenken, daß die schwachen Stunden der Frau ihre starken sind. Die Kinder dieser Stunden sind die bewußt werdenden Massen und deren Spielzeug die Maschinen, sowohl die der Fabrikation wie die andern der Wahlurnen. Ein drittes Bedenken beträfe die Möglichkeit einer Änderung der Anschauungen über das summum bonum, aber dieses Bedenken ist so lange das geringste, als die kirchliche Lehre sich bewußt ist, eine Machtlehre zu sein, das heißt: über Gott nicht den Priester vergißt. Und dies ist bis auf weiteres nicht zu befürchten.

DREIZEHNTER EXKURS

Jede künstlerische Hervorbringung kann in ihrer Absicht, welche die Kunst ist, mißverstanden und für außerhalb der künstlerischen Wirkung liegende Zwecke mißbraucht werden. Dies passiert sogar der Musik, trotzdem ihr noch kein Sittlichkeitsparagraph des Gesetzes nahegekommen ist, wenn auch kein Zweifel besteht, daß es im Sinne ebendieses Gesetzes über das verletzte Schamgefühl eine »unsittliche« Musik gibt. Nur im Sinne dieses Gesetzes natürlich.

Die Häufigkeit des Mißbrauches der Kunst im Bereich ihrer Wirkungen ließ, bei der Widerspenstigkeit der Kunst gegen ihren Mißbrauch zu andern als künstlerischen Wirkungen, das reichliche Angebot eines Kunstsurrogates entstehen, das mit äußerlicher Verwendung der Kunstmittel – Wort, Stift, Farbe, Ton –, doch ohne deren stilistische Bewältigung, ganz und nur der Befriedigung jener Bedürfnisse dient, die man sich unter anderm auch durch die Kunst befriedigen läßt, zumal durch jene, welche, wie die Schrift- und bildende Kunst, ohne Gegenständliches oder Vorstellungen von Gegenständlichem nicht auskommt. Dieses Surrogat muß, um unverpflichtend zu sein, äußerlich Kunst scheinen, innerlich und seinem Wesen nach kann es alles sein, vom Machwerk der sexuellen bis zum Erbauungsbuch der frommen Stimulanz. Wichtig ist hier nur, daß keine besondere Stilmühe des betreffenden Verfertigers den nichts als gegenständlichen Genuß erschwert.

Mit zunehmender allgemeiner Kenntnis des Lesens wuchs entsprechend der Nachfrage die Quantität des Surrogates – Schundroman, Kinostück, Kitsch, Tanzmusik – ins Ungeheure, damit aber auch die Wehrlosigkeit der Kunst gegenüber dem machtvoll durch seine Masse anstürmenden Willen, daß die Kunst andern Bedürfnissen zu dienen, andere Wirkungen auszulösen habe, als die der Kunst eignen. Die Kunst hat ihre eigene

Kategorie, nämlich die künstlerische. Sie hat nur eine mittelbare, keine unmittelbare Beziehung zu dem, was man gemeinhin das Leben nennt. Der wachsende Lesewille einer der Kunstform fremden Menge versuchte die Kategorie der Kunst aufzuheben, ihr unmittelbare Beziehung zum Leben zu geben, das Moment des Stiles auszuschalten. Alle großen Kulturen kennen auf ihrer Höhe nur die Dichtung. Erst in ihrem Verfall zeugen sie das, was man Literatur nennt. Und an deren Ende kommt dann die Belletristik. Ist die Literatur eine Konzession der Kunst an die gebildete Menge, so ist die Belletristik eine Konzession der Literatur an die ungebildete größere Menge. Wir leben heute in einem belletristischen Zeitalter. Es soll nichts gegen die Literatur gesagt werden, denn dieses Zwischengebildes Anstrengung, dem Bedürfnis nach Gegenstandswirkung zu genügen und doch solche Wirkung zeitlich zu überdauern, verdankt die Literatur eine ganz außerordentliche Verfeinerung und Schärfung ihrer Darstellungsmittel, wenn auch nicht schon den Stil.

Der Stil ist es – und er ist Systemwille des Künstlers –, durch den die Kunst das Gegenständliche überwindet, nicht nur das der gegebenen Welt, sondern auch das ihrer Ausdrucksmittel – Sprache, Linie, Farbe usw. Gegen das Wechselvolle oder auch Verfallende der Gegenstandswelt behauptet sich das Kunstwerk durch den Stil, mit welchem Wort, ohne darauf weiter einzugehen, bezeichnet sei, was Welt oder Teil der Welt in die Form der Kunst derart bringt, daß diese Kunst Welt für sich und autonom ist. Es hat dies gar nichts mit art pour art zu tun, wie wohl zu bemerken nicht nötig.

Das Surrogat der Kunst überwindet nun weder das Gegenständliche der in es aufgenommenen Welt, noch das Ausdrucksmittel durch den Stil. Durch Entlehnung äußerlicher Formen von der Kunst scheint es nur so. Der Surrogaterzeuger will und kann weder eine Deutung der einbezogenen Welt noch des von ihm gebrauchten Wortes geben. Er kann und will ja allein durch den Gegenstand wirken, was ihm auch gelingen muß; denn das durch eine Scheinform von Kunst – daß es gezeichnet, geschrieben usw. ist – aufgerichtete Hindernis zwischen Gegenstand und Leser oder Beschauer ist nicht nur so niedrig, daß es jeder nimmt, sondern es ist überhaupt nicht da, denn er braucht in seinem Schriftwerk Worte, wie sie jedermann braucht, Linien, wie sie jedermann zieht. Das geringe, wenn überhaupt vorhandene Hindernis wächst und sinkt mit der Leserschaft, an die sich das Surrogat wendet. Die Tendenz der Literatur – welche Gattung für die jeweilige Bildungsschicht da ist – ist, dieses Hindernis so hoch als möglich zu machen, denn, Ableger und Nachfahre der Dichtung, versucht sie, es ihr gleichzutun. Tendenz der Zeitung ist, das Niveau dieses Hindernisses auf Null zu bringen. Hier und dort, in Literatur wie in Zeitung, herrscht Absicht. Der Stil aber ist nicht Absicht auf Wirkung, sondern Grundhaltung, System. Stilkunst und stilisieren sind moderne Worte, welche sich fälschlich und fälschend mit dem Begriffe Stil in Verbindung bringen. Stil hat man, aber man kann ihn sich nicht machen.

Die ungeheure Einübung, welche der durchschnittliche heutige Mensch durch die Fülle der von ihm konsumierten Surrogate für das Gegenständliche bekommt, läßt ihn auch in den seltenen Fällen, wo er mit der Kunst zusammenstößt, heutiger wie früherer, ihr gegenüber die gleiche Haltung einnehmen; er sieht in ihr nur das eingeübte Gegenständliche. Denn die Umschaltung eines so eingeübten Mechanismus auf Kunsthaltung setzt Kräfte, persönliche und allgemein kulturelle, voraus, die er gar nicht besitzt, oder die in Tätigkeit zu setzen ihm nicht dafür steht, da sie sich ja an eine Sache wendeten, die sein Lebensinteresse in keiner Weise direkt betrifft. Die heutige Hingabe an den Genuß der Musik ist nervöser, nicht künstlerischer Art. Keine Zeit war musikalisch unproduktiver, keine aber konsumptiver als die heutige, welche lächerliche Diskrepanz anzeigt, welcher Art der heutige Musikgenuß ist. Auch der Malereigenuß. Die Popularität Cézannes, auf einen bestimmten Kreis beschränkt, ist über diesen kleinen Kreis hinaus Snobismus. Die Vorliebe für Renoir ist Liebe zu dessen Modell. Die Begeisterung für van Gogh ist aus der Kenntnis seiner Lebensumstände gekommen, die man »interessant« findet. Die Schwärmerei für die sogenannte expressionistische Malerei ist teils nervöser Natur – »Stimmung« – teils Freude am rätselhaft Gegenständlichen. Und alles dies ist, wie gesagt, nur für einen verschwindend kleinen Kreis heutiger Menschheit vorhanden; weder ein »führender« noch ein »geführter« Mann dieses Zeitalters, weder Ebert noch Heim, weder der brave sozialdemokratische Genosse noch der demokratische Krämer kennt diese Namen, geschweige wofür sie stehen. Der heutige durchschnittliche Mensch, für den die öffentliche Meinung gemacht wird, der die öffentliche Sittlichkeit vertritt und den das Gesetz repräsentiert, dieser wird auf die Venus von Giorgione und auf eine sogenannte pikante Photographie nach dem Leben, bei eventueller Zugabe der Verschiedenheit der Darstellungsmittel, in ganz gleicher Weise gegenständlich reagieren: er wird sexuell erheitert schmunzeln, oder er wird sich, im Sexuellen ihm unangenehm irritiert, entrüsten. Oder er wird, und dies am häufigsten in Zeiten, wo jeder nicht nur ein privater Er, sondern auch ein öffentlich irgendwie repräsentierender Er ist, heimlich schmunzeln und sich öffentlich entrüsten.

Es gibt – weshalb wird noch gesagt werden – nur innerhalb des europäischen Kulturkreises und auch hier erst von einem bestimmten Zeitpunkt ab das, was man Pornographie oder obszöne Literatur nennt. Die Antike, der Orient und das Mittelalter kennen weder den Begriff noch die Gattung der Kunstsurrogate sexuell aufreizenden Charakters. Der Begriff des Obszönen, des sexuell Schamlosen ist diesen Kulturkreisen fremd, wie allen religiös bestimmten Kulturen. Erst im jeweiligen Verfall der religiös-kulturellen Bindung taucht das Schamlose in der Form des verspotteten Gottes, dem »Menschliches nicht fremd«, auf: Lukian in der Antike, gewisse antiklerikale Autoren in der Renaissance, antipapistische im Humanismus. Diese Produktionen aber pornographisch zu nennen hieße, den Begriff mißbrauchen, denn schamlos sind sie nur vom Standpunkte des Hergebrachten aus, und nicht, weil ein da gar nicht vorhandenes sexuelles Schamgefühl sie schamlos findet. Ein gläubiger griechischer Zeitgenosse Lukians konnte dessen Göttergespräche gottlos und darum unsittlich finden, aber nicht im heutigen Sinne schamlos. Die antipapistischen Angriffe der Humanisten kontrastieren das Keuschheitsgelübde der Mönche mit dessen Nichthalten, aber schamlos fanden sie im heutigen Sinne durchaus nicht, daß der Mönch Chaucers eine Geliebte nahm und was er mit ihr tat. Der religiöse Mensch bezieht jedes sittliche Phänomen auf die Gottheit, nicht auf eine »allgemeine Sittlichkeit«. Dieses tut erst der ganz unreligiöse Mensch der letzten durchaus skeptischen zwei Jahrhunderte. Alle Religionen integrieren sich das Sexuelle, indem sie es sublimieren und sanktifizieren. Das vermag eine von der religiösen Bindung befreite Sittlichkeit nicht; denn sittlich sein nur der Sittlichkeit wegen, das ist nichts und kann nichts sein, auch wenn man die Sittlichkeit zur »höheren Sittlichkeit« avancieren läßt. Und steigert man diese moderne gottlose Sittlichkeit zur höchsten Sittlichkeit, so entpuppt sie sich als ein praktisches Verhalten zur Erreichung ganz schäbiger Nutzeffekte im kleinen und größern Umkreis des Alltagslebens irgendeiner Machtkonstellation in Familie, Gemeinde oder Staat. Denn eine sittliche Verpflichtung ohne religiöse Bindung des Sittlichen, ohne den göttlichen Zweck des Sittlichen ist ein mehr minder kodifizierter Brauch, Vorteil, Nutzen, Gewohnheit, Geschmack usw., also ein ganz Relatives wie alle vom Absoluten der Gottheit losgelösten Werte. Klemens von Alexandrien schreibt: »Warum soll ich mich schämen, jene Körperteile zu nennen, die zu erschaffen Gott sich nicht geschämt hat?« Bei Petrus Lombardus kann man noch bestimmtere, weniger vom Sittlichkeitsprotest der Stoiker, dieser Verfallsprodukte der Antike, provozierte Äußerungen eines naiven Realismus in geschlechtlichen Dingen finden, der dem religiösen Mittelalter durchwegs eigentümlich ist. Dieser großen formenden und bildenden Glaubenszeit war es ein ganz Vertrautes, daß das Sexuelle zu den irdischen Fundamenten des Religiösen gehört, auf den zu Gott hinzubauen ist durch heiligende Hinnahme. Nicht nur in Indien ist der Lingam ein frommes Bibelot; sanktifiziert kommt er auch im Katholizismus vor. Wie die Jungfrau, die sich dem Manne versagt und sich einem Gotte hingibt, um, ohne ihre Jungfräulichkeit zu verlieren, einen Gott zu gebären. Es bedurfte des von den Interessen des aufkommenden Staatsbürgertumes getragenen Protestantismus in der Zeit nachlassender schöpferischer Kraft des Glaubens – nur die erhaltende Kraft behielt er noch –, daß die heilige Jungfrau »natürliche« Kinder bekam; und es mußte die irdische Person durch die auf das Irdische gerichtete Einstellung des bürgerlichen Denkens erst ihre Wichtigkeit bekommen, damit die Diskussion über sittlich und unsittlich anhub, und zwar im irdisch zweck- und nutzhaften Sinne. Zuerst so bei den jesuitischen Kasuisten. Nicht mehr bloß Gott und dem Leben in Gott verpflichtet, wie Mönch und Gläubige des 13. Jahrhunderts, kennen und wägen sie voll Verantwortungsgefühl für die Interessen dieses Lebens auf Erden jeden einzelnen Fall: der schwärmerische Liguori und der genaue Escobar, der strenge Sa und der nachsichtige Sanchez, der indifferente Soto und der ironische Caramuel schließen ihre Diskussionen über das Sittliche und Unsittliche fast immer mit einem Zweifel ab, denn sie erwägen Umstände, Person, Bräuche, Zeit, Klima, Ort. Sie kennen ein Jenachdem. Gott schon nie vergessend, aber Weltliches bedenkend. Voll Schauder sieht der Gläubige der mittelalterlichen Orthodoxie die Welt des Glaubens so schwanken zwischen Jenseits und Diesseits, bevor sie sich für das Diesseits entschied. Der religionslose Moralismus des modernen Juste-Milieu schwankt nicht mehr; er weiß ganz genau und von sich aus, was sittlich und was unsittlich ist.

Wenn Paulus die Porneia verurteilt und sie kanalisiert, so hat er das von Gott, und ein Christ muß, was Paulus sagt, für wahr halten. Für einen Nichtchristen ist des Paulus Meinung nur irgendeine Meinung unter vielen; er kann sie aber nicht für *wahr* erklären, wenn er die Mutter dieser Moral nicht anerkennt, die geoffenbarte christliche Religion, ohne welche diese Tochter Moral ein Wechselbalg ist.

Der mittelalterliche Mensch – um den uns glaubensfremden Antiken und Orientalen nicht zu nennen – würde Produkte moderner Pornographie, wenn er sie überhaupt verstünde, vielleicht gottlos, aber sicher nicht schamlos finden. Der gebildete Humanist, Bebelius zum Beispiel, oder der Mensch der Renaissance, Bembo zum Beispiel, würde unsere derlei die Sexualität stimulieren wollenden Schriftwerke weder schamlos noch gottlos finden, sondern geschmacklos, denn auch ihm ist das Pornographische, das heißt nichts als Wiedergabe sexueller Vorgänge durch das Wort zum Zwecke sexueller Stimulierung, noch fremd. Traf um 1450 ein päpstlicher Bannspruch ein nach heutigen Anschauungen pornographisches Buch, so war dafür immer ein politisches Motiv da, wenn es sich auch als solches nicht ausdrücklich deklariert. Nicht der geschilderten Vorgänge wegen wurden zum Exempel Morlinis lateinisch geschriebene Novellen vom Henker verbrannt, sondern weil es zumeist Mönche waren, welche sich die geschilderten Sexualia zuschulden kommen ließen. In diesem zufälligen Falle wollte dies die Kirche nicht dulden. In vielen, in den meisten andern, ganz gleichen Fällen, war es ihr nicht nur gleichgültig, sondern es waren Angehörige der Kirche selber, und zwar in oft hohen Würden, welche von Mönchen nichts anderes erzählten als jene Morlini. Die Renaissance machte aus dem, was man mores, die Sitten, nennt, noch nicht den Begriff der Sittlichkeit im sexuellen Sinne. Dies blieb dem philosophischen Jahrhundert vorbehalten, welches den homme naturel zusamt einem von der Religion unabhängigen Begriff des Moralischen fand, den jener »natürliche Mensch« inkarniere. Da hatte man eine sogenannte christliche Moral ohne eine christliche Religion. Man gab die Voraussetzung auf, behielt aber die Folge.

In dieses 18. Jahrhundert fällt auch die Geburtsstunde des Pornographischen. An seiner Wiege steht der bürgerlich-kapitalistische Mensch, der sich mittels der Demokratie politisch zu legitimieren anhebt. In England erscheint das erste pornographisch zu nennende Buch. Wenn auch diese Fanny Hill or the Woman of pleasure oder der spätere französische Dom Bougre noch in der antigeistlichen Tendenz etwas von der Renaissance zeigen, antichristlich gesteigert, wenn sie auch in der Schreibart noch einigen Abglanz von der sie umgebenden Literatur aufweisen: ihre Absichten, nicht ästhetisch zu erregen, auch nicht durch eine erzählte Geschichte zu interessieren, sondern nichts als sexuell zu stimulieren, sind auch dort deutlich, wo der Aufklärungszeit mit Tendenz einiger Tribut gezollt wird oder wie bei Nerciat der antidynastischen und antiadeligen Tendenz oder wo wie bei Sade versucht wird, die Sexualität in bestimmter Richtung zu systematisieren. Alle diese Bücher zeigen bereits das charakteristische Merkmal der pornographischen Literatur: ihre Verfasser machen nicht den geringsten Versuch, den vorgeführten sexuellen Betätigungen eine psychologische oder geistige Korrelation zu geben. Die Helden dieser Erzeugnisse haben keinerlei menschlichen Charakter, weder im Sozialen noch im Geistigen. Sie sind absurde Konstruktionen mit einer an das Perpetuum mobile erinnernden sexuellen Mechanik. Sie sind monströse Phantasiegebilde ohne Phantasie, mit nichts ausgestattet als mit einem menschlichen unmöglichen sexuellen Appetit und einer noch unmöglicheren Fähigkeit, diesen zu befriedigen, ganz richtig so erfunden für die Bedürfnisse ihrer sexuell immer impotenten, auch geistig minderwertigen Leser, die ja aus ihrer Schwäche weder Maß kennen noch Rast.

Der Tatsache des Entstehens einer pornographischen Literatur innerhalb der europäischen Christenheit muß eine Änderung des europäischen Verhaltens zum Sittlichen entsprechen, das von nun ab, etwa seit dem Ende des 17. Jahrhunderts, vernehmlich mit dem Sexuellen assoziiert wird. Die Einsicht in den

Zusammenhang zwischen mores und modi und der Sittlichkeit ging mit dem Verlust der religiösen Grundhaltung, welche die mores methaphysizierte, verloren oder wurde von Kantianern und ähnlichen Christen unter Hinweis auf das Gewissen geleugnet. An die Stelle Gottes, um dessentwillen man sittlich war, trat von nun ab die ungeheure Mannigfaltigkeit von menschlich-vernünftigen Zwecksetzungen mit allen ihren Widersprüchen, Kurzläufigkeiten und Relativismen. An die Stelle des Glaubens, der dogmatisch finalisierte, trat, um im nunmehr völlig chaotischen Sittlichen einige Ordnung zu schaffen, Gesetz und Polizei, also die Staatsgewalt. Das liberale Laissez faire gibt dem Individuum im Sexuell-Sittlichen alle Freiheit, zu tun, was ihm beliebt, wenn dieses Tun ein strikt privates bleibt: erst wenn es sich in irgendeiner Weise veröffentlicht, schenkt ihm die Staatsgewalt ihre Aufmerksamkeit durch Duldung, Kontrolle, Lizenz oder Verbot.

Es ist hier nicht unsere Aufgabe, die oft beschriebene und hinreichend erkannte zwiefache Moralität des bürgerlichen Zeitalters samt allen ihren oft grotesken Folgeerscheinungen nochmals zu beschreiben. Wir haben eine öffentliche Moral, das ist jene, welche die Gemeinzwecke der herrschenden Majorität fördert, und eine private Moral des Laissez faire. Auf dem Grenzgebiete der geschlechtlichen Moral, auf der undeutlichen Berührungslinie des privat Erlaubten und öffentlich Verbotenen tobt der vornehmlich mit den Waffen der Hypokrisie geführte Streit der respektiven Schamgefühle, welche sich durch irgend etwas verletzt oder nicht verletzt zu fühlen behaupten. Der unendlich dehnbare in Gesetz eingefangene Begriff des verletzten Schamgefühles entspricht genau der unendlichen Reihe von Reizmöglichkeiten, denen ein modernes, von keinerlei Religiösem orientiertes Schamgefühl ausgesetzt ist. Die Reihe geht von den als die Scham verletzend verbotenen nackten Knien eines Tirolers in Stuttgart (1902) bis ins Allergröbste. Es ist für dieses heutige Schamgefühl auszeichnend, daß es ganz unempfindlich ist gegenüber dem schlechthin Schlüpfrigen, verhüllt Andeutenden, Frivol-Spielerischen, zumal wenn es sich im »Witz« kaschiert. Daß es aber aufbäumt, wenn in sachlicher Weise eine Katze eine Katze genannt wird.

Das 19. Jahrhundert, die Blütezeit der kapitalistisch-bürgerlichen liberalen Zivilisation, brachte in Wort und Bild die zahlreichste Pornographie hervor. Aber auch die roheste. Die Pornographen des 18. Jahrhunderts hatten noch Defoe, Smollet, Voltaire, Diderot zu Zeitgenossen und literarischen Mustern; es gab auch hier noch so etwas wie Geschmack. Der pornographische Verfasser des 19. Jahrhunderts verzichtet wie seine Leser, die dem geistigen Tiefstand angehören, in mit der Zeit fortschreitendem Maße auf alles –: Geschmack, Form, Ausdruck, Sprache entsprechen dem, was ein halber Analphabet gerade noch verstehen kann. Die Gattung der neueren Pornographie steht auf dem gleichen literarischen Niveau wie die moderne unpornographische und nichts als alberne Unterhaltungsliteratur. Die Gründe dafür kennt man. Jeder lernt heute zwangsweise lesen, und jeder liest heute Zeitung. Man könnte sagen, um nichts als die Zeitung zu lesen, lernt jeder lesen. Der Unterhaltungsroman ist erweiterte Form einer Skandalnachricht der Zeitung und wie sie geschrieben mit den Mindestansprüchen an die Aufnahmefähigkeit des Lesers, an dessen Intelligenz, Kenntnisse, Geschmack. Die Zeitung wie der Schundroman befriedigen ein gemeines Sensationsbedürfnis rein nervöser Art, wie es dem heutigen, großstädtisch ruinierten Menschen eigentümlich ist. Dieses nervöse Bedürfnis nach Sensation begnügt sich nicht mit dem ihm in Fülle Gebotenen und für es Gemachten: es zieht auch Dinge hinein, welche aus ganz andern Intentionen entstanden und für ganz andere Bedürfnisse gemacht sind, und die öffentliche Meinung trägt dem in der Weise Rechnung, daß sie in der Gestalt des Richters »unsittlich« nennt, was es nie war, aber was heute zu unsittlichen Zwecken mißbraucht wird. Mit dem Verlust der ästhetischen Instinkte haben sich ja auch die sittlichen verwirrt:

es wird z. B. der Dekamerone des Boccaccio von Leuten, weil sie gerade lesen gelernt haben, gelesen, als ob es eine schlüpfrige Lektüre und nichts als das wäre, und der Staatsanwalt, der es genauso ansieht, verbietet das Buch des Italieners als »unsittlich«. Die Erzeugung, das Angebot und die Verbreitung der nichts als pornographischen Schriften genügt einer in ihren sexuellen Instinkten verwirrten großstädtischen Bevölkerung nicht, und so zieht es Werke der großen Literatur, ja der Dichtung zu sich herunter, macht sie zu sexuellen Stimulantien, darin vom Staatsanwalt bestätigt, der diese also mißbrauchten Werke verbietet, als »geeignet, das Schamgefühl zu verletzen«. Es ist merkwürdig zu sehen, wie sich diese Zeit öffentlich in die Brust wirft und heimlich in den Bauch. Wie sie außerstande ist, ihre verkommene Sittlichkeit zu kurieren und sittliche Zeiten in ihren großen Werken dafür büßen läßt. Wie sie Ursachen dort sieht, wo nur Folgen sind.

Diese Zeit ist in gewissen Gegenden ihrer Bevölkerung sowohl in ihrer Praxis wie in ihren kritisch-juristischen sittlichen Anschauungen so sehr den Pornos verfallen, daß sie auch im Eros früherer, im Sittlichen religiös bestimmter Zeiten nur das Schwein wahrzunehmen vermag. Sie apperzipiert alles aus einer dekrepiden Geschlechtsgegend her, zu deren Aufrichtung sie etwa die pornographischen »Memoiren einer Sängerin« liest und etwas wie schmutzige Zeitungen nur pikant, aber nicht pornographisch findet, insofern pikant das Wort für eine Wirkung ist, welche dieses stumpfe Geschlechtstier zwar angenehm kitzelt, aber noch nicht zur vollen Höhe des Genusses bringt wie die brutale Attacke eines eindeutig redenden Schundes, der gewissermaßen mit der Hand zugepackt. Mit der Pornographie des nur Pikanten findet sich lächelnd auch der Staatsanwalt ab, obzwar er erstaunt ist, daß wir gerade darin widerlichstes und schlimmstes, weil verbreitetstes Pornographisches sehen. Denn resolut schlägt er sich auf die andere Seite, jene nämlich, welche in Daphnis und Chloe, dem Hirtengedichte des Longus, das der alte Goethe bewundert und gepriesen hat, eine Pornographie sieht.

Er schlägt sich auf die andere Seite: Diese Wendung stimmt nicht, denn sie ist keine, insofern die Personen der staatlichen Gewalt bereits auf der Seite eben des Publikums stehen. Nur ihr Amt gibt ihnen so etwas wie Deutlichkeit einer Entscheidung zugunsten einer Sittlichkeit, von der sie aussagen, sie sei staatserhaltend. Wir können es derzeit nicht ändern, daß so außerstaatliche und überstaatliche Güter wie Religion, Bildung, kultureller Besitz, ja sogar Sprache verstaatlicht wurden. Wenn dies aber schon einmal so ist, müßte solches staatliche Recht über diese Dinge mit höchster Vorsicht ausgeübt und sehr scharfsichtig kontrolliert werden von jenen, welche die Träger und Verwalter dieser Güter sind, wirklich sind, und sich solches nicht nur arrogieren, wie es in Deutschland pensionierte Gymnasiallehrer tun. Daß man in einer Zeit, welche die Abschaffung des Schulunterrichtes im Griechischen debattiert, einem Volke durch Konfiskationen verbieten will, die Dichtungen der Griechischen Anthologie auf deutsch zu lesen, ist ein Angriff des »kältesten aller kalten Ungeheuer«, des Staates, auf Dinge, über die er sich Kompetenz nur angemaßt hat. Denn die Lektüre seiner gebildeten Staatsangehörigen zu kontrollieren, weil auch einmal ein Ungebildeter seine schmutzige Nase in diese Lektüre stecken und sein sogenanntes Schamgefühl darunter leiden könne, das ist ein Sich-Aufspielen des Staates, das ebenso seiner Autorität in den ihm zugehörigen Dingen schadet wie der Würde eines Volkes, das solches ruhig hinnimmt und in ein Untertanenverhältnis versinkt, das nicht nur seine Steuergesetze, sondern auch die Formation seiner Geistigkeit von der Obrigkeit empfängt.

Länger als irgendein anderes Volk und auch intensiver als ein anderes stand dieses deutsche unter dem Polizeiknüppel der Obrigkeit und duldete ihn. Man prügelte ihm Geschmack, Würde, Freiheit, Haltung aus Hirn und Seele. Man trieb wahrhaft die Natur mit der Ofengabel aus, diese Natur, von der es beim Dichter heißt, daß sie trotzdem immer wieder zurückkomme. Sie kommt zurück, aber sie nimmt einen fatalen heimlichen Weg, den man ihr anmerkt; die Natur verkrüppelt unterwegs und geilt und geifert nun dort, wo kein Mensch von Würde seiner »Natur« Raum gibt. Kein Zweifel, es gibt viele unter diesem verprügelten und darum verheuchelten Volke, die in Daphnis und Chloe nur ihre eigenen schmutzigen Gedanken sehen und bei der Lektüre widerlich zu feixen beginnen. So weit hat es ja eben ein Jahrhundert der Bevormundung durch die Behörde gebracht, daß ein großer Teil dieses Volkes aus sexueller Heuchelei heimlich Unzucht treibt mit Dingen, die keinem würdigen Menschen auch nur im leisesten auf das Geschlechtliche sich schlagen.

Es ist eine für das politische Leben der Deutschen charakteristische Merkwürdigkeit, daß, was seit etwa hundert Jahren in diesem Lande konservative Politik trieb und treibt, diese Konservativität zunächst und vor allem in Feindschaft gegen die kulturellen Werte äußert. Der konservative Gedanke scheint in Deutschland unfähig zu sein, sich politische Stützen aus Eigenem zu schaffen; dies kommt daher, daß der politische Gedanke in diesem Untertanenlande nichts weiter ist als polizeiliche Reglementierung, ein Netz von Vorschriften und Verboten, eine Numerierung und Kontrolle der Untertanen. Man vergleiche etwa englische konservative Politik mit dem, was sich in Preußen so nennt, um den Absturz aus einer großen politischen Doktrin ins völlig Absurde gewahr zu werden. Dort die seit Jahrhunderten anerkannte Würde des britischen Menschen, hier die seit Jahrhunderten zugesprochene Unwürde des deutschen Untertanen. Manchmal »spukt« es in einem oberbayerischen Dorfe; eine hysterische Magd bringt Schüssel und Teller, ohne sie anzurühren, zum Klappern. Der Lehrer schickt nach dem Arzt. Aber der Dorfpfarrer hindert es, nennt den Lehrer einen Freigeist, weil er das »Spuken« für eine religiöse Angelegenheit hält. Der Konservative handelt und denkt nicht anders. Gegen jedes

Kulturgut mißtrauisch, bietet er die Polizei auf im Namen der »wahren Sittlichkeit« oder des »reinen Deutschtums«. Es gab einmal einen konservativen Abgeordneten, dem Liebermanns Malerei gefiel: seine Parteigenossen hielten das für eine Gehirnkrankheit, so sehr überzeugt sind sie, daß ein echter deutscher Konservativer nur den Kitsch, den Schund, den geistigen Stumpfsinn lieben und schützen könne. Sie sind davon überzeugt und handeln danach. Und erschüttern ihre geringen politischen Möglichkeiten, ihre wenigen Aussichten damit, daß sie sich durch ihre kulturelle Unbildung und sittliche Unfreiheit alle fernhalten, die des Geistes sind und gern bereit wären, politisch konservativ zu sein, wenn dies nicht gleichbedeutend wäre mit geistiger, künstlerischer und sittlicher Erbärmlichkeit.

NEUE GESPRÄCHE GOETHES MIT ECKERMANN

ERSTES GESPRÄCH

Das Wetter war heute morgen so unfreundlich, daß ich dachte, Goethe würde es wohl aufgegeben haben, den Tag in Jena zu verbringen, und so ging ich am Vormittag zu ihm. Er saß an einem kleinen Tisch vor dem Feuer und schrieb.

»Ich muß mich«, sagte er, »für zwei Sendungen bedanken, die mir gestern ins Haus gebracht wurden. Die eine ist dies Buch hier, in dem Herr von Hofmannsthal die Schriften seiner jüngern Jahre gesammelt hat, als ob er nun, im Alter seiner Reife, eine Distanz zu seinem Jugendwerke hätte schaffen oder sichtbar machen wollen. Obschon mir nicht ganz deutlich ist, was in dem Falle das Alter der Reife bedeuten möchte; denn es zeichnet diesen Dichter vornehmlich aus, daß seltsames persönliches Geschick und sonderbare Zeitumstände ihm schon Reife gegeben hatten, als er seinen Weg begann. Jugend war es gewiß, was sich da mitteilte, aber da war doch weder jugendlicher Irrtum über die eigene Natur, noch Schwanken in der Wahl des Mittels, sie auszudrücken. Die von der Arbeit der Vorderen schön gefaßten Quellen flossen rein und wurde daran mit keinerlei genialischer Willkür gebessert. Ungewöhnlich war in so turbulenten Zeiten die Haltung dieses Jünglings dem überlieferten Begriffe des Gedichtes gegenüber, wie sie wohl aus der Zucht sich ergeben mußte, in der er sich selber hielt, denn die Zeit war keine solche Erzieherin zum Guten. Der Dichter hatte in diesem jungen Österreicher seine Würde wiedergefunden, ohne, wie dies Herr George zuweilen und dessen Gemeinde immer tat, diese Würde selber zum Gegenstande seines Gedichtes zu machen und damit zweifelhaft zu machen hinsichts ihrer Echtheit. Denn daß er naiv im Adeltume schaltet, zeichnet den adelig Geborenen aus, und wird er nie ein eigener Herold und Stabträger sein.«

Goethe nahm das nahe liegende Buch zur Hand, und darin blätternd, fuhr er fort: »Wo immer man es aufschlägt, findet man diesen einen bestimmten Ton, diese eine ganz bestimmte Bewegung der Hand, diesen einen bestimmten Blick des Auges, – das ist eine Armut, die höchsten Reichtun bedeutet. Wenn Armut überhaupt das rechte Wort ist dafür, daß ein Zustand, eine Einstellung auf des Lebens Mannigfaltigkeit eben der einzige dichterische Zustand des jungen Hofmannsthal ist. Wem in so frühen Jahren das göttliche Geschenk des Gedichtes zuteil wird, dem wird es auch – oft gefahrenvoll – das Leben bestimmen, das er erfährt. Ich kann mir wohl denken, daß von dem allem, was das Leben diesem Jüngling in die Nähe brachte, nur das für ihn auch Leben bedeutete, was, seiner Art verbunden, auch dichterisches Gebilde wurde. Die Jugend lebt von diesem egoistischen Mißverständnis glücklich, und dem jungen Dichter ist es ganze Existenz. Und bedeutend und zum dichterischen Erlebnis wurde für Hofmannsthal, daß sich in e i n e m sowohl Sache als Symbol entschleierte, Ereignis und Beziehung, Traum und Wirklichkeit. Im idealen Schnittpunkt ist die dichterische Situation und damit das Geschehnis des Gedichtes. Doch da das Herz nicht stillsteht und die Sinne schweifen, ist immer ein nach innen Fragendes in dem Gedichte, ein Schwebendes, eine Bescheidung fast rührender Art... Weiß nicht, wo sich Traum und Leben spalten...heißt es einmal und immer.«

Ich bemerkte, daß mir damit besonders das lyrische Wesen gedeutet scheine und Hofmannsthal so eigentlich als ein Lyriker anzusprechen sei. Worauf Goethe sagte:

»Alle Lyrik ist doch wohl monologisch und schließt also einen dramatischen Konflikt ein, der aufs engste Maß und darum zu größter Intensität gebracht ist. Immer natürlich bedacht, daß Lyrik nicht irgendwelcher Schlendrian in Reimen und so mehr Gesellschaftsspiel als Dichtung ist. Die lyrische Form ist der Jugend eigentümlich, deren Wesen es ja ist, die Welt auf sich zu beziehen, und die wie kein anderes Alter schmerzlich erleben muß, weil sie ja immer alles oder nichts verlangt. Da haben sie unlängst in Paris einen Rompreis für Dichter gestiftet und bestimmt, daß jene Poeme den Vorzug haben sollen, in denen keine Note der Trauer wäre. Wie wenig kennen diese Herren die Jugend, und was für ein närrisches Alter müssen sie haben, daß sie sich der Melancholie und des Weltschmerzes ihrer Jugend nicht mehr zu erinnern vermögen! Diese gewisse Ataraxie und heitere Ruhe gehören dem Alter zu und sind der Jugend mitnichten zu wünschen. Die ist glücklicher, wenn sie unglücklich ist. Was uns selber betrifft, so möchten wir nicht, daß man über unsere manchmal recht erbärmliche Altersweisheit nicht vergesse, daß wir einmal auch recht ausgiebig jung waren, wenn auch, wie ich zuweilen meine, nicht lange genug, um das Glück des Unglücks voll auszuleeren bis auf die Neige. Wir sind vielleicht zu früh vorsichtig geworden.«

Goethe machte eine Pause, die ich des zuletzt berührten Gegenstandes wegen nicht zu unterbrechen wagte, zumal ich auch nicht recht verstand, was er meinte. Da nahm er, wie zurückkommend, das Buch wieder zur Hand und sagte: »Ja, wenn dann die Fülle zu groß wird und die widerstrebenden Elemente einer jugendlichen Seele nicht mehr ganz rein in das künstlerische Erlebnis eingehen können und einer neuen Ordnung bedürfen, dann wird das lyrische Gedicht, die knappste Form des Dramas, sich zu dem weiten, was man insbesondere das Drama nennt. Solange alles Gefühl ist, bleibt es untereinander eng verbunden und ein Geschwister. Werden die Gefühle, an das harte Licht des Denkens hingebracht, zu glühenden Leidenschaften, so bekommen sie Gestalt für sich, sondern sich, stellen sich zueinander im Raum und werden für sich lebendig, als ob sie nicht vom Dichter lebten. Im Umkreise des heutigen Dichtens wird diese Formwandlung aus einem Gegebenen nicht schöner deutlich als in diesem Buche, das Gedichte und Dramen enthält und doch den höchsten Titel verdient, nämlich ein lyrisches Buch zu heißen.«

Ich brachte hier eine Frage an, indem ich auf seine Äußerung von den besonderen Zeitumständen, in Hinsicht auf den Dichter zurückgreifend, Goethe bat, mir Aufschluß zu geben, was er damit meine.

»Sie werden, mein lieber Eckermann, mich schon nicht im Verdacht haben, ein solcher Mechanist zu sein, daß ich alles Einzelwirken in nichts sonst als zeitlich und örtlich Bedingtes auflöse. Aber jeder Mensch ist mindest mit einem Schlechten der Zeit verbunden, in der er lebt, und unmenschlich wäre der ganz Zeitlose und sein Werk ohne Zugänge. Wir haben keinen Grund, den Dichter davon auszunehmen. Ja, er scheint mir recht eigentlich von der Zeit durchdrungen zu sein und berufen, das Ewige in der zeitlichen Brechung aufzuweisen. Es ist seine besondere Fähigkeit, das Vielfache und Verwirrte einer Zeit wie in einem geschliffenen magischen Spiegel zu sammeln und schärfer zurückzustrahlen, das Namenlose zu benennen, das Ungeordnete zu ordnen, das Gesetzlose unter das Gesetz zu bringen. Die späteren Geschlechter halten sich zuerst an die Dichter, wenn sie den besten Bericht einer Zeit über sich selber haben wollen, nicht so sehr eines Wissens willen, als vielmehr um sich wiederzuerkennen, sich zu bestätigen und im ewig Gleichen zu sichern. Denn das ganz Ungleiche, gibt es solches, verschwindet aus der Geschichte der Menschheit, weil man sich nicht daran erinnern kann: es wird nicht mehr verstanden, mit keinem Nerve mehr verstanden und darum vergessen. Die Geschichte ist das Erinnerte. Dieser Jüngling-Dichter, den die Götter liebten, da sie ihm die Gabe zu bilden und damit die Rettung schenkten, gestaltete nicht nur, was allgemein das Erleiden der Jugend immer ist, und auch nicht nur das Leid seiner besonderen Jugend. Dadurch allein wäre das Werk nicht so endgültig geworden und ein für allemal getan. Es scheint mir nämlich, daß hier die letzte Phase der romantischen Jugend ihren dichterisch stärksten Ausdruck fand – und nicht nur die letzte Phase bis zur nächsten, sondern, wenn die Zeichen nicht trügen, die letzte überhaupt. Denn die europäische Melancholie, wie es einer nannte, scheint mir zu Ende zu gehen, eine Entspannung des Ichs scheint sich vorzubereiten, die jene Melancholie nicht mehr möglich macht. Empfindsamkeit hieß diese Verfassung der Seele beim Werther, Spleen bei Byron, Weltschmerz, atra cura bei Leopardi und dann auch einmal allgemeiner Pessimismus, endlich Schwermut. Diese seelische Verfassung gehört ganz der neuen Zeit, wenn wir auch vom daemon maeridianus der Heiligen der Thebais wissen und von der acedia der Mönche...« (Hierab enthält das Manuskript nur Schlagworte: wir müssen es dem Leser zu entscheiden überlassen, ob sie von Goethe oder von Eckermann stammen. Es heißt: »Schuld der Schwermut: Verfeinerung der Empfindung, stärkere Emotivität, ihrerseits wieder hervorgerufen von einer verfallenden Zivilisation der europäischen Völker. Begünstigt von Erscheinungen des wirtschaftenden und sozialen Lebens als: Verhäßlichung, d.h. Vernützlichung der Landschaft durch Industrie, Überfülle und Mangel, allzu häufige und schnelle Ortsveränderungen, sterile Demagogie, Kasernierung, Auflösung der Familie zugunsten neuer sozialer Gruppierungen, Versagen religiöser Ideen. Diese, als äußere Ursachen, sind nur Determinanten einer innern Haltung, die nicht weiter bestimmbar. Oder vielleicht vitales Absterben? Das Bewußtsein dreht sich um die fixe Idee, einen Leidzustand nicht ändern zu können, was Mediziner Psychose nennen. Heutige Variation der sogenannten romantischen Krankheit – Krankheit kein Werturteil, da Gesundheit eine Fiktion –: Leiden an der Dämmerung: Heimweh nach dem Licht, Leiden an dem Rastlosen: Heimweh nach dem Bestande, Leiden an den Dingen: Heimweh nach ihrem Sinn, der die Dinge nicht alteriert, Leiden am Formlosen: Heimweh nach der Form, die zum frenetischen Kultus werden kann, Leiden an dem Wissen: Heimweh nach dem Glauben. Heimweh, weil alles einmal war. Heimweh: deshalb voll Traurigkeit. Sehnsucht geht nach Neuem, das vorne liegt, und ist freudig: Whitmans ganz anderer Rhythmus als

Hofmannsthals. Und bei den letztgekommenen Dichtern: Friedrich Schnack. Schiebelhut, Entspannung des Ichs in der Hingabe an diese Erde, Entlastung, Teilnahme, Bindung an das Kleine und Kleinste, der gelockerte Vers der Zwiesprache, keine superbia, daher oft Verzicht auf die Aristokratie der strengen Formen, kein Patriziat der Epidermis mehr...« Hier enden die Notizen und der Text fährt fort:)

»Vor solchem Werk entscheidet nicht eine irgendwie andere Stellung zum Leben. Der Dichter ist ja ein Überwinder und Zuendebringer: das ist seine Moralität, daß er sich durch die Gestaltung über alles Pathologische hebt und dadurch ein großes ethisches Beispiel wird. Nur der Begriff des höchsten Menschen ist gesetzlich... Wer die künstlerische Formung auflöst und dieses Zerbrochene im Leben verhandelte, wird immer Gifte reichen, ob das Zerbrochene nun vordem Preis des Gottes war oder Fluch des Gottes.«

Nach all dem Gesagten wurde nun der Wunsch in mir lebhaft, zu wissen, was Goethe zu einigen andern Werken des Dichters sagte, wie etwa zu den griechischen Stücken. Er fiel sehr lebhaft in meine kaum ausgesprochene Frage:

»Wem so früh, inmitten aller Enttäuschungen und Verzweiflungen, die das Leben dem Jüngling ja immer in seiner Meinung zu geben scheint, wem so früh als höchste Gabe die starke Begabung bewußt wird, daß er in Gebilden dieses Leben lösen und zu neuem magischen Leben binden kann, dem wird leicht eine Gefahr, daß er zu frenetisch sich zum Kunstwerke stellt. Da heißt es in diesem Buche: Ich hab mich so an Künstliches verloren, Daß ich die Sonne sah aus toten Augen, Und nicht mehr hörte als durch tote Ohren... Und woanders:... Denn allen diesen Dingen, Und ihrer Schönheit, die unfruchtbar war! Hingab ich mich in großer Sehnsucht ganz... Das Kunstwerk, das fremde und das eigne, wird dem vom Vergehenden, Verrinnenden des Lebens geängstigten Jüngling Ruhe, Halt und Einziges. Keiner entzieht sich da der Gefahr des Künstlichen. Auch wir haben derlei Spiel getrieben in unsern ersten Weimarer Jahren. Man überwindet's. Soll's auch der Leser und einem nicht dazwischen fahren, wenn man die Seiten des heiligen Buches aufschlägt, das uns die Griechen hinterlassen haben, in vielem zudem unseres deutschen Volkes Verwandte und Schicksalsgenossen. Vom Osten und dessen morgendlicher Frische angefärbt, wie auch wir, zog es dieses Volk verderblich nach dem Westen, wie auch uns. Beider Sendung vielleicht, verbindende Brücke zu sein, unbedankter, ob gekreuzigter Mittler, im Gewinne verlierend, im Verluste gewinnend. Unvermögend, seine politischen Teile zum Ganzen zu einem – was Roms großes Werk war, von dem Frankreich besessen, dessen Vorbild immer Rom, – bekam das Griechentum herrschende Bedeutung im geistigen Sinne, als es im politischen nicht mehr existierte. Ist das Analogon zum deutschen Volke Ihnen nicht deutlich? So gehört unsere deutsche Sehnsucht den Griechen, und ihre Gebilde nachzuziehen und auszudeuten, bedrängt immer unsere Seele geheimnisvoll, so wie die Franzosen immer römisches Theater schreiben, auch wenn sie sich ins Griechische zu begeben meinen. Wir sind diesem Volke als dem einzigen der antikischen Völker verwandt, und es wird sich bis auf weiteres, vor dem wir verschont bleiben möchten, der Deutsche immer mit dem Griechentume auseinandersetzen. Doch genug davon.«

Ich merkte schon, er wollte nicht mehr über diesen Gegenstand sprechen, und fragte schnell, welcher Art die andere Sendung sei, von der er gesprochen. Er holte ein Blatt Papier hervor und sagte:

»Das kam von Herrn Wedekind und ist eine etwas lebhafte Aufforderung, mich über die schlimme Behandlung zu äußern, die er durch die Zensur erführe. Nun verstehe ich ja allerdings nicht, weshalb bei der heute allenthalben merklichen Lockerung des Sittlichen, der die staatliche Autorität nicht steuern kann, diese sich gerade im Theater so bemüht, für die Sittlichkeit zu sorgen. Vielleicht um den Schein zu wahren. Oder um dem

Zuschauer die von ihm im Theater gewünschte Illusion zu lassen, es gäbe so etwas wie Freudenmädchen und Lustmörder nicht. Da von solchen Dingen jeden Tag in der Gazette zu lesen ist, will man erst recht nicht, daß sie auch auf der Schaubühne ihr Wesen treiben. ›Man‹ ist schließlich immer die Menge der Zuschauer, deren einem das Amt des Zensors übertragen wurde. Dieser gute Mann ist doch kein Bösewicht, der durchaus anders will als die andern Menschen. Er ist, glaube ich, nur das durchschnittliche Ergebnis der andern Menschen, um etwas dümmer als deren Durchschnitt und ganz anonym. Herr Wedekind müßte nicht mich, nicht seine Freunde, nicht den Zensor fragen, sondern die ihm unbekannten andern Menschen, die diese Sache gefühlsmäßig ausmachen und nicht urteilend. Das Kunstwerk hat seine Sittlichkeit in sich selber, kommt es an die Menschen, so machen die daraus, was sie wollen, es setzen Beziehungen ein, für die man uns verantwortlich macht, aber wir und die andern, wir reden ganz verschiedene Sprachen, da gibt es keine Verständigung, unser Dolmetsch wohnt auf dem Monde, er kennt die Urworte und hat die goldenen Wagschalen. Was nun aber diese Welt des Herrn Wedekind und sein Denken dazu anbetrifft, so brauche ich Ihnen nicht zu sagen...«

Hier kam Besuch, und das Gespräch wurde ein anderes.

ZWEITES GESPRÄCH

Als sich der geistreiche Dalton nach einer lebhaft geführten Unterhaltung über die Nagetiere verabschiedete, wollte auch ich mich entfernen, aber Goethe hielt mich zurück. »Ich muß doch dem Herrn Wedekind auf seinen Brief antworten, und mir dies Geschäft erträglicher zu machen, sollen Sie mir helfen. Was ist denn Ihre Meinung von diesem Manne?« Ich mußte gestehen, daß ich noch keinen zwingenden Anlaß gefunden hatte, mir aus den Schriften eine Meinung zu bilden, und daß mich die Meinung der Menschen über Herrn Wedekind mehr interessiert habe als dieser selber. Man hält ihn nämlich für einen zuchtlosen Zerstörer der sittlichen Werte, für einen argen Unhold, nennt ihn, ich weiß nicht weshalb, einen Satanisten, was wohl einen Teufelsanbeter bedeuten mag, man fürchtet ihn wie den bösen Geist, und ist nicht recht klar zu sehen, warum das alles. Er lehrt, wenn auch sich selber nicht ganz klar, eine gute bürgerliche Moral an etwas skurrilen Exemplaren, hat ordentliche Grundgesetze davon, glaubt an Gott und den Teufel und ist nur nicht ganz sicher darin, ob die fleischliche Lust in den Himmel oder in die Hölle führe. Herr Wedekind scheint mir auch sonst seiner Gedanken nicht sicher zu sein, nicht immer zu wissen,was er denkt und in welcher Richtung. Das wäre nun von keiner großen Wichtigkeit, denn von einem neuern Theaterautor verlangt man darin nicht viel. Aber dieser Verfasser gibt diesem seinem Denken selber eine so große Bedeutung, daß man es auf sein Geheiß suchen muß, um doch aber nur Konfusion und Gemeinplätze zu finden, ins Dämmerlicht einer Sinnlichkeit getaucht, die zu sich keinen rechten Mut hat. Während ich solches bemerkte, hatte Goethe ein paar Zeilen geschrieben und war dann ans Fenster getreten. Als ich schwieg, wandte er sich um und sagte:

»Ein fataler Mensch. Er hat, vielleicht aus Schüchternheit, einen festen Griff, aber die packende Hand ist so hypertrophiert, daß sie nicht merkt, wie oft sie in Staub und Leere greift. Er weiß wohl, daß eine Sache dadurch nicht wertvoll wird, daß sie wahr ist, sondern daß sie bedeutet. Das Problematische heutigen Lebens in ebenso problematischen Gebilden interessant zu finden und es mit einer billigen Psychologie auf das Individuelle auszugeben, dieses von Hauptmann beliebte Theater genügt ihm sicher nicht. Er versucht in seinem Besten die Menschen auf ihrer Substanz allein zu bilden, und so ergab sich das Trauerspiel daraus, daß sie so waren. Aber doch ein fataler Mensch! Denn das Leben stellte ihn, überdenkt man alles, an einen falschen Platz. Gott und der Böse belustigten sich damit, ihn mit Gaben zu beschenken, die immer gegeneinander stehen. Im Mittelalter traf man solche doppelt beschenkten Menschen als Wanderer auf den Landstraßen. Sie nannten sich Büßer und hatten keine andere Schuld auf sich geladen als sich selber. Daß sie so wandernd das Kreuz ihres verdammten Lebens trugen, war ihre Erlösung. Herr Wedekind stammelt Konfessionen und schlägt sich mit der Peitsche, mit der er manchmal auch andere trifft, wenn ihn die Scham über sein Tun packt. Der Schmerz schneidet eine Grimasse. Er ist ein verwirrter Katholik, dem nie die Gnade zuteil wird. Er glaubt an Gott, aber der Teufel fasziniert ihn. Wüßte er, daß die sogenannten Laster Leidenschaften sind, die nicht aufhören und nicht ermüden, also übertriebene Tugenden, Wedekind würde sich endgültig für Gott entscheiden und keine moralischen Probleme mehr lösen wollen.« Nach einer Pause fuhr Goethe fort:

«Manchmal will es mir scheinen, als ob das, was wir Moral nennen, nichts sonst ist als ein Buch voll kurioser Behauptungen, die nie und nirgends Wahrheit haben. Die Menschen fahren nun aber in ihrer Weise fort, dies und jenes zu tun, nach ihrer Not. Da steht dann aber das Buch auf wie ein Lebendes und macht ein Geschrei, daß das Tun im Widerspruch zu irgend etwas in seinen Buchsätzen sei. Das nennt man einen moralischen Konflikt. Man sollte einmal die Sache umgekehrt versuchen, nämlich zusehen und aufschreiben, wie die Menschen so tun und treiben, ganz das Büchel vergessend, und nichts weiter feststellen als: so handeln die Menschen. Wenn man nur das andere Buch so gründlich vergessen könnte! Wenn nur das Tun nicht vom Bedenken abgelöst würde!« Hier wurde Ottilie gemeldet.

DRITTES GESPRÄCH

Ich ging um halb sieben zu ihm und fand ihn allein im Arbeitszimmer. Das Gespräch kam, ohne daß es wie sonst von den Begebenheiten des Tages ausging, alsbald auf eine kleine

Schrift von H. Rudolf Kaßner, die er gelesen hatte und die von den Elementen der menschlichen Größe handelte. »Da stehen wir nun, von der Zeit gebildet und die Zeit nach Kräften bildend, davor, daß einer in die Not kommt, solches wie in diesem Buche die Menschen zu erinnern. Das macht doch nachdenklich. Weil wir nicht umsonst gelebt zu haben glauben, rückt uns die Verantwortung nur noch näher an und läßt uns eine Schuld in uns erkennen, daß wurde, was nun ist. Denn es kommt schon noch so, daß man Verwirrung einer Zeit gutheißen wird mit Anrufung unseres Beispiels und Irrtums siegeln wollen mit angeblicher Lehre unseres Lebens. Aber uns deutschen jungen Leuten von 1772 war ja nichts gegeben, als was wir aus uns selber hatten. So fingen wir also mit uns selber an und blieb uns nichts, als unser eignes Maß zum Maß überhaupt zu machen. Wer an dem Fehler, der darin steckte, nicht zugrunde ging – es gab solche –, der suchte ihn damit gutzumachen, daß er, wie wir es taten, dem jungen Übermut, der die Persönlichkeit um ihrer selbst willen setzte, die Erkenntnis beifügte, daß wir das Maß nur voneinander haben und es also auch in der Welt finden müssen, die da ist. Als einem alten Heiden war mir der eine Weg verschlossen, der wohl, wie ich glauben mag, zum Heil führt, aber nur in der völligen Aufgebung. Sich erst ans Kreuz nageln lassen, um aufzuerstehen, das ist nicht jedermanns Sache und war auch nicht die meine. Anders wenigstens lehrt es mich die Zeit nicht sehen, und meine Jugendkonstitution war kräftiger als unseres guten Jung-Stilling. So blieb der andere Weg allein, und der war, daß ich die Welt in mich zog, um ihr Maß zu gewinnen. Ich habe unter schweren Bedingungen gearbeitet, denn ich mußte mir allzuoft auch den Stoff, das Leben selber, erfinden. So warf mich dieses, da ich als Dichter ganz auf mich selber angewiesen war, auch sonst auf mich selbst zurück und förderte dieses Geschäft, die eigene Persönlichkeit zum Kunstwerke zu gestalten.«

Nie hatte ich ihn dergleichen sprechen hören, und ich verstand ihn auch nicht gleich, da in seinem Gesichte ein angestrengter Ernst und ein sonderbares Lächeln miteinander stritten. Nachdem er ein paarmal schweigend durch den Raum geschritten war, blieb er an den Ofen gelehnt stehen und sagte laut, fast unwillig: »Man halte sich an das, was mir im Gedichte gelungen ist, und mache sich aus dem, was unvollendet bleiben mußte, weil die Kunst nur ein Teil des Ganzen und darum kleiner als das Ganze sein muß, nicht etwas als meine Weisheit zurecht. Das bißchen Mystik wird der Greis sich wohl erlauben dürfen, womit er für sich und nur für sich das Unvollendete zu Ende brachte, den ›Faust‹ und den ›Meister‹. Da haben nun die Deutschen heutiger Zeit sich so eine Ambition ins Fleisch gesteckt, die sie Universalität nennen und die sie mit der Bildung erreichen wollen. Da lassen sie nichts in Ruhe, kümmern sich um alles, behängen sich mit tausend Flicken und Lappen und halten sich für was Rechtes, weil sie von jedem Ding eine Meinung haben. Von allem wissen sie; nur was sie selber angeht, das wissen sie nicht und bekommen es von keinem gesagt, denn die Feigheit ist allgemein, daß keines auf seine Frage, die ihm die Not auf die Lippen drängt, eine helfende Antwort erfährt. Was heute einer ist, das ist er nach seiner Meinung nur vorgeblich. Keiner glaubt sich gültig auf seinem Platze. Jeder meint sich eigentlich was anderes, doch was anderes, das weiß er nicht. So ist der Schauspieler, und erst recht der stumme des Films, recht eigentlich der Typus dieser Zeit geworden. Die Allseitigkeit, die im Bildungsfache nicht mehr weder zu erstreben noch zu erreichen ist, wird gespielt. Keiner glaubt dem andern, weil er sich selber nicht glaubt. Diese Zeit rettet sich auf einen Witz, um nicht beim Wort genommen zu werden. Als wir jung waren, fanden wir den vollkommenen Menschen als eine Art Paradestück höchst allgemeiner Begeisterung vor, und wir lachten es sehr respektlos aus, es war unsern Sinnen gar zu vernünftig erdacht. Nichts sonst als wieder so ein Paradestück ist der vollkommene Mensch von heute, den man alles sein läßt, was keiner auch nur im kleinsten zu sein oder zu leisten Willen oder Fähigkeit besitzt. Diesem Volke wird auch unsereiner im übelsten Sinne mythologisch, setzt uns unter die Götter, um eine billige Sonntagsverehrung zu haben, und will einem das Menschliche, die Arbeit, den Schweiß nicht gelten lassen, um in seiner verantwortungslosen Flunkerei nicht gestört zu werden. Nehmen Sie die kleine Schrift mit, lieber Eckermann, es stehen ein paar tüchtige Gedanken darin.«

Damit begleitete er mich bis zur Türe. Auf dem Heimweg kam ich mit den hier aufgezeichneten Worten nicht anders zurecht, als daß ich sie mir als einen – wenn auch sonderbaren – Scherz auslegte. Denn bei aller Verehrung, die ich für den großen Mann hege, kann es ja nur eine Laune des hohen Alters sein, die ihn sich selber aus dem Olymp weisen läßt, wo er doch ein für allemal thront und die Verehrung seines Volkes genießt.

VIERTES GESPRÄCH

Als ich heute morgen zu ihm ging, fand ich vor seinem Hause auf der Gasse zwei Burschen damit beschäftigt, wahre Berge von Gedrucktem in eine große Handkarre zu verladen. »Ich muß das Zeug fortschaffen lassen«, empfing er mich an der Tür schon, »es drückt mir sonst die Speicherbalken durch und drängt mich noch wahrhaftig aus meinem eignen Hause. Das ist heute schon die fünfte Fuhre und erst eine geringe Bresche in all den Wust gelegt, was man mir die Zeit her an solchem Bruchzeug ins Haus geschickt hat. Der Papiermüller mag's wieder rückwandeln in das, was es war, in anständige Lumpen. Die Lumpe, die zwischendurch nützliche Arbeit damit verunnützten, daß sie auf schönes Papier ihr dummes Zeug zum Druck gaben, schickte ich am liebsten denselben Weg zu Brei und Maische.« Als ich lachen mußte, fiel sein Gesicht in einen ernsten Ausdruck.

»Das ist nicht zum Lächern, mein Lieber, denn wenn's auch nicht gerade unter sonst vortrefflichen Umständen ein besonderes und ausnahmsweises Übel ist, diese Schreiberei und Belliteraturmacherei fast eines jeden dritten Deutschen, sondern vielmehr ins schlimme Ganze dieser Zeit geht, so muß es uns doch sehr verdrießen, die wir vom Fache sind, ein hohes Geistiges, wie es die Mitteilung von Geschautem, Erlebtem und Imaginiertem ist, so vor die Hunde kommen zu sehen und ein Gespött zu werden bei allen rechtschaffenen Männern im Lande, denen das Wort Gedicht nächstens schon so viel wie Unfug bedeuten wird. Gern mag man ja den Jünglingen die Freude lassen, die sie in ihrem imaginierten Unglück tröstet: – daß sie der Gefühle Überschwang in sozusagen Versen Entladung schaffen. Aber da grinst die Menge, die solche Pubertät bis ins Alter hat, wo einer sonst über sich und seine Grenzen besonnen wird, und das läßt Buch auf Buch drucken zu immer neuem Zeugnis seines Unvermögens nicht nur, sondern auch seiner baren Schamlosigkeit. Aber Laster zu haben ist ja heute, wie sie zu kultivieren, ein Vorzug und eine Auszeichnung, wo weder im einzelnen noch im gesamten Kraft zur Tugend ist. Wir haben es immer als die schwerste Aufgabe gedacht, mit dem Leben als ein Dichter fertigzuwerden – heute scheint es die wegen ihrer Leichtigkeit verlockendste zu sein. Aber die Herren sind ja auch danach. Es ist wie mit dem Hausrat, der in diesen Warenhäusern ausgeboten wird: daß er nur nach was aussehe, ist die ganze darauf verwandte Mühe. Unsolide und unerarbeitet ist diese ganze heutige Literatur, sogar in dem Kümmerlichen, das sie sich vornimmt... Jawohl, in dem Kümmerlichen. Doch wäre es unbillig, von den armen Literaturjungen mehr zu verlangen als von ihren Zeitgenossen in andern geistigen und moralischen Betätigungen.«

Da Goethe eine Pause machte, bemerkte ich, daß dieser Zustand nicht in Deutschland allein zu beobachten, sondern gemein europäisch sei. »Carducci ist in Italien, Verlaine in Frankreich, Swinburne in England noch nicht so gar lange tot, aber wie lange schon die Unsern, die denen drei an die Seite gestellt werden könnten? Und haben doch dort einen d'Annunzio, einen Proust, einen Meredith. Aber wäre es auch so, wie Sie sagen, und zöge man auch in Erwägung, daß das neue Reich seine besten Kräfte andernorts als gerade im Dichterischen brauchte, – wobei immer noch zu beantworten wäre, was denn Großes die im Dienste des Reiches verbrauchten Kräfte für ebendieses Reich geschaffen, als daß sie es zunicht geführt haben – wäre es aber auch so, daß es kein besonderer deutscher, sondern ein europäischer Zustand ist, so entschuldigt dies gar nichts. Die deutsche Nation ist nicht von gestern. Sie hat eine Vergangenheit, und wenn es schon nichts anderes als diese Tradition wäre, müßte die Nation daraus die Widerstände entwickeln, die sich gegen den prätendierten fatalen Kosmopolitismus des modernen Übels stellen. Ich sehe aber ringsum nur Förderung dieses Übels und ungehört die Stimmen derer, denen die nationale Sache etwas anderes ist als eine des schmutzigen Maules und ordinären Profites. Und war ein Herr über die Sache solchen deutschen Daseins gestellt, der ihr zu dienen meinte, indem er ihr nicht diente, wie sie bedient sein mußte, sondern als ein rechter Dilettierer zu allem, was ist, sich eine persönliche Beziehung schaffen mußte, und mit Beifall und Mißfall nicht entschied, sondern verwirrte. Dieser preußische Kaiser, dem die seiner würdigen Paladine aus der Hand fraßen, was sie ihnen Schmeckendes hineingeschmuggelt hatten, ohne daß er es merkte, er war der rechte repräsentative Mann dieses deutschen Zeitalters, das mit seinem Hingang noch nicht zu Ende ist.«

Als ob er unzufrieden wäre, davon und das gesprochen zu haben, ließ er das ganze Gespräch fallen und schlug eine Spazierfahrt in den untern Garten vor, dem ich natürlich nicht widersprechen wollte. Während angeschirrt wurde, bemerkte ich, ob es nicht immer so sei, daß man gerade die Zeit, die man erlebe und damit also erleide, am heftigsten angreife und eine vergangene gegen sie ausspiele. »Daran ist schon etwas. Die Dichter haben immer, und nicht zu ihrem Vorteil, das Vergangene in seiner harmonischen Vision mehr geliebt als die Gegenwart, schon um dessentwillen, weil die Gegenwart sie nicht liebte. Sie messen sie an der Gegenwart, ihre Kraft bekämpfen sie, und das ist immer Leiden und Ekel. Aber dann ist auch das Gegenwärtige ganz versunken in Irrtümern des Augenblicks und der Mode, und ohne daß man es will, vergleicht man es mit dem vollendeten Bild des Vergangenen, das seinerseits nicht besser war. Aber es stehen doch Denkzeichen in den Zeiten: das Geleistete.«

Indessen war angespannt, und wir fuhren in den untern Garten.

Der Vormittag war etwas schwül, indes zeigten sich große Wolken, die sich gewitterhaft zu Massen zusammenzogen. Wir gingen in dem trocknen Sandwege auf und ab, Goethe still neben mir, scheinbar von allerlei Gedanken bewegt. Ich horchte indes auf die Töne der Amsel und Drossel, die auf den Spitzen der noch unbelaubten Eschen jenseits der Ilm dem sich bildenden Gewitter entgegensangen. Stehenbleibend blickte er hinüber und sagte:

»Die singen, als ob sie die Ordnung ihrer Töne gegen das Chaos der kommenden Donnerstürze stellen wollten... So steht immer der Dichter gegen seine Zeit, als die Ordnung gegen das Chaos. Nur dieser Zeit blieb es vorbehalten, so sehr Chaos zu sein, daß es sogar die, die sich dieser Zeit Dichter nennen, adorieren und von ihm Weihe, Amt und Titel empfangen. Gewiß: weder Dante noch Shakespeare wurden von ihrer Zeit so groß gehalten, wie sie es waren. Und selbst der klare Stendhal war ihr nur der witzige Konsul von Civitavecchia. Aber sie waren doch da, und gegen ihre Zeit, die es ihnen schwer machte. Die Heutigen nennen sich zeitgemäß – als ob man was anderes sein könnte! –, weil sie die Zeit billigen und die Zeit sie: die Zeit macht es ihnen leicht, und sie machen es der Zeit nicht schwer. Nicht als ob sie ihnen immer den Magen fütterte, aber den Wahn füttert sie jedem, denn problematisch, wie beide Teile sind, anerkennt sie jeden irgendwie auf Grund des Geringsten, nämlich der sogenannten Begabung, des Talentes. Zeigte früher ein kleiner Junge irgend Begabung, freuten sich seine Leute, und damit war es genug. Er erheiterte vielleicht später in irgendeinem ehrsamen bürgerlichen Beruf den Kreis seiner Freunde mit einem liebenswürdigen Dilettantismus, lieferte ein Hochzeitskarmen, eine kleine Malerei. Heute wird ein Künstler aus ihm gemacht, weil sein Tun einen Marktpreis bekommen hat – es ist wertlos, aber es hat einen Preis. Es gilt etwas, aber es ist nichts wert. Dilettanten gibt es nicht mehr, weil alle, die es sind, sich Künstler wähnen und nennen. Ich erlebte in diesen Tagen die seltene Freude, meine kleine Büchersammlung des Bedeutungsvollen aus der Produktion der letzten dreißig Jahre um ein Buch vermehren zu können, das mir erklärt, warum kaum zehn Bücher in dieser meiner modernen Sammlung Platz fanden. Es heißt ›Zur Kritik der Zeit‹ und sein Verfasser Walter Rathenau. Es sind in diesem Buche Seiten, die sich neben das größte Gedicht stellen können, und ist doch nicht um dessentwillen geschrieben, sondern ergab sich solche Größe des Vortrages aus einem bedeutungsvollen praktischen Denken, das vertraut in den Dingen schaltet. Hier hat einer aus seinen mannigfachen Beschränkungen zum äußersten gesteigert, was eingeboren in ihm lag: Verantwortung. Furchtbar wird die Zeit gerichtet an ihren eigenen Maßen und mit einem nichts als sachlichen Pathos – das Urteil vernichtet, der Griffel der Zeit selber könnte nicht anders als es kontrasignieren. Es ist in diesem Manne etwas allem Modernen ganz Fremdes: er ist unzerteilt und unzerstückt in seinem Anteil an dem mitbürgerlichen Leben, das er mit gleich großem Sinne so darstellt als anschaut. Er ist, wenn man solches von einem Zeitgenossen behaupten kann, eine antikische Natur darin, daß für ihn nicht nur, wie für die Modernen Gedachtes und Empfundenes, sondern auch das, was geschieht, von Wert ist. Solche Art setzt diesen Mann seltsam über seine Zeit hinaus, so daß er sie aufschreiben kann, im ganzen, weil er sie ungeteilt aus dem Ganzen und unzerstückt im Standpunkte erfahren hat.

Und doch entgeht ihm einer: der Richter selber. Ein Teil kann nicht mehr sein als das Ganze. Aber daß Rathenau die Stellung fand, von der aus er die Zeit sieht, solches gibt ihm Hoffnung. Denn wie einer ist, den wir dort stehen sehen, hoffen wir auf einen zweiten, dritten. Noch ist die Geistigkeit nicht ganz in der Mechanisierung aufgegangen. Noch gibt es Gehirn, das noch nicht zu bloßem Bindegewebe degeneriert ist.«

Indessen war das Gewölk drohender geworden, man hörte ein dumpfes Donnern, auch einige Tropfen fielen, und Goethe fand es geraten, wieder in die Stadt zurückzukehren. »Wenn Sie nichts vorhaben«, sagte er, als wir an seinem Haus abstiegen, »so gehen Sie wohl mit hinauf und bleiben noch ein Stündchen bei mir, das wir an Rathenaus bedeutende Schrift wenden wollen«, welches denn mit großer Freude von mir geschah.

FÜNFTES GESPRÄCH

Als ich heute hinaufkam, traf ich Goethe bei der Lektüre eines Romanes von Meredith. »Sie stören mich nicht«, begann er gleich und schlug das Buch zu, »denn ich las nicht so eigentlich in diesem unerschöpflichen Mann, der, selbst am großen englischen Maße des Erzählens gemessen, eine überragende Höhe besitzt, neben dem, was das neuere deutsche Schriftwesen hervorgebracht an Romanen, nur Niederung bedeutet. Es hat dieser Engländer bei dem deutschen Leser kein Glück gehabt, zumal man ihn in Übersetzungen vorstellte, die nichts als die Bekanntschaft mit einem stümperhaften deutschen Skribenten einbrachten, die man rasch wieder auslöschte, wobei der Name des englischen Dichters mit verschwand, was ich recht bedaure. Unsere Autoren lassen gerne das Schrifttum unserer westlichen und östlichen Nachbarn auf sich wirken, nicht immer zu ihrem Heile. Da hätte dieser Meredith Besinnung bringen können. Nun wird man ihn vielleicht über seinen großen Schüler, den Franzosen Proust, kennenlernen, dessen Werk eben seine

Wirkung tut, den französischen Roman aus seiner Sterilität zu erlösen.«

Auf meine Frage, was er an Meredith besonders schätze, sagte Goethe:

»Davon ein andres Mal, mein lieber Eckermann. Im Augenblick, da Sie kamen, war ich über das Mikroskop gebückt, das ich über eine Seite, irgendeine des ›Harry Richmond‹, gestellt hatte, mit ganz handwerklicher Neugier das Geschriebne besah, einmal dem Worte des Hobbes folgend – Sie kennen es: veritas non in re, sed in dictu consistit. Mein Blick muß sich wieder erst auf größere Distanz einstellen, daß ich Ihnen sage, was ich an diesem einzigen Heiden heutiger Zeit so besonders schätze. Durchs Mikroskop blickend, bermerkte ich, daß von den dreißig Sätzen der Seite bloß einer mit ›und‹ beginnt, und dieser ist eine zitierte Bemerkung Julias. Nicht ein einziger Satz beginnt mit ›aber‹, ›wie‹, ›deswegen‹ und dem ähnlichen. Die elf vorkommenden ›und‹ sind bloß Bindungen in Aufzählungen, keines drückt verbundene Gedanken aus. Die dreißig Sätze sind also sozusagen formal völlig verbunden in ihrem Kontext, welcher Mangel konjunktiver Worte der Seite eine höchst impulsive, unräsonierende Art gibt, und von dieser Seite kommt die Leichtigkeit her. Solches Impulsive und Unräsonierende trifft gewiß auch ein Grieche, aber die Wirkung des Engländers kann er nicht erreichen. Denn Gesetz seiner Sprache war, daß jeder Satz zusammenhänglich ausgedrückt werden mußte, wofür ihm seine Sprache einen Schatz konjunktiver Partikeln gab, weit größer, als wir ihn in unserer oder der Engländer in seiner Sprache besitzen.«

Ich erlaubte mir hier die Bemerkung, daß es wohl die griechische Art des Denkens war, die der Sprache diese Regel aufdrängte, worauf er fortfuhr:

»Oder die Sprache das Denken so bestimmte. Doch wollen wir das sein lassen wie immer. Ich will nur sagen, daß wir in unserm Deutsch wie der Engländer eine Freiheit besitzen, so gefährlich und wertvoll wie alle Freiheiten, und die man einem griechischen Meredith nicht erlaubt hätte. Unsere moderne Freiheit, uns von der Notierung der logischen Abfolge zu dispensieren, wenn wir so wollen, ist ein sehr bedeutender Faktor in der Variation unseres Ausdrückens. Einige der neuern deutschen Romanschreiber glauben diese Freiheit königlich zu praktizieren und nennen sich, weiß Gott warum, Expressionisten. Lag die Gefahr der Regel darin, daß das Auge, die Bindung der Sätze sehend, nun auch meinen konnte, der Gedanke sei ungebrochen, so ist's die Gefahr der Freiheit, daß einer nur recht Unsinniges hinzusetzen brauchte, um glauben zu machen, er dächte sich etwas.«

Ich nannte hier ein deutsches Beipiel, aber Goethe schob es mit einer Handbewegung beiseite.

»Da ist noch Grammatik in dem Meredith, die viel zu denken gibt. Er braucht höchst sparsam den Relativsatz. Auf dieser Seite macht nur ein einziger Satz beträchtliche parenthetische Unterbrechung im Fluß der Sätze. Die Relativsätze sind rückbezüglich und verlangen vom Leser Gedächtnis und konstruktive Aufmerksamkeit, sie retardieren die Bewegung, und der Leser muß eins übers andere stellen, statt die leichtere Arbeit zu tun, die darin besteht, eins neben dem andern zu lassen. Die Diktion geht hier, grammatikalisch gesprochen, rastlos vorwärts, ohne Aufenthalt, in Schritten, die wie Sprünge sind.«

Als Goethe hier, im Buche blätternd, eine Pause machte, erlaubte ich mir zu bemerken, daß in dieser Diktion des Meredith wohl der Grund dessen liege, was man bei aller Einfachheit seiner Sätze die Dunkelheit nenne, die man diesem Autor wie dem Browning vorwerfe.

»Ja«, sagte Goethe, »es ist dem raschen Vorwärts seines Gedankens nicht immer leicht zu folgen, das mag wohl sein, und sein Zeitgenosse Stevenson liest sich leichter und ist dieser doch bei aller Luzidität komplizierter in seiner Diktion, als der Eindruck glauben machen möchte. Wie dieser Schotte, etwa in den ›Travels with a Donkey‹, das grammatische Subjekt alternieren läßt zwischen dem Beschreiber und dem Beschriebenen, die Zeit wechseln von einfacher Vergangenheit zu Mitvergangenheit, das erstemal Bewegung im Raum, das andere Mal in der Zeit macht, darüber wäre manches zu sagen. Aber so nötig es in einer Zeit wäre, die dabei ist, Stottern für Sprechen zu halten und Unfähigkeit des Ausdrucks für kühne Neuerung und Überwindung der Grammatik; wir wollen's genug sein lassen. Man mag es uns als Pedanterie vorwerfen, daß wir nicht ängstlich genug sind, an unser Werk das Auge so nah zu bringen und von ihm handwerklich zu sprechen. Wir töten es damit nicht, wie jene dichterischen Herren meinen, die sich solches Tun ihrem Werke gegenüber allerdings nicht erlauben dürften, selbst wenn sie es vermöchten, denn es löste sich dann in seine nichtigen Bestandteile auf, und nichts bliebe als die eitle Intention derer Verfasser. Wir werden sie nicht bessern. Das Fratzenhafte ihres Tuns wird sie aufzehren, und so wird es gut wie nichts gewesen sein.« Da sich hier Goethe wie zum Abschied erhob, empfahl ich mich.

SECHSTES GESPRÄCH

Es war ein kalter Tag gewesen, als ich bei Goethe eintrat, der mich nach der Begrüßung bat, die zwei Wachslichter vom Schreibtisch auf das Tischchen zu stellen, was er sich hatte an den Lehnstuhl rücken lassen. Er lud mich ein, in seiner Nähe Platz zu nehmen, was ich auch alsbald tat. Zunächst dem Kamine, in dem ein Feuer lebhaft brannte, bemerkte ich, als ob es so hingeworfen worden wäre, allerlei Gedrucktes und Gebundenes liegen, konnte aber nicht unterscheiden, was es im einzelnen sein mochte. Goethe, der meinen Blick merkte, begann dann gleich zu sprechen.

»Ich hatte schon recht, mein lieber Eckermann, als ich im August 1914 meinen braven Diener Kräuter beauftragte, die irdische Buchpost bis auf weiteres ungeöffnet liegen zu lassen. Der Lärm, mit dem man da unten um Import und Export würfelte, währte ja ein bißchen lang, und sie stürzen ja noch immer den Becher. Sie tun's wohl ein wenig stiller, aber ich weiß nicht, ob besser.«

Ich erstaunte darüber, daß Goethe sich, wie es schien, zu einem politischen Gespräch anließ, und machte eine solche Bemerkung. Aber er schien sie überhört zu haben, denn er fuhr fort:

»Ich hab' mir nun so ein und das andre, wie's der Zufall in die Hand brachte, von dieser alten Post öffnen lassen. Da liegt's nun beim Ofen, dem es wohl trefflich dient. In dem holzigen Papiere, auf dem diese Schriften gedruckt wurden, bot diese Literatur ihre einzigen Avantagen. Es ist doch ganz hübsch warm hier, nicht war? Nein, kein politisches Gespräch, mein Lieber. Es wäre ja auch nicht die rechte Materie für unsereinen da, der sich in das, was sie heute Politik nennen, nicht recht finden mag. Ich will nur sagen, daß diese gipsene Prunkfassade der wilhelminischen Zeit in Stücke ging, wie sie es wohl verdiente, und daß, was ihren Errichtern ein Palast schien, nichts ist als gähnende Leere. Daß ansonsten jetzt nicht viel herumliegt als Schutt und eitle Trümmer, das kann nicht erstaunen. Nun, sie werden ein Waren- oder ein Arbeitshaus daraus errichten, was immer noch besser ist als eine neuzeitliche Kaserne. Ja, es haben sich die treibenden Mächte dieser Periode weit stärker erwiesen als der ihnen erst etwas widerspenstige Geist ihrer Literatur; denn was sie den wirtschaftlichen Aufschwung nannten, das brachte diese opponierende Literatur gar rasch in Beuge und Dienst, ohne daß sie dessen gewahr wurde. Bald war sie in die Fassade vermauert und ist nun Bruch wie diese. Als unsereins zu Hofe kam, verfiel man ja wohl auch für eine Weile der Modernität. Es soll das gar nicht verschwiegen werden. Aber man fand sich doch bald wieder zurecht, und war ein Ende mit den Claudinen und Bürgergenerälen. Aber was da heute in Brocken und Grus zuhauf liegt, scheint es immer noch nicht zu merken, daß es einem üblen Geiste diente, im Herzen auch dann, wenn es ihnen zu höhnen schien;

und nun glaubt der Schutt noch immer ein Grünes zu treiben mit Stengel, Blüte und Frucht und ist nichts sonst weiter als armselige Mauerflechte. Der liebe Gott hat's nun gut mit denen gemeint, die sich da alle die Zeit abseits hielten und lieber für Verstummte gelten wollten oder für Unfähige, als daß sie einem hohlen Dasein zu einem Scheine von Fülle verhalfen. Es ist ja doch wohl auch das wenig Gute, das zutage kam in dieser Zeit, gleich zu einem gemeinen Zierstück entwürdigt worden, zur Nichtigkeit eines Spieles und einer Tändelei. Da fand sich auch oft das groß Angelegte bald in der Miniatüre wieder und war's zufrieden aus Trägheit. Da mochten nun jene im Vorteil sein, die als Deutsche nicht eigentlich zu dem Reiche gehörten, in ihm nur etwa zu Gaste waren. Ich meine die Österreicher und die Schweizer. Von diesem ist ja nun nicht viel zu sagen seit des tüchtigen Züricher Stadtschreibers Tod, denn im ganzen eignet ihnen das zu wenig, was die Österreicher zu viel haben und zu leicht erwerben, schon in die Wiege mitbekommen, die in guten Häusern steht oder unterm Weinstock in der Sonne. Ich meine die geistige Beweglichkeit und den feinen Geschmack. Jene kann leicht windig werden, dieser etwas gar zu verfeinert, und es gibt dann einen Windhund, dessen Beine des Geschmackes so dünn sind, daß er gar nicht einmal gehen kann, wohl aber schön auf dem Teppich liegen. Das Österreichische verspielt sich gerne, und das schweizerische Wesen neigt zu einem Hinterwäldlertum, das nicht mehr recht des zivilisierten Menschen Sache.«

Goethe wandte sich zu dem Tischchen an seiner Seite und legte die Linke auf eine kleine Schicht Bücher, die da übereinander zwischen den Wachslichtern lag.

»Hier, mein lieber Eckermann, sind so ein paar Deutsche, die sich gedulden konnten, und denen der Ruhm von des Reiches Herrlichkeit weder das Herz wegnahm noch den Kopf verdrehte. Sie wollten ihr Teil an dieser Herrlichkeit mitnichten finden. Als wir jung waren, damals in Straßburg, nannten wir solche da Kerle. Heut ist man bei der Jugend wohl feiner mit einem andern

Wort. Das da sehen Sie sich an, Eckermann, und nehmen's mit nach Hause.«

Ich erhob mich, die Bücher und die Titel zu besehen, und erlaubte mir dann zu sagen: Ein Name ist mir lang vertraut, ein anderer bekannt, und auch der dritte scheint mir nicht fremd.

Goethe sagte lächelnd:

»Es gab da Bücher, über deren Streifen von den Verlegern versichert wurde, dieser Verfasser sei das wahrhafte Genie seiner Generation und gerade zwanzig alt geworden. Ich hab' diese Bücher auf die Seite bringen lassen. Es waren mir zu viele solche Genies, und ich war nicht in der Laune, mein armes Vaterland ob solcher Überfälle für die Dichtkunst verausgabter Genialität beklagen zu müssen. Es wäre ja mit diesem Volke zu Ende, besäße es in jedem Zehnten ein dichterisches Ingenium von der versicherten Größe. So mit zwanzig Jahren, da dichtet manches freiwillig mit, was dann mit dreißig nicht mehr mittut. Das Genialische gehört einmal zu diesem Alter wie der erste Flaumbart. Wert hat es erst, wenn's mit dreißig noch da ist und nicht zu Narretei ausschlug. In der Jugend weiß man noch nicht, daß die Welt das Genie hat und nicht man selber. Von diesen dreien sind zwei in den Vierzigern, einer Mitte dreißig. Herr v. Hofmannsthal, dem Zeit unmittelbar nichts anhat und für den sie immer erst ein bißchen die alte Zeit geworden sein muß, damit sie seine Zeit werde, der tat ja, was ihm auch Österreich leichter machte, alle die Zeit in der eigenen Stille sein Werk. Nun kam er doch vom Claudio und wie seine Herrschaften hießen, auf einen richtigen Grafen, den Schwierigen. Wohl, weil es ihn nicht mehr gibt, hat er für ihn ein Dasein bekommen. Und er machte dieses scharmante Stück. Hätten die Deutschen in der Zeit, wo sie in Strindberg ihre Frauen suchten und im Wedekind ihren Eros, hätten sie da statt alldem ein, zwei Dutzend solcher liebenswerten gesitteten Stücke auf ihrem Theater gehabt, wie dieses Lustspiel von H. v. Hofmannsthal, sie hätten bessere Figur bekommen, innen wie außen, und wären nicht in ihrem Äußern verwahrlost, weil sie sich Besitzer eines innern Schatzes dünkten, und schienen dessen so sicher, daß sie die Medisancen und Unverschämtheiten, die ihnen Herr Sternheim zu sagen für gut fand, belachten und sich gar nicht betroffen fühlten, ja kaum merkten, daß sie hier ihre Wahrheit von einem gesagt bekamen, dessen inpropres Wesen ihm kaum zu solchem ein Recht gab.

Auch von diesem Rudolf Borchardt werden Sie schon gehört haben, mein junger Freund. Er war einer von den wenigen, die voller Bewußtsein sich zurückgezogen und fernblieben alle diese zwanzig Jahre. Wurde etwas von ihm laut, so war's durch Zufall, nicht aus freien Stücken. Nun machte er seine Mappen auf, fast zweier Jahrzehnte Arbeit.«

Ich glaubte eine Frage an den erhabenen Mann stellen zu müssen, und sagte: Wollen Sie damit sagen, daß Borchardt seine Zeit jetzt für gekommen erachtet?

»Ebendieses«, fuhr Goethe fort, »wieder einmal zu bedenken, fiel ich in Sinnen. Dieses: was es denn sei eigentlich mit eines Dichters Zeit. Der Dichter ist ihr sicher verbunden, aber gewiß nicht mit seinem Besten ihr verbunden. Wäre er das, es verlöre ja der Dichter mit seiner Zeit alle Zeit und würde andern Zeiten gänzlich ins Rätselhafte fallen. Und dem ist doch nicht so. Ganz und nichts als zeitgemäß ist immer nur das Niederträchtige. Das Unzeitgemäße, wie es dem Dichter eigen, wird Beständigkeit besitzen, wo wandelnd auch mit den Zeiten das ist, was diese Zeiten in ihrem Wechsel als das besondere Eigentümliche auszeichnen und vermeinen. Also scheint mir aber auch der Dichter schon intendiert zu sein: daß er rein in der Einform des Kristalls gebildet, solches bleibt durch die Zeiten, die den Kristall wenden und drehen, ihn dadurch nicht ändernd, aber wechselvoll die Brechung des Lichtes durch ihn. Die bestimmte Zeit, die der Dichter mit seinem wirklichen Leben lebte, gleicht so dem Muttergestein, auf dem der Kristall wohl aufsitzt, das aber das System seiner Achsen nicht bestimmt. Das nichts als Zeithafte kann, zumal wenn es sich mit Geschick eine gewisse Form gibt, die es aber nie schafft, sondern immer entlehnt, es kann das voller Verdienst und Geltung sein, wie des Herrn Sternheim witzig-geschicktes Theater, aber Wert besitzt es nicht. Denn wie der Augenblick die Geltung, so bestimmt die Dauer den Wert.

Hätte Herr Borchardt seine Stimme in dieses mißtönende Orchester der wilhelminischen Literatur begeben, wenn solches überhaupt bei diesem Manne denkbar, sie wäre sicher nicht gehört, aber vielleicht sich selber mißtönend geworden. Davor bewahrte er sich oder es bewahrte ihn davor sein Kairos. Was sollte er da, wo ein Bierbaum die Pikkoloflöte, ein Wedekind die türkische Trommel und ein Rilke die Celesta spielte?«

Goethe zog nun aus der Schicht ein Buch, behielt es in seinen beiden Händen und blickte darüber weg in das Kaminfeuer. Ich wollte dieses Schweigen nicht unterbrechen und verharrte wartend.

»Ich habe einmal«, begann er nach einer Weile, »ein Theaterstück geschrieben, seinen ersten Teil nur. Denn mir schien, als müßte ich mit dem zweiten Teile, der es vollenden sollte, über meine Natur ganz hinausgehen, die mich doch immer darauf wies, Gebilde zu schaffen und vom Bildhaften zum Begrifflichen zu kommen und nicht den umgekehrten Weg. Den andern Teil des Stückes begriff ich nur. Und das Gebilde wollte sich ihm nicht natürlich gesellen. So war's über meine Natur, und ich gab es auf. Das Stück hieß ›Die natürliche Tochter‹ und ist längst vergessen. Ein späterer war es, ein seltsamer norwegischer Pillendreher und Giftmischer, der hier, an dieser aufgegebenen Stelle, weiterschaffte und dem es gelang. So wenigstens dünkte es seiner Zeit. In den letzten seiner Stücke teilte dieser Mann seine Bühne in ein dreifaches Hintereinander. Auf dem vorderen Plane spielte man die Fabel für den Jedermann aus dem Publikum, dem sie wenig gefiel, da sie nicht spannte. Auf dem Zwischenplane agierte man die symbolischen Beziehungen für die Nüsseknacker der Seele und die Dilettanten des ästhetischen Gruseligen. Und auf dem hinteren Plane vollzog sich das Drama der Ideen. Hier spielte der seltsame Mann gewissermaßen für sich allein. Diese Dreiteilung war ja wohl ein Kniff, und der Mann war geschickt und hatte viel gelernt und darüber seine dichterische Fähigkeit des Zusammensehens verloren. So gab das nicht die rechte Lösung der Aufgabe. Denn da müßte doch wohl alles, die Anekdote, die seelische Beziehung und der Begriff, auf dem gleichen Plane spielen. Solches nun hat, wie mir scheinen will, dieser Robert Musil versucht mit gutem Gelingen, in einem Stücke ›Die Schwärmer‹. Sie werden mich, mein lieber Eckermann, schon recht an einem Beispiele verstehen, das absieht von dem unmittelbaren Vergnügen, das ein Theaterspiel gewährt. Ich meine das Folgende. Fällt der Vorhang am Schluß und wird er wieder für den Beifall in die Höhe gezogen, so erhebt sich der eben erschlagene Held und lächelt. In jenen Augenblicksstücken theatralischen Gewerbes, welche ganz des Schauspielers Sache sind, da stört uns dieses Auferstehen von den Toten gar nicht; denn wir sind ja beim Schauspieler nur und wissen, daß er nicht wirklich totgemacht wurde. In dem Drama aber, wo es sich immer um Leben und Sterben von Ideen handelt, da werden wir den Toten lieber liegenbleibend sehen. In jenen Stücken der theatralischen Manufaktur wird nur durch ein Kostüm gestochen. Was sich da vollzieht, ist in allen Betrachten ein Scheinen. Aber im Drama gibt es wahrhaft Leichen, die hier als ein Begriff, eine Idee, ein Geistiges fielen. Das Drama löst keine Probleme, sondern es erledigt das Problematische. Das erstere hat sich nur dieser verquollene unglückliche Schulmeister Hebbel eingebildet. Um das andere wußte auf seine Weise Herr Ibsen. Herr Musil treibt das, was man das Psychologische nennt, bis an seine äußerst mögliche Grenze, in seine engste Enge, wie ich gern sagen möchte – dorthin, wo es nicht mehr aus kann; denn dort, an dieser Grenze, steht das Dogmatische oder dessen Notwendigkeit. Er forciert das Seelische, daß es sein trübes Bereich verlasse, in dem Hauptmann seine Figuren beläßt, ja, in dem er sogar das geringe Begriffliche, das sie vielleicht enthalten, auflöst zu Gefühligem, Stimmungshaftem und in alle diese Beiläufigkeiten des Psychologistischen, wohinein dann so etwas wie eine Voreingenommenheit für die Existenz dessen, was man so Charaktere nennt, Ordnung oder Fortgang der Handlung bringt. In diesem Werke Musils gibt es das nicht, was man so Charaktere nennt, wie sie angeblich Angeborenes, Erziehung, Milieu, Beruf ausbilden. In diesem Werke ist das Ja auch Nein, das Schwarz auch Weiß. Ich meine, es wird hier nicht mit dem sogenannten Gefühle im Bezirke des Gedanklichen bewiesen, als welcher Bezirk doch wohl das Dramatische anzusprechen ist. Was hier nicht für seinen Begriff steht, das steht überhaupt für nichts. Alles dieses nun wird, wie Sie wohl beachten müssen, lieber Eckermann, im Fleische von Geschöpfen gebildet, ist nicht etwa Spruchband oder rhetorische Wendung, versteckt in einem Sprechton der Konvenienz oder des Dialektes. Der Verfasser hat sich bis auf das äußerste Maß von seinen Geschöpfen zurückgezogen, er hält sich in unendlicher Distanz. In unserm alten Sinn ist das Ganze vielleicht nicht mehr ›dramatisch‹; aber vielleicht ist dieser Sinn nicht nur alt, sondern auch veraltet, gemessen am sozusagen Dramatischen dieses heutigen Lebens selber.«

Goethe erhob sich.

»Nehmen Sie die Bücher alle mit, mein lieber Eckermann, sie werden Ihrem immer lebhaften Geist vieles zu tun geben zusamt der Gewißheit, daß es um die Zukunft unserer deutschen Dichtung bei solchen Leistungen doch besser steht, als wir uns bei der andern Zukunft von dieses Volkes politischem Leben zu hoffen getrauten.«

Ich spürte die arge Kälte nicht mehr, als ich aus dem wohlerwärmten Hause ins Freie trat, wie immer ganz erfüllt von dem erhabenen Manne, den ich gerade verlassen hatte.

BRIEFE AN EINEN STREBSAMEN JUNGEN MANN

ERSTER BRIEF

Sie erweisen mir die Ehre, mich zu Beginn Ihrer schriftstellerischen Laufbahn um Rat zu fragen, wie sie solche am besten und aussichtsvollsten ins Werk setzen könnten, und fügen gleich hinzu, daß Sie nicht auf das Erträgnis Ihrer literarischen Arbeit angewiesen seien und sich in ausgezeichneten Vermögensumständen befänden. Das habe ich vorausgesetzt. Denn ich halte Sie für einen vernünftigen Menschen, der weiß, was er will. Mittellos wären Sie nie auf den Gedanken gekommen, Schriftsteller zu werden und mich um Rat zu fragen, den ich Ihnen unter diesen Umständen um so weniger vorenthalten will, als ich mir für einen reichen und aufgeweckten jungen Mann heute keine bessere Verwendung seiner freien Zeit denken kann als in der Literatur. Ich weiß alles: Sie haben ein kleines Amt im Ministerium mit sicheren Aussichten auf rasche Beförderung, verkehren in guten Häusern, lassen beim besten Schneider arbeiten, beziehen Ihre Wäsche aus Paris, essen abends im Klub, machen die Unsitte des Caféhausbesuches nie mit, lesen alle neuen Bücher in den Luxusausgaben – ich sehe also nicht ein, warum Sie nicht auch schreiben sollen, zudem, da Ihnen die Berühmtheit sicher ist, Talentlosigkeit vorausgesetzt. Denn Talent, und wäre es auch nur ein ganz kleines, würde Ihnen Schwierigkeiten machen. Mit Talent kann es Ihnen passieren, daß Ihnen die reichen Früchte Ihres Ruhmes aufs Grab fallen, und Sie wollen doch vernünftigerweise diese Früchte noch bei jungen Jahren selber pflücken. Talent führt zur Vereinsamung, und Sie sind eine gesellige Natur. Halten Sie sich also nicht mit Talent auf. Solange andere eines haben, brauchen Sie selbst keines. Was Sie brauchen, sind Talente, und daß Sie die haben, davon bin ich überzeugt, und mein Rat besteht nur darin, Sie zu erinnern und

Ihnen den rechten Gebrauch zu weisen. Vor allem: nennen Sie sich nie Schriftsteller oder gar Literat; einmal, weil das später Ihre Gegner – man lebt, also hat man Feinde (welche Gegner übrigens alle reichen jungen Leute wie Sie sein werden) – ohnedies mit verächtlichem Akzent tun werden, und dann, weil es heute nicht schick ist, dem, was man als reicher junger Mann treibt, jene Wichtigkeit eines Berufes zu geben, daß daraus eine Bezeichnung sich ableitet. Schriftsteller – das Wort ist so gemein wie Zeitungsschreiber, so ridikül wie Dichter – ist der Inbegriff schlechter Manieren, lächerlicher Schulden, übelster weiblicher Beziehungen. Darüber gibt es an Gemeinheit nur noch die Bezeichnung Literat, eine strafrechtlich zugelassene Umschreibung für Zuchthäusler. Merken Sie sich das für Ihre spätere kritische Tätigkeit. – Sie haben einen netten Vornamen, nicht zu banal, nicht zu gespreizt, Sie haben einen passablen, nicht jüdisch klingenden Familiennamen, sind Dr. jur. und im Ministerium. Das genügt vollkommen. Lassen Sie sich nach wie vor tadellos anziehen, tragen Sie das Gesicht rasiert, erhalten und erweitern Sie sich die Beziehungen zu guten, möglichst adeligen Häusern, und vermeiden Sie die Bekanntschaft von, verzeihen Sie, Kollegen wie die Pest. Ich meine natürlich die unberühmten Kollegen und alles, was man Literat nennt. Denn die Berühmten kennenzulernen, das muß Ihre heimliche Sorge sein bei Tag und Nacht. Da schreiben Sie mir, Sie hätten Ihr Jahr bei demselben Kavallerieregiment gedient wie Herr v. Hofmannsthal. Schon daraus, daß Sie mir das schreiben, war mir klar, daß Sie es weit bringen müssen. Sie fühlen bereits, daß dieser Zufall ein Stück Ruhmkapital ist, ein erstes Eisen im Feuer. Nehmen wir beispielsweise an, Herr v. Hofmannsthal muß einmal, weil er zufällig in der Stadt ist, und aus irgendeinem Grunde bei Demel den Tee nehmen. An diesem Tage und zu dieser halben Stunde müssen Sie auch bei Demel sein und Herrn v. Hofmannsthal begrüßen, als Regimentskameraden natürlich nur, und nur mit Hutziehen. Des Abends sagen Sie dann so nebenei einmal in der

Gesellschaft –: »Ich habe heute mit Herrn v. Hofmannsthal beim Demel...« Lügen Sie nie! Halten Sie sich strenge an die Tatsachen. Geben Sie ihnen nur das Licht, das Sie wünschen. Auf welche Weise werden Sie die in Ihrer Stadt lebenden berühmten Männer bald persönlich kennen und sie Sie. Aber sonst: Haben Sie einen guten Freund, der auch Schriftsteller werden will, so treffen Sie sich mit dem nur ganz im geheimen, oder geben Sie, sicher ist sicher, diese kompromittierende Freundschaft sofort auf, rücksichtslos. Man darf Sie nicht in einem Rudel sehen. Und gymnasiale Rückfälle in Gemeinschaften der Ideale sind für einen Reserveleutnant lächerlich, für einen angehenden Schriftsteller schädlich. Denn Sie müssen die erste Etappe Ihrer schriftstellerischen Existenz mit äußerster Diskretion leben; nur wie ein ganz blasses, scheues Gerücht darf es eine Dame einer andern sagen, daß man glaube, Sie dichten. Niemand wird bei Ihren tadellosen Manieren und Ihren ganz korrektem Anzug so taktlos sein, Sie direkt daraufhin zu fragen. Aber daß etwas los ist, müssen Sie schon merken lassen, etwa mit plötzlich schwer bemeisterter Zerstreutheit in Gesellschaft oder damit, daß Sie sich allein an entlegenen Orten sehen lassen, wovon man durch Dritte erfahren muß und wohin Sie sich selbst unter den größten Qualen der Langeweile begeben. Nuancen, Verehrtester! Sie müssen einfach Ihrem Leben, das Sie führen wie jeder andere Ihres Kreises auch, kaum merkbar, aber doch anders bestimmend. Der Aufenthalt in einem Sanatorium ist ein zu grobes Mittel, und heute, wo das Müde nicht mehr die Mode Ihres Kreises ist, veraltet und blöde. Sie markieren besser englisch-sporthafte Gesundheit, auch wenn Sie einen chronischen Magenkatarrh haben sollten. In Gesellschaft weichen Sie allen Geprächen über Kunst ostentativ aus. Müssen Sie sich aber äußern, so sprechen Sie bei der Skulptur begeistert nur von den Ägyptern, bei der Malerei begeistert nur von den Malern des Settecento (was man originell finden wird), bei der Musik begeistert nur von Orlando (merken Sie sich ein paar Operntиtel), bei der Dichtkunst begeistert nur von den späten Lateinern, bei der Architektur sagen Sie meinetwegen Messel. Sie können aber auch eine oder mehrere Künste prinzipiell ablehnen. Die Begeisterung versteht sich bestimmt, aber gemessen, unter Vermeidung enthusiastischer Vokabeln. Die modernen Dichter billigen Sie mit Zurückhaltung, geben an allen aller Richtungen etwas Gutes zu, lassen aber durchblicken, daß sie Ihnen samt und sonders gar nicht in eigentlichen Betracht kommen. Politisch seien Sie indifferent. In Hinsicht auf die Wissenschaften empfehle ich Ihnen den Grundsatz: Was man nicht weiß, ist sicher noch dümmer als das, was man weiß. Schließlich müßten Sie etwas drucken lassen. In zweihundert Exemplaren auf Ihre Kosten. Davon im nächsten Brief.

ZWEITER BRIEF

Was ich Ihnen, verehrter Herr, im andern Briefe schrieb, betraf einiges Ihres äußeren Lebens, Ihre Aufmachung sozusagen (um Ihre Existenz in einem Wort zu nennen), war die Lehre von der auffälligen Unauffälligkeit, von der anmaßenden Bescheidenheit, von der Zurückgezogenheit, die überall ihre Fühler hat, von der Harmlosigkeit, die immer auf dem Sprung ist. Ich gab Ihnen einige Vokabeln in Ihr Kaleidoskop, nun drehen Sie es bitte und lassen Sie die Leute durchschauen, aber nicht sich durchschauen. Sie sind manchmal etwas absonderlich, aber immer comme il faut, nehmen öfter H. v. H. den Tee und grüßen im Theater etwa wohl nach der Richtung hin, wo Herr Arthur Schnitzler sitzt, den Sie natürlich dazu gar nicht zu kennen brauchen und er Sie nicht, und sagen Sie zu Ihrer Nachbarin in der Loge: »Der gute Schnitzler wird immer dicker.« Aber sagen Sie nicht etwa, Sie wären befreundet mit ihm, denn die gute Dame könnte Lust bekommen, durch Sie Herrn Schnitzler kennenzulernen. Ich sagte Ihnen schon: Nie lügen! Immer nur so tun. Ihre Rede muß immer so sein, daß der

Zuhörer das für Sie Angenehmste mit Ihrer leicht nickenden Nachhilfe heraushören kann, aber auf seine Kosten und Gefahr. Sie müssen leichten Herzens in der schwierigsten Situation fragen können: »Habe ich je gesagt, daß...?« Von der Freiheit, die Sie sich damit Ihrem späteren kritischen Tun vorbehalten, gar nicht zu reden. Wie die Dinge jetzt liegen und auch später liegen werden, dürften weder Herr v. Hofmannsthal noch Herr Schnitzler je den Wunsch haben, Sie persönlich kennenzulernen. Es genügt, daß Sie die Herren auf Ihre Weise persönlich kennen. Wenn ich kurz noch nachhole, daß Sie das Bekanntwerden Ihrer wirklichen Liebesaffären durchaus vermeiden müssen – Frauen und Kammerdienern ist nichts heilig –, dafür aber Ihre fingierten Verhältnisse, soweit sie ganz außer der Kontrollierbarkeit durch Ihre Gesellschaftsklasse, also in höheren Kreisen, stehen, unterhand verbreiten – seien Sie sehr mäßig –, glaube ich nur so Geringes im Bereich Ihres äußeren Lebens vergessen zu haben, wie, daß Sie z. B. nicht rauchen, nie von Wilde, oder was gerade der Tagesenthusiasmus ist, reden und im allgemeinen, so schwer es auch einem jungen Mann wird, lieber zuhören sollen. Mit einem gut dreinschauenden Kopf schweigen, wenn über große Dinge gesprochen wird, bringt den Kopf oft in den Ruf, größer als die großen Dinge zu sein. Schweigen hat immer etwas Bedeutungsvolles und blamiert nie. Französisch sprechen Sie; im Englischen lernen Sie noch hundert Vokabeln über das hinaus, was man beim deutschen Tennis braucht; Italienisch behaupten Sie lesen, aber nicht gleich gut sprechen zu können; Birmanisch treiben Sie als Liebhaberei.

Ihr Bücherl in zweihundert Exemplaren ziehen Sie, kaum daß es erschienen ist, sofort aus dem Handel, schreiben in jedes Exemplar eine beziehungsvolle Widmung an die genanntesten Autoren Europas und schicken es ihnen eingeschrieben mit der Adresse des Absenders und dem handschriftlichen Vermerk: »Nicht mehr im Handel.« Den Sendungen an die berühmteren deutschen Autoren geben Sie auch noch einen Brief bei, der den

Empfänger zu irgendeiner Antwort auf jeden Satz reizt. Nach diesem ersten Schlag verlassen Sie sofort die Stadt, wie in Scham darüber, daß Sie durch das Buch Ihren bisherigen Ruf als euopäischer Gentleman schädigten, deuten an, daß drängende Freunde die Schuld an der Veröffentlichung trugen, an die zu denken Ihnen bei dem heutigen Tiefstand unserer Dichtung nie auch nur im Schlafe eingefallen wäre. Und Sie hätten auch sofort die ganze Auflage einstampfen lassen. Dies und ähnliches schreiben Sie auf dem wappengezierten Briefpapier eines Bekannten, zu dem Sie sich für die vierzehn Tage zur Jagd einluden, an ein paar Leute, von denen Sie genau wissen, daß sie überall hinkommen und aus Mangel an Eigenem fremde Bagatellen mit großer Wichtigkeit erzählen. Vergessen Sie nicht: immer noch sind Sie der keusche Amateur, wenn auch bereits mit einem wortlos zugegebenen Stich in den Berufenen; irgendwas an Ihnen, im Gang, in der Haltung, in der Krawatte, muß dieses Geständnis unbefragt machen. Sie müssen diskret merken lassen, wie heftig Sie sich noch gegen das Dichterische, das in Ihnen ist, sträuben. Wie es aber noch stärker ist als all Ihr grundsätzlicher Wille, wie es eben eine Elementarkraft ist, gegen die sich nichts machen läßt, wie es sich eben dagegen als das eingeborene Genialische durchsetzt, wobei Ihnen nur dies zu tun bliebe, die Korrektheit der guten Manieren, die Haltung zu wahren. Jetzt müssen Sie Kampf markieren, um später Sieg markieren zu können, jetzt müssen Sie tun, als ob eine Gleichgewichtsstörung wäre, um später eine prachtvolle Ausgleichung zu finden. Jetzt muß der Grundton sein: »Was soll ein Dichter in dieser Zeit?! Wir wollen das Leben!«, wozu sich später die Tonika ergeben muß: »Ich habe die Fülle des Lebens, ich bin der Dichter.« Ohne es noch bestimmt auszusprechen (das kommt später), sind Sie sich Ihres einzigen Wertes jetzt schon ganz bewußt, aber Sie wollen nur nicht in dieser elenden Zeit der Skribenten usw. sich auf den Markt stellen. Haltung! Üben Sie Haltung ein wie vorher die Nuance! Ich mache Sie darauf aufmerksam, daß Sie mit sich allein während all dieser Zeit sehr viel zu tun haben und sich keineswegs ausschließlich dem kindlichen Genusse hingeben dürfen, das ledergebundene Handexemplar Ihres Bücherls von vorne und von hinten immer aufs neue zu lesen und zu liebkosen. Sie haben es verschickt und viele Briefe an Berühmte geschrieben. Es sind gute Leute darunter, besonders unter den Älteren, die Ihnen antworten werden, danken; und andere werden nicht antworten; einige werden vielleicht das Buch zurückschicken. Führen Sie eine genaue Liste darüber. Danken Sie den einen für das Danken in längeren Briefen leicht intimen, aber immer respektvollen Charakters. Fragen Sie die andern, ob sie Ihr Buch bekommen haben. Neben die dritten machen Sie ein Kreuz: die nennen Sie in Ihren späteren Kritiken unbedingt Literaten. Schreiben Sie dem einen, es würde Sie glücklich machen, ein Urteil des verehrten Meisters über Ihr Buch öffentlich wo zu lesen, und sagen Sie ihm gleichzeitig, Sie bereiteten einen längeren Aufsatz über ihn vor, der dort und dort (nennen Sie eine große Zeitschrift) erscheinen würde. Unter den guten älteren schon ganz vertrottelten Herren gibt es immer ein paar, die nach Ihrem fünften, sechsten Brief nachgeben und ein paar Zeilen über Sie in Druck geben lassen. Dies gibt Ihnen das Recht zu einem intensiven Briefverkehr mit den Betreffenden, deren Antworten auch ruhig ausbleiben können. Von Zeit zu Zeit schreiben Sie auch jenen, die Ihnen nie geantwortet haben; man kann nicht wissen, ob sie es nicht doch einmal tun. Herrn v. Hofmannsthal, der Ihnen natürlich auch nicht geantwortet hat, sprechen Sie nun ruhig auf der Straße an. Er muß Sie fünf Minuten zu ihm sprechen lassen, was genügt. Dann: »Hofmannsthal sagte mir neulich...«

Und schon bereiten Sie ein neues Buch vor.

Ich weiß, Sie werden mir nicht die einfältige Frage stellen, was in diesen Büchern drin stehen soll. Über diese Nebensache ist sich heute jeder klar, der wie Sie auf den literarischen Ruhm ausgeht. Ganz allgemein würde ich Ihnen zu Versen raten, weil die leichter herzustellen sind als Prosa. Ob Sie Ihre Verse den neuen Dichtern ablernen oder den alten, hängt davon ab, was Sie leichter treffen. Machen Sie es sich um Gottes willen nicht schwierig. Dichter, die wie Heine ganz den Feuilletonisten gehören, sind natürlich ausgeschlossen; aber Klopstock, die Oden, dürfte manches für sich haben. Vielleicht liegt eine Mischung Klopstock-Schnitzler in der Luft. Die Witterung müssen Sie zur Virtuosität ausbilden. Denn Sie dürfen nicht vergessen, daß Sie ja doch ein bis zwei Jahre hinter den Dichtern Ihrer Zeit zurück sind, aber so nah auf den Fersen müssen Sie ihnen bleiben, wenn Sie Ihr Ziel erreichen wollen. Ihre Aufgabe ist es, das unverstandene Wort des Dichters zum verstandenen Jargon zu machen; Ihre Aufgabe ist es, die abgelegten Kleider der Herren aufzutragen, ihre unangenehm auffallende und befremdende Gangart den Zuschauern angenehm zu machen, indem Sie sie auf das Augenniveau des Publikums bringen. Die tolle Kavalkade der Herren ist den eingestaubten Augen der geärgerten Zuschauer schon entschwunden; da kommen Sie, ganz gleich so staffiert, daher und erfreuen die Herzen. Sie müssen sonach hinter den Herren kommen und die Herren so gut mimen, daß man diese für tolle Vorreiter und Platzmacher, Sie aber für den eigentlichen Grandseigneur der Dichtung nimmt. Geben Sie nur acht, daß Ihnen kein anderer Ihrer vielen engeren Kollegen nachkommt. Da kann es dann hergehen wie bei einer Meute hungriger Wölfe, die einander totbeißen. Sie müssen auf Tod und Leben reiten, denn die Herren vor Ihnen sind wie der Sturm, und hinter Ihnen ist der Tod. Ich rekapituliere: Nuance, Haltung, Witterung, Geschicklichkeit. Daß Sie fremde Kleider tragen, merkt heutzutage kein Mensch, da die wenigen tüchtigen Menschen sich nicht um Sie kümmern und die vielen andern, Ihr Publikum, sich nie um die Dichter kümmern, von denen Sie leben. Vergessen Sie nicht: »Verwirrende Lehre zu verwirrtem Handel waltet über der Welt.« Genug für heute.

DRITTER BRIEF

Sie korrespondieren mit den Berühmten Ihrer Zeit, soweit es Sie betrifft. Diese einseitige Betätigung kann Sie auf die Dauer nicht in Atem halten. Geben Sie daher einfach Ihren Briefen die Form von Rezensionen, die Sie an die Tageszeitungen schicken. Die Leute, die da in den Redaktionen sitzen, haben ein zerrüttetes Nervensystem und sind auf die Dauer widerstandsunfähig. Dann verlangen Sie ja auch kein Honorar. Sie rezensieren in allen Graden Lobes und Tadels. Am besten ist, Sie loben dort, wo niemand sonst etwas davon hat als der Verleger, den Sie sich günstig stimmen, wenn Sie seine neue Schiller- oder Heine-Ausgabe rühmen. Den Lebenden gelte aber Ihr Lob nur dann, wenn die Sie wiederloben, nach dem Grundsatze: Eine Hand lobt die andere. Aber seien Sie im ganzen noch recht sparsam mit solchen Händedrücken auf Gegenseitigkeit, denn einmal ist da die Gesellschaft nicht die beste, und dann ist diese Praxis auch in Laienkreisen zu bekannt. Bauen Sie auf dem ernsten Tadel als auf dem allein guten Grund. Wagen Sie sich damit an die Besten Ihrer Zeit, man wird Sie schließlich mit den Besten nennen, auch wenn Sie noch so heftig gegen sie sind, ja dann erst recht. Einige der einsichtigen Menschen unserer Zeit wissen es und sagen es, daß die heutige deutsche Literatur der europäischen drei Dichter gegeben hat: George und Hofmannsthal und Borchardt. Dagegen müssen Sie sofort Stellung nehmen; den einen ignorieren Sie vollkommen und deutlich, dem andern weisen Sie Unkenntnis der deutschen Grammatik nach, dem dritten sagen Sie, er mache Sie nach; einige Begabung konzedieren Sie vornehm allen; irgendeine Belanglosigkeit müssen Sie überhaupt immer lobend zugeben, das macht dem Publikum den Eindruck überlegener Unparteilichkeit. In der Hauptsache aber durchaus verwerfen, von den höchsten nicht weiter bestimmten Standpunkten aus, und indem Sie den Dichtern alles das sagen, was Sie sind. Sagen

Sie z.B. Borchardt schnell, er sei ein Literat, so ist es Ihrem Publikum erwiesen, daß Sie keiner sind. Das ist sehr wichtig, weshalb ich es wiederhole: Alles, was Sie sind, sagen Sie, seien die kritisierten Dichter; alles, was die Dichter sind, sagen Sie, seien Sie. Sagen Sie nicht, das sei zu kühn und das Publikum könnte was merken. Nein, das Publikum merkt nie etwas und glaubt Ihnen, weil Sie seinen, des Publikums, Jargon nicht nur reden, sondern auch dessen Gehirn haben. Und was die Dichter betrifft, die wehren sich nicht, Sie müßten es denn schon sehr dumm anfangen oder Ihre kritische Tätigkeit in eine Zeit hinein weitertreiben, wo Sie sie nicht mehr brauchen, so Ihr Ansehen längst gefestigt ist, wo Sie für die breitesten Kreise einer der führenden Geister der Nation sind, wo Ihr Bild in der »Woche« ist und alle Zeitungen Notiz davon nehmen, daß Sie die letzte Hand an Ihren neuen Roman legen. Jetzt ergreifen Sie öffentlich in den Gazetten nur mehr das Wort, wenn es sich um die höchsten kulturellen Werte handelt, bei Enqueten, Rundfragen und derlei. Schreiben Sie magistral, durchaus gefestigt, ein für allemal. Machen eine Kleinigkeit zu einer Sache von größter Bedeutung, wenn Sie sich darüber äußern. Als Schriftsteller dachten Sie anzufangen und enden als Praeceptor Germaniae. Dazu gehört es noch, daß Sie irgend etwas entdecken, z.B. Goethe, oder irgendeinen verschollenen, aber immer noch lebenden alten Herrn heftig proklamieren und den Deutschen die Schmach vorwerfen, daß sie ihre Besten vergessen, und schreiben immer weiter die Bücher der andern noch einmal. Mit dreißig Jahren sind Sie von sich überzeugt, mit vierzig haben Sie den naivsten Glauben an sich, mit fünfzig können Sie es sich leisten, einen Werdandi-Bund zu gründen, und mit sechzig danken Sie als berühmter Mann und Hofrat den strebsamen jungen reichen Leuten, die Ihnen Ihr Buch mit der Bitte um einige Zeilen schicken, in ausführlichen Briefen. Lassen Sie mich von Ihrem Nachruhm in den Literaturgeschichten schweigen und die Perspektive dieses Briefes bei dem Patriarchen deutscher Geisteskultur enden, als welchen Sie ein ganzes Volk verehren wird, in dem dann wegen Todesfalles leider sich nicht mehr befinden wird Ihr aufrichtiger Ratgeber.

VIERTER BRIEF

Werter Herr, ich hatte seit meinem letzten Brief, vier Jahre ist's her, nichts mehr von Ihnen gehört, und nun bringen Sie sich plötzlich in Erinnerung damit, daß Sie mir ein Bündel Journalartikel, Früchte Ihrer Feder sozusagen, übersenden, die sich damit beschäftigen, das Ingenium des Friedrich Dietrich Grabbe den heutigen Deutschen vorzustellen, einzureden und nachzuweisen. Über das Verdienstliche solchen Unternehmens wird Ihnen gern jeder Leiter eines literarhistorischen Seminars die beste Quittung ausstellen. Mir, der ich zudem der Meinung bin, daß dieser Grabbe das adorierte Dichtidol des deutschen Gymnasiasten darstellt, erlauben Sie die Bemerkung, die wichtigere, daß Sie mir hinsichtlich Ihres Ruhmes auf falschem Weg zu sein scheinen, wenn Sie auf ihm nur Tote zu einem kurzen papiernen Dasein erwecken. Halten Sie sich an Lebende! Natürlich an solche, die Sie zu überleben gute Aussicht haben. Was ist der Ruhm eines modernen Schriftstellers? Die Antwort: Er muß das, was er geschrieben hat – und sei es was immer – nur überleben, dann hat er mit fünfzig Jahren die Berühmtheit, mit sechzig Jahren den Ruhm, mit siebzig die Apotheose, mit achtzig den Nobelpreis, wenn er ihm nicht schon mit fünfzig zugefallen war. Sehen Sie, Verehrtester, in einem solchen Manne des Ruhmes müssen Sie gewissermaßen Aftermieter werden. Ich rate Ihnen, sich im Namen Gerhart Hauptmann einzumieten. Er ist, und mit Recht, der repräsentative deutsche Dichter der wilhelminischen und postwilhelminischen Zeit: sie könnte sich keinen bessern, sie zu repräsentieren, erfinden. Unser Dichter ist heute sechzig. Sie zählen dreißig. Sie können, Sie werden ihn also um die doppelte Zahl Jahre überleben. Sie werden das einstmals von seinem Inwohner verlassene Schneckenhaus beziehen, ein anderer Sankt Bernhard der Einsiedler des Ruhmes. Sie werden die Witwe Hauptmann werden. Sie werden ein bißchen als der Verfasser der »Weber« und der »Versunkenen Glocke« gelten. Sie werden ein großer Mann werden als Witwe Hauptmann. Sie werden als der alleinige Bewahrer all seiner Geheimnisse gelten. Werden seinen Briefwechsel herausgeben. Werden in Streitfragen über ihn als das entscheidende Wort angerufen werden. Sehen Sie, Grabbe ist schon so lange tot und – Sie haben ihn lebendig nicht gekannt. Wie anders im vorgeschlagenen Falle! Nur jedes hundertste Jahr werden die Journale sich Grabbes erinnern. Aber im vorgeschlagenen Falle wird es zuerst jedes Jahr, dann jedes fünfte Jahr schon passieren. Nein, mein Verehrtester, mit Grabbe kommen Sie nicht weiter. Werden Sie die Witwe Hauptmann. Ich bin immer der Ihre.

FÜNFTER BRIEF

Ihre Ansichtskarte aus dem Riesengebirge zeigt mir außer der Landschaft, daß Sie meinem Rate gefolgt und den ersten Schritt mit Erfolg getan haben: die Schneekoppe des Ruhmes erwartet in Ihnen ihren Besteiger, und ich kann beruhigt Abschied von Ihnen nehmen. Ich habe mit meinem Letzten mein Bestes für Sie getan und kann aus Ihrem Gedächtnis verschwinden, in dem ich, bliebe ich, nur stürbe. Inkünftig also nicht mehr der Ihre, doch immer still sich freuend, an einem Mitmenschen Gutes getan zu haben.

KLEINE GRAMMATIK FÜR ANFÄNGER

1.

Eine grammatische Regel ist die Sanktion eines schönen Brauches, nichts mehr und nichts weniger. Wer mit dem Brauche bricht, muß sehr erwogene Gründe sowohl als auch Anstand besitzen.

2.

Hat auch der Instinkt mehr Rechte über die Sprache als die Intelligenz, so ist es in zweifelhaften Fällen doch besser, ein Wörterbuch und eine Grammatik um Rat zu fragen als das eigene Gefühl.

3.

Dies gilt ganz besonders für jene jungen Leute, welche ihre Sprache nicht in einem Dialekte, sondern in dem Argot einer Großstadt kennengelernt haben, oder welche aus einer Branche des werktätigen Lebens – Handel und Industrie – in die Literatur treten.

4.

Aber auch für jene, welche die Sprache in philosophischen Seminaren gelernt haben. Diese mögen sich erinnern, daß erwägen wägen heißt und daß alle abstrakten Worte Figurationen eines materiellen Aktes sind.

5.

Über die ausschlagende Bedeutung des Wortes und der Rede wird die Formel noch gegeben werden. Vorläufig sei bemerkt, daß ratio = oratio, wie λογος Wort und Vernunft, ἀλογος unredend und undenkend bedeutet.

6.

Und erinnert, daß der Mensch, sich der Sprache bedienend, ihr Gefangener wurde auf immer.

7.

Das Wort folgte einer Bewegung, erfolgte aus ihr: gute Augen sehen noch die mimische Bewegung. Man spricht, man denkt nach vorwärts.

8.

Nur ein geringster Teil der Worte einer Sprache, der deutschen z.B., ist in der Schrift fixiert. Die Schrift ist hinter dem gesprochenen Wort zurück, wie das Wort immer etwas hinter dem Gedanken zurück ist.

9.

Da der Mensch das Ganze nicht zu umfassen vermag, trennt er es in Teile. Er trennt, um zu herrschen. Dies ist die erste Tätigkeit der Intelligenz. Analysieren, das ist entbinden.

10.

Nicht zu vergessen, daß wir mehr als vier Jahrtausende Schrift hinter uns haben. Das kindliche Wunder der Methapher packt uns nicht mehr wie zu Zeiten Homers. Die Freude an einem Bilde wissen wir kindlich. Aber wir wissen auch, daß unsere Intelligenz keine andern Interpreten und Dolmetsche hat als die Bilder, die mit einer Geste den »Sinn« unseres Gedankens anzeigen.

11.

Es kommen deshalb die einsilbigen Sprachen, wie das Chinesische, zur Abstraktion nur durch die Methapher, denn sie haben keine Organe entwickelt, die geeignet wären, die verschiedenen Stufen der Analyse zu notieren. In den zarten Fingern des Symbols behaupten sie die flüchtige Essenz festzuhalten.

12.

Die Sprache transponiert dank dem Gehör, von dem sie direkt abhängig scheint, in die Dauer die Notierungen des Gesichtes, welche dem Raume zugehören. Man kann von einer augenblicklichen Transmutation der Werte eines Sinnes in die Werte des andern Sinnes sprechen. Aber während uns die beiden Ohren einen identischen Eindruck geben, vermitteln uns unsere Augen von dem gleichen Gegenstand zwei etwas verschiedene Bilder. Die Ohren messen die aufeinander folgenden Momente, kennen nur die Zeit. Das gehörte Gedicht läuft ab, und wir sind während dem in dem Zustand einer gewissen Unsicherheit. Gegenstände des Raumes kommunizieren uns die Augen sofort.

13.

Man kann nur in Worten, das heißt in Bildern, denken. Darum führen die Worte die Welt, und die Ideen gehören, in ihrer unmittelbaren Aktion, den Worten.

14.

Im Anfange genügte es, Worte zu schaffen, um göttliche Figuren zu schaffen. Gewisse Gottheiten des Rig-Veda sind nur verschiedene Bezeichnungen, zum Beispiel der Sonne, ihr gegeben entweder nach ihren Aspekten oder von verschiedenen Stämmen des Volkes zu verschiedenen Zeiten. Im Verlaufe sterben dann die Götter ins Abstrakte. Man kann von einer Eucharistie der Worte sprechen, durch die wir mit dem Universum kommunizieren.

15.

Die Gottheit als letzte Ursache und als zentrales Prinzip ist uns nur durch ihr proteiformes Attribut faßbar. Das Wort ist das Attribut der Idee. Es bleiben uns zum Spielen nur die Reflexe. Uns unbewußt und auch, wüßten wir es, es nicht ändern könnend, endet der Bezeichner damit, das Bezeichnete in sich aufzunehmen, und das präponderierende Zeichen, ausgestoßen kraft der virtuellen Wahrheit der Dinge wegen seines reinen Ausdruckes, wird Werkzeug des Irrtums.

16.

Der Schriftsteller hat das feinste Ohr dafür, zu hören, wenn in einem Wortleibe das Herz zu schlagen aufgehört hat. Denn dieser herzlose Leib lebt noch lange weiter und verlangt Achtung für das, was er einmal war, und ist doch schon längst in die leere Abstraktion gestorben, in ein Klischee, nur ins Lächerliche ließe sich eine so abstrakt gewordene Konzeption wie »Freiheit« anthropomorphisieren.

17.

Die Worte sind Daguerreotypbilder: sie entfärben sich. Aber die Aspekte der Welt sind unzählbar und wechselnd: ein Aspekt ist vorstellbar nur in Proportion zu allen andern und in instinktiver Vergleichung. Daher wird immer geordnet, und diese Klassifikation hob an mit der ersten wörtlichen Qualifizierung. Es herrscht eine Hierarchie.

18.

Die Reihenfolge im Traktement unserer Grammatiken beruht auf einem Brauche; korrespondiert weder mit der Geschichte der Sprache, noch folgt sie einer psychologischen Methode. Sprachgeschichtlich im Anfange stehen das Pronomen und das Verbum, und auch die Pronomina sind aus indikativen Partikeln konstituiert worden, bezeichnend das Nähere und das Fernere. Sie schmolzen mit dem zusammen, was später Adverb und Proposition werden sollte. Die aufzeigende Bewegung, die Geste, welche der Wortbildung vorausging und sie begleitete, um zu verschwinden, nachdem das Wort hinreichend fixiert war, wird in der Sprache immer deutlich bleiben. Theoretisch reduziert sich alle Grammatik darauf, die Termini einer variablen Beziehung zwischen Objekt und Subjekt mit allen Resultaten und Umständen zu fixieren.

19.

Im primordialen »sein« sind Subjekt und Objekt ineinandergeschmolzen. Ihm folgen alsbald die Attribute des »sein« und all das, was dem Subjekt zugehört, es begleitet, qualifiziert. Durch die Besitzergreifung wird das Subjekt Herr des Objekts, aber das Subjekt selber kann nur erwachen aus dem vielfachen Anstoß des Objektes, vielfach wie die Gegenstände und Umstände des Lebens. Den Expressionisten sei Hegel zitiert: Jede Wirkung ist die Ursache ihrer Ursache, und jede Ursache ist die Wirkung ihrer Wirkung.

20.

Alle primitiven Verba sind qualitativ, drücken Variationen von »sein« aus. Sie sind den Pronomen analog, insofern sie eine innere Handlung, welche direkt das Subjekt angeht, übersetzen. Das ausschließlich ein Tun ausdrückende Verbum ist Frucht einer ersten Differentiation von Subjekt und Objekt. Psychologisch sind alle grammatischen Kategorien das Resultat progressiver Differentiationen, Knospenbildung am Stamme – am undendlichen?

21.

Du sollst den Namen Gottes nicht eitel nennen. Das ist ein magisches Verbot, bei den Primitiven sprachlich noch ganz lebendig, denn für sie ist der Gegenstand und das ihn bezeichnende Wort noch ganz eng verbunden. Es gibt Stämme, deren Glieder dem Fremden weder ihren eigenen noch den Namen ihres Dorfes sagen aus Furcht, er könne bösen Gebrauch davon machen. Alles Heilige und daher alles Gefürchtete darf nicht bei seinem Namen genannt werden. Genau so verfährt der Argot: die sprachlichen Deformationen, zu denen Gruppen von Individuen gebracht werden, fürchten sich, die magische Konzeption als Basis, aus Gründen einer andern Ordnung, aber immer Personen und Dinge bei ihren wirklichen Namen zu nennen, und geben ihnen Namen aus Übereinkunft. Der Argot ist in einem gewissen Sinn der Sprache gegenläufig, indem diese mitteilen, der Argot aber intentional heimlich bleiben will: Er dient der Verteidigung einer Gruppe. Der Argot bildet sich in jeder Gruppe aus: im Liebespaar, in Handwerksgemeinschaften, in politischen Bünden usw.

22.

In dem magischen Verbot, den Namen nicht eitel zu nennen, drückt sich vielleicht die Tendenz aus, die Bezeichnung statisch zu erhalten, und diese Statik vor Erschütterungen möglichst zu schützen

23.

Im tiefsten Sinne des Wortes sind die Sprachen gegeneinander verschlossen. In jeder Übersetzung geht etwas verloren, und dieses Etwas ist das flüchtige Wertvollste. Die Übersetzung zeigt die Unterseite einer Stickerei. Sie gibt das Metall einer Münze, aber ohne dessen Prägung. Ich sage Stickerei und Prägung: die Unübersetzbarkeit einer Sprache in eine andere gilt also nur eingeschränkt. Man sagt, unübersetzbar seien Gedichte, weil deren Eigentümliches bestimmt sei von einer Abfolge unnachahmbarer Klänge. Diese Meinung sieht das Wesentliche nicht. Ich versuche, es in eine brauchbare allgemeine Formel zu bringen.

24.

Die Physiker unterscheiden eine kinetische und eine potentielle Energie, bezeichnen mit dem ersten eine aktualiter ausgeübte Kraft, mit dem zweiten eine Kraft, die ein Körper auszuüben in der Lage ist. Diese Terminologie, auf die Sprache angewendet, stellt sich das literarische Mittel dar als eine gradierte Mischung von kinetischem und potentiellem Sprechen. Kinetisch ist und nichts als das die Wortfolge: der Zug geht um 8 Uhr 20. Eine rein kinetische Sprache gibt es als literarisches Mittel nicht, auch nicht in der absurdesten Romanprosa. Nichts als potentielle Sprache gibt es literarisch nicht, denn man kann aus Worten keine Musik machen, oder Worte eines Gedichtes werden, mir vorgelesen, bloße Klanggebilde dann, wenn ich die Sprache des Gedichtes nicht kenne. Jede literarische Sprache jeder Zeit und jedes Volkes ist Mischung aus kinetischer und potentieller Sprache: Grad und Energie dieser Mischung sind variabel im Werke sowohl wie in den Literaturen der Zeiten und der Völker.

25.

Dem Liede oder der Ballade, deren Sprache sich dem Kinetischen sehr annähert, ist das Potentielle durch die in Rhythmus und Reim mitschwingende Musik gegeben. Ohne diese Musik, etwa in Prosasätze aufgelöst, wäre die grobe Kinesis von »Über allen Wipfeln« eine Banalität, als welche das Lied oft jenen erscheint, die es nicht zu hören vermeinen. Auf die durch Rhythmus und Reim beigebrachte potentielle Qualität verläßt sich auch immer der Dilettant in der Herstellung seiner Gedichterzeugnisse. Das anzudeutende Extrem ist die Primadonna, welche mit höchster Wirkung das Alphabet singt.

26.

Zur Vermeidung des Mißverständnisses unserer Terminologie, daß damit als literarisches Sprachmittel jenes bezeichnet sei, das eine doppelte Meinung habe, also allegorisch sei, hat Robert Musil für potentiell das Wort irisierend vorgeschlagen. Ich zitiere es, um damit das Gemeinte deutlicher zu machen. Es hat die Formel nichts mit der Allegorie zu tun, auch nicht mit dem bewußten Symbolismus. Sie betrifft nicht die Dinge, sondern die Worte selber, in deren Wahl, Ordnung und Melos man die Verbindung kinetischer und potentieller Sprache zu erkennen hat. Dies wird deutlich im Falle der Übersetzung aus einer Sprache in eine andere. Ohne jeden Verlust ist rein Kinetisches aus jeder Sprache in jede Sprache übertragbar. Aber potentielle Sprache wäre es nicht, sondern wäre kinetisch, wenn sie sich anders ausdrücken ließe als durch sich selber. Die Übersetzung seines Gedichtes gibt nur dessen kinetischen Gehalt, den »Sinn«, wieder, und der ist das wenigst Wertvolle des Gedichtes. Die bedeutendste Leistung deutscher übersetzter Kunst, Borchardts Dante und Swinburne, sind Gedichte Borchardts – Dantes und Swinburnes nur in der philologischen Bedingtheit, nicht in der ästhetischen.

27.

Je näher ein Gedicht dem kinetischen Sprechen kommt, um so größer ist seine Popularität und umgekehrt: je stärker die potentielle Sprache eines Gedichtes ist, um so »unverständlicher« wird es für die Menge, welche sich nur des kinetischen Sprechens bedient in der Vorbringung von Fakten, Situationen, Geschichten. Da die Prosa in der Regel einen größeren Teil kinetischen Sprechens enthält als potentiellen, ist die Prosa mehr gelesen als das Gedicht. Im Zeitlichen: was ehemals potentiell war, verliert dies: das ganze 18. Jahrhundert beurteilte das elisabethanische Drama kinetisch: dieses hatte in diesem Zeitalter seinen potentiellen Charakter verloren, um ihn erst durch die kritische Restauration Lambs wiederzugewinnen. Die außerordentliche Popularität des Verses im 18. Jahrhundert verdankt er seinem starken kinetischen Charakter, der das Potentielle fast gänzlich verdrängte. Das Extrem des Gedichtes im 18. Jahrhundert ist schlechte Prosa. Das Extrem des symbolistischen Gedichtes – nommer un objet, c'est supprimer les trois quarts de la jouissance du poème, qui est faite du bonheur de deviner peu à peu, le suggérer, voilà le rêve (Mallarmé) – ist völlige Entsinnung zugunsten einer suggestiven Musik.

28.

Voltaire würde das fast rein Kinetische seiner Gedichte als das gute Gedicht bezeichnet haben, wie es Mallarmé mit seinem fast rein potentiellen Gedichte tat. Dieser hat jenes schlecht, jener hätte dieses schlecht genannt. Wer die Formel von kinetischem und potentiellem Sprechen gebraucht, vergesse nicht, daß es sich immer um eine Relevanz handelt.

29.

In einem frühern Paragraphen dieser kleinen Grammatik ist gesagt, daß der Gedanke immer um ein kleines dem Worte vorhergeht, dem bestimmten Worte, das ihn dann ausdrückt. Das wird ketzerisch jenen vorkommen, die aus den Worten denken, besser noch: welche die Worte denken lassen, durch eine Wortwüste schwimmen, von einer Wortoase zur andern, d.h. sich von stark mit Assoziationen geladenen Worten diktieren lassen, was sie zu denken haben. Dies ist nur eine zeitgemäße Notierung. Denn in früheren Zeiten wäre kein Anlaß gewesen, so Selbstverständliches auszusprechen. Was auch von den folgenden Paragraphen zum Kapitel Stil gilt.

30.

Der Stil ist des Menschen, sagte Buffon. Er meint, er sei das Zeichen einer menschlichen Intelligenz und Sensibilität, also der Person zugehörig und änderbar nur mit dieser. Die Physiologie bestimmt ihn gewiß stärker als Lernen und Belehrtwerden. Die Zahl des Gegenständlichen in der Kunst – »Motiv«, »Sujet«, »Problem«, »Inhalt« – ist sehr beschränkt, aber unbeschränkt ist die Zahl der Personen, welche diese Gegenstände denkend variieren.

Daß die nachgoetheschen Faustdichtungen nichts taugen, liegt nicht an der banal gewordenen Fabel, sondern an der gewollten stilistischen Imitation der Epigonen.

31.

Es gibt keine Überlegung des Stiles. Er kommt dadurch nicht zustande, daß man seiner bedacht ist. Man sieht, empfindet, denkt und – riskiert die Mitteilung, das ist alles. »Der große Schriftsteller«, sagte Ernest Hello, »gibt seinen Stil, d.h. sein Wort.« Aber immer ist auch an des Naturforschers Wort: »Le style est l'homme même« zu denken, der die Artikulation des Wortes in Abhängigkeit bringt von besonderer Art des Schnabels, Befestigung der Zunge, Diameter der Kehle, Kapazität der Lunge.

32.

Man spricht von einem visuellen und einem emotiven Gedächtnis. Welche bloß das erste besitzen, werden von einer Landschaft die Erinnerung eines mehr oder weniger deutlichen Bilds bewahren. Der Emotive wird sich bloß der Empfindungen erinnern, welche der Anblick der Landschaft in ihm auslöste. In glücklichen Fällen gibt es eine sich das Gleichgewicht haltende Mischung beider Gedächtnisse. Wo das Visuelle dominiert, dort wird man einen stärkeren Stilwillen merken können, und dort, wo das Emotive stärker ist, wird, was man Stil nennt, auf den zweiten Platz rücken, wohin es gehört. Es ist außer Zweifel, daß die Visuellen, arbeitend wie Maler in Kombinationen von Farben und Worten, intellektuell jenen unterlegen sind, welche für die Dinge die Zeichen substituieren und sie ohne Intervention von Sensibilitäten mitteilen: denn dieses ist die höchstmögliche Leistung dann, wenn der, welcher sie übt, diesen Zeichen seine eigene Sensibilität zu geben vermag, kraft derer sie allein den Sinn bekommen. Die Worte und Sätze werden lebendig nur von dem Leben dessen, der sie braucht, nicht aber sind sie es schon durch die in ihnen angehäufte Sentimentalität, was sie zu Klischees macht. Rilke ist der umfangreichste Dichter dieser Klischees.

33.

Der Anfänger achte darauf, daß die Worte nicht nur eine plastische und eine emotionale Eigenschaft haben, daß sie nicht nur klingen und mehr oder minder selten sind, sondern daß sie ihre Rasse haben; und daß viel auf die Reinheit ihrer Rasse ankommt, denn in ihr liegt der Eigenwert des Wortes.

34.

Den Stil bestimmt die Struktur des Denkens: das Material der Fakten erhält das Denken von dem, mit dem es in Beziehung steht. Dieser Gedanke Taines ist der fruchtbarste zu der ganzen Angelegenheit.

35.

Der Vergleich, heute von denen meist unglücklich geübt, welche, man weiß nicht warum, Kampf der Metapher ankündigen, ist die Elementarform der visuellen Phantasie. Er ist, Vorläufer der Metapher, eine Metapher, in der beide Vergleichspunkte genannt sind. In der Metapher ist nur ein Vergleichspunkt genannt. Homer hat keine Metaphern. So wenig wie die älteren Veden, die ganz symbolischer Ausdruck sind, wie alles Sakrale. Die Metapher ist durchaus modern. Erst die modernen Dichter, ganz entsprungen dem Gefängnis des Wortes und doch dessen Mal wie ein Sklavenzeichen tragend, können lügen. Flaubert kann lügen, Homer nicht. Der Moderne opfert die visuelle Logik der imaginativen Logik. Der Moderne vermag das doppelte, dreifache gleichzeitig auftauchende Bild bei der Idee eines Faktums nicht zu dissoziieren. Der Antike sieht, die Märtyrerin mit der Taube vergleichend, die Seele der Jungfrau als Taube zum Himmel fliegen. Die Kinder werden mit Engeln verglichen, also werden sie Engel im Himmel, wenn sie sterben. Die ersten schüchternen Metaphern schufen, falsch verstanden, sekundäre Mythologien. Jedes Klischee war einmal eine neue Metapher. Diejenigen, die heute gegen die Metapher sind, gebrauchen sie trotzdem und unfähig, neue zu bilden: Klischees.

36.

Das Klischee auszuschließen, ein solches Verlangen würde, erfüllt, jeden Satz rätselhaft machen, so sinnlos wie die Forderung nichts als potentieller Rede im Gedichte. Man muß nur die Scheiben der alten Laterne putzen und sie richtig halten, dann kann sie besser leuchten als ein neuerfundenes Patentstreichholz. Man soll nur Worte gebrauchen, deren Sinn man gut kennt, d.h. den symbolischen Konnex mit der Realität. Die naive Dummheit ist weit wertvoller als die falsche Gescheitheit. Jeder Stil ist nur so viel wert wie der Gedanke, den er mitteilt. Alle gut gedachten Werke sind auch gut geschriebene. Aber der Satz gilt nicht in seiner Umkehrung. Man darf sich nicht schreiben hören (wie die deutschen Wildes).

37.

Jemand schreibt »einen klassischen Stil«. Das wird gewöhnlich über Leute schulmeisterlicher Art ausgesagt, die gar keinen Stil haben, also überhaupt nichts zu schreiben haben. Diese Leute haben schreibend immer ihre Sonntagskleider an und fordern die Aufmerksamkeit dafür vom Leser. Da ist keine Zeile, die den Eindruck macht, als ob sie sich selber geschrieben hätte. Solches Schreiben ist der bis ins Greisenalter perpetuierte Schulaufsatz, den abzuschaffen höchste Zeit ist, wenn die Kunst des Schreibens gerettet werden soll.

38.

Die Prosa ist ihrem Wesen nach und aus ihren großen Künstlern dahin definierbar, daß der Prosaist zwei Funktionen erfüllt: er integriert in die geschriebene Sprache alles das aus der gesprochenen Sprache seiner Zeit, das ihn erhalten zu bleiben wertvoll dünkt. Dies ist die eine Funktion. Die andere ist: er formt Grammatik und Syntax über die subtilsten und lebendigsten Bewegungen seines Denk-Fühlens, seines und dessen seiner Zeit. Er wählt und verwirft nach einem unbekannten, aber ihm geläufigen Gesetze.

THEATER UND SCHAUSPIELKUNST

I.

Das heutige Theater ist keine Angelegenheit des deutschen Volkes oder des Volkes überhaupt. Was wir mit dem hohen Namen des Volkes auszeichnen, hat kein Drama, und das, was wir so nennen, hat das Volk nicht, sondern ein Publikum. Dieses aber lebt in seltsamer Durchwerfung der Klassen und Stände, Bildungen und Bräuche bloß in den Städten, in denen der »moderne« Mensch, des Publikums Einzelwesen, wandernd unstet zu hausen meint, indem er mietet, und wo allein er konstituiert wird von der Presse als seiner »Wirklichkeit« und von dem Theater als dem »schönen Schein seiner Wirklichkeit«. Den bürgerlichen, »modernen« Menschen mit dem Menschen schlechthin zu identifizieren und eine allgemeine Jammerklage über diese schlimme Welt, die wir leben, anzustimmen, wäre ebenso anmaßende Überhebung wie absurder Aberglaube. Ein fundamentales Urteil über die Zeit ist nicht durchaus abzugeben, weil sie schlechte Gedichte und Theaterstücke hervorbringt und weil deren Verfasser vergeblich die Prytaneen suchen. Auch dann wäre ein solches Urteil unsinnig, wenn es dieser Zeit beliebte, ihre schlechtesten Schreiber ihren weniger schlechten vorzuziehen. Hätte Hartmann von Aue zufällig nicht gelebt, so wäre deshalb kein Raunzen durch jenes Jahrhundert als ein verunglücktes gegangen, und wäre über einen schlechten Dichter seiner Tage übersehen worden, so wäre sicher kein Gundelfinger aufgestanden, um deshalb über dieses sein Säkulum seinen Fluch zu sprechen. Mit dieser lokalen Einschränkung auf den »modernen« Menschen ist auch schon die Frage nach der Wichtigkeit des behandelten Gegenstandes hinreichend beantwortet: ganz klein lebt er in einer kleinen abgesonderten, wenn auch lauten, Welt, und das Geschrei, das sie aufführt, täuscht uns weder über ihre Zahl noch über die Kraft ihrer Lungen. Das ob dieses Geschreies manchmal ein wenig aufhorchende Schweigen von Millionen ist eindringlichere Rede. Das Drama ist längst keine Äußerung einer Gemeinschaft mehr, an welcher diese Gemeinschaft teilhat, schöpferisch teilhat, denn es gibt keine Gemeinschaft mehr; ist auch seit etwa hundert Jahren keine Sache der dünnen Bildungsschicht mehr, die es aufnahm und hegte, denn diese ist verschwunden als huldvoller Faktor; sondern ist des Publikums, das irgendwas, -wer, -wie, alles und niemand, verbunden und unverbindlich, gestalt- und haltungslos ist, und das nur euphemistisch von sich sagt, daß es an einem Theaterstück »teilnimmt« – als ob es die Gläubigen im Meßopfer wäre –, während es sich höchstens interessiert. Hier ein entwurzeltes »Publikum«, auf der andern Seite entwurzelte Verfasser, die in ihrer abstrahierten Welt leben und zur andern »wirklichen« Welt »Beziehungen« haben und »Berührungspunkte«.

Aber auch dieses Kleine, das sich im Dunstkreis der großen Städte abspielt und von da ausstrahlt, ist ein Stück der Welt. Wir brauchen es nicht zu lieben, aber völlige Mißachtung würde es wichtiger nehmen, als es ist, und würde es so wichtig machen, als es gern sein möchte, als zu sein es die Attitüde hat. Kein reiner Geist ist in diesem Dunstkreis am Werke, doch Geist, der sich verbreitet, immerhin. Selbst das Evangelium kann den Bösen nicht unterschlagen. Er ist da an seiner Stelle. Wäre Kritik nicht schon bis auf das Wort selber verludert und alles Normativen ganz verlustig, ich erklärte das Folgende als ein kritisches Vorhaben, bestimmt, diesen sozusagen urteilenden »modernen« Menschen zumindest wieder den Glauben an ein Normatives, an einen Kanon des Verhaltens zu predigen, wenn auch nicht dieses Normative selber zu geben. Denn wer Urteile nicht auch vollstrecken kann, soll keine fällen; anders macht er das Gericht zur Farce. Die Kritik ist längst kein Tribunal des Gerichtes mehr, sondern ein Vermittlungsamt, gedrängt voll von Autoren und

Rezensenten, beides meist in einer Person vereint. Die Macht, dies zu ändern, ist weder vom Willen noch vom Talente allein abhängig; denn in der Konstitution unserer Kunst sowohl wie in der der Kunstaufnehmer sind Elemente wirkend, die der verstrickten sozialen Struktur angehören und vom Kritiker einer Lösung vielleicht zuzuführen, aber nicht aufzuheben sind.

Vom einen und andern wird in dem Folgenden zu reden sein, und Freunde und Nahestehende werden mir sagen, ich triebe Gräberschändung, weil ihnen wie mir diese Dinge längst tot und begraben sind. Sie werden mir aber zugeben, daß diese Dinge oft trotz ihres Begrabenseins zu stinken noch nicht aufgehört haben, und daß, was hier riecht, noch vielen lieblichster Duft in der Nase ist. Sitzen die glorreichen Gründer des deutschen Naturalismus auch zumeist schon in den Altersheimen für frühzeitige Senilität, so feiern sie doch noch die zahlreichen Jahrestage ihrer ruhmreichen Vergangenheit vor einer gutmütigen gerührten und darum nachgiebigen Öffentlichkeit. Und nicht anders die gleichzeitigen Gründer der Blätter für die Kunst, die nichts reaktiv abgelöst haben, wie sie sich pragmatisch sehend glauben, oder gar besiegt und gesiegt, wie sie behaupten. Auch ist der Abstand des zeitlich später gekommenen zu jenem Ersten – und mehr als so Temporäres ist nicht in diesem in sich ganz gleichen »Modernen« – nicht groß genug oder gar im Wesen der Qualität bedingt, als daß man wohl vom einen und nicht mehr vom andern zu sprechen brauchte. Wir wollen die Handvoll theatralischen Geschehens nicht zu peinlich sieben, es könnte sonst passieren, daß nichts darin bliebe. »Bierbankpolitiker!« ruft Emil dem Martin ins Wirtshaus hinüber aus seinem Kaffeehaus zu, da er nur Kaffee trinkt. Nur Martin und Emil behaupten ihre politischen Unterschiede.

2.

Der bürgerliche Mensch der Großstadt, der »moderne« Mensch, wie er sich selbst gern nennt, ist nicht Mensch einer Klasse, sondern aller Klassen, nicht einer bestimmten Bildung, Erziehung oder Politik, sondern aller Bildungen, Erziehungen, Politiken. Bourgeois nennt der sozialdemokratische »moderne« Mensch seinen Bruder im andern Lager nur wegen eines geringfügigen Einkommensunterschiedes. Dieser »moderne« Mensch ist ohne unmittelbares Leben und ohne Gestalt. Er hat sich kraft seines einzigen Titels, des Geschäftes, zweier nicht von ihm geschaffener Dinge, sie ändernd, bemächtigt, die ihm, jedes in seiner Weise, Tag für Tag, oft zwei-, dreimal des Tages, beweisen müssen, was gar nicht wirklich ist, nämlich daß er, der »moderne« Mensch, existiert. Presse und Theater müssen ihm sagen, d. h. er sagt sich durch Presse und Theater, daß er ist und nicht bloß so tut; daß er handelt und nicht bloß zu handeln scheint. Inmitten einer Welt von Realitäten müssen Presse und Theater dem »modernen« Menschen die Täuschung geben, daß auch er eine Wirklichkeit habe, nämlich »das Leben«, und, wenn es seine Kunst ist, dessen »schönen Schein«. Der »moderne« Mensch schmeichelt sich in der Presse ein Leben höchster Mannigfaltigkeit und stärkster Intensität vor: alle Vokabeln aller Zeiten sind ihm dafür geläufig gemacht, denn er erlebt sogar dieses sein seltsam abstraktes Leben nur durch die Vokabel: die der »Wahrheit« in der Presse, die der »Schönheit« auf dem Theater. Sein ganzes Dasein ist, bis auf das Geschäft, vor- und eingedruckt – anders wäre es überhaupt nicht. Er erfährt sich zweimal: in der Presse »wirklich«, im Theater »schön«, und beglückt darüber, daß er ist, sagt er unaufhörlich und meist auf berlinerisch zu sich: So siehste aus. Es gab und gibt nichts auf der Welt, das dem Sturze in das Vakuum des »modernen« Menschen entginge, in dem alles ein Nebeneinander nicht bildet, sondern häuft, das sich in »Beziehungen« so was wie ordnet und in »Berührungspunkten« verträgt. Nichts ist wahr, was in der Zeitung steht: So versucht sich der »moderne« Mensch scherzend von sich selber zu emanzipieren, wohl wissend, daß dies Paradox, über sich selbst wegzuspringen, nie gelingen kann. Da der »moderne« Mensch aber ohne jede Phantasie ist und, was in der Zeitung steht, wirklich machen muß, um selber »wirklich« zu sein, so wird alles wahr, was in der Zeitung steht. Damit beeilt er sich, den spielenden kleinen Frevel wieder gutzumachen, sich rechtzeitig erinnernd, daß er ja nur ist, indem die Presse ist. Steht darin »unsere Helden«, so gibt es vierundzwanzig Stunden später diese Helden; steht darin »genotzüchtigte Frauen«, so wimmern vierundzwanzig Stunden die genotzüchtigten Frauen. Alles geschieht, was in der Zeitung steht, denn nichts geschähe in dieser bürgerlichen Welt, stünde nichts in den Zeitungen: alles, was diese zerfallene Welt treibt, tut, fühlt, denkt, will, ambitioniert, wäre nicht ohne die Presse, denn dieser Mensch ist die Presse. Was er meint, meint er von Anfang an als öffentliche Meinung; was er urteilt, urteilt er von Anfang an als allgemeines Urteil; er inventarisiert sich, indem er die Zeitung liest. Er zitiert immer sich, indem er die Zeitung zitiert. Auf Tausenden von Seiten hat Karl Kraus diesen »modernen« Menschen beschrieben, indem er nichts sonst tat, als daß er die Presse beschrieb: aber so ganz ist dieser »moderne« Mensch Presse, daß er meinte, es ginge hier nur um eine Zeitung.

Das Theater ist dem »modernen« Menschen Abbild und Spiegel seiner »Wirklichkeit«, die er auch »das Leben« nennt, in den Formen einer Kunstgattung. Es ist ihm Vertiefung, Ausdeutung, Enträtselung, Gestaltung, bunter Schmuck seiner Wirklichkeit, d.h. seiner Presse, die außer dem Geschäft allein seine »Wirklichkeit« ist. Im »Rahmen des Schönen« erlaubt er sogar Fragen an diese Wirklichkeiten, vorausgesetzt, daß sie zum Schluß in der Bestätigung seiner »modernen« Welt endigen: der »moderne« Mensch schmeichelt sich in der Kunst seiner Problematik; denn Wesen, das aus ihm gemacht wird, bestätigt ihm doch auf alle Fälle seine Wesenheit. Die Problematik gibt ihm das Glücksgefühl, »Persönlichkeit« zu sein – höchster Ehrgeiz dieses modernen Menschen, den zu befriedigen er sogar seinem Antipoden, dem Dichter, bis auf Widerruf durch die Presse gestattet. Im Theater wird er gestaltet, wie er sagt; seiner besonderen Existenz nicht nur, sondern seiner so überaus reichen und vieldeutbaren Existenz versichert, von dem Verfasser, der zumeist seinesgleichen, d.h. »modern«, ist. Der moderne Mensch erfuhr sich als sozial (Hauptmann), psychologisch (Ibsen), mystisch (Maeterlinck oder Stucken, wie man will), poetisch (Eulenberg), erotisch-satanistisch (Wedekind), pathologisch (Strindberg), pervers (Wilde) usw. Er ist erst mißtrauisch gegen die Offenbarungen seines Selbst, ja lehnt sie manchmal energisch ab, sträubt sich gegen seine eigenen Komplikationen, hat noch nicht den Mut seiner Möglichkeiten, die er, ganz ohne Phantasie, nur aus der Presse holt. Wie alles, was in der Zeitung steht, bestimmt geschehen wird, so auch beim Theater: der »moderne« Mensch wird nach einem Einführungsprozeß von gewisser Dauer sozial, psychologisch, mystisch, erotisch-satanistisch, pathologisch, pervers usw. Die Kontrolle, die er über diese theatralischen »Bilder« und »Abbilder« seiner »Wirklichkeit« auszuüben gezwungen ist – denn auch das Abbild konstituiert ihn ja, ist ja er –, diese Kontrolle braucht eine Würde, die sich im Zuwarten mit erst kräftig betontem Ablehnen am besten ausdrückt, um so mehr, als diese seine Abbilder von Menschen hergestellt werden, denen er nicht traut und mit denen er nie Geschäfte machen würde; doch übertrieb er hier sein Mißtrauen zumeist. Er ist nachgiebiger gegen seine »Dichter« geworden, seitdem er weiß, daß ihre Tätigkeit in nicht zu seltenen Fällen zu einem reichlichen Bankkonto führt und diese Dichter also nicht vollkommen außer seiner Welt leben. Und für alle Fälle hat der »moderne« Mensch als Sicherungen seiner »Wirklichkeiten« die Umschaltung: daß die Kunst doch nicht das Leben sei, sondern

Schein; daß die Kunst ferner der Kunst wegen da sei; daß es ein »freies Spiel der Phantasie« gebe; und daß man schließlich darüber lacht, die Sache also doch nicht die Realität habe wie ein corner an der New-Yorker Baumwollbörse. Es wäre aber ganz falsch und unrecht, von dem »modernen« Menschen eine andere Stellung gegenüber seinem Theater zu verlangen, das sein Institut und keine dichterische Angelegenheit ist, woran alle Aufführungen von Dramen nichts ändern, die, als einem Kulturkreise zugehörig, Dichtwerke sind; woran alle heutigen Aufmachungen solcher Dramen in Weihefestspielhallen und Zirkussen, Freilicht- oder alten Arenen nichts ändern; woran alle Dramatik nichts ändert, die in neuen Darbietungen solche alten Kulturkreise parodiert: der »moderne« Mensch kann aus all diesen Dingen immer nur das Institut seines Theaters sich ersehen, das er auf nichts sonst als auf sich selber bezieht. Das Dichtwerk auf der Bühne – bei den Griechen, in den kirchlichen Kulten, bei Hof und Adel, ja noch bei den Gebildeten von 1810 – setzt wirkende Teilnahme voraus, Mittun an einer Handlung, nicht aber Neugierde auf sich selbst, nicht aber »Interesse«. Das Drama der antiken und christlichen Bühne sagte dem Teilnehmer gar nichts Neues. Sagte ihm immer wieder nur das alte Vertraute, Eigene, weil es seine Teilnahme zur Voraussetzung hatte. Das neue Theater des bürgerlichen Menschen muß immer neu sein, muß reizen, überraschen, spannen, den Leeren füllen. Es muß »interessieren«. Die Sinnlosigkeit, heute auf dem bürgerlichen Theater Sophokles, Shakespeare, Corneille, ja Goethe zu spielen, leuchtet ein. Darum spielt man auch immer, wenn man sie spielt, was anderes. Nämlich Regiekunst. Oder Maschinenkunst. Oder Ausstattungskunst. Reinhardt mit einem Wort. Da die alte Kunst dem modernen Menschen nichts mehr sagt, muß ihr, ganz richtig, mit neuen Künsten geholfen werden.

3.

Mit der Presse definiert sich der moderne Mensch; in seinem Theater glossiert er diese Definition, wobei er sich des Convenus einer künstlerischen Form bedient, die, aus einer Abstraktion gewonnen, selber Abstraktion nur bleiben kann. Schein vom Scheine kann man dieses Theater nennen, denn es soll »Schein« des bürgerlichen »Lebens« geben, und dieses Leben selber ist Fiktion. Immer und immer ist der Prüfstein, den der »moderne« Mensch an die Gültigkeit dieses Theaters anlegt, die »Wahrheit«, das heißt die Wirklichkeit seiner Existenz und der aus ihr gewonnenen ethischen und sonstigen Werte. Das Theater muß ihm Bestätigung sein. Das Theater muß er sein. Daß Dichterisches manchmal in dieses moderne Theater versprengt ist, sagt nicht, daß diese ganze Gattung irgendwie Dichtung ist, denn das kann sie gar nicht sein, aus der Natur ihrer »modernen« Existenz heraus. Dieses Theater ist künstlerisch (was hier nichts als sinnvoll gesteigerten Ausdruck bedeuten soll) eine Sache ganz für sich, und nur dielettantisches Epigonentum glaubt in Äußerlichkeiten das Drama aus jener Zeit, da es dichterischen Wesens war, fortzusetzen, bestärkt in solchem Glauben von dem Publikum, das sich Louis XIV. dünkt, wenn es sich in einem Stuhl Louis XIV. setzt. Weder die Neoklassiker noch etwa auftauchende Dramatiker aus dem George-Kreis dichten Dramen, sondern sie verfassen mehr oder weniger gute Stücke des bürgerlichen Theaters, d.h. szenische Glossierungen des »modernen« Menschen. Alles, was Dichtung darin sein mag oder sein könnte, ist verlorener Atavismus, ist leidenschaftlicher Versuch einzelner, die Bürgerlichkeit, die notwendige, des Instituts zu sprengen. Allen diesen Versuchen hat der moderne Mensch eine Anpassungs- und Aufnahmefähigkeit entgegengebracht, die, da er ohne Bestimmtheit und ohne Leib, eben gerade sein Wesen ausmachen. Der moderne Mensch ist der ewige Aneigner. Nichts kann und wird sein, was er nicht früher oder später auch »ist«. Da er alles nur abstrakt aufnimmt, ist er ja nie zu füllen; da er leiblich nie ist, hat er keine Widerstände. Mit dem »Kreise« hat er sich sogar George angeeignet, denn der »Kreis« ist die Rezeption des Dichters George durch den bürgerlichen Menschen, wenn auch der »Kreis« selber glaubt, er sei georgisch, wo er nichts weiter ist als modern. Hat der moderne Mensch auch keinerlei Kopf, so doch unendlich viel Tast- und Saugorgane, die ohne Unterlaß die Welt, die existierende und die historische, nach Nahrung und Inhalten abtasten: es entgeht ihnen nichts: alles kommt in die Zeitung, die einzige und große Futterkrippe des modernen Menschen, die ihm die Destillate seiner Nahrung und Erhaltung bietet, die Gedanken von allem, das Wissen um alles.

Als keine Gemeinschaft mehr war und das Drama sich an die kleine Gesellschaft der Gebildeten als an seine Rettung klammerte, macht dieses Drama außerordentliche Anstrengungen, sich als Dichtung zu behaupten, mit abnehmender Bedeutung seines Behauptungswertes. Goethe, Schiller, Kleist, Grillparzer, Hebbel, Raimund; Byron, Shelley; Hugo, de Vigny, Musset: nachdem die letzte Girandole des Feuerwerkes aufgeflogen war, Epilog des Dramas und zugleich auch Prolog des modernen Theaters, war auch schon die kleine Gesellschaft der gebildeten Zuschauer verschwunden und an seine Stelle die Ansammlung der modernen Menschen getreten, die man Publikum nennt. Diese drei Dinge sind ganz zu trennen: das Drama einer Gemeinschaft, das dramatische Theater einer gebildeten Gesellschaft und das moderne Theater des Publikums. Wenn man es auch im heutigen Institut mit allen dreien treibt oder zu treiben sucht – weil der moderne Mensch alles einschlingt –, wenn man auch in einem Theater der Zehntausend Gemeinschaft fingiert, ja, ruchloser noch, religiöse Theaterstücke theatermäßig aufführt; wenn man auch durch hohe Eintrittspreise »gebildete Gesellschaft« fingiert: immer kann nur von *einem* Theater, dem bürgerlichen, bis auf weiteres, d.h. bis zum Absterben des modernen Menschen, die Rede sein. Die dichterische Unbestimmtheit des Theaterinstituts läßt alles auf die Szene bringen: das dramatische Gedicht Shakespeares und die Kulthandlung des Aischylos, einen halb vorgelesenen, halb gespielten Roman, Optisches und Akustisches, Stegreif und Kothurn, Altes und Neues, Sinn und Unsinn – es gibt nichts, was auf dieser nicht vom Drama bestimmten Bühne nicht agiert werden könnte und wird. Denn diese Bühne ist immer Theater des modernen Menschen, der zu allem »Beziehungen« hat, da er selber nur Beziehung ist. Es führt zu nichts, dieses Theater etwa damit großartig abzulehnen, daß es nicht mehr das Drama der Kulte, des Königs, des Adels oder der Bildung ist. Das hieße dieses Theater aus äußerlichen Ähnlichkeiten mit jenem Drama verwandt annehmen, was es nicht ist, dieses Institut über Gesetze prokrustieren, die die seinen nicht sind und nicht sein können: auch das heißt nicht, dieses Theater erledigen. Man muß es bei sich belassen, es aus den Gesetzen seines eigenen spaßigen Wesens prüfen, zusehen, wohin es führt, was es kann, was es nicht kann, und wie es aus sich selber heraus zu überwinden wäre, wenn man es recht ekelhaft und abscheulich gefunden hat; oder wie es erst zu beseitigen ist, wenn der moderne Mensch aufgehört hat; und wie man den modernen Menschen zu Tode ärgern könnte mit Hilfe eben seines Theaters. Oder man fragt sich: wollen wir das Theaterinstitut mit dem modernen Menschen umbringen, oder diesen mit seinem Theater? Beides mag gleich verlockend sein. Was aber auch immer – eines ist festzuhalten: die Begrenzung dieses Theaters auf sich, die Abgrenzung gegen die alte dramatische Bühne, und keinerlei Reformversuche nach dem doch nur wieder abstrakten Schema eines Dramas, das war und nicht mehr sein kann, nicht weil zufällig diesem Theater nur die Dichter fehlen, sondern weil die Dichter dieses Theaters gar nicht möglich sind, wenn wir sie auch, wie alles, denken können. Und was sich heute Volksbühne nennt, braucht gar nicht den

»Raub der Sabinerinnen« zu spielen, damit wir wissen, diese Bühne des »Volkes« ist und kann nichts anderes sein als bürgerliches Theater. Und wenn in einem Hellerauer Szenarium, das mit Schleiern die Illusion einer Kirche hervorrufen will, Claudels »Verkündigung« gespielt wird, so brauchen wir keine Aufforderung in Berlin zu bekommen, Plätze telegraphisch zu bestellen, um zu wissen, daß in Hellerau nicht eine christgläubige Gemeinde, sondern ein beschnittenes und unbeschnittenes Publikum sitzen und auf seine Weise »teilnehmen« wird. Alle heutigen dramatischen Rattenfänger locken in das Theaterinstitut des modernen Menschen, und sei ihre Weise auch noch so neu und lockend, weil sie so »alt« klingt.

4.

Im Jahr 1884 rief sich Brahm die Kehle nach dem mutigen Manne in Deutschland wund, der es wagen würde, die »Gespenster« zu spielen. Drei Jahre später fand sich der mutige Unternehmer, und seitdem spielte man Ibsen bis heute, wo wieder Mut dazu zu gehören scheint, ihn nicht mehr zu spielen. Überflüssig, zu erinnern, was man damals in Ibsen alles fand; wichtig, zu notieren, daß man heute sagt, es seien gut gemachte Theaterstücke. Nicht besser, aber »moderneren« Inhaltes als die Stücke vom jüngeren Dumas. In den Stücken Ibsens trat zum erstenmal der moderne Mensch auf die Bühne, den Zuschauer natürlich schlechtweg als »den Menschen« ansprach, wie er durch alle Zeiten ginge. Ibsen zeige ihn in seiner heutigen charakterologischen Abwandlung. Nicht sofort, aber bald einstimmig begrüßte sich der moderne Mensch auf der Bühne als den Menschen, beglückt, daß ein Dichter ihn und er einen Dichter gefunden habe. Unerschöpflich schien zwischen 1890 und 1900 dem bürgerlichen Menschen sein seelischer Reichtum dank Ibsenschen Aufweisen. Daß er nur vorgeblich war, machte nichts, da er ja auch nur vorgeblich von vorgeblichen Menschen, die eigentlich moderne, also gar nicht lebende und leidende Menschen waren, aufgenommen wurde, wie alles vor dieser Seele, wie alles nach ihr. Was sich auch bei Hauptmann immer dort wiederholt, wo er nicht Bukoliker, sondern »Menschendarsteller« ist, das ist die Regel bei Ibsen: er sagt über seine Erfindungen aus, was sie sein sollen, nicht aber diese Erfindungen drücken sich selbst aus, besser: wirken sich aus. Denn es wurde gar nichts erfunden. Ibsen stellt neben irgendwelche Leute, die nichts sind, Tafeln, auf denen steht, was sie sind. Irgendwelche alltäglichen Gefühle bewegen diese Leute hin und her, was mit einigem künstlichen Federdrücken reguliert wird. Diese Leute sind alle das gar nicht, was Ibsen von ihnen behauptet, daß sie wären. Diese Rebekka ist gar keine dämonische Natur, dieser Lövberg ist gar kein Genie, dieser Baumeister ist gar kein Baumeister. Was hier vor sich ging, ging gar nicht unter den Menschen vor sich, sondern unter Ideen. Alle diese Stücke sind Monologe Ibsens mit verteilten Ideen, nicht Stücke, in denen Menschen Ideen haben oder von Ideen besessen sind. So oder so vom Verfasser benannte Bühnenarbeiter tragen nach einem vorgezeichneten Schema Aufschriften herum, und Ibsen redet dazu mit einer ins Natürliche verstellten Stimme das Problematische über den modernen Menschen. Die Beziehungen zwischen diesen Aufschriftenträgern stellen »Symbole« her. Ibsen begann mit Pandämonien und Historien. Als er an das Theater kam, sah er, daß es sich nur um Theaterstücke handeln könne. Bewegt von dem, was man die »Ideen der Zeit« nennt, also Aufklärung, Fortschritt, Wahrheitsliebe, Idealismus, fand er diese Dinge rhetorisch weit geeigneter als die Inhalte der bislang gespielten französischen »Tendenzstücke«, deren Tendenz in den kleinen nordischen Städten auch gar nicht verstanden werden konnte, denn Kameliendamen gab es in Bergen nicht. Wohl aber kleine Frauen, die sich durch Wechselfälschung in Klatsch brachten. Und andere, die es durch einen Selbstmord versuchten. Und andere, die es durch einen Doppelselbstmord probierten. Wozu dann Ibsen in Theaterstücken allerlei Meinungen äußerte. Wie wichtig ihm die waren, zeigte er in den Epilog-Stücken, worin er verzweifelt erklärt, diese Ideen vergeblich gehabt und geäußert zu haben. Und zeigte auch diese Verzweiflung nur in der Idee der Verzweiflung. Läßt darin eine Idee sagen, daß sie einmal leider Ideen gehabt habe, mit denen es irgendwie nicht stimmte. Ein lieber Lügner in der Jugend gestand als Greis, daß er als Mann ein Hochstapler in ethischen Ideen gewesen sei. Ibsens Theater als das einer puren Ideologie in den Geschicklichkeiten von »natürlicher« Sprache, gespannter Szenenverknüpfung und Alltäglichkeit der Emotionen: das ist das ideale Theater des bürgerlichen Menschen geworden, weil es sein ideelles ist. Gerade die Unwirklichkeit dieses Baumeisters der großen baumeisterlichen Idee, der gar kein Baumeister ist, entspricht außerordentlich dem ganz gleichen Zustand des modernen Menschen, der alles und jedes in der Idee davon ist, die er weder bestimmt, noch daß sie ihn bestimmt, sondern die er nur genau wie ihr Gegenteil von sich denkt. Alle Versuche der Ibsenschen Nachfolge, dieses ideale Schema reicher zu machen, zeigten nur noch deutlicher, wie außerordentlich witzig es ist; und führten solche deutsche Versuche nur zu einer unerträglichen Erweiterung des alltäglichen Banalen und zu noch deutlicherem Auseinanderfall des Bedeutenwollens und des Seins. So in den »Einsamen Menschen«, und ganz sich verlierend in »Schillings Flucht«, worin mehrere geniale Menschen auftreten, aber keiner da ist. Es sei erinnert, daß es in Hauptmanns erstem Stück statt des Personenverzeichnisses heißt »handelnde Menschen«. Der Impetus, mit dem man damals die Ideen, welche die sozialen und darwinistischen waren, aufgriff, ließ leicht glauben, man sei schon so was wie ein Mensch, und ein handelnder sogar, wenn man diese Ideen begeistert ausspreche. Selber voll davon im Hirne meinte man, sie irgendwie benannte Leute in einem Stücke aussprechen zu lassen, mache diese Sprachrohre zu »handelnden Menschen«. Diese Täuschung des Ideologen, die sich ganz gutgläubig vollzieht, ist im Effekte der in ihren Bedingungen ganz andern Täuschung des bürgerlichen Menschen gleich, der eine Sache zu haben glaubt, indem er ihren abgezogenen Gedanken kennt. Wenn hier übrigens von Ideen die Rede ist, so gilt das nur als Sammelwort für Meinungen, Anschauungen, Abstraktionen, Begriffe, Vorurteile usw., keineswegs für Ideen im strengen Sinne. Von solchen ist in diesem Theater nicht die Rede. Auch dann nicht, wenn es von sich selbst sagt, daß es mit einer Idee manipuliere. Denn dieses bürgerlich-moderne Zeitalter kann Ideen nur als relative Meinungen abwandeln.

5.

In drei ersten Stücken – »Gläubiger«, »Vater«, »Julie« – redet er seine Anschauungen wie Ibsen. Dieser sprach für die moderne Frau, Strindberg gegen sie: es ist dasselbe. Es konnte ihn noch dünken, daß Einzelerlebnis sei, was ihm Schicksal sollte: immer der modernen Frau zu erliegen und ihr immer fluchen zu müssen. Noch beschäftigt daher der Fall mehr seinen Kopf als sein Herz. Er sucht Begründungen und findet Schlagworte der Zeit. Er wußte noch nicht, wie ernst es ihm werden würde. Noch stellte sich ihm der Dämon nur als Idee vor. Strindbergs »Ideen« stehen in vielen Büchern vor und um und nach Strindberg, und sie sind für das moderne Theater ganz ungefährlich. Mit Ideen wird der Bürger, der nichts weiter als Ideenansammlung ist, immer fertig, denn er hat sein »Leben« davon. Strindbergs »Ideen« hätten auch ganz anders sein können, und seine Gefahr für das moderne Theater wäre die gleiche. Denn diese Gefahr ist der Dichter. Was sich anfangs noch als seine Idee verhüllte und rednerte, wurde seine Leidenschaft und wurde Bild. Die Idee wurde durch die Leidenschaft leibhaft, und da ist keine Frage mehr, ob sie richtig oder falsch oder pathologisch oder sonst was ist, das einer Theorie entspricht, in deren Kalkül weder die Leidenschaft noch der Dichter steht. Einer Theorie, die nichts als sich selbst hat, und von der aus sie ein gesichertes Verhältnis zur Dichtung zu haben glaubt. Wenn, wie heute, das Chaotische als das diese Zeit heiligende und ihr Bedeutung gebende Zeichen angesprochen wird, dann kann das Phänomen des Dichters, das einheitlich begriffenes Dasein ist, niemandem erklärt werden, denn alles Klärende ist ja gerade dieser Zeit zuwider, und alles Trübe, Vermengte, Unklare ist ihr das allein Rechte. Ja, es ist in solchen Zeiten das Phänomen des Dichters selber ein so gar nicht auch in ihr Bedingtes, daß dieses auftretende Phänomen eine zeitliche Charakteristik als eines Ungeheuerlichen, Fremdartigen, Exzeptionellen bekommt, lauter Epicharaktere, die dem einfachen und einfältigen Wesen des Dichters gar nicht zukommen und ihm zuwider sind. Er muß sich so selber als der Zuwiderhandelnde erscheinen in einer Welt, die er zeitlich ganz von sich abgetrennt sieht, wo doch seine ganze innere Haltung liebend zur Welt hin ist. Seinen ihm gewordenen Auftrag zu erfüllen, seine Kunde in eine Welt zu sagen, trotzdem sie sie nicht hören will und nicht hören kann, wenn sie auch wollte: dies verlangt eine moralische Kraft, eine ethische Energie über alles menschliche Maß, und der Dichter kann sie aus keiner andern Quelle gewinnen als aus der Dichtung, d.h. aus der Einheit des Lebens, das Gestalt schon in sich selbst trägt. Denn auf dem analytischen Wege kommt man weder zum Kunstwerk, noch zum Ergreifen des Kunstwerkes, wie man heute annimmt, wo man auseinanderlegt, was gar nicht auseinanderzulegen ist, was sowohl der moderne Autor tut, der zu irgend Ideen ein Formgewand herrichtet, als auch das Publikum, das entsprechend dem Prozeß dieser seiner Autoren ein gleiches tut, indem es von den »Ideen« spricht, denen der Dichter »Gestalt« oder »Leben« gegeben habe. Der Satz Hofmannsthals ist definitorisch: »Man hat sich den Erzeugnissen der neueren Dichter absolut gegenüberzustellen, mit keiner andern Intention als der, ein gehobenes Menschliches darin zu finden, woran sich unbedingt teilnehmen lasse«, wozu der andere die Ergänzung gibt: »In das Innere von

Kunstwerken gelangen wir nie, es ist schon genug, um sie herumgehen und ihnen einiges abmerken zu dürfen.« Der Inhalt dieser beiden Sätze ist im Volksgeiste untilgbar, denn er bewahrt sie in den Tiefen, in die nicht das leiseste Zittern einer sogenannten modernen »Bewegung« dringt. Dieser Geist ist im Dichter schöpferisch, und Schöpfer und Geschöpf sind im letzten eines.

6.

In den vier Szenen, die wegen der für das Stück ganz gleichgültigen Beschäftigung zweier Personen mit der Musik, lehrend und lernend, »Musik« heißen, stellt sich Wedekind in der Figur des in seinen besten Absichten sich irrenden und moralisch verkannten Literaten Lindekuh vor und sagt sich Wahrheiten über sein unpraktisches, aber vom reinsten Idealismus getragenes Verhalten; er fixiert sein Profil, wie er es haben will, nicht nur, sondern wie es sicher auch sein könnte, wenn dieser Idealist nicht nur seiner besten Intentionen, sondern auch seiner Ideale ganz sicher wäre. Und das ist er nicht. Sicher ist ihm nur, daß der Mensch, der das Beste will, heute wie immer verkannt und ausgelacht wird. Das ist eine etwas abgestandene Romantik vom Genie in der Dachstube, und Wedekind hat sie in einigen und seinen überflüssigsten Stücken immer wieder vor seine Zeitgenossen gebracht mit der ganzen etwas maniaken Insistenz eines zum bösen Menschen verkannten guten Menschen. Er hat Stücke über seine wahren Absichten geschrieben, d.h. über sich selber, und gibt sich dazu das Recht daraus, daß man die andern Stücke, als welche die Paradigmata seiner verkündeten guten Wahrheit sind, verkannt, ja ins Gegenteil mißverstanden habe. In Wedekinds eigener Vorstellung nimmt seine Kunst den geringsten Platz ein – »ich habe mein halbes Leben ohne Kunst gelebt«, heißt es in einem Stück. Wedekind traktiert moralisch in Kunstformen: es ist sein Wille, nicht meiner, daß ich mich mehr um Wedekinds moralische Gedanken kümmere, als um –

das andere. Keinem Zweifel möge die immer auf das Moralische gerichtete Endabsicht Wedekinds unterliegen. »Ich habe mein halbes Leben ohne Kunst gelebt. Ohne Religion könnte ich nicht eine Minute leben« und »die Wiedervereinigung von Heiligkeit und Schönheit als göttliches Idol gläubiger Andacht, das ist das Ziel, dem ich mein Leben opfere«, so wird diese Wedekindsche Religion etwas schöngeistig definiert. »Ihnen fehlt die anima candida, die seelische Lauterkeit dazu«, wendet der Priester ein, worauf Wedekind: »Der untilgbare Fluch, den ich in dieses Erdendasein mitbekommen habe. Was ich mit dem tiefsten Ernst der Überzeugung ausspreche, halten die Menschen für Lästerung usw.« Und: »In keiner meiner Arbeiten habe ich das Gute als schlecht oder das Schlechte als gut hingestellt. Ich habe die Folgen, die dem Menschen aus einer Handlung erwachsen, nirgend gefälscht. Ich habe diese Folgen überall und immer nur in ihrer unerbittlichen Notwendigkeit zur Anerkennung gebracht.« Er »sucht sein Inneres mit den Gesetzen, durch die die Welt regiert wird, in Einklang zu bringen«. Er »arbeitet an einem Werk, durch das die Widersprüche, in denen ich mich seit meiner Kindheit befinde, endlich aufgehoben werden sollen. Ich sehe seit Jahren nicht ein, warum die Verehrung, die wir schönen Farben, schönen Körpern, der ganzen Schöpfungspracht entgegenbringen, warum sich diese Gefühle ewig in den Haaren liegen sollen. Das war früher anders«. Wedekind meint wohl Griechenland von Wieland. »Der Streit kommt daher, daß wir die erhabene Schönheit geistiger Gesetzmäßigkeit so wenig würdigen, wie wir die unerbittliche Gesetzmäßigkeit körperlicher Schönheit einsehen. Der Geist ist uns ein strenger Zuchtmeister, die Erscheinungswelt ist uns ein loser Possenreißer. Die Freude am Geist, die Ehrerbietung vor der Erscheinungswelt, das sind die beiden Elemente, die ich, bevor ich sterbe, noch miteinander aussöhnen möchte.« Man kann nebenbei aus diesen Trivialitäten sehen, wie gering der Gedankenvorrat zu sein braucht, mit dem ein moderner Theaterdichter sein Lebenswerk bestreitet.

Aber diese Worte sollen vor allem den Staatsanwälten, die die Aufführung Wedekindscher Stücke verbieten, sagen, daß, was alle andern wissen, diese Stücke die heutigen guten Sitten nicht untergraben. Wedekind sagt mehr noch: daß sie sie fördern. Nun ist Moral ein Zustand, keine Lehre. Die Moral der Moral wegen wollen, ist ein Unsinn. Das Faktum Mensch ist moralisch oder unmoralisch, aber es ist nicht für die Moral da. Vor zwanzig Jahren, als Wedekind noch so jung war, um mit einigem Anstand Bohemien sein zu können, hätte er darüber gelacht; später tat er dem Snobism, der ihn dort voll Sinn findet, wo er voll harmlosem Schabernack ist, schon den Gefallen, mit diesen Snobs den Tiefsinn zu finden. Jener Titel »Musik« kann in Wedekinds Anschauungen über die fundamentale Wichtigkeit der Sexualentfaltung auch das bedeuten, was er in »Franziska« wo sagt: »Der Gesangunterricht vergewaltigt Lehrer wie Schülerin. Die Schülerin fühlt sich mißhandelt und lechzt nach ihrem Peiniger. Den Lehrer peitscht die Nervenanspannung auf, die er in der Schülerin hervorrufen muß. Jede Übungsstunde endet mit einem Liebesfest.« Fräulein Hühnerwadel ist eine jener vom Leben Enterbten, für welche die Musik als Gefühliges der Ersatz aller unerreichbaren Schätze ist. Praktiziert sie diesen Ersatz im Gefühle ins Leben zurück als richtige Liebschaft, dann stellt sich ihre Armut sofort heraus, die sie eben auf nichts als auf Liebe durch die Musik wies, und sie erfährt das banalste Unglück, jenes nämlich, das lächerlich wird. Es gibt Frauen, für welche bei Gefahr ihres Lebens die Musik die einzige ihnen mögliche Art ist, die Liebe, allerdings ganz autoerotisch, zu genießen. Immerhin scheint die Musik mir nicht ganz damit definiert zu sein, daß sie der sicheren alten Jungfer ein Surrogat der Liebe hergebe, aber die Beziehungen, die Wedekind aus allen Dingen zum Sexualsinnlichen führt, sind ihm die natürlichsten nicht nur, sondern die einzigen, und so nennt er diesen Einzelfall der Musik als Surrogat magistral »Musik«. Auch von der andern Seite her: »Veit Kunz: Ich werde Sie zur Sängerin ausbilden. Franziska: Ich habe gar kein Musikgehör. Kunz: Sie haben unendlich viel mehr. Sie sind so ebenmäßig gewachsen, wie sich das unter tausend Sängerinnen nicht zweimal findet.« Die Anwendungen dieses Satzes in seiner Umkehrung sind gar nicht zu übersehen. Der Fanatismus, mit dem Wedekind die Physik des Menschen zur notwendigen Voraussetzung aller seiner nur irgend möglichen Fähigkeiten und Erfolge macht, hat die Leidenschaftlichkeit eines pervertierten Ressentiments. Die schönen Beine einer Frau sind gewiß höchst zu schätzen, aber aus ihnen und mit ihnen den Kantianismus beweisen, heißt die Schätzung zu weit treiben. Die Sachen sind doch immer am besten dort, wo sie hingehören, wenn der denkerische Einheitsbezug so willkürlich ist und dazu noch, wie bei Wedekind, ganz in einem nichts als sozial bestimmten Moralischen liegt. Gewiß: Wedekind gibt der Welt des Geistes ihre durchaus eigenen Voraussetzungen, und nicht jene der sinnlichen Welt. Er findet nur die geistigen Gesetze der Wahrheit so wenig geachtet oder so sehr verheuchelt wie die sinnlichen Gesetze der Schönheit. Wahrheit und Schönheit seien göttliche Attribute, und Gottesdienst sei der Dienst der einen wie der andern. Aber die Menschen schlügen die Wahrheit mit einer gefälschten Schönheit und die Schönheit mit einer falschen Wahrheit tot. Und fischten dabei im Trüben schmutzig gewordener Sinne. Das ist, recht gelesen, Wedekinds Standpunkt. In seiner Liberalität entspricht er durchaus der Liberalität des modernen Publikums.

Geist und Sinnlichkeit in ein Verhältnis zu bringen, bei dem keines weniger oder mehr hat als das andere, ein solches moralisches Äquilibrium der von Wedekind so sehr gegensätzlich gesehenen Kategorien herzustellen, gewissermaßen zur höheren Ehre Gottes, ihres Schöpfers, solche Versuche riechen immer etwas nach schlechtem Gewissen eines entweder im Geiste oder im Fleische Schwachen, ja, daß es hier zur Konstatierung einer Polarität überhaupt kommt, scheint mir schon schlechtes Gewissen zu sein, Katzenjammer des Denkenden nach dem sinnlichen Erlebnis, das er noch zur Hälfte mitdenken muß, weil er es nur zur Hälfte erlebt. Die Aussöhnung, die wechselseitige Heiligung ist ein Versuch über diese bekannte Tristitia, die nicht Taedium bedeutet, wegzukommen, die unleugbar immer da ist, wenn ihr vorhergehender Erreger nur einiges mehr war als der nichts als mechanische Funktionalismus der Prokreation. Ich verstehe mich nicht auf das, was man die gesunde Sinnlichkeit nennt, und traue dem Begriff nicht, ohne daß ich damit alle Vorkommnisse der vita sexualis als richtig, normal und in Ordnung bezeichne. Ich halte diese oft zitierte gesunde Sinnlichkeit für ein sozial nötiges Vorurteil, für ein juristisches Regulativ, für ein pädagogisches Mittel, aber weder für eine medizinische noch psychologische noch gar philosophische Feststellung einer Tatsache des Lebens. In das körperliche Spiel werden von den dabei Beteiligten seelische und geistige Qualitäten bezogen, die das Fleisch immer als unzulänglich empfinden werden (nicht nur physikalisch!), und daraus dann die Tristitia. Den Trieb, den andern ganz zu besitzen, befriedigt nur der Lustmörder: er nimmt das andere Leben für immer in sich auf; er vernichtet die Möglichkeit einer Wiederholung, die ihn an das Vergebliche seines ersten Versuches lächelnd weist; er ist der konsequente Liebhaber. Die Repetition des Vergehens in der brünstigen Agonie macht dem nachschauenden Geiste dieses Vergehen problematisch und zum Leide. Und das ist ganz gut so. Die Notwendigkeit eines sogenannten griechischen Hedonismus, den es nie gegeben hat, ist nicht einzusehen, denn er wäre in seiner Lauwärme unerträglich stumpfsinnig. Es ist gewiß eine Lust zu leben, aber daß es auch immer ein Vergnügen sein soll, dagegen bin ich der Lust wegen, um die jeder hedonische Ausgleich ins konstant Behagende brächte. Der Geist wird ganz vergeblich gebeten, dem Fleische einen Kuß der Weihe auf die heiße Stirn zu drücken. Er sträubt sich, seit er besteht, und dieses Sträuben hat das Gebot des Dekalogs notiert, nicht ante, sondern post actum. Denn nicht die religiöse Vorschrift stellt sich gegen die »Sünde des Fleisches«, sondern die menschliche Art oder, sagen wir: die europäische Artung, welche Stellung ihr so wichtig, so wesentlich ist, daß sie ihr sogar im Religiösen Ausdruck und Festlegung gab. Auch bei den Griechen, wenn auch nicht bei den fiktiven mit Weinlaub im Haar, wie sie sich Wedekind etwas Dixhuitième Siècle denkt. Vielleicht nicht bei den Bantunegern, deren wenige Artpartikel wir aber in unserem europäischen Menschen so eingeschlossen tragen – denn wir sind im gewissen Sinne eine ethnographische Endsumme –, daß wir auf das Besondere der Bantu nicht zu reflektieren brauchen. Die Sinnlichkeit verbraucht ihre Organe, wie die Nahrungszufuhr endlich auch den Magen verbraucht, indem sie ihn gebraucht: beides ist im Sinne der Erhaltung der Art – ein Staatsinteresse – »gesund«, aber im Sinne des Individuums ist die Frage auf gesund oder nicht gar nicht zu stellen. Wir leben »gesund«, wenn wir nach den uns gegebenen Bedingungen Leibes und Geistes leben, wie immer auch diese Bedingungen sein mögen. Aber die in einer Mehrheit vereinigten mehreren gleichen Bedingungen erheben sich zum allgemeinen Gesetz und haben recht, denn die Menschen haben sich bisher immer mehr für ihr Leben interessiert als für ihr Sterben. Die am Leben Interessierten haben den Arzt erfunden, der das Leben flickt, aber dem Tod nicht auf den Leib rückt, da es den für die Art nicht gibt, sondern nur für das Individuum. Darum kurieren dich die Ärzte auch immer auf das Gesundheitsideal eines Bauernlackels hin, weil sie der Exponent der am Leben interessierten Allgemeinheit sind und für den Tod des einzelnen nichts übrig haben. Der allgemeine am Leben interessierte Mensch formulierte sich nicht nur religiös, sondern auch staatlich. Der Staatliche nennt das Quantum Sinnlichkeit »gesund«, das gerade hinreicht, die Gattung zu erhalten unter Verminderung des sich im Sinnlichen verbrauchenden Individuums. Exzesse verbrauchen den Sinnlichen schneller, vielleicht noch, bevor er sich im Nachkommen ersetzt hat: der Staatliche ist also nicht für Exzesse (und was dazu

»reizt«), er ist für Ökonomie, ist für Kinderzeugen, korrigiert die Tristitia mit den Freuden des Familienlebens, kennt und will keine Mittel zur Verhinderung der Konzeption und findet sich mit der Prostitution durch ganz willkürliche und ratlose Reglements ab, die er in die subalternen Hände der Polizei legt, damit kein Schatten auf seine Staatshoheit fällt, welche sinnliche Betätigung nur mit Kinderfolge kennt. Der Staat hat hier im großen ganzen das Klügste getan, was sich überhaupt im Sinne des am Leben interessierten, allgemeinen Menschen tun läßt. Wedekind ist anderer Meinung, aber einer falschen. Er ist nämlich vieler Meinungen, verschiedener Meinungen, unter andern auch dieser, daß das Freudenmädchen einen herrlichen Beruf habe, denn sie lebe, und das sei gut so, ihren Sinnen und damit der Verherrlichung, der gewünschten, der körperlichen Schönheit. Ob das Mädchen, das sich dieser Beschäftigung zuwendet, sinnlich oder unsinnlich sei, darüber streiten die Gelehrten, die diese Mädchen nicht besuchen, sondern nur untersuchen. Das erfolgreiche Freudenmädchen wird wie jede andere Frau, die ihre Liebesbeziehung zum Manne erfolgreich haben will, sinnliche Appetite zu wecken und zu befriedigen imstande sein. Anders berichtet die Geschichte nicht von ihr, oder auf einem andern Blatt. Wedekind sagt also, es sei an sich ein Freudenleben und das rechte Leben. Aber dieses »Leben an sich« gäbe es leider nicht. Lulu macht ihren Sinnen alle Ehre, sämtliche Liebhaber bestätigen ihr, sich und uns das, aber bis auf einen starken Konsum von Männern ist anderes in diesem Freudenleben nicht zu sehen als Not, Elend, Gefängnis. Wedekind sagt nun, das läge nicht an Lulu, deren Eignung zum Glück aus eben ihrem sinnlichen Genie ganz fraglos sei, sondern es läge an der Welt, die sich gegen die Sinnlichkeit aus Gemeinheit mit allen Waffen bewaffnet habe. Lebten wir richtig, d.h. in dem griechischen, und d.h. Wielandschen Idyll, dann wäre Lulu kraft ihres göttlichen Genies Kaiserin einer glücklichen Menschheit. Der um- und gegenstehende Geist habe eine falsche Suprematie über die Sinne und ihre idealen Verkörperinnen, die Huren, und daher entstünde Unnatur und Raffinement und Perversion (die nebenbei eine bürgerliche Erfindung ist: Variation der einen legitimen Frau ins Mannigfache wegen Reizerschöpfung), die Tragödie dieses heroischen Lebens aller sinnlich Abundanten. Die Freudenmädchen seien die Opfer ihrer virtù, die Wedekind auch zur vertu wird. Und er selber ist, wie er sagt, das Opfer einer ganz falschen Anschauung über ihn, als welche sei, daß er, der die Helligkeit des Fleisches lehre, als ein Lehrer der Unsittlichkeit gelte. Er steht zwischen neun Huren, die Musen des göttlichrechten Lebens seien, als Apollo und muß zur Leier klagen, daß man ihn nicht für Apoll, sondern für Priapus hält. Nun wird Wedekind zugeben, daß sich das Publikum weniger für seine Moralität als für den Vaginismus seiner Frauengestalten interessiert. Nachdem es sich für das Soziale, für das Psychologische, für das Mystische interessiert und es in seiner Weise aufgebraucht hat, mußte für das Sexuelle die Zeit da sein. Ich sagte Vaginismus, und das Wort ist zu erklären. Daß Wedekind, wenn er dazu Lust und Talent hat, Frauen ins dichterische Leben bringt, deren sexueller Appetit männliche Bataillone zur Befriedigung braucht, dagegen ist nichts zu sagen. Das hängt im Gefallen nur von seiner dichterischen Kraft ab, nur davon, nicht aber davon, daß es solche Frauen heute irgendwie und -wo gibt: diese »wirkliche« Existenz ist dem Gefallen, das ich an der dichterischen Existenz nehme, ganz gleichgültig, ist gar nicht daran beteiligt. Wedekind hat die in ihren Geschlechtsempfindungen uns so fremde, den wenigsten erlebt, »wirkliche« Gräfin Geschwitz so stark Gestalt werden lassen, daß wir allen Respekt davor haben, Gestalt, d.h. Symbol ihrer selbst. Aber sehr wenig Respekt vor allen den Lulus und Effis, die um einer Theorie willen da sind, wenn man das, was sich Wedekind so denkt, schon eine Theorie nennen will. Diese unersättlichen Mädchen mit den gespreizten Schenkeln sind wunschgenährte Erdenkungen Wedekinds, denen er seine Sinnlichkeit zu geben glaubt –

und damit ihre Existenz –, indem er ihnen seine Anschauungen über die Sinnlichkeit gibt. Lulu, Effi, Lisiska: diese Frauen sind nicht, wie man gegen Wedekind sagte, frenetische Hysterikerinnen, welches Urteil sich mehr auf die schauspielerischen Darstellerinnen dieser Frauen stützt als auf diese selber. Die richtige Darstellerin der Lulu müßte nichts als schönes Fleisch sein und weder Nerven noch Intellekt haben, um Wedekinds Absichten zu erfüllen; denn für ihn sind Lulu und Lisiska nicht Hedda Gablers, sondern reine Toren, Unschuld und schönes Gefäß; wollen nichts, denken nichts; wirken alles, was geschieht, durch nichts sonst aus als durch ihre sinnliche Animalität, von der sie keine Bewußtheit haben, aber allen ihren Verstand vielmehr haben sollten; denn der programmatische und predigende Eifer Wedekinds macht auch diese Unschuldigen zu Sprachrohren dessen, was er zu ihrem Thema zu sagen hat, und zerstört damit eben ihre theoriefreie Unschuld. Und darum werden diese Rollen doch immer der intellektuellen Schauspielerin zufallen müssen, die meist nicht hübsch ist, und den hysterischen Klaps einer Darstellungsroutine bekommen, durch den diese Figuren überhaupt erst so was wie lebhaft werden. Von Wedekind allein her erinnern sie mich an eine Maschine, die mir ihr Erfinder vorführte: sehr geistreich war sie und sprach er auch darüber, um zum Schluß zu sagen: »Sie hat nur einen kleinen Fehler: sie geht nicht.«

Kam in der Literatur das Freudenmädchen früher vor, so war es ein larmoyantes Geschöpf, an das der Verfasser sein sentimentales Pathos gab. Das war sehr fade und falsch, weil es sehr theoretisch war. Wedekind korrigierte den Irrtum, der hier nur soziale Frage sah, und sagte: Das Freudenmädchen ist das Weib schlechhin, ist großartigste Erfüllung seiner Bestimmung, ist Glück, Freiheit, Herrschaft; wenn es anders aussieht, wenn es anders ausgeht, so ist daran nur die Verlogenheit der Gesellschaft schuld, die vereinte Macht der Unsinnlichen, Dummen, Entmannten. Er sagt, die öffentliche Verachtung, die das Freudenmädchen erfährt, ist die Rache, welche die Unfreien dafür nehmen, daß dieses Mädchen die Freiheit hat. Ich bemerke gleich, daß Wedekind auch das Gegenteil sagen kann; aber sein Beurteiler kann schließlich keine bessere Kenntnis dessen, was Wedekind meint, haben als Wedekind selber, der, wie gesagt, nicht immer seiner Meinung ist. Beiläufig stimmen wird es, wenn man sagt: Wedekind sucht als ein Mensch mit lebhaftem Interesse für die moralischen Angelegenheiten Gründe für die außerordentliche Sympathie, die er für die Freudenmädchen empfindet. Seine Sympathie gibt ihnen Bedeutung; eine Welt nicht nur, sondern auch eine Weltanschauung, die er ganz christlich färbt, ohne sentimental zu werden. Für alles das sucht er tiefere Gründe, ja ein System. Seine Neigung genügt seinem ins Theoretisieren, ins Systematisieren unglücklich verliebten Geist nicht. Irgendwie spielt gewiß der ganz bürgerliche Protest gegen die Bürgerlichkeit mit, aber so sehr in der Bürgerlichkeit beschlossen ist Wedekind nicht, um die benannte Sympathie allein daraus zu erklären. Er hat im »Frühlingserwachen«, in Novellen, in einigen Liedern zu viel Dichterisches, als daß er seine Problematik der Werte nur aus den Werten der bürgerlichen Welt gewinnen könnte, in der Scheinantithese des Paradoxen, das durch Umkehrung eines Gemeinplatzes die »Wahrheit« gefunden zu haben glaubt, so viele solcher Billigkeiten sich auch in seinen Schriften finden. Eine Tendenz ist oft deutlich, über die bourgeoisen Wertungen zu ewigen Werten zu kommen; daß sich ihm diese nur verschwommen zeigen, ist Pech persönlichen Schicksals mehr als eingeborne Natur. Wedekind hat sich etwas zu spät um das Bauzeug gekümmert, das einer braucht, der die Welt denken will. Es langt kaum zu einem bescheidensten Gerüst, und sogar zu dem hat er Balken von schwindelhaften Lieferanten bezogen. Ein Durcheinander von Zufallslektüre, in der mehr Vorurteile als Urteile eine Ordnung zu bringen suchen und die Unordnung nur noch heilloser machen, wobei ihm auch der oft angerufene liebe Gott nicht hilft, der diesem fatalen Gläubigen belustigt zusieht. »Nicht Gedanken zu produzieren ist die Aufgabe des Dichters, sondern ...« ich kenne den heute gerade geläufigen Einwand und weiß, der moderne Dichter hat das ihm von niemandem auf der Welt geneidete Recht auf den Kretinismus und lebt von Empfindungen usw., die er direkt durch die Milz in die Druckerpresse schwitzt. Aber Wedekind lebt in der Vorstellung seiner Zeitgenossen und in seiner eigenen als ein Denker, Sozialethiker und Frauenrechtler – seine gedanklichen Bestände wären also auch dann zu prüfen, wenn die moderne Meinung vom Dichter (es gibt und gab auch andere), er sei ein Ganglienbündel, recht hätte. Nicht nur bringt man seine Schriften heute in ein System von Anschauungen und Werturteilen, sondern Wedekind selbst tut das. Man kann beides nicht ablehnen und sich an die »Kunst« halten; denn diese ist in ihren letzten vier oder fünf Hervorbringungen ganz allein bestimmt von Wedekinds Überzeugung, daß er zur Welt zu denken habe. Es ist diese Überzeugung seine stärkste Leidenschaft geworden. Im Vorwort zu »Schloß Wetterstein« sagt er: »Dies Schaupiel enthält meine Anschauungen über die inneren Notwendigkeiten, auf denen Ehe und Familie beruhen. Das Stoffliche, die Geschehnisse, der Gang der Handlung sind dabei vollkommen Nebensache.«

Der immer pathetisch-deklamierende (weil ethisch intendierende), nie skeptische (weil nicht denkerisch intendierte) Wedekind hatte eine pathetisch-naive Zeit, die seine gute war; in die gehören »Frühlingserwachen«, einige Novellen, die noch heiter-didaktische »Mine-Haha«, einige unbekümmerte Possen wie »Junge Welt«, »Liebestrank« und »Kaiserin von Neufundland«, das galante Dosenstück »Die Flöhe« und einige seiner einfachen volksmäßigen Lieder. Die zweite Periode setzt mit dem »Marquis von Keith« ein: das Erlebnis der Jugend ist erschöpft, ein neuer Besitz ist zu schaffen, eine Welt zu bestimmen; das Erlebnis der Jugend nahm spontane künstlerische Gestaltung an, das Erlebnis dieser Zeit ist schon irgendwie auf die Formung gerichtet; schon zeichnen sich bestimmte Einstellungen ab,

Vorlieben: die problematischen Existenzen der bürgerlichen Outsider, die Insider werden wollen, die Deklassierten, die Verkommenen, die zerfransten ausgezackten Ränder der bürgerlichen Gesellschaft, die Gegend dort, wo der Kehricht abgeladen wird: das gibt nicht nur dem Romantiker Wedekind ein farbiges Milieu – die bürgerliche Unlokalisiertheit liebt Milieus – sondern: in der Zersetzung sind die elementaren Einheiten, die Zellen, welche die bourgeoise Welt konstituieren, schärfer zu sehen, deutlicher zu riechen als in ihrer kompakten Mitte. Hinaufkommen wollen, Heruntergekommen sein: der Marquis und Schigolch, der Appetit des Hungrigen, der sich in dieser bürgerlichen Welt sättigen will, das Erbrechen des in dieser Welt Abgewirtschafteten determinieren diese Welt in das für den Dramatiker Wedekind Wesentliche: die Passionen. Die Sympathien, die romantischen, für den Zigeuner, der seine Sache auf nichts stellt, gehen mit. In dieser zweiten, bewußt pathetischen Periode stehen außer dem »Keith«, »Der Erdgeist«, »Die Büchse der Pandora« und der Spaß »Der Kammersänger«. Schon melden sich Theoreme und werfen ihre Schatten voraus, auf Lulu besonders, die manchmal schon auf Draht gezogen ist, um sie zu symbolischer Bedeutung zu versteifen. Aber immer noch ist Wedekinds innere Figur lebendig genug, um mit seinem Dazudenken fertig zu werden. Die Konstitution dieser Stücke ist robust genug, daß sie Wedekinds Gedanken ohne größeren Schaden verdauen. Gerade nur, daß die Bewegung pedantischer wird, ist zu merken. Weil das Räsonement eigenlebig wichtig wird und mit eigenen Akzenten aufhält. Dann gibt es ein Intermezzo in zwei Stücken: »So ist das Leben« und »Hidalla«. Die errungene Form wird noch behauptet, Sinn und Struktur bleiben deutlich, und beide Stücke sind damit noch im Kreis der früheren halb beschlossen. Dem kommenden Theater dienen sie als fataler Prolog darin, daß sich hier Wedekind selber zum Problem stellt: Mit meiner Kunst ein König sterbe ich als unbekannter Bettler; mit meiner Ethik ein Prophet, engagiert man mich als Clown. Solche Krisen stehen oft an der Wende einer modernen künstlerischen Existenz; sie sind in dem Wurzellosen heutiger Künste bedingt, die keinem Kulturkreis zugehören, sondern bestenfalls sich an das anlehnen, was man die Bildungsschicht nennt, was eine sehr schwankende, unsichere Lehne ist. Die Krisen sind Abrechnungen. Zu ihrer Überwindung kommt es darauf an, auf welche Seite der also Abrechnende das Schuldkonto schreibt. Wedekind schrieb es ingrimmig auf die Seite der andern. Sein Blatt ließ er leer und weiß wie das Gewand eines Propheten, des reinen Helden. Nach dieser Krise schrieb er nur mehr Exegesen über diese beiden Themen: der verkannte Wedekind und sein mißverstandenes Werk, in Stücken, die alle Form verloren haben, weil sie nie eine innere hatten; da wechselt, auch in diesem Sinne der Form, die Prosa ohne Grund in sogenannte Jamben oder in Operettenverse, wird, was erst Jargon einer Prosa war, in den Jargon von Jamben herübergeschrieben, die mit dem Finger abgezählt und nicht mit dem innern Ohr gehört sind; da bekommen die Stücke polemische Vorworte, Untertitel, Nebentitel, die Akte besondere Titel – lauter äußerliche Mittel, diese einförmigen Monologe zu variieren, diese Konfessionen zur eigenen Person zu einer bedeutungsvollen Angelegenheit zu machen. (Um eine ungewöhnliche Einstellung der Zuschauer zu provozieren und sie überrumpeln zu können, gibt auch Hauptmann seinen mißratenen Produkten solche ungewöhnliche verlogene und verlegene Titel wie Traumdichtung, Deutsche Sage, Nocturno, Glashüttenmärchen, Legendenspiel, Spiel zu Scherz und Schimpf mit fünf Unterbrechungen.) Dies ist Wedekinds letzte, die nichts als pathetisch-deklamatorische Periode, die in einem Stücke »Simson« ihre Höhe erreichte, die im Absurden gipfelt. Schwelender Rauch unbegabtesten Denk-Stammelns erstickt das Feuer, das kleine, und tragisch, erschütternd ist keines dieser Stücke, aber das Schicksal ihres Verfassers, der seine Sendung in ohnmächtigen Worten und gebrochenen Gesten verkündet, immer wieder, nicht ahnend, daß er mit diesen Epilogen nur sagt, daß er mehr wollte, als er konnte, und das nicht einmal mehr sagen kann. Mit abnehmender dichterischer Kraft wuchs ihm die Wichtigkeit und Bedeutung seiner Anschauungen, deren Banalität er nicht sieht, weil sie sich ihm in der passionierten Gestaltung seines früheren Werkes verhüllt, deren Blutfülle sie als geringen Ballast leicht mitführte. Vorstellungen wie der Primanereinfall von Christus im Olymp mit Aphrodite, Meinungen wie, die Ehe sei für die Menschen da und nicht umgekehrt, Nacktkultur, diese Schwärmerei aller Kunstgewerblerinnen des Unzulänglichen: das mag ins Fleisch des Theaterstückes bürgerlicher Artung gehüllt und verhüllt seine Dürftigkeit verstecken und so einem mitschreibenden Publikum erträglich sein, wie es ja erschüttert ist über den Tiefsinn Kramerscher Worte: »Ich weiß, daß Leben Tod ist und Tod das Leben.« Aber ohne Theater, und als bloße »Weltanschauung« bringt dieses Wedekindsche Moralisieren nur Staatsanwälte zum Schaudern, deren Impotenz vom Nackten nicht erregt wird, weshalb sie schließen, daß es die Potenz erregen muß, was ihnen ein Ärger zu sein hat.

Strindberg tat dem modernen Menschen nur ganz kurze Zeit den Gefallen, seine Anschauungen auszudrücken, und er begab sich auch nachher nur sehr selten in die falsche Opposition, seine eigenen Anschauungen gegen die des modernen Menschen zu setzen und zu deklamieren. Ihn kümmerten keine modernen Probleme mehr; ihn kümmerte auch sein eigenes »Problem« nicht mehr. Er brauchte keine Anschauungen, weder über seine Zeit noch über sich. Vielleicht revidierte Wedekind nie seine Position, da er nicht merkte, daß der moderne Mensch schon lange seine Meinung hatte. Wer zieht nicht die gewandte und ungewandte schöne Hübschlerin jener gottverlassenen Dame vor, die ihre erotische Insuffizienz mit den allerlächerlichsten Ansprüchen an die Ehe kompensiert? Die immer dort so was wie »Seele« einspringen läßt, wo ihre Sinne versagen und im Stich lassen, weil sie erbärmlich sind? Welche gutgeformte Frau mit ordentlichem Blut hätte je einem dunkelgebräunten, agilen, in den Muskeln bebenden Manne den schmächtigen Lyriker vorgezogen, dessen Finger allein einige Übung haben, vom Leierzupfen? Natürlich gibt es hierzu hypokritische Worte, Handlungen sogar. Sicher predigen viele öffentlich Wasser. Aber alle unsere Aufklärer, Kunstwarte, Monisten, Eugenisten, Frauenrechtlerinnen, liberalen Abgeordneten sind ganz der Meinung Wedekinds! Sogar der liebe Gott in seiner großartigen Katholizität ist sicher so liberal. Aber Wedekind sagt seine Anschauungen als Anschauungen ohne die so sehr beliebten Rundlichkeiten, denn dann sind sie so falsch, wie sie liberal sind. Das Leben der schönen Beine schreibt sich nicht als Abhandlung. Die Tröpfchen Schweißes aus den Nächten zieht man nicht auf Flaschen ab und klebt töricht-gelehrte Etiketten darauf. Wedekind zerbricht sich den Kopf statt, wie allein anständig, das Herz. Ließ seine Leidenschaft nicht den Schoß sinken, woher sie kam, und erhitzte mit ihr Anschauungen, die längst alle Welt hat, und die er allein vertreten zu müssen meinte gegen eine Welt, die was andres meint.

Alle Wedekindschen Erfindungen der ersten Periode, die Geschwitz und die männlichen Figuren der zweiten, der einzige Freiherr von Hohenkemnat aus der dritten, haben Unmittelbarkeit in der Äußerung ihrer Existenz, die wir bei den Leistungen der Zirkusleute, bei den Akrobaten, Reitern und Springern erleben, die alle ihre außerkörperlichen Kräfte nur im Dienst ihres Körpers verwenden und diesen nicht gedanklich paraphrasieren. Sie gehen vollständig in dem auf, was sie uns vorstellen. Was diese Geschöpfe Wedekinds reden, reden sie ganz aus ihrem Gedärm heraus und für dieses Gedärm. Der Ring ihrer Person ist ganz geschlossen, und es klafft nicht die kleinste Lücke für den dazuredenden Autor. Das Argumentative im »Frühlingserwachen« ist ganz zufällig und stofflich und zudem so allgemein human, daß man von einer didaktischen Tendenz, von einer auf das Erziehungsproblem gerichteten Absicht nur sehr nebensächlich sprechen kann. Das Stück dient ihr nicht und geht so nicht in ihrem Dienst verloren; es bleibt. Es beweist sich nur selber – das ist seine dichterische Stärke – und als Nebensache vielleicht noch sonst was in der Welt. (Wedekind will in seinen letzten Stücken alles mögliche in der Welt beweisen, aber diese Stücke beweisen, worauf es allein ankommt, sich nicht. Hier gibt der Mensch Wedekind ein Schauspiel, aber nicht der Verfasser.) Diese schöne Abstinenz vom Dazu- und Hineinreden kam hier aus einer Stärke des Erlebens, die viel zu elementar war, als daß sie sich damals in einen pedantisch nach Modellen abschreibenden und guckenden deutschen Naturalismus hätte verlieren können; denn nicht Wedekinds Kunsturteil lehnte damals mit Werken den deutschen Naturalismus ab, sondern größere Kenntnis und größerer Respekt vor dem Leben, das für ihn *war*, und nicht bloß *bedeutete*. Die Natur Wedekinds brachte ihn auch nicht auf den sich anpürschenden Psychologismus, der von außen her mit falschen, weil willkürlichen Mitteln Dingen und Menschen Bedeutung geben will, die sie von innen, das heißt vom Dichter her, nicht haben. Wo, extrem gesagt, ein Autor die »Psychologie einer Frau« zeigt, indem er überhaupt keine Frau zeigt, was der abgezogenen Beziehung, die der moderne Zuschauer zum Leben nur haben kann, am besten entspricht. Bis in die Sprache hinein kann man den Fall Wedekinds beobachten. Im Anfang verbanalisierte er sie weder, indem er sie im Sinne des Alltagsschwatzes dem »Leben« annäherte, noch verzierte er sie in eine auf erlogenen Erlebnisinhalten basierte Stilhaftigkeit eines dichterischen Jargons: er schrieb das präzise, nüchterne Deutsch eines gutformulierten Gesetzes, eines deutschen Code Napoléon etwa. Die sprachlichen Unsicherheiten und Greuel Wedekinds beginnen später mit den andern Unsicherheiten; beginnen dort, wo er einen Kunstverstand prästiert, den er nicht hat; dort, wo er »jambisch« oder sonstwie versisch in den Dramen wird und seine geradegewachsene Nase mit einer aufgeklebten zu verschönern meint; wo er den Vers für »dichterischer« ansieht als die

Prosa (worin sich ja auch Hauptmann besonders als »Dichter« entdeckt und bestätigt); beginnen dort, wo er ein Stück eine »Theodizee«, ein anderes ein »Mysterium« nennt, ohne jeden Grund und Sinn, damit nur bekennend, daß er weder weiß, was eine Theodizee noch was ein Mysterium ist. Beginnen dort, wo er auf alles Entgegenkommen des Publikums hereinfiel: das moralische Apostolat, den »Satanismus«, die Staatsanwälte, die Gedankentiefe, die Frauenrechte usw.; beginnen dort, wo er die bürgerlichen Werte für Grundwerte der Menschheit hält: den Erfolg, den Fortschritt, die Freiheit des Individuums, die Ehre, wahrscheinlich auch den Monismus. Figur, Bewegung, Ausdruck sind in Wedekinds frühem Werke von einer nicht zu trennenden Einheit: vom Mitreißenden ihrer Wirkung aus hat man dafür das nichtssagende Wort Temperament als Charakteristik Wedekinds hingestellt. Aber er erlebte nicht etwa heftiger als Hauptmann in »Vor Sonnenaufgang«, sondern überhaupt anders. Er stand neben den Dingen und inmitten der Dinge, nicht draußen oder darüber. Er regte sich nicht über die Welt auf, sondern stand erregt in ihr, Mitspieler, nicht Zuschauer, Erleber, nicht Be- und Abschreiber. Aber der goldene Baum entlaubte sich ihm: Wedekind stand im grauen Schatten törichter Theoreme. Das besungene Mädchen, das einmal sich auf dieses Baumes dichtlaubigen Ästen wiegte und dem darunter begeistert und ergriffen knienden Wedekind kleine, aber goldene Äpfel zuwarf, war aus dieser armseligen Dürre heruntergestiegen, in der für Wedekind nur mehr der Staatsanwalt als seltsames Gespenst spukte.

Als man mich aus einer Studentenversammlung heraus einmal fragte, in welchen Wortfolgen sich der christkatholische Glaube am klarsten äußerte, sagte ich, im Kleinen Katechismus, denn der enthalte die Glaubensartikel, wie sie zu nichts als unserm Gewissen sprächen, da hier nur ein sehr geringes von Theologie, d.h. Wissenschaft, aufgewendet sei und gar keine bestechende schöne Literatur, wie diese die Schriften des Alten und des Neuen

Bundes darstellen. Aus der Bibellektüre ist kein religiöser Glaube zu gewinnen, sondern bestens einer zu stärken. Aus der Lektüre von Dichtwerken ist keine praktikable Ethik zu gewinnen, sondern bestens eine vorhandene zu vertiefen. Die Sehnsucht heutiger Jugend geht auf eine eindeutige Bestimmung der Stellung des einzelnen in einer viel tiefer empfundenen und gedachten Welt, als die der Generation der achtziger Jahre war, die sich mit den Formeln von Darwin, Taine und Marx schon die letzten Begrenzungen gab. Da Darwin, Taine und Marx innerhalb der Wissenschaften, denen sie zugehören, mehr als eine Revision, beinahe schon eine Erledigung erfuhren, hat, scheint mir, die heutige Generation, zeitliche Formulierungen der Wissenschaft mit dieser selbst verwechselnd, das Vertrauen, das damals so unbedingte und zu unbedingte, zur Wissenschaft als einer Wertbildnerin des Lebens verloren und sucht, da sie Formulierungen als Halte braucht, diese teils im Mystischen, das sie sich, der Zeit erliegend, seltsam greif- und manipulierbar macht, teils im Künstlerischen, je nachdem logische und erkenntnistheoretische oder ethische Fragen Antworten suchen. In einem Jungenaufsatz einer Knabenzeitung – Leben, das sich nichts erwartet, hat es eilig mit Schreiben und Drucken – las ich, Wedekinds Franziska sei Madonna und Venus in einem, zu der von nun ab zu beten sei usw. Blöde und rührend drückte sich hier Sehnsucht nach Glauben aus, nach allgültigem Wert, nach Dienst und Verwendung im Ganzen der Welt. Der Irrtum des Knaben ist, daß er von der Kunst erwartet, was nie ihres Amtes zu geben war, ob es nun Dantes, Goethes oder Wedekinds Kunst ist. Dem Tätigen und dem Gläubigen kann die Kunst Begleiterin im Leben sein, was nicht Unterhalterin bedeutet, nicht aber dessen grundsätzliche Bestimmerin. Als Begleiterin wird sie sich ganz hingeben, als Bestimmerin wird sie entweder einen Zitatenschatz allgemeiner Moralen hergeben und damit entwertet sein, oder sie wird einem armseligen Narren eine bizarre Zimmereinrichtung liefern, je nachdem Goethe oder Wilde fürs Leben mißverstanden wird.

Und wenn du dir, mein lieber Junge, die ethischen Fundamente deines Hauses aus dem größten deutschen Dichter, aus Hölderlin, holtest, du würdest mitsamt deinem vergewaltigten Dichter bald unter den Trümmern deines solchen Hauses liegen. Denn es ist eine prinzipielle Sache, an der die verschieden großen Umfänge der Dichter nichts ändern: der Dichter ist *nicht* Erzieher des Menschengeschlechtes; er ist, wenn schon auf das praktische Ethos bezogen, etwas wie ein *Gewissenserreger*. Der Dichter gibt definitive Lösungen nur innerhalb seines künstlerischen Bereiches. Die definitive Lösung ist das Werk, und dies ist als Aufwand von selbstloser Energie und Hingabe an ein schweres Ziel eine ethische Tat, wie alles was mit Interesselosigkeit an der eigenen Person um des Lebens willen und zur Steigerung des Lebens von Menschen unternommen und vollbracht wird. Das Kunstwerk als solche Tat stellt sich in das Ethische, nicht aber ist es den Inhalten nach ein Sack voll mit solchen oder solchen Moralen, die als Grundwerte des Lebens verwendbar wären. Das ethische Dogma des Kunstwerkes liegt allein in seiner unteilbaren Leiblichkeit als Gebilde, nicht in seinem Abziehbaren, sei dies nun »Inhalt«, »Gedanke« oder »Form«. An diese alten Dinge seien die Achtzehnjährigen erinnert, denen ich den Gefallen tat, Wedekind als moralischen Erzieher so ernst zu nehmen, wie er sich und sie ihn vermeinen. Es zeigte sich, wie ich glaube, daß Wedekind die Kunst (und damit seine ethische Position in der Welt) verloren hatte, als er sie »moralisch« nahm, wobei nichts als Diskussion über Gemeinplätze gewöhnlichen Denkens herauskam. Und jene, die Wedekind zu ihrem moralischen Evangelium machen, müssen die Kunst verlieren wie er und werden dabei noch weniger als moralische Gemeinplätze gewinnen, denn sie haben weder Wedekinds Vergangenheit noch Schicksal, dem im Blute verpflichtet dieser Mann immer wieder einmal Pfeffer auf die Lilie streuen mußte, wenn es auch am Schlusse nur mehr das leere Büchschen war, das er schwang, und nicht mehr die Büchse der Pandora.

7.

An Geist nicht arm, an dramatischem Witz nicht gering sind die zahllosen Stücke, die sich in Paris das Publikum durch gewandte Mittelsmänner des Handwerks herstellen läßt. Becque, Renard, Courteline: nicht an diese denke ich dabei, denn sie sind Aufstand gegen den modernen Menschen, wenn sie auch, genau wie bei uns Sternheim, eben des Aufstandes wegen sein Niveau behaupten müssen. Ich meine die Bernstein, Bataille, Natanson usw. Doch bewahrt der gute Bürger von Paris so viel Haltung, sich in diesen seinen Mundstücken nicht für einen Dichter zu behaupten. Das passierte ihm erst, als der Spießbürger sich an der Manufaktur beteiligte: bei Rostand. Wir sahen bei uns Analoges. Als Hauptmann in der »Versunkenen Glocke« den Spießbürger in dem ausdrückte, was dieser in höchst schaudervollen Versen als Poesie sich einbildet, in völliger Entseelung des Märchens als Phantasie und Tiefsinn sich ausdenkt – mit diesem Einbruch des Spießbürgers in die Reihen der mitverfassenden modernen Menschen wurde Hauptmann aus einem modernen Autor der deutsche Dichter. Jahre später hat er dann, dankbar für die Kinder der ihn verpflichtenden Spießbürger, den »Parzival« und den »Lohengrin« noch einmal auf Haeckelscher Grundlage erzählt in einem Jargon von Prosa und Vers, der dem kleinsten Schafskopf ebenso wenig Rätsel aufgibt wie die ins Liberal-Banale gedeutete deutsche Sage. Seit die Spießbürger so erfolgreich dichten, sind die modernen Menschen auf sie eifersüchtig geworden, was sich darin ausdrückt, daß sie an Hauptmann zu »zweifeln« beginnen und sich zu Wedekind »bekehren«, der es in vergeblichem Kopfzerbrechen über »christliche Askese« und »heidnische Sinnesfreude« mit dem tiefsinnigen Bekerekex Hauptmanns aufnimmt.

Schlagworte der Zeit regten diesen weichen, widerstandslosen, gütigen, lymphatischen und ganz ungeistigen Träumer auf, und diese Aufregung zu sagen schien ihm Not der Zeit und seine. Die Rednerbühne des Theaters war gerade von Ibsen aufgeschlagen worden. Welcher von uns damals Siebzehn-, Achtzehnjährigen glaubte nicht, in Volksversammlungen reden zu müssen! Der scheuere Hauptmann tat es indirekt von der Theaterbühne herunter in »Vor Sonnenaufgang«. Und er blieb von da ab oben, obwohl, was er zu sagen hatte, in dreien Malen gesagt war. Er blieb oben gegen alle seine Natur, die ihn, wenn dichterisch überhaupt, auf eine etwas schwerfällige bäuerliche Bukolik gerichtet hält, mit einer sanften nicht vertieften Klage über Nöte des Daseins, Schwäche des Willens und der Leidenschaft, und daß man sich halt mit seinem Kopf nicht auskenne. Diese Hauptmannsche enge Natur füllte das Friedensfest und die Einsamen Menschen aus, in denen schon das beliebteste Hauptmann-Thema angeschlagen ist von dem Manne, der mehr sein möchte, als er sein kann, mehr bedeuten, als er ist – später wird aus dem Vockerat »das Genie« Crampton, Kramer, Geyer, Schilling usw.; das Thema des durchaus novellistischen Ablaufes. Hauptmann hat ein einziges Erleben, und es ist eines der Jugend: die Landschaft. Erinnert er sich erzählend, wie im Quint, dieser Jugend und ihres Erlebnisses, dann ist er »bei sich zu Hause« und wird Dichter. Aber kommt dieses Erinnern in seinem Theater, so ruht es als Stimmung überbeschwerend auf Nebensachen, worüber dann das ohnedies schon mehr Erzählte als Bewegte dieses Theaters ganz deutlich wird. Aus diesem Bukolischen kommt auch die Verwendung des Dialektes: er soll, neben der ganz sinnlosen Absicht, den Eindruck der Wirklichkeit zu erhöhen, den Eindruck des »von sich selber Werdens«, die landschaftliche Farbe geben, den Erdboden – und Hauptmann das schwanke Vertrauen in sich stärken. Das Hauptmannsche Theater von den Bildern der »Weber« ab wurde dem Publikum ein beliebtes Theater, weil es bei seiner Schwäche für das fait divers der Zeitung darin gepackt war: es bekam mit Rührung der Stimmung aus dem Tagesbericht der Zeitung

Vertrautes in einer Erzählung, die hier angenehm von Schauspielern gespielt wurde. Da dem modernen Publikum das Drama fremd ist und sein muß, muß es am undramatischen Theater sein größeres Gefallen finden, denn es entspricht ganz seiner unproduktiven Teilnahme, dem Interesse, das ohne Phantasie ist.

Es ist nicht mehr nötig, heute, wo das alles vorbei ist, bei allen diesen Stücken Hauptmanns zu verweilen, in denen ein ganz undramatischer leidenschaftsloser Mensch, zwischen allen Stilformen, da selber ohne Haltung, schwankend, das melancholische Schauspiel einer Ohnmacht und eines vertanen Opfers gibt; sich um eine Geistigkeit anstrengt, die Galimathias ist; um eine dramatische Bewegung sich bemüht, die nur zustande kommt, weil die Leute auf der Bühne das Wichtigste überhören oder mißverstehen; und Verse stammelt, die sonst kein Gymnasiast mehr macht. Darüber hat schon Hofmiller das Urteil ein für allemal gesagt. Als Dokumente einer Zeit die drei ersten Stücke, die Geschichte vom Apostel und die Erzählung Quint, und wäre der »Biberpelz« durch Mut aus dem Witzigen zum Komischen gekommen, dann könnte man auch dieses Stück zu dem Bleibenden Hauptmanns zählen. Das andere ist einer gewesenen Zeit verlorenes Theaterspiel, in dessen vielen gebauschten Akten manchmal ein kleines Sonnenlicht aufhuscht, ein Stückchen spröder, doch heimeliger Landschaft vergoldend, an das sich mit dem sehnsüchtig danach gewandten Dichter das Herz hängen möchte, weil es das seine darin spürt: aber schon schiebt er die schlecht bemalte Kulisse davor. Und ein kleines Wort fliegt manchmal in diesen vielen Akten auf – o daß es wie die Lerche stiege, den Dichter und uns mit hinaufziehend: aber es zerflattert sich rasch im Gestrüpp theatralischen Geredes, in dem allerlei autorliche Denkungen sogenannter moderner Probleme oder alter in moderner Fassung an dramatis personae gebracht werden, deren Beruf, Milieu usw. den Eintritt des Problems hinreichend wahrscheinlich macht. Die nötige Bindung zwischen der Person X und der autorlichen Problemdenkung bringt eine sogenannte Psychologie zustande, die, allein von der Denkung her bestimmt, durchaus kausal und daher überhaupt keine Psychologie ist, sondern willkürlich Assoziation weiterer Denkungen. Der Gedanke des Autors sucht in allein von ihm determinierten »seelischen Vorgängen«, die alle wieder nur gedanklich sind, die Person X plausibel zu machen. Die Präsenz, das Vorhandensein dieser bewegungslosen Figuren wird durch ein falsches Mittel zu erreichen gesucht, indem sie psychologisch gemacht werden: sie sollen wie aus sich selber ihren Affekten zu erliegen scheinen, während sie in der Tat nur das »fühlen«, was der Autor über sie zu denken gut findet. Er ist im letzten Akt daher immer gezwungen, selbst vorzutreten und das Wort zu ergreifen: er tat drei Akte lang so, als ob seelische Konflikte von innen her zu lösen seien – im letzten Akt stellt er sich selber in diese innere Mitte und »löst«.

Diese dramatische Psychologie Ibsens wie Hauptmanns, um nur die beiden unter den Zahllosen zu nennen, ist Teilerscheinung der sogenannten modernen Kultur, insofern diese Dramatik auch nicht einmal die Fiktion einer moralischen Pflicht aufzustellen vermag inmitten des Trümmerhaufens der moralischen Relativismen. Orest hat die absolute Pflicht, zu rächen. Der Ehrenkodex, die Staatsräson gaben den Helden der französischen Tragödie das »So und nicht anders handeln können«: nicht aus der nicht vorhandenen Moralität ihrer gelebten Umgebung gewannen sie das, sondern aus einer Theorie, nicht weniger kategorisch als das Christentum. Eine gedankliche Exaltation trägt diese Konflikte des Titus und der Berenice, des Rodrigue und der Chimene, nicht eine Empfindsamkeit der Seele. Und Zufälle und Mißverständnisse bringen Romeo und Julia dazu, sich zu vergiften, ohne daß wir im Innersten überzeugt würden, daß dieser und kein anderer Ausgang möglich sei. Gegen die alten Götter gab es kein »Auch-anders-Können« und auch nicht gegen die dunklen Kräfte eines in Zufällen und Mißverstehen sich äußernden fremden Willens aus der magischen Welt. Dieses

»Auch-anders-Können« ist ganz modern: das allgemeine Interesse verlangt nicht mehr unbedingt und immer das Opfer des Einzelinteresses; Ehen sind lösbar; Gelöbnisse aufhebbar; von noch so tiefen Stürzen kann man sich erheben; die Opportunität tritt an Stelle des absoluten Geltens; jedes Ding hat zwei Seiten; und die »Wahrheit« liegt in der Mitte (wo tatsächlich gar nichts liegt): diese ungeheure Menge von Denkungsmöglichkeiten des moralischen Verhaltens bildet den Inhalt des modernen, angeblich psychologischen Dramas, das die Wahrheit in der Mitte findet: dort, wo nichts ist.

8.

Mißverständnis und falsche Freundschaft haben Hofmannsthal vorgeworfen, daß er Ballette und Opern dichte. Aber er hat wohl diese glücklichen, den sogenannten ideellen Abstraktionen aus ihrer starren Gattung heraus unzugänglichen Formen des durchaus Magischen und dem Rationalen Entrückten für sein Mitzuteilendes, das immer ganz dichterische Substanz ist, jenen andern Ausdrucksformen vorgezogen, die, auf der Bühne des heutigen Theaters gesprochen und gespielt, durch ebendieses Theater eine prinzipielle Fälschung erfahren, die sie in ihrer Natur aufhebt. Denn diese Gebilde sind nicht aus den Bedingungen dieser Bühne entstanden (womit nicht das Requisit gemeint ist), gehen auf keine ihrer Bedingungen, wie wir sie benannt haben, ein und sind wesentlich heute nicht spielbar, so nicht spielbar wie etwa der »Sturm« oder der »Empedokles« Hölderlins, wenn man auch natürlich daraus ein modernes Theater machen kann. Solche Zaubereien wie Tor und Tod, Kaiserin und Hexe, Sobeide, Abenteurer, Weißer Fächer sind so sehr nicht »modern«, daß sie auch das Publikum nicht haben können. Diese Gebilde setzen Zuhörer voraus, die zumindest unter einer Gesittung stehen, wie sie die ersten Zuhörer der »Natürlichen Tochter« vereinte; wie sie in einer Aufführung des

Schlegelschen Alarkos für einen Augenblick zu Goethes unwilligem Erstaunen verschwand, so daß er die Zuhörer mahnte und – sie sich mahnen ließen. Das Publikum hatte recht, als es an diesen Werken Hofmannsthals nicht seinen Gefallen fand, denn als Theater, wie sie heute nur gespielt werden können, teilen sie nur mit, was Beziehung zum Publikum hat, und diese Beziehung kommt über das Allgemeine der Moira nicht hinaus, und dieses ist dem »individuellen« modernen Menschen das »Ungestaltete«, das »Ästhetenhafte«, das »Nichts mit dem Leben zu tun Habende«, und wie immer er sein Unvermögen zur Dichtung ausdrückt. Die »Praxis« dieser Dramen Hofmannsthals muß sich dem bürgerlichen Zuschauer entziehen, und das verdrießt ihn, denn er hat so seine Vorstellung, daß »das Poetische« als »Note« in das Universalrepertoire seines Theater-Barnum gehöre. Er ist verstimmt, daß dieser Dichter ihm nicht mehr entgegenkomme, und tut weit die Tore auf, sowie das »Poetische« erscheint, das auf sein Theater eingeht, d.h., sowie es sein Theater in sogenannten Versen von Ernst Hardt etwa herstellt, von denen alle bürgerlichen Töchter aussagen werden, daß sie »hofmannsthalisch« wären. Was sich der bürgerliche Zuschauer als das Drama Hofmannsthals abzog, wurde praktisches modernes Theater von Ernst Hardt, der noch unter einigen andern Namen den modernen Menschen sich das Zeugnis ausstellen läßt, daß er in seiner Beziehung zum Dichterischen hinter seinen Ahnen, die sich um die Natürliche Tocher versammelten, nicht zurücksteht. Als Siegel fügt er diesem Zeugnis eine gelegentliche Aufführung eben der Natürlichen Tochter bei, in deren drei Stunden er so viel mit seiner Langweile zu tun hat, daß ihm für das Drama keine Zeit bleibt.

Von den modernen »Problemen« und »Fragen« nicht berührt, rückt Hofmannsthal Ort und Zeit seiner Dramen in eine Distanz von dieser Zeit, damit sie ihm nicht dreinrede, ihn nicht auf ihren Wegen, die nicht seine sein können, suche, sondern sich aus ihrem durch Presse und Theater bestimmten Scheindasein herausbegeben muß, wenn sie ihn finden will. Es ist diese andere Zeit nicht historische Zeit, dieser andere Ort nicht geographischer Ort, ist nicht Verschiebung auf der gleichen Ebene, auf der das Moderne ruht, sondern ein Hinaufstellen, Hinaufheben über diese Ebene, eine Änderung des Niveaus, die der Dichter heute vornehmen muß, um sein Werk in den ihm allein möglichen metaphysischen Raum zu stellen. Man erinnere sich, daß Hofmannsthal »Gestern« schrieb, als man in den »Einsamen Menschen« die Offenbarung des modernen Dramas begrüßte, für das es genügt hätte, Öffnungen für soundso viele Munde in den Vorhang zu schneiden, denn die Bewegungen der angeblich zugehörigen Leiber waren ganz gleichgültig. Bei den Gestalten Hofmannsthals wird deutlich: das sie ihr beredtes Schweigen brechen, daß Gestalten auf der Bühne überhaupt ihr Schweigen brechen, kann nur den einen Sinn haben, daß sie Verse sprechen. Das Mimische beginnt und endet, bevor Worte sich gebildet haben, in einer viel tieferen Bewußtseinssphäre als dem der Rede. Und begleiten oder aus diesem Mimischen ausbrechen kann nur das gesteigerte Wort des Gedichtes. (Nichts als der »natürliche« Schauspieler bewegt sich über vier Fauteuils und zwei Sofas während einer Rede, die erzählt, daß er eine alte Bekannte getroffen hat, mit der ihn früher einmal Beziehungen verbanden, die nicht ohne Folgen geblieben seien. Diese Geschichte meint er zu bewegen, indem er auf der Bühne herumgeht.) Das Mimische kann nur das Allgemeine, das Humane ausdrücken, anders wird es unverständlich: aus diesem Demokratischen reißt es das ausbrechende Gedicht in die besondere Bedeutung, das Gedicht, der Gesang oder der Tanz. Mit dem von der Musik begleiteten Tanz kehrt das Mimische als Ballett in höchster Steigerung wieder zu seinem Ausgang zurück: der Bewegung. Der Gesang – die Oper – schützt das Wort vor der immer lauernden Gefahr des bloßen nützlichen Sinnes, vor der Gefahr der metaphorischen Auflösung in das zweckhaft Bestimmte und das ohne Zweck Bestimmende. Das an keinerlei Reales angelehnte Kunstgebilde der Oper, und mehr noch das des Balletts, läßt den Dichter in jeder Hinsicht souverän in seinem Willen. Die Oper und das Ballet entfernen das Drama am weitesten von den Konventionen des Lebens, in die das moderne Theaterstück eingeschlossen ist, und darum liegen Oper und Ballett sehr natürlich auf dem Wege des heutigen Dichters. Denn nicht mehr deformiert ein zerdachtes Gehirn und ein in Abstraktionen schlaff gewordenes Denken der Zuhörer das dichterische Gebilde, das in Worten durch das Ohr ins Gehirn kommt, sondern in Klängen, oder, durch das Auge, in Bewegungen, die beide ganz ihre eigene Welt sind, ohne jede Beziehung zu den Bewegungen und Geräuschen der »praktischen« Welt. Unter Ballett ist hier nicht das Tanzdivertissement unserer Operntheater gemeint, das vielleicht eine erotische, sicher aber keine künstlerische Angelegenheit ist. Dieses Divertissement ist undramatisch, weil ihm das männliche Prinzip fehlt. Das hybride Geschöpf, das in diesen Balletten auf einmal neben dem »Stern« auftaucht, ihn um die Taille faßt und einem Parkett hinhält, war eine Art weiblichen Wesens mit männlichen Muskeln, ein Hinhälter, aber kein Mann. Dieses Tanzdivertissement war nichts weiter als, wie Mallarmé es sagte, débauche aimable pour l'esprit libéré de la fréquentation des personnages à robes, habit et mots célèbres, wenn auch diese débauche aimable sich heute noch als Reaktion im Verlangen nach dem Tanz und in dessen Rezeption darstellt, als Reaktion gegen das psychologisierte moderne Theaterstück. Das Publikum riskiert sich nicht in einem Gefühl, das es nicht kennt, das heißt: für das es keine Worte hat oder noch nicht hat. Es wird das ihm fremde und, weil noch wortlose, unbehagliche Gefühl mit einem vertrauten Gefühl verdrängen, in dem ihm die Worte geläufig sind und in dem es eben wegen dieser eingeübten Worte sicher ist. Es wird beim dramatischen Ballett, das die Russen vorstellten, von der Schönheit des barbarischen Ostens, von den Farben der Kostüme und Dekorationen, vom Sinn oder Unsinn des Textes sprechen oder, im Vorstellungskreise des Tanzdivertissements, von den Beinen der Karsavina oder den Sprüngen Nijinskys, und wird damit das neue Gefühl verdrängen, das mit dem Wesentlichen korrespondiert, welches alles das Ausgesagte nicht ist. Denn dieses Wesentliche ist auch ohne Farben, Kostüme, Kulissen da, wie alle wissen, welche auf Proben diese dramatischen Ballette »in Zivil« tanzen sahen. Dieses Wesentliche ist die Bewegung um ihrer selbst willen. Denn nicht die statuarische Ruhepose, die dem Punkt im Satze gleicht und die den Beifall auslöst, ist das Ziel, und nicht ihr gilt der Beifall, sondern dieser im Augenblick ihres Seins auch schon wieder gewesenen Bewegung, diesem Gleiten, Schweben, Drehen auf den Wellen der Musik, die auch ihrerseits nur ist, indem sie sich bewegt, und die von der Phantasie »festzuhalten« ist. Diese Bewegung ist nun nicht die Virtuosität des Spitzentanzes, dieser Koloratur der Füße, sondern ist der dramatische Ablauf eines Geschehens in den Linien der Tanzbildungen, im Gestus des Tanzes. Eine der schlimmsten Folgen des psychologischen Theaters war, daß es der Geste ihre Notwendigkeit nahm und aus ihr, indem es sie dem Wort unterordnete, ein pis aller machte. Wie ausdruckslos die Geste wurde, kann man sehen, wenn solche durch das psychologische Theater verdorbenen Schauspieler in einer Pantomime spielen: sie vollführen Gesten, mit denen sich nicht einmal mehr die Taubstummen unterhalten. Um über das Minimum ihrer mimischen Bewegung wegzukommen, sind sie veranlaßt, den Vers im Drama zu einer Prosarede zu zerstückeln, weil diese sich »bewegt« sprechen läßt, das heißt: vielfältig vom Affekt gefärbt. Daß der dramatische Vers der Bewegung folgt und sie zur Voraussetzung hat, ist dem Schauspieler ganz unbekannt geworden, da er im Gesprochenen nur mehr einen abstrakten psychologischen Sinn zu suchen vom modernen Theaterstück angehalten wurde.

9.

Mit der Forderung, der Schauspieler habe den Dichter auf der Bühne zu interpretieren, ist nicht dem Schauspieler, sondern nur dem Regisseur die Aufgabe bestimmt. Die Forderung wendet sich an die künstlerische Intelligenz, die beim Regisseur ausschließlich in Betracht kommt, nicht aber beim Schauspieler, dessen nichts als intelligentes Spiel die vom Dichter gestellte Aufgabe nicht erschöpft, weil es Umfang und Qualität der schauspielerischen Begabung nicht erschöpft. Die Redensart, daß der Schauspieler »auf die Intentionen des Dichters eingehe«, gibt zu, daß der Dichter mit seinem Stücke auch auf das »Spielen« intendiere, das nicht im Buch steht, auch wenn es von Spielangaben wimmelt wie in den Bühnenbüchern von Bahr. Und dieses Spielen ist das Wesentliche und gehört ganz dem Schauspieler, gibt ihm seine selbständige künstlerische Existenz, die von der Intelligenz nur durchbildet, aber nicht bestimmt wird. Seine Intelligenz dürfte nur in der Wahl der äußeren Mittel entscheiden, wie etwa der Bildhauer sich für sein auszudrückendes Marmor oder Holz entscheidet. Wäre die Intelligenz des Schauspielers der wichtigste Faktor, so stünden bald die Bühnen leer, denn eine hohe Intelligenz würde nicht Schauspieler werden, woran ebendiese dominierende Intelligenz, die große Einsicht, hindert. Der Schauspieler kann, wie jeder Künstler, aus seiner Kunst heraus eine Intelligenz gewinnen – was nicht Routine bedeutet –, aber nicht die Kunst mit der Intelligenz.

Die Forderung nach dem »denkenden« Schauspieler ist genau so alt wie das moderne Theater. Der Schauspieler sollte das tun, was der Autor nicht getan hatte: denken. Und er dachte. Wir bekamen für Stücke, die, im Sinne des Dramas, nicht zu spielen waren, den denkenden, das heißt natürlich den modern denkenden Schauspieler, der nicht konnte, was er auch nicht brauchte: spielen. Denkend sein bedeutete für den Autor und Publikum

»natürlich« sein, und der moderne Schauspieler wurde zum Verwechseln natürlich: man konnte ihn nämlich durchaus mit dem, was er darstellte, verwechseln, was seinem bürgerlichen Charakter so wenig schadete wie dem Stück. Da die ganze Schauspielkunst so darin bestand, kein Lampenfieber zu haben, damit man auf der Bühne so war, wie man eben war, gab es plötzlich außerordentlich viele große Schauspieler: mit jedem modernen Stück ein halbes Dutzend mehr. Denn das Publikum produzierte sie aus der Mannigfaltigkeit seiner sozialen und psychologischen Charaktere und feierte sie, und damit sich selber, als Charakterspieler. Die bürgerliche Welt schuf sich in diesen ihren natürlichen Schauspielern sinnfällige Repräsentanten ihrer Inhalte und betete sie an. Jedermann des Publikums schrieb die Stücke, jedermann des Publikums spielte sie. Als man später Stücke zu spielen anfing, die nicht vom Publikum, sondern von Shakespeare waren, da stellte sich heraus, daß die vielen großen Schauspieler zwar sehr denkend waren, aber nicht spielen konnten, und der verlegene Regisseur, dessen Organ für das Drama durch die vorher gespielten Theaterstücke schon sehr verkümmert war, deckte alle seine ungenügenden Schauspieler mit Maschinerie, Malerei und Dekoration zu. Daß er damit auch das Drama zudeckte und nicht mehr Shakespeare, sondern irgenwas von sich spielte, davon soll noch gesprochen werden. Verse wurden zerhackt, Bewegungen zerrissen und die Könige gestierten wie Lohndiener, was alles man natürliches Spielen nannte, als ob Spielen künstlich oder natürlich sein könnte: aber man schloß aus der Analogie, daß es nur natürliche und keine künstlichen Börseaner gebe – von denen und ihresgleichen ja die Stücke erfüllt waren –, darauf, daß es auch nur natürliche Schauspieler geben dürfe. Einige alte Komödianten wie Possart kamen durch öliges Deklamieren bei einer Opposition hoch, die auf ein reines und deutliches Bringen der Zitate im »Schiller« großen Wert wegen der Bildung legte. Eine so pointierte Prosa wie die Sternheims legten sich Schauspieler des Natürlichen auf das *Bedeuten* zurecht und ruinierten so das *Sein* dieser Prosa. Denn auf das Bedeuten der Worte hat sie das modern-bürgerliche Theater eingeübt, wodurch sie ja so besonders denkende Schauspieler wurden. Man wendet ein, ich beschriebe hier Dinge, die man schon überwunden habe, und daß die Zeit schon historisch sei, die den Schauspieler darum ein Genie nannte, weil er mit dem Rücken gegen das Publikum gespielt und in Pausen der Rede, wegen Nichtkönnens seines Textes, sein großes Talent gezeigt habe. Zugegeben, man habe eingesehen, daß das keine Schauspielkunst gewesen sei – hat man eingesehen, was Schauspielkunst ist? Gibt man ihr die Bühne? Gibt man diese nicht vielmehr ganz sekundären Behelfen und Arrangements, die der Schauspielkunst nicht nur nicht dienen, sondern im Wege sind, sie hemmen, verhindern?

Die Schauspieler, die vor dem im sonst leeren dunklen Theater irgendwo in einer Loge verborgenen König spielten, waren nicht glücklich und spielten schlecht. Es fehlte der schließende Kreis der Zuschauer, diese vierte Wand, die der Schauspieler braucht, um spielen zu können. Ohne diese Wand der Zuschauenden wird die Bühne nicht zum verlangten Zimmer, und hat der Park ein Loch ins Luftleere, alle guten Regisseure arbeiten mit dieser vierten Wand, welche die Zuschauer bilden. Das Theater besteht durchaus nicht aus einer großen vor einer kleinen Schachtel, wie Bühnenreformer mit Architektengedanken behaupteten und wilde Theater konstruierten. Der nach einer Seite hin offene, nach drei Seiten hin bestimmt geschlossene Raum der Bühne wird nach dieser vierten Seite hin ideal von der zuschauenden Menge geschlossen: dann erst ist dem Schauspieler die Möglichkeit zu spielen gegeben, die es macht, daß er Erschütterungen lustvoll ertragen kann. Die Erschütterungen! Denn der Schauspieler macht nichts vor und macht nichts nach. Er erschafft aus der Materie seiner seelischen Emotionsfähigkeit eine Person, wie sie ihm der Dichter mit den Worten andeutet. Dem Dichter gibt eine seelische Erschütterung das Wort, dem Schauspieler gibt das

Wort das seelische Erlebnis, löst es unwillkürlich aus. Es ist so, als ob das Wort des Dichters in dem es sprechenden Schauspieler ein Ventil öffnete, durch das seine wirkliche Leidenschaft ausströmt. Er macht nichts vor, er tut nicht bloß so. Auch dort nicht, wo er ihm menschlich »fremde« Gefühle erlebt und ausdrückt. Jeder Mensch, nicht nur der Schauspieler, erlebt es, daß er plötzlich Gefühle äußert, ihnen wortvollen Ausdruck gibt, die bewußt gar nicht zu besitzen er gleichzeitig konstatiert, die ihm vorkommen, als wären sie wie hinter einer Glaswand, durch die er sie sich bewegen sieht: fremdartig kommen sie ihm vor und doch ihm eigen, nie bloß so gespielt oder »affektiert«. Wir haben die uns vertrauten, uns zugehörig erfahrenen und bewußten Gefühle; wir wissen, daß Situationen von uns verlangen können, Gefühle zu äußern, die wir nicht haben, wo wir dann so tun als ob; und wir haben weiter diese Gefühle, die überraschend über uns kommen und intensivsten Ausdruck finden, die zu uns gehörend und wie durch eine gläserne Wand in uns getrennt wir konstatieren. Der Schauspieler, der am wenigsten bewußt lebende Mensch, dürfte der an den Möglichkeiten, diese dritte Gruppe von Gefühlen über sich kommen zu lassen, reichste Mensch sein. Der poetische Dichter rauft sich das Haar, wenn der Schauspieler von Rollen spricht. Er meint mit diesem zu Mechanik betonten Worte: Worte zu sprechen bekommen, welche jene bewegende Gewalt haben, die seine, des Schauspielers Kunst in die Erscheinung treten lassen. Der Schauspieler denkt ganz dramatisch, wenn er von einer »guten Rolle« spricht, womit er Worte meint, welche die Ventile seiner Leidenschaften aufreißen. »Die Rolle liegt mir nicht« heißt: Ich kann hier nicht von Innen nach Außen spielen, ich muß vormachen, als ob ich das innen hätte, muß denken. Aber wie es »nachmachende« Stücke gibt, von außen her gemachte, so gibt es auch das, was man optische Schauspieler nennen kann, das sind solche, die mit Geschicklichkeit beobachten und das Geschehene nachmachen bis zur Virtuosität eines Fregoli. Am Dichtwerk werden solche

Schauspieler immer versagen. Dieses »von Innen her« bedeutet aber nicht dilettantisches Rasen. Der Schauspieler empfängt das seine Spiellust beglückende Maß, die ihn zum Äußersten steigernde Schranke vom Dichter, und ist so auch darin der Künstler, der ohne Maß und Ordnung nicht denkbar ist. Das mit Worten des Dichters abgesteckte Feld des Spieles der Leidenschaft treibt gerade, weil es abgesteckt, begrenzt ist, zur größten Entfaltung und Verdichtung der Leidenschaft. Schwierigkeiten zu überwinden, Chaos zu ordnen: das ist der stärkste Reiz künstlerischer wie jeder anderer Arbeit; das Leichte macht man nicht, oder schlecht. Den ihm von den Worten des Dichters gesteckten Umkreis anders noch als durch das ganz automatische Auswendiglernen der Worte kennenzulernen, das ist die Arbeit der schauspielerischen Intelligenz, die Intuition, nicht Wissen ist. Das »Womit« seines Spieles ist rein geistiger Erwerb, das »Wie« seines Spieles ist eingeboren in Art und Kraft seiner Leidenschaft. Der Schauspieler erweitert den vom Dichter gegebenen Raum der Figur um den von ihm konzentrisch darumgelegten Ring seiner Leibhaftigkeit: er trägt das Wurfgeschoß des dichterischen Wortes durch seine spielende Kraft ans Ziel. In dem so erweiterten Raume glüht die Seele des Schauspielers wahrhaft und wirklich auf, daß, was er spielt, den Schein von diesem Brennen und die Hitze von diesem Feuer hat.

Die künstlerische Schande von Schauspielern, die nicht spielen konnten, aber plötzlich spielen sollten, mußte verdeckt werden: das ist einer der wesentlichsten Gründe der sogenannten Ausstattung, der vorzüglich mit dem andern Grunde der innern Beziehungslosigkeit des modern-bürgerlichen Publikums zum Drama korrespondierte. So sollte ja auch der Buchschmuck Büchern aufhelfen, deren Autoren nichts zu sagen hatten. Das Drama, das niemandem was zu sagen hatte, mußte dekoratives Schaustück werden, in das der Schauspieler, der nicht spielen konnte, als dekorative Silhouette sich einzufügen abgerichtet wurde. Es ist ganz gleichgültig, wie man dekorierte, ob prunkvoll, echt oder »stilisiert«, ob mit »Reliefbühne« oder sonst was: alle diese Anstrengungen gingen immer von dem aus, was man das Bühnenbild nannte, wobei man die beiden wichtigsten Dinge, das Drama und den Schauspieler, in den letzten Plan drängte. Die Theaterschriftsteller fanden es bald heraus, daß sie nicht mehr für Spieler, also nicht mehr dramatisch zu arbeiten brauchten, und zu denen, die es ohnedies schon miserabel konnten, kamen noch die, die es überhaupt nicht konnten, und gaben Gelegenheiten für allerlei Allotria der Bühnenmaler, Maschinisten, Regisseure und Elektriker. Die Abwanderung des Publikums ins Kinematographentheater begann, denn hier konnten alle diese Theaterkünste viel reichlicher gezeigt werden, und der Phantasie wurde hier noch weniger zugemutet.

Eine Bühne, die darauf verzichtet, Theater des Publikums zu sein, dessen Stück von dessen Schauspielern zu spielen, sondern ihre Aufgabe darin sieht, vor gesitteten Zuhörern das Drama von Schauspielern darstellen zu lassen, wird vom Drama wie von diesen Zuschauern auf das wesentliche Mittel der Bühne gedrängt werden: den Schauspieler. Was außer ihm sonst noch auf der Bühne steht, das wird allein von ihm bestimmt. Das, was man »Stimmung« nennt, muß vom Schauspieler ausgehen, nicht von echten oder unechten Versatzstücken. Der Wald muß sich im Schauspieler verlieren, nicht der Schauspieler in einen Wald, den zu sehen ich nicht in ein Theater gehe. Braucht der Spieler in seinem Spiel zwei Stühle, so sollen nicht zehn auf der Bühne stehen; denn die andern acht spielen falsch mit, indem sie nicht mitspielen, und heben die Betonung der zwei Stühle auf. Wenn eine Erhebung auf der Bühne, eine Überschneidung, ein Durchblick, nicht den einzigen Zweck hat, der vom Schauspieler ausgeht, nämlich ihn bestimmt zu zeigen, so haben diese Malerischkeiten überhaupt keinen Zweck und engen nur das Spiel des Schauspielers ein, reduzieren ihn zur Staffage, machen ihn zu einem leblosen Wesen, lassen ihn nicht »spielen«, sondern spielen mit ihm. Um sich gegen all das ihn gar nichts Kümmernde und Störende mit seiner Spiellust zu behaupten, muß er allerlei Faxen machen, lebendes Bild stehen, das zu sprechende Wort verhunzen. Um sich zu behaupten, muß er Leben in die überladene und überstopfte Bude toter Dinge bringen, was gar nicht seine Aufgabe ist und gar nicht sein Verlangen. Nur dem schlechten Komödianten wird es über seine Talentlosigkeit hinweghelfen, wenn ihm in einem simplen Dialog, den er nicht spielen kann, die Gelegenheit gegeben ist, diesen Dialog in zwölf Portionen auf zwölf Sitzgelegenheiten zu verteilen, als ob ihn eine Krankheit nicht ruhig auf einem Stuhl sitzen ließe. Nur der schlechte Komödiant liebt den kühn geworfenen Mantel, damit seine sprachlosen Hände daran melken können. Den Schauspieler steigert es in seiner Kunst gar nicht, wenn ihn als Macbeth während des Mahles die Statisten mit Kannen und Schüsseln und Rennen und Jagen umtosen. Es lähmt vielmehr seine gestaltende Phantasie, welche Diener und Schüsseln und Becher und Ströme Weines entstehen lassen kann, die sichtbarer werden als unangenehm sichtbar diese sechs Statisten sind, die immer wiederkehren und, wenn sie zum drittenmal kommen, glauben machen wollen, daß sie achtzehn sind.

Die Frage nach der Vereinfachung des Bühnenbildes ist falsch gestellt, wenn man an einen andern Maler als den darauf Antwortenden denkt. Der Maler soll in Gottes Namen malen, wenn der Schauspieler, der Herr der Bühne, entschieden hat, was er für sein Spiel braucht. Der Schauspieler wird es sich aber verbitten, daß der Maler ihn in seine Dekoration hineinmale, ihn als einen Farbenfleck behandle, da er als Farbenfleck wohl sehr dekorativ im Sinne der Malerei aussehen, aber nicht mehr spielen kann. Dem Schauspieler wird es gleichgültig sein, ob die Türe, durch die er eintritt, echt oder aus Pappe ist. Sie muß nur da sein, so, daß sie sich in sein Spielen fügt. Und sie soll ihm von einem auf einen »Stil« versessenen Dekorierer nicht durch eine Wolke Stoffes ersetzt werden, denn das ist keine Türe, und er braucht eine Türe.

Der Direktor einer Spielbühne wird alsbald erkennen, daß er nun, wo er das Drama und nicht mehr das moderne Theaterstück spielt, auf des letztern notwendige Stütze, die »Stimmung«, welche die Dekoration in Festlegung der Phantasie erzeugen soll, verzichten kann, denn es ist kein »Milieu« zu geben. Er wird nicht mehr »ausstatten« müssen, denn es ist nicht mehr ein armseliges Geschöpflein, Stück oder schlechte Spielerei, als strahlende Schönheit einzureden. Er wird von diesem dramatischen Programm zu denen geführt werden, die es allein sichtbar machen können: zu den Schauspielern. Und dahin werden ihn auch die Zuschauer führen, die um den Abstand ihrer Welt von der Welt der Kunst wissen und bürgerliches Existieren nicht mit dem menschlichen Dasein verwechseln.

Noch einiges von des Schauspielers Kunst.

10.

Das Brot soll durch einige Fingerzeige jenen älteren Schauspielern nicht genommen werden, welche theatersüchtigen Mädchen und Jünglingen das Gehen, Stehen, Sitzen, Naseputzen, die Atmung und Vo-ka-li-sa-tion so beibringen, wie ihnen diese Funktionen durch langjährige Praxis zur Routine wurden, an der man sie auch außerberuflich als Mimen leicht erkennt. Eine hinter einem etwas anspruchsvollen Gehaben der Lehrenden sich verhüllende, etwas armselige Dressur der Lernenwollenden muß es wohl geben, damit diese vielen Leute zum Theater verlockt werden, welche es braucht, um die Meldung der gesattelten Pferde oder des gedeckten Tisches zu überbringen. Damit sie einmal das leisten, muß der Lehrer in ihnen, solange sie bei ihm Unterricht nehmen, den Glauben erhalten, daß sie einmal bestimmt den Hamlet oder das Gretchen spielen würden – mit den ihnen sicheren Pferden und dem von ihnen unzweifelhaft gedeckten Tisch würden sie nicht die Karriere, aber den aufrichtigen Lehrer aufgeben, an welchem Stundenverlust dieser kein Interesse hat. Es ist wie mit der Akademie und den Malern: das staatliche Institut bringt das nötige Quantum staatlich konzessionierter und patentierter Maler als soziale Einrichtung hervor, nicht Künstler. Die Schauspielkunst läßt sich so wenig wie jede andere Kunst erlernen, wenn auch viele ältere Schauspieler glauben, sie lasse sich lehren. Lernen läßt sich nur Routine, und diese ist das Gegenteil künstlerischer Schöpfung.

Lernen läßt sich natürlich auch Gehen, Stehen, Sitzen. Die wenigsten der jungen Damen und Herren, die den Drang nach der Bühne spüren, können diese einfachsten Funktionen, die man durch das gute Beispiel guter Eltern sich beibringt und mit etwa fünfzehn Jahren ziemlich beherrscht. Es ist nur recht und billig, daß ein Zwanzigjähriger, der es von seinen Eltern her nicht kann, dafür jenen Erzieher bezahlt, der es ihm etwas verspätet mit Mühe beibringt und diese nachgeholte Erziehung Theaterunterricht nennt – es ist der Name gewinnbringender für den Lehrer und weniger beschämend für den Schüler. Der Jüngling, der zum Theater will und mit zwanzig Jahren seinen Fingern keine bessere Beschäftigung als Untersuchung seiner Nasenhöhle weiß, muß in eine Theaterschule, denn es gibt kein anderes Institut, das ihm dies abgewöhnt. Nur der Stotterer tut besser, sich einem Sanatorium anzuvertrauen.

Aber das Sprechen! sagen die Lehrer-Routiniers, die meist allzusammen auf der Bühne ein so seltsames Geknödele loslassen, daß man sich wohl sagt, so was gäbe es nicht aus Natur, sondern müsse gelernt und gelehrt werden. Mein lieber junger Freund, der du Komödie spielen willst, bedenke dieses, daß du nicht bloß zu mimen, sondern natürlich auch zu sprechen hast, das heißt: dich verständlich zu machen hast. Tu nun auf dem Theater das immer, was du im Leben nur in den seltensten Momenten tust, wo du einem Menschen eine Mitteilung von größter Wichtigkeit und Präzision zu machen hast, zum Beispiel Antwort auf die Frage: Wann geht der Zug nach Berlin? Oder: Wie stehen Kreditaktien? Du wirst, wenn du es weißt, sehr deutlich antworten. Solcher Deutlichkeit befleißige dich bei jedem Wort, das du auf der Bühne zu sprechen hast, und deine Atmung wird sich ohne besondere Turnapparate solcher gewollten Deutlichkeit entsprechend entwickeln müssen, auch wenn du ein leichter Asthmatiker sein solltest. Die Sprechkunst des Schauspielers verlangt keine Rekorde in Zungenfertigkeit, aber immer den Rekord größter Deutlichkeit des Wortes und Satzes. Liebe jedes Wort, das du zu sprechen hast, um seiner selbst willen, und du wirst deutlich sprechen. Liebst du es um deinetwillen, weil du es etwa tränendurchfeuchtet, leidenschaftdurchwühlt, schmerzgepeinigt aus deinem Munde entläßt, so wirst du unverständlich werden: der Klang deiner Stimme wird vom Bauche, von der Nase her bestimmt werden, was vom Übel ist. Lippen, Mundöffnung, Kehle sind die Instrumente deines Sprechens: Laß den Blasebalg deiner Lungen ruhig arbeiten, und der Ton kommt zustande – trittst du ihn aber mit aufgeregten Gefühlen, so faucht, brüllt, säuselt die Luft aus deinem Munde heraus, und das Wort verschwindet. Laut und leise sind nicht mehr oder weniger Luft. Nur wenn du shakespearisch abgestochen wirst, magst du wie ein gefällter Ochse aus allen Eingeweiden einmal aufbrüllen, solltest du schon glauben, dies sei der einzig effektvolle Abgang.

Damit ist aber nicht gesagt, der Schauspieler solle »natürlich« sprechen, so »wie im Leben«. Das lassen die ungewöhnlichen Umstände, unter denen er spricht, gar nicht zu; ganz abgesehen davon, daß der Schauspieler ja gar nicht wissen kann, wie Julius Cäsar »natürlich« gesprochen hat, angenommen, er sage bei Shakespeare »natürliche« Worte – was nicht der Fall ist. Denn er sagt aus der Kunst veränderte Worte in einer aus der Kunst veränderten Szene in einer gar nicht wie im Leben fünfaktigen Sache. Nicht auf eine objektive Natürlichkeit des Daherredens soll der Schauspieler vergebliche Jagd machen, sondern seiner subjektiven Natürlichkeit muß er auf die Spur kommen, um sie zu manifestieren. Der Schauspieler muß sich selber »natürlich«

sein, um seine spezifische Kunst deutlich zu machen – an einem zufälligen, ihm aber »liegenden« Beispiel einer »Rolle«. Wer ein vermeintlich richtiges schauspielerisches Sprechen sucht, hat keinen ihm eigenen Ton und wird immer einen nachmachen, sei es nun den Ton vermeinter natürlicher Natur, sei es den Ton eines andern Schauspielers. Jene Schauspieler, welche den Sonnenthal, den Kainz so glänzend nachmachen können, werden, wenn sie einmal auf der Bühne ihren eigenen Ton reden sollen, ohne jeden Charakter immer so nur sprechen, wie sie in der Salopperie ihres Privatlebens reden. Aber die Bühne ist kein Zuhause, sondern ein viereckiges Zimmer, das nur drei Wände hat.

Ich gebrauchte das Wort Rolle. Für den Schauspieler gibt es vor allem nichts anderes als die Rolle. Und es soll vor allem für ihn nichts anderes geben. Er muß die Rolle wie eine elastische Haut über seinem ohne sie ganz hautlosen Leib spüren, fast wörtlich so. Ich meine damit natürlich nicht, daß er das Stück seiner Rolle erst auf den Proben kennenlernen soll. Sondern nur dies will ich sagen, daß er durch seine Rolle zum Stück, nicht durch das Stück zu seiner Rolle kommt. Das letztere tut der denkende, sich belesende Schauspieler, der sich gern einen Interpreten des Dichters nennen läßt und dafür hält, was dem Dichter gegenüber eine ganz falsche Anmaßung und sich selber gegenüber eine Herabsetzung der schauspielerischen Kunst ist. Es ist ein neueres Übel, daß sich an das Dichtwerk leicht und gern literarhistorische Kommentatoren hängen und harmlos an ihm parasitieren; denn der Eigenwert des Literarhistorikers ist fraglich: gute dichterische Zeiten sind ganz ohne ihn ausgekommen. Aber unfraglich und absolut ist der künstlerische Eigenwert des Schauspielers, der ja als Mimiker und Tänzer zeitlich vor dem Dichter steht. Der Schauspieler ist weder der Interpret noch der Kritler des dramatischen Dichters, außer man spricht diese Aufgabe der Interpretation auch den Versatzstücken, dem Souffleur und dem Vorhangzieher zu, die alle bei der Aufführung eines Werkes von Wichtigkeit oder nötig sind, dabei, aber nicht bei der Herstellung des Werkes. Der Schauspieler zeigt seine Kunst nebenbei in einem Stück. Er geht nur scheinbar auf die Intentionen des Dichters ein, auch dort nur scheinbar, wo er genau das macht, was der Dichter gemacht haben will. Faktisch ist es so, daß dem Schauspieler das Dichtwerk wie ein Instrument dient, auf dem er sein Stück spielt. *Sein* Stück hat der Schauspieler zu kennen, damit er sich nicht im Instrument, dem Stück des Dichters, respektive der Rolle, vergreift. Und *sein* Stück lernt der Schauspieler nicht dadurch kennen, daß er das Stück des Dichters, dessen Intentionen, Absichten, Ausleger studiert, um sich ein pedantisch gelehrtes Mosaik seiner schauspielerischen »Interpretation« zurechtzulegen. Man erkennt den schlechten Schauspieler daran, daß er im Privatleben mit großem Respekt vom Drama, mit geringem oder gar keinem vom Theaterspielen redet. Und umgekehrt. Die Rolle wird deutlich durch – die anderen Rollen. Nur um diese anderen Rollen kennenzulernen, liest der Schauspieler das Stück, nicht um dessen dichterischem Geiste auf die Sprünge zu kommen. *Sein* Geist ist es, den er im Stücke zu suchen hat, nicht der des Dichters, der ihn als Schauspieler gar nichts angeht, sondern den Regisseur, wenn der nämlich einer ist und seine Aufgabe nicht darin erschöpft sieht, anzugeben, wo Auftritt und Abgang ist. Der Regisseur bringt aus seiner Geisterkenntnis des Stückes Ordnung in die ihre Rollen hintobenden Schauspieler, nicht aber setzt er sich mit den respektiven diversen Geisterkenntnissen der im Stück tätigen Schauspieler auseinander, was ein literarkritisches Seminar, aber keine Theaterspielprobe wäre und allenfalls zu einer Dissertation, aber sicher nie zu einer Vorstellung führte. Der Regisseur orientiert die von ihren Rollen mehr oder minder besessenen, aufs unbedingt Individuelle ihrer künstlerischen Person eingestellten Schauspieler auf das Gemeinsame des Stückes hin nach seiner gewonnenen Geisterkenntnis dieses Stückes: dies ist die erste unter den vielen Aufgaben eines Regisseurs, aus der ihm aber Verantwortlichkeit und Autorität werden. Nur weil und wenn er diese Orientierung autoritativ geben kann, ist die Aufführung als sein Werk zu betrachten und nicht als sich von selber ergebendes Resultat miteinander spielender Schauspieler, die spielend einander wechselseitig beraten, was sie, ohne Regisseur, auch noch bei der Aufführung tun würden. Von der zwanzigsten Aufführung eines Stückes ab beginnt dessen Spiel zu schwanken und sich aufzulösen in seine individuellen Schauspieleratome, weil der Arbeitseffekt des Regisseurs, dessen Zeitwirkung nicht unbegrenzt ist, sich nun verflüchtet. Das Spiel lockert sich ins schauspielerische Individuelle, womit es bei der ersten Probe anhob, und der Sinn des Stückes trübt sich, indem die Geister der Schauspieler den bändigenden Geist des Autors verdrängen. Da setzt dann der um sein unruhig werdendes Publikum besorgte Direktor eine »Neueinstudierung« an, d.h., ein neuerlich aufgebotener einheitlicher Geist der Regie muß das Auseinanderfallende wieder in die Ordnung eines sinnvollen Ganzen bringen.

Der denkende Schauspieler ist das Kreuz jedes guten Regisseurs. Er weiß es immer besser und gibt dem oft offenen, meist heimlichen Ausdruck, was noch störender ist. Der denkende Schauspieler ist nicht mit dem intelligenten identisch, sondern mit dem dummen. Der denkende weiß alles aus allen möglichen Quellen besser, nur nicht aus schauspielerischen. Er treibt studierend allerlei und hat Verkehr mit Literaten, deren Jargon er gern redet, weil er den ihm fehlenden spezifischen Kunstausdruck, nämlich die Schauspielerei, am besten mit Literarischem zu ersetzen glaubt, da ganz zufällig die Rollen in Worten abgefaßt sind. Er weiß nicht oder will es aus mangelnder schauspielerischer Begabung nicht wissen oder leugnet es, daß alles Wesentliche des Theaterspielens pantomimisch ist. Zum Mimischen als dem Primären tritt erst das Wort als das Sekundäre. Des Schauspielers Gestalt vor allem muß Charakter haben, das heißt mimischen Ausdruckes fähig sein, so daß er ohne ein

Wort zu sprechen dem Zuschauer seinen seelischen oder sonstigen Zustand bekannt gibt. Die Backfischrolle muß ein junges Mädchen spielen, und das heißt eine junge Dame, deren Körperlichkeit, nicht deren falsettiertes Gezwitscher sagt: Ich zähle siebzehn Jahre. Das meint natürlich nicht, daß einen Greis ein Greis spielen soll, sondern ein Schauspieler welchen Alters immer, aber solcher Körperlichkeit, daß ihm der mimische Ausdruck des Greises bis in die Fußspitzen geläufige Natur ist. Weiße Perücke, geknickte Knie, angeschminkte Falten tun hier nichts zur Sache, auch zahnloses Reden nicht, auch Reden mit katarrhalischem Alterskrächzen nicht –: das alles ist angeklebte Fassade, die über den wirklichen Bau nicht täuschen kann. Der Schauspieler muß fähig sein, eine halbe Stunde lang ohne ein Wort zu sagen und ohne Perücke und Schminke die ganze Skala eines Greises zu mimen, dann erst kann er mit der Maske ein übriges tun, der Illusion zuliebe. Aber je geringer seine Kunst, um so schwärzer wird sich der Othello schminken. Der Satz, daß ein junger Schauspieler in Rollen hohen Alters spielen kann, gilt nicht in seiner Umdrehung; denn den alten Schauspieler, der sich im Romeo versucht, läßt bei aller Kunst einfach die Natur im Stich.

Die Intelligenz des Schauspielers liegt in seiner Körperlichkeit. Sein Hirn hat er als Verstand dazu, diese Körperlichkeit innerhalb der von der Natur gesetzten Grenzen seinem bewußtgewordenen Willen dienstbar zu machen. Mit Körperlichkeit meine ich nicht die sogenannte schöne Körperlichkeit, die sich in Trikots auslebt, sondern die Summe der für den Ausdruck disziplinierten, von einem Willen geleiteten Glieder, gleichgültig ob diese im landläufigen und modischen Sinn schön oder häßlich sind. Der dicke Wanst macht noch nicht den Falstaff, gleichgültig ob der Bauch Natur oder Plastron ist. Schöne Beine machen noch nicht den Romeo. »Häßliche« oder »schöne«, echte oder gefälschte Attribute im Charakter der Rolle zu besitzen oder sich zuzulegen, macht so wenig den Charakter der Rolle wie das wohlgelernte Hersagen ihrer Worte. Es genügt nicht, dicken Bauch oder schlanke Beine zu haben, sondern in Bauch oder Beinen muß die expressive Intelligenz sitzen, die den Bauch und die Beine sinnvoll ausdrückt. Es ist nie zu vergessen: den Trieb zur Bühne besitzt als echter Schauspieler jener, der sich zeigen will, und er muß sehr viel und das Viele in höchster Expressivität zu zeigen haben, damit der Zuschauer von dem dunklen pathologischen Motiv des »Zur Bühne gehens« nicht gestört wird, welche Störung jeder erlebt, der dem Spiel von Dilettanten zuzusehen verurteilt ist. Diese Schamlosigkeit der Mitteilung vergessen zu machen, ist Grund der Steigerung zu höchster künstlerischer Vollendung unter Wahrung des Wahrheitswertes, den hier allein das Persönlich-Konfidentielle nur besitzt.

Um ihre Stücke besorgten Theaterdichtern möchte es vielleicht scheinen, daß ich den Schauspieler zu so etwas wie einen Tänzer »degradiere«. Ich halte nun vom Tänzer so sehr viel, daß ich wohl möchte, die Schauspieler lernten mehr von ihm als vom Literaten und lernten von ihm vor allem jene Herrschaft über die Körperlichkeit, die dem Tänzer die nie sich irrende Improvisation erlaubt, in der er sich auch nie irren kann, da seine Muskeln keine Sekunde zu denken aufhören. Schauspieler, denen der liebe Gott keine im üblichen Sinn schöne Figur gab, werden mich hier verstehen. Denn gerade sie haben von Jugend auf aus einem zu kurzen Hals, aus zu breiten Hüften, aus zu schweren Beinen denkende Organe gemacht von unerhört starker Kraft der Mitteilung, das heißt des mimischen Ausdruckes. In diesem Sinn war z. B. der Komiker Arnold ein »Tänzer«, und in diesem Sinn ist der in wohlgeordneter Harmonie schöngebauter Körperteile hin und wieder schreitende Wiener Burgschauspieler Gerasch kein Tänzer. Ich weise auf Alfred Adlers berühmte Schrift »Über die Minderwertigkeit von Organen« und wie sie fast zu einer Überwertigkeit gebracht werden. Das normal schöne Organ bleibt gewissermaßen sich selbst überlassen und ist eben stolz da, nichts weiter, während das minderwertige Organ durch seinen

Besitzer die höchste Sorgfalt der Behandlung erfährt, Seele und Hirn bekommt, um sich trotz allem zu behaupten und diese Behauptung oft bis zur allergrößten Leistung zu steigern. Man denke an Bassermanns Sprachwerkzeuge, und wie er sie, trotzdem sie hinkten, und weil sie hinkten, zum Tanzen brachte.

Es sei ein Wort über den Tanz als Kunst erlaubt, diese Sprache, welche der Körper zum Körper spricht, denn er ist Voraussetzung aller Künste. Der Tanz ist, als die älteste, der Erde verbundendste Kunst, unberührt von allen Religionen und Philosophien durch die Zeiten gegangen, auch ungeändert von den anderen Künsten; denn er schuf sich die Musik nach dem eigenen Akkord, nach der eigenen Melodie, die der im Tanze bewegte Körper in die Welt setzt. Er realisiert die Arabeske aus des bewegten Leibes eigenen Mitteln. Der Tanz als Kunst ist ganz zur zum Schauen, einer Schaubühne echtestes Kind; denn man kann ihn nicht hören und nicht denken. Der Tanz befreit den Zuschauer, denn er drängt ihn nicht auf sich selber zurück: hier gibt es keine Auseinandersetzungen des Wissens, der Standpunkte, der Anschauungen, der Psychologien. Elementar-Menschliches vollzieht sich im Zweitakt: der Schlag des Blutes, die Atmung, der Marsch, die Liebe – vom Zweitakt geht das Tanzgebilde aus, inkarnierte Zahl weit mehr als die Musik. Nicht der Rhythmus führt den Tanz, wie man oft sagt, sondern die Lust führt den Rhythmus und gibt ihm Ablauf und Ordnung. Der Tanz ist gigantischer Optimismus: er beteuert mit jedem Schritt, daß es eine Lust sei, zu leben. Etwas anderes sagte auch die erste Kulthandlung nicht, die sicher phallisch war: Tänzerin, Priesterin, Kurtisane sind drei Beziehungen für einen und denselben Begriff am Anfang der Zeit. Im sogenannten Ballettdivertissement dürfte man das kaum mehr erkennen, weder in den herschwebenden Federwolken der Quadrillen, noch im Pas de deux des »Sternes« mit dem »Solotänzer«, denn hier ist das Kunstmittel des Tanzes bis auf das Gerippe skelettiert und das Dramatische des Tanzgebildes in einem unverständlich gewordenen Convenü verschwunden. Der übliche Solotänzer des alten Ballettes sieht wie eine muskulöse Frau aus, hat rotgeschminkte Bäckchen und einen Mund wie ein kleines Herz. In der »Apotheose« fast er den »Stern« um die Taille und hält ihn, ein richtiger Hinhälter des Ballettes, den Habitués im Parkett zum Hineinbeißen hin, nachdem sich beide mit den Fußspitzen ausgetrillert haben. Dieses Divertissement ist Tanz nur in den Fußspitzen, und sonst ist es das Gegenteil des Tanzes, der Bewegung, nämlich Attitüde. In diesen Balletten kommt sehr charakteristischer Weise der Mann gar nicht vor, außer als jenes geschminkte Zwittergeschöpf, das sich sehr anstrengt, nicht wie ein Mann auszusehen. Da aber diese Ballette ganz undramatisch sind, müssen sie auch den Mann ausschalten. Diese Ballette sind aber nicht nur undramatisch, sondern auch meist ganz blödsinnig.

Ich wollte mit dieser kurzen Hinweisung auf den dramatischen Tanz für eine Orientierung des Theaters auf den Mimus dem Leser den Standpunkt angeben und möchte das Beispiel noch verstärken, indem ich auf das Variété hinweise, dessen Künstler sich von den Schauspielern immer dadurch unterscheiden, daß sie etwas können *müssen* – während, wie man weiß, der Schauspieler auch mit dem zumeist auskommt, was er nicht kann. Der Schauspieler hat den Vorteil, daß er Teil eines Ganzen ist, welches über das Ende, das es in der Vorstellung findet, hinauswirkt als »tieferer Sinn«, als »moralische Anstalt« usw. Diesen persönlichen Vorteil hat der Reckkünstler, der Jongleur, der Reifenspieler, der Seiltänzer nicht, denn er spielt gewissermaßen sein eigenes Stück und spielt es, auch in eine Truppe geordnet, allein vom definitiven Anfang bis zum definitiven Ende. Seine Leistung konsumiert sich im Abbrennen, ohne das kleinste Aschenrestchen zu hinterlassen. Seine Leistung ist klar, eindeutig, sinnfällig, unwiderleglich, unproblematisch, unseelisch: ist höchste Zucht eines mit größter Sorgfalt und Gewissenhaftigkeit trainierten Körpers, der sich, will er ein Stück spielen, nicht die geringste Ausschweifung, Verlotterung, Entspannung erlauben darf, denn sein offen zutage liegendes Stück spielen immer nur höchste Potenz, kräftigste Entfaltung, absolute Gültigkeit, nicht zerfahrene Nerven, muskuläre Schwäche, gedankliche Demenz. Aus der künstlerischen Unmöglichkeit eines im Alkohol verkommenen Trapezkünstlers ergab sich die Figur des Knockabout, des athletischen Mannes, der in die Lumpen eines heruntergekommenen Tramp gehüllt in gespielter Ungeschicklichkeit die außerordentliche Disziplinierung seines Körpers im grotesk-komischen Kontrast zu seinem Äußeren zeigt. Ich möchte den Schauspieler eindringlich an diesen idealen Typus seiner Kunst, den Variétékünstler, erinnern, damit er sich seiner besonderen Aufgabe, seiner Selbständigkeit gegenüber dem gespielten Dichtwerke bewußt werde.

Denn: was ist ein Theaterstück? Ich möchte im Interesse einer gereinigten Bühne die Antwort darauf nicht von Autoren geben lassen, die an die Verbreitung ihrer sittlichen oder soziologischen oder religiösen oder politischen Gedanken durch das Forum des Theaters denken. Auch nicht von Zuschauern, die sich durch die Gefühlstiefe eines Stückes etwas wie Gefühl ins leere oder hungrige Herz pumpen lassen wollen oder sich gedanklich anregen lassen wollen oder sexuell aufmuntern – alles das mag als Nebeneffekt eines dargestellten Stückes passieren, aber es ist nicht Aufgabe des Schauspielers, diesen Nebeneffekt, der nicht von ihm, sondern vom Stück ausgeht und vom Schauspieler höchstens unfreiwillig verstärkt wird, zu suchen oder gar zu betonen, wie dies z.B. Wüllner tut; wie übrigens alle Komödianten mit geringen mimischen Mitteln dieses Ressentiment ausbilden, den mimischen Schauspieler, den tänzerischen zu verachten und ihm den Prediger eines Sittlichen, dem Verkünder eines Gedanklichen als den allein echten »Darsteller« überzuordnen.

Ein Theaterstück ist vor allem eine Gelegenheit für Gesten. Das Kriterium seines Wertes als gespieltes Stück ist, daß es das Maximum seines Effektes hergibt durch eben das Faktum, daß es gespielt wird. Das sogenannte psychologische Stück, etwa von Donnay Les Amants oder irgendeines von Schnitzler, hat als Stück natürlich gar keinen psychologischen Wert, d.h. Wert für irgendeine Psychologie, sondern diese Stücke boten den Schauspielern und besonders den Schauspielerinnen schöne Gelegenheiten für amoureuse Gesten – man erinnere sich der Trennungsszene in den Amants, die wortlos ist, oder an die Szene des fremden Herrn in der Liebelei, die leider nicht wortlos ist; denn alles darin Geredete ist barer Unsinn: es sind die stärksten Szenen der beiden Stücke, weil sie den stärksten Gestus haben. Wie übrigens auch im Tristan die Szene des Liebestrankes im ersten Akt, im Siegfried das Erwachen Brunhildes.

Des Zuschauers Sensibilität für die Geste ist weit stärker, als Schauspieler, besonders aber Theaterschriftsteller glauben. Viele unserer Sätze verdanken ihre Fülle, die wir in ihnen enthalten glauben, nur unserer Mimik und dem Tonfall der Stimme und werden geschrieben ganz saftlos und matt. Es ist ein begreiflicher Irrtum der Theaterschriftsteller, wenn sie glauben, ihres Stückes besondere Ideen oder Moralen erhalten die aufmerksame Spannung der Zuschauer. Man weiß doch, wie außerordentlich zerbrechlich die Aufmerksamkeit der Zuschauer ist und wie eine Kleinigkeit genügt, diese Aufmerksamkeit zu zerstören: eine Dame, die in eine Loge tritt, ein Herr, der aus der Loge fortgeht, eine Nachricht, die von der Straße in das Theater dringt, eine Katze, die über die Bühne läuft. Keinerlei Ideen halten die immer ins Disparate tendierende Aufmerksamkeit der Zuschauer zusammen – dies vermögen, wenn überhaupt, nur die schauspielerischen Personen und die Gesten.

Die Autoren werden empört einwenden, der Schauspieler sei nichts als Mittel für ihren Zweck, nämlich ihr dramatisches Dichtwerk einem Publikum sinnfällig zu vermitteln. Natürlich nimmt der Schauspieler diesen Zweck mit, seitdem er nicht mehr Stegreifspieler ist; natürlich wird er diesen Zweck mehr oder weniger erfüllen; natürlich wird der Schauspieler das Stück nicht absichtlich in das Gegenteil dessen verkehren, was der Autor will; er spielt mit dem Stück, aber nicht gegen das Stück. Aber es ist dieser vom Autor so einseitig betonte Zweck mit nichten der vornehmste, bewegendste Zweck des Schauspielers; in einem gewissen Sinn kann man sagen, daß ihm am Stück des Autors gar nichts liegt, sondern nur an seiner Schauspielkunst, die nicht dienende Magd ist. Es führt zu nichts, hier eine Hierarchie, eine Rangstufe der Künste aufzustellen, denn Künste sind als Künste ranggleich und nur im Mittel verschieden, nicht im letzten Wesen. Darüber zu streiten, ist nichts als streiten; denn beweisende Gründe für einen Rangunterschied im Wesen gibt es nicht. Auf der Bühne herrscht der Schauspieler mit seinem Regisseur, und dem hat sich alles unterzuordnen, auch der Autor. Tut er es nicht, so zu eigenem Schaden. Damit ist nicht gesagt, daß der Autor in ein gegebenes Netz einer bestimmten Schauspielkunst oder eines bestimmten Ensembles gewissermaßen hineinzudichten habe, sondern daß der Autor bei der Aufführung seines schauspielerisch intuierten Werkes daraufkommen müsse, wo seine schauspielerische Intuition richtig war und wo sie versagt hat. Wo sie versagt hat, wird ein Loch im Spiel sichtbar werden, das der Schauspieler mit allen Worten nicht zustopfen kann, so reichlich sie ihm der Dichter auch zur Verfügung stellt oder gerade deswegen zur Verfügung stellt, weil das Spiel hier steht und stockt, wo es doch immer Ablauf einer Bewegung sein muß. Immer wieder: Wort, das nicht weiter führt und sichtbare Bewegung mitträgt, ist auf der Bühne nicht mehr dramatisches Spiel, sondern Vortrag, also ein fremdes störendes Element, das ernüchternd aus der Kontinuität der dramatischen Illusion reißt. Diese Sache ist wegen des Weglassens und des schauspielerischen wörtlichen Dazudichtens von Wichtigkeit. Denn auch dieses letztere kommt vor, ist möglich und erlaubt, wenn es etwa Kainz als Franz Moor tut, der mit einigen Worten, die er in die Tür vor einem Auftritt spricht, einen unsichtbar werdenden Arzt verabschiedet, der beim alten Moor weilend angenommen, im Schiller aber mit keinem Wort erwähnt wird. Von Übel ist das Dazudichten des Schauspielers natürlich, wenn der Akteur damit dem Dichter aufhelfen will oder sich sein fehlendes Gedächtnis erleichtern. Es ist gewiß ganz gleichgültig, wie oft und wann eine Figur Hauptmanns nu nu, nee nee sagt und wie sich da etwa die Worte im Satze folgen, der nach der »Natur« gebildet zu sein prätendiert; hier kann, wie oft im Dialekte, der Tonfall des vom Mitspieler gesprochenen Satzes beim Antwortenden eine andere Wortfolge auslösen, als sie beim Verfasser im Buche steht, und es ist das auch ganz gleichgültig. Sternheim hingegen behandelte die Sprache als ein Mittel zur Steigerung des schauspielerischen Ausdruckes. Wer hier sich die Wortfolge nach dem Üblichen des Alltagredens zurechtlegt, der bringt sich um seine eigenen schauspielerischen Möglichkeiten, bleibt flach und wird nicht komisch. Das sogenannte »Gespreizte« dieser Sternheimschen Diktion spreizt auch den Gestus des Akteurs und soll es, damit die schaupielerische Wirkung zustande kommt, die hier in einer Überzeichnung zum Typus liegt, nicht in dem gewöhnlichen Naturalismus einer nichts als Einzelfigur, die etwa Maske heißt. Wie der Gesang einer Diktion in Jamben hörbar werden muß, so das gehäckselte Stakkato dieser Prosa; die Jamben dürfen nicht wie Prosa, diese Prosa nicht wie Salopperie des Alltagschwatzes gesprochen werden.

II.

Alle heutige Kunst beruht auf dem Roman, selbst das »Theater« – diesen Satz des alten Solger, Ästhetikers der Romantik, hat das Jahrhundert bestätigt, das seit Stendhal sein Wesentliches im Roman ausgedrückt. Stendhal, Balzac, Immermann, Stifter, Gogol, Thackeray, Dickens, Dostojewsky, Flaubert, Meredith, Tolstoi, Proust: neben ihnen ist alles Dramatische des Zeitalters Theaterschriftstellerei des Tages, auch bei höchster Allüre, auch bei lautestem Echo in den Zeitungen. Was für einen Rummel gab's bei den Aufführungen der idiotischen Theaterstücke von Victor Hugo, der ein großer Dichter war! Und den heute gelesenen Stendhal kannten ein paar Zeitgenossen. So sehr gleichgültig ist im Ablauf des Jahrhunderts das geworden, was man Drama nennt, daß des Schreibenden Tun daran immer überflüssiger wird, das Ohr verdrängt wird vom Auge und Wichtigkeit die der Optik dienenden Kräfte bekommen: Spieler, Maler, Regisseure, Schneider, Beleuchter, die sich zur nötigen Unterstützung, wie beim Film, den Musiker engagieren, weil man besser sieht, wenn das Ohr ein wenig beschäftigt wird.

Es sei aber gleich gesagt: es fällt dem Theater der nächsten Jahrzehnte gar keine andere Aufgabe zu als die von den genannten Kräften zu lösende. Nur der hinterwäldlerische Gymnasiallehrer und sein als »Dichter« in die Großstadt verschlagner Sprößling werden glauben – jener bis zum Absterben, dieser bis zu seinem bessern Unterkommen beim Film –, daß auf dem Theater, dieser »moralischen Bildungsanstalt«, ästhetische Schlachten der dichterischen Streitkräfte geschlagen werden. Wenn die Spitzbuben, Schieber und Gauner unserer Zeit, also jeder zweite Mensch, schon moralisch geläutert werden sollen, so soll man es in Zuchthäusern versuchen oder beim Pfarrer: man weiß, daß diese beiden mächtigen Institute versagt haben, warum soll es denn gerade das Theater sein, dem diese Aufgabe mit Aussicht auf besseres Gelingen zufällt? Man mache sich nichts vor: das Theater ist keine moralische Anstalt und soll auch keine sein. Wer es weiter so betreibt, der wird die Operette, diese wundervolle Gattung, noch viel idiotischer machen, als sie bereits ist.

Unsere Theaterautoren glauben oft, das Zeithafte in ihren Stücken zu fassen, aber sie irren sich: ihre Stücke liegen alle gut dreißig Jahre und mehr zurück. Wie übrigens auch die modernen deutschen Romane um fünfzig Jahre zurückliegen, auch dann, wenn die »Revolution« von 1918 drin vorkommt. Hofmannsthals beide Komödien sind romantisiertes 1880 oder erneuertes

1810, wie man will. Eine Dichtung wie Borchardts »Verkündigung«, verirrt sie sich auf die Bühne, wird ausgelacht als nicht hergehörig und nicht hörig dem Geschmacke des immer zufälligen Publikums, das sich nie auf den gemeinsamen Genuß einer Dichtung einigen kann abends zwischen acht und zehn. Das Verlangen ist naiv. Kommen Musils »Schwärmer« zur Aufführung, so wird das romandicke Original, das zu spielen sechs Stunden dauern würde, auf eine zweistündige Dauer reduziert zu einigen üblichen vertrauten Theaterszenen, die nichts vom Wesentlichen dieses psychologisch gänzlich originalen, aber in diesen seinen neuen Bereichen dem Romane angehörigen Werkes mitteilen. Ein Stück von Jahnn, das man spielte, wurde um sämtliche Sexualorgane, die darin die Hauptrolle spielen, amputiert. Es war, als spielte man den Hamlet ohne Hamlet. Mit den Sexualien wäre dieses Stück zum Kotzen gewesen, ohne sie war es von ödester Langweile. Nur Ahnungslosigkeit vom Wesentlichen heutiger theatralischer Möglichkeiten konnte dieses Stück auf die Bühne bringen.

Wir wollen doch das Theater als ein besonderes Kunstmittel ernst nehmen! Das heißt befreit vom bildungshaften Traditionalismus alter Tanten und Oberlehrer und Patrioten. Ferner befreit von der Fiktion eines sogenannten Dramatischen, wie man sich das so zusammenkleistert aus den Griechen, Schillern und Hebbeln, weiter befreit von der lächerlichen Attitüde derer Poeten, die sich sagen lassen, sie seien der liebe Gott, nämlich Menschenschöpfer, wozu sich dann der Schauspieler beeilt, so ein Geschöpftes recht menschlich zu spielen. Schon weil ihm nichts anderes zu tun übrig gelassen wird vom Dichter-Schöpfer. Aber das künftige Theater soll das sein, was ich Divertissement nennen möchte, aus der Ballettsprache das Wort entlehnend, wenn auch nicht ganz den Begriff. Gut, sagen wir auf deutsch eine Unterhaltung, aber eine solche sehr bestimmter, nämlich theatralischer spielerischer Art. Das Divertissement kann, aber muß nicht unbedingt einen Hintergrund haben, nämlich eine

Idee. Es geht auch ohne das. Es kann ganz nur Laune sein, Phantasie ohne Beziehungen auf ein Gedankliches, denn dieses Gedankliche stellt sich sekundär vielleicht ein bei diesem Theaterdichter, muß aber nicht primär in der Weise da sein, daß er einen mehr minder tiefsinnigen Gedanken phantastisch illustriert. Das wäre langweilig und gegen den Sinn des Divertissements. Der Gedanke stellt den Hintergrund. Aber man kann ein Stück auch gegen das nichts als Blaue der Landschaft spielen. Nur keine pädagogische Pedanterie!

Mein längst und lange vor dem Auftreten der Russen auf unsern Theatern den Schauspielern gegebener Rat, vor allem Tänzer zu werden, das heißt beweglich-leiblich gesteigerte, sich leiblich ausdrückende Komödianten – er wird vom Theater der nächsten Jahrzehnte befolgt werden, wäre es heute schon, räkelten sich nicht noch die guten alten Mimen der Filmreklame wegen auf der Bühne, welche Herrschaften von 1900 mit ihrer trägen Masse »Seele« spielen, wie sie es an Rose Bernd gelernt und Baumeister Solneß verbrochen haben und nicht vergessen können. Leider gibt's keine Schaupieler von dreißig Jahren; der ganze Nachwuchs ist um die zwanzig und leicht hysterisiert wie auch die Autoren dieses Alters, die immer wieder ihren Vater totschlagen und ihre Mutter beschlafen und das für die Welträtsel halten; wenn sie nicht politisch die Fahne des Proletariates hochhalten, also sich vom Proletariat beschlafen lassen.

Den Krieg hat, soweit es vor ihm bestand, nur das Divertissement überdauert und ist lebendig geblieben, wofür ein Beispiel Shaw ist, ein anderes Sacha Guitry, ein drittes der Amerikaner O'Neill. Sternheim könnte es sein, nähme er sich nicht so blödsinnig ernst und hätte er so viel Witz wie er Wut hat. Und Ibsen könnte künftiges Theater werden, entschlösse man sich, etwa das Stück Hedda Gabler so komisch zu spielen, wie es wirklich ist, nicht so intentioniert vom Denker aus Bergen, aber so ausgefallen: die Hedda als die dämonische Provinz- oder Kurfürstendammdame (was dasselbe ist), den Lövborg als das ganz verfluchte Genie mit viel Haaren und Manuskripten aus der Tasche und den Gatten ganz unkarikiert als braven Esel. Ebenso Wildente. Zehn Jahre Divertissement werden sich auch diesen Ibsen integrieren. Das Mehrere unserer deutschen Dramatik wird natürlich, geht's richtig zu und ohne Kompromisse, in der Versenkung verschwinden, Hebbel z.B. Oder der Faust, der gespielt immer komisch war, den heute zu spielen absurd ist. Die geringste von Nestroys Possen ist dagegen ein Geschenk der Gnade auf dem Theater, von Shakespeares Lustspielen, von Gozzi, Goldoni gar nicht zu reden. Was sonst noch vom ältern Theater? Das Puppenspiel Lulu von Wedekind, diese Drahtfiguren, aber betont so, von Strindberg die Feerien, von Hauptmann Pippa tanzt; denn alles andere von diesem Goethe der wilhelminischen Zeit ist Iffland mit den Beilagen, wie sie der Kunstkramladen der Zeit feilbot. Die jugendlichen Verfasser stürmisch vermeinter Szenen werden ja wohl noch einige Zeit lang ihren Papas eins in die Fresse hauen, was sie weiß Gott ja auch verdienen mögen. Und werden diese schmerzlichen Dinge eine »freud«volle Deutung geben und Bedeutung. Aber das ist sehr unbedeutend und muß gegen solchen Fond der Jugend Hauptmanns Kopf allerdings wie der Goethens ausschauen und Ibsens wie der des Äschylus. Erst wenn diese jungen Autoren das Theater ernst, sich selber aber spaßig nehmen werden, wird zu sehen sein, ob sie für das Theater dichten können. Jetzt noch nicht. Das Theater ernst nehmen als Theater, als eine Kategorie ganz für sich, nicht als dichterisch-allgemeine Angelegenheit! Denn: auf dem Theater wird sich die Erneuerung unseres deutschen Schriftwesens nicht vollziehen, dafür ist dessen Raum zu eng, dessen Zeitdauer der Apperzeption zu kurz, dessen Zuhörer eine Masse nicht aufmerksam und vorbereitet genug. Wir kennen seit Immermanns Epigonen und Stifters Nachsommer keinen deutschen Roman mehr, der von da ab in die Ohnmacht einer halb erdichteten Autobiographie fiel oder in die Unterhaltung mit mehr oder weniger gêne. Unsere deutschen

Romanereignisse liegen alle in fremden Literaturen, bei den Franzosen, Engländern, Russen. Das Einheimische ist Lektüre müßiger Frauenspersonen. Kein Mann von Geschmack, Kenntnis der Welt und guter Bildung kann dies Zeug lesen. Lieber eine Detektivgeschichte, in der sich mindestens ein konstruktiver Verstand bemüht, an dem ein Mathematiker, ein Ingenieur fast Verwandtes finden kann. Ein Romanwerk, das in Hinsicht auf Art, Umfang und Tiefe seiner Probleme nicht auf derselben Höhe steht wie der wissenschaftlich-forscherische Geist seiner Zeit, ist vergeblich getan für die Zeit, ist um Jahrzehnte zurück, ist für die Unterhaltung geistig Minderbemittelter. Es ist für einen Mann von Welt und Geist beleidigend, solches zugemutet zu bekommen als Lektüre. Es sieht eine armselige enge Welt, die nichts als der Verfasser ausfüllt, er stellt auf jeder Seite Irrtum fest, wenn Realien des Lebens, sagen wir eine Bankgründung, geschildert werden oder der Maschinenraum eines Ozeandampfers; er soll es sich gefallen lassen, mit der Psychologie eines Ehebruches geödet zu werden, worin alles von anno Tobak ist, und kann nicht verstehen, was man gegen die Courths-Mahler und für Wassermann kritisch zu schwätzen weiß, wenn sich beides nur in der Rhetorik unterscheidet, nirgends in den Fakten.

Ich höre einen Einwurf, den ich »stilisiertes Theater« enträtsele, welches abscheuliche Mißverständnis ich sofort beseitigen will. Wer so glücklich ist, den »Hyperion« zu besitzen, kann da nachlesen, was ich 1908 in Erinnerung an die höchst komischen Darmstädter Theaterstilversuche von 1901 über das »Stilisieren« schrieb. Hierzu nur kurz – denn es ist eine sekundäre Angelegenheit und betrifft nicht das künftige Theaterstück in seiner vom Dichter ihm gegebenen Form – das Folgende. Angenommen, der Regisseur hat die Phädra zu spielen. Er wird natürlich das Stück auf seiner Bühne so weit in die Stilform seiner Entstehungszeit einbauen, als heute davon brauchbar und möglich sowohl vom heutigen Spieler als vom heutigen Zuschauer her. Nur ein Narr würde 1690 kopieren, einmal, weil das überhaupt nicht möglich ist, und dann, weil, wäre es möglich, das Resultat etwas ganz Antiquarisches wäre. Das Theater ist kein literarhistorisches Seminar, sondern eine sehr lebendige und gar keine gelehrte Angelegenheit oder eine des Wissens im Schulsinn. Der Regisseur wird der alten, in gewissen Eigentümlichkeiten von ihm benutzten Stilform ein Plus geben, das einerseits das von ihm notwendig Unterschlagene der alten Stilform ersetzt, andrerseits das von ihm unbewußt Unterschlagene, ihm nicht mehr Auffindbare, Wahrnehmbare, zu Erkennende wiedergibt: die Atmosphäre des Stückes, dessen Geistigkeit, die Darstellbarkeit der langen Rede, das Pathos einer Leidenschaft, die ein Maß hält, usw. Was man 1690 für griechisch vermeinte, war spätrömisch, war Seneca. Und was Voltaire ein Jahrhundert später für griechisch vermeinte, war racinisch, also Römisches durch das Barock gebrochen. Schon im Kostümlichen drückte sich das aus. Historisch war aber weder die Phädra Racines noch der Mahomed Voltaires. Es wäre also Unsinn, heute die Phädra historisch, das heißt Barockstil Louis-XIV., zu spielen, Unsinn, den Mahomed historisch, das heißt Zopfstil Louis XV., zu spielen, und völlige Absurdität, das eine Stück etwa griechisch, das andere türkisch aufzuziehen; denn weder war's griechisch bei Racine noch türkisch bei Voltaire. Das betrifft, wie gleich gesagt sei, durchaus nicht nur so Akzidentelles wie Architektur der Bühne, Kostüme, Perücken usw. Man spielte um 1750 sämtliche Römer auf der Bühne in Ballettröckchen und Perücken, völlig selbstverständlich so, nicht um zu »stilisieren«. Nach Möglichkeit »ächt« hat man in der italienischen Renaissance, am Hof zu Ferrara etwa, gespielt, den Plautus und Seneca und was die damaligen Theaterautoren nach Plautus und Seneca herstellten. Aber das war die ganz unpopuläre Liebhaberei gelehrter Mäzene, deren Effekt war, daß es so etwas wie eine dramatische Kunst der italienischen Renaissance so gut wie nicht gab. Dichterisch formte sich die Zeit und dieses Volk im Versepos und in der Novelle, nicht im Theater. Das

Theater der Renaissance gab es nur in England, das hinwieder die Erzählung nicht besitzt, weil alles von der Bühne herunter erzählt wurde. Nehme man an, der Regisseur hätte heute Troilus und Cressida zu spielen. Ort und Figuren sind, sagen wir, griechisch. Die Stilform ist die der Spätrenaissance, durchlichtet von einem großen Ingenium, dessen Eigentümliches immer sichtbar ist. Dieses wieder ist gebrochen durch die romantische Verdeutschung der Schlegel. Dieses weiter gebrochen durch das, was man schlechtweg das Moderne nennen mag. Und zu all dem tritt das Wissen um diese Zusammenhänge und Brechungen, das beim Regisseur anzunehmen ist. Man sieht: seine Aufgabe ist nicht einfach. Daß er sie meist vom Dekorationsmaler und Kostümzeichner lösen läßt, drückt sein Unvermögen aus, mit ihr von sich aus fertig zu werden. Auf diese Weise kann man jedes halbe Jahr eine neue Aufführung herausbringen, indem immer ein neuer Maler das Stück malt. Worauf es aber gar nicht ankommt.

Der Regisseur, der seine Aufgabe nicht vom Maler lösen, das heißt sich zur Seite schieben läßt, wird die Form seiner Aufführung längst festgestellt haben, wenn er den Maler ruft und den Architekten, als seine Hilfskräfte. Das scheint selbstverständlich, wo es sich um ein Stück aus dieser unserer Zeit handelt, ist es aber ebenso, wenn es sich um ein Stück handelt, das in einer alten Stilform konzipiert oder in einer andern Zeit entstanden ist. Es sind ja dynamische Potenzen, die auf der Bühne und von ihr wirkend werden, und nur akzidentell optische Angelegenheiten. Das Optische unterstützt in Ruhe und Bewegung das Dynamische, beherrscht es nie.

Um nichts als die dichterische Bekanntschaft mit, sagen wir, dem Tasso zu machen, die Wortabfolge zu hören, dazu bedarf es nicht des Theaters. Dazu genügt das Lesen völlig. Wird der Tasso gespielt, so ist er – alle Gymnasiallehrer mögen entsetzt sein – ein Anlaß, nicht mehr, aber auch nicht weniger. Wozu ein Anlaß? Dazu, die in diesem Theaterstücke gespeicherten Kräfte zu entbinden, in Bewegung zu bringen, formschaffend werden zu lassen. Das dramatische Gedicht bleibt immer das gleiche. Aber die Möglichkeiten, es zu spielen, sind unbegrenzt. Richtiger gesagt: sie haben keine engere und weitere Grenze als eben der Geist dieses Gedichtes selber. Je reicher das zu spielende dramatische Werk ist, um so mannigfacher werden gleichzeitig und im Ablauf der Zeiten die Spielformen dieses Stückes sein. Je ärmer an Energien, um so geringer die Möglichkeit variabler Spielformen. Man konnte um 1890 Hauptmanns Friedensfest nur (mehr oder weniger gut hinsichtlich der rein darstellerischen Kräfte) in einer einzigen Form spielen: in der, die man naturalistisch genannt hat. Man wird es, spielt man dieses Stück 1940 (angenommen! angenommen!), auch nicht anders spielen können – und darum wird man es 1940 eben nicht mehr spielen; denn es fehlt ihm der innere Reichtum, der zu mehr als einer Spielmöglichkeit drängt. Das Stück hat nicht Geistes genug: es divertiert nicht. Es ist an sehr eindeutige Voraussetzungen festgelegt und von ihnen nicht loslösbar, so daß es frei schweben kann. Es hat weder Flügel noch Gewicht. Es war bloß einmal da. Wie etwa »Die Jäger« von Iffland einmal da waren, sehr wichtig damals da waren, aber nicht mehr existieren. Die Kraft, die es besaß, ist in einer bestimmten eingeschränkten Zeit völlig verbraucht worden. Bis auf die Hülse. Warum spielt man immer wieder Shakespeare? Sicher nicht, um den Dichter zu zeigen. Das ist, wenn überhaupt, ein Nebeneffekt der Aufführung und ist nicht intentioniert. Man spielt ihn, weil der Geist-Reichtum dieser Stücke, die formales Potential ungeheuer groß ist und sich immer wieder neu formieren kann in einer Aufführung. Shakespeare wird sozusagen nicht von einem Regisseur immer wieder entdeckt, sondern Shakespeare schafft sich aus dem dynamischen Reichtum immer wieder Regisseure. Shakespeare emaniert immer wieder neue Formungen. Er divertiert. Wie Nestroy. Wie Calderon. Und wie nicht divertieren so starre, in eine entlehnte imitierte Form gegossene Epigonismen, wie etwa Otto Ludwig, dessen Reichtum nur ausgeliehen ist, wie eine ärmere Familie anläßlich einer Hochzeit sich Tafelgeschirr ausleiht. Nur allerlei Unvermögen der Zeit, die wir leben, bringt Hebbel, Ludwig, Grabbe auf die Bühne, die dann gern zum Zirkus wird. Es ist klar, daß in einer Zeit, wo der Maler ein Stück kennt, das er gerne malen, der Schauspieler eines, in dem er gerne eine Rolle spielen, der Direktor eines glaubt, mit dem er verdienen möchte, daß in solcher Zeit die Bühne der Ort der allermerkwürdigsten Rendezvous wird, und der gute Regisseur das Opfer solcher divergenter ungeregelter Anstrengungen aller möglichen Faktoren, sich durchzusetzen. Vom Autor gar nicht zu reden, als welcher, wird er nur gespielt, aller Gemeinheiten fähig ist, welche die Umstände von ihm nur immer verlangen.

Also die Autoren des künftigen Theaters! Ich kenne sie nicht. Ich weiß aber, daß es die Herren nicht sind, welche in etlichen Szenen ihre armselige Sexualia ejakulieren. Alle diese Vatermörder sitzen mit ihren gänzlich unermordeten Papas im Kaffeehaus und reden vom Geld. Es mögen sich ihrer zehn endlich zusammentun und einen ihrer Väter, das Los treffe ihn, ermorden, zur Rechtfertigung gewissermaßen nach so vieler vergossener roter Tinte.

Das Theater ist kein Ort, seelische Konflikte aufzuwickeln. Die gebene Zeit von zwei Stunden ist viel zu kurz, als daß bei unsern Kenntnissen um seelische Differenziertheit mehr herauskommen könnte als Gemeinplatz und Banalität. Ein Zuschauer, der gerade einen Band von Proust gelesen hat, wird das Grausen bekommen vor einem Theater, das »psychologisch« tut. Also auf dem Theater: Typisierung. Sternheim hat das einmal witzig getroffen. Prachtvoll »seelenlos«. In der Tragödie Schematisierung. Die Belebung des Schemas, des Typus gibt der Schauspieler, um so reicher, je treffender der Autor gearbeitet hat, je weniger er im Einzelfall stecken geblieben ist. Je mehr er »Charakter« gab. Die Erfindung: theaterhaft, das heißt: nur auf dem Theater möglich, im Leben nur fragmentarisch da oder dort angedeutet vorhanden, nie ausgebildet. Sehr deutlicher Trennungsstrich zwischen »Leben« und theatralischer Fiktion. Das Fiktive betont. Das Spiel betont. Der »Leben« und Spiel verbindende Faden mit höchster Diskretion kaschiert; denn da muß er schon sein, sonst befinden wir uns, Spiel und Beiwohner, nicht auf gleicher Ebene, die einen auf dem Monde, die andern auf der Erde. Diesen Faden: ich meine damit den Gedanken, den Hintergrund des Divertissements. Seinen spirituellen Charakter, nicht seinen moralischen oder gefühligen oder stimmungshaften, durch welch letztere das auf der Bühne immer unleidlich ins Parterre der Zuschauer rutscht und da verkommt in allerlei, was nicht des Theaters ist. Man muß als Beiwohner aus dem Theater so etwas wie eine Verzauberung mitnehmen oder sich einer solchen erinnern, nicht einer Vorbeispielung einer Frage des praktischen Lebens, wonach sich richten. Der Theaterdichter ist kein politisches Wesen, sondern ein dichterisches, und der Schauspieler kein Schulmeister, sondern ein sehr merkwürdiger Zauberer. Und die Schaupielerin nicht eine von der Natur stiefmütterlich ausgestattete, körperlich häßliche Dame, die nun, was ihr äußerlich fehlt, durch »Seele« zu ersetzen sucht und immer gern in Stücken spielen wird, wo sie diese ihre dicke »Seele« recht heraushängen kann. Wie viele solche Seelische haben die Lulu gespielt, und nie eine schöne naive körperbegabte Hure! Wie prachtvoll hat die Eysoldt sich bemüht, und wie falsch war doch alles!

Ich will mich, und viele meinen wie ich, im Theater auf eine ganz spezifische Weise divertieren lassen. Die Politik beziehe ich anderswo her. Auch die Psychologie. Auch die moralischen Anschauungen. Wer Politisches, Moralisches, Psychologisches, sein Leben noch einmal von der Bühne verlangt, wird wenig Freude und gar keine Kunst am Theater haben und mit seinem Leben zu kurz kommen.

Ich will an einem Beispiel konkretieren. Ich suche mir eines, das aus dem Streit der Meinungen gerückt ist, wähle also nicht

Hofmannsthals letzte beide Komödien und nicht das heutige französische Lustspiel: daß beides als Beispiel möglich wäre, wird das Folgende ergeben, wo ich von William Congreve spreche, einem englischen Komödienverfasser aus der zweiten Hälfte des siebzehnten Jahrhunderts. Er hat sieben Stücke geschrieben, sein bestes zuletzt, es hieß »Der Lauf der Welt« und fiel durch. Congreve schrieb von da ab, er war dreißig Jahre alt, keine Zeile mehr, und lebte noch einmal so lang. Er wünschte, wie er sagte, als ein Gentleman betrachtet zu werden, who lived a life of plainness and simplicity. Er galt für frivol und indezent, weil nicht er der Herzogin von Marlborough zehntausend Pfund vermachte, sondern sie ihm. Auch seine Stücke galten und gelten für indezent. Sie sind es nicht. Die seines Zeitgenossen Wycherley sind es, der mit Behagen realistisch war, was eine Kritik hundert Jahre später von Congreve meinte, indem sie sagte, er habe die Gesellschaft seiner Zeit satirisiert. Und dies war mitnichten so. Er erfand diese Gesellschaft weit witziger, weit spiritueller, als sie war. Sein ganz gallischer Witz war seinerzeit in England so unverständlich, wie es dem heutigen England auch Molière ist. Wildes Komödie spricht als pure Farce, nicht dagegen so wenig wie die Stücke Shaws, der die französische Formel hat, aber seinen Weg pflastert mit moralischen Bemerkungen. Der Engländer hat Organ für den Humor, nicht für den Witz. Wie der Deutsche. Der kluge Lamb hat gegen Hazlitt bemerkt, daß Congreve nicht seine Welt, wie sie ist, darstelle, sondern daß seine Welt eine reine Konvention sei, völlig geschieden vom Leben. »Nirgends wird hier die Reinheit eines Ehebettes befleckt; denn es ist gar keines da oder wird als existent angenommen.« Diese Komödien sind ganz artifiziell, sind Divertissements des Geistes, wenn auch bekannte Lokalitäten und Personen der Zeit genannt werden und eine Art Topik erzielt wird. Die Figuren des Stückes bewegen sich in der reinen Luft ihrer Erfindung. Im Epilog eines Stückes, den die so reizend schamlose und schöne Mrs Bracegirdle spricht, heißt's:

These our actors,
As I foretold you, were all spirits, and
Are melted into air, into thin air.

Jetzt sind sie in dünne Luft vergangen, aber in der Dauer des Stückes hausten sie nicht in Wolken und Zauberpalästen, sondern man sah sie im Hyde Park oder Covent Garden oder in einem Kaffeehaus. Die Ebene liegt zwischen Erde und Wolken inmitten, und die Geister kommen nicht von oben, sondern von unten her. Handlung gibt's kaum, Charaktere fast nicht, aber witzigsten Dialog. Sie gebrauchen die Sprache wie alle Welt, aber in einer Steigerung zur Billanz, welche die Welt nicht kennt. Sie bewegen sich in einer wirklichen Welt, aber in einer so phantastisch unwirklichen Weise, daß die wirkliche Welt in Frage gestellt ist.

Ich wollte mit diesem Beispiel keinem Theater den Rat geben, sich nun rasch ein Stück von Congreve übersetzen zu lassen und es zu spielen. Es würde bestimmt erfolglos sein; denn solches Unternehmen wäre ohne jeden Sinn Literaergeschichte auf dem Theater. Das heutige Theater spielt ja etwas »Congreve«, wenn es ›The importance to being earnest‹ spielt, wenn der Geist dieses Stückes auch nicht ein Zehntel des Geistes Congreves zeigt. Es spielt »Congreve«, wenn es Sacha Guitry spielt, dessen Welt nur ein ahnungsloser für eine Pariser Welt oder auch nur den Bruchteil einer solchen halten wird.

Auf dem künftigen Theater ist die Welt zu überspielen, wenn ich mich so recht ausdrücke. Dieses Theater sollte nicht unter dem stehn, was man Leben nennt, nicht in ihm, nicht aus ihm sein, sondern über ihm. Das verlangt die Ökonomie der zwei dafür gegebenen Stunden und die Anständigkeit, diese zwei Stunden ehrlich zu verwenden.

12.

Unser deutscher Kulturbegriff ist entweder politisch oder religiös: ihn so oder so zu realisieren, bereitet sich vielleicht die Zeit vor. Er ist hierin glücklicheren Völkern, wie den Franzosen, religiös gegeben, woran kein Antiklerikalismus etwas ändert und so in ununterbrochenem Besitz seit dem heiligen Ludwig. Er war den Deutschen so gegeben bis zur Reformation: von ihr ab ging er uns als greifbarer Besitz verloren, als Bindung, ein Ganzes bildend, an dem jeder hingebend partizipiert. Seit der Reform gelten ihn wiederzuerlangen bei uns individuelle Anstrengungen von unerhörter Energie: ihn politisch und religiös zu bestimmen, versuchten zuletzt die Romantiker. Aber wir sind ein religiös geteiltes Volk, und solange dies so ist, wird der politische als der unsere Kultur bestimmende Begriff der umfassendere sein, der das deutsche Volk umfassendere. Dieses Problem unseres Lebens bestimmte die Geistigkeit der Deutschen seit Luther und bis auf Bismarck und Nietzsche: man suche nun dafür den Ausdruck in unserer neuen Literatur, man suche auch nur eine Ahnung davon in unserer Literatur dieser letzten dreißig Jahre Modernität! Das Wenige, das in unserem kulturellen Problem sein eigenes erkannt hat, steht außerhalb dieser »Moderne«, ist mit keinem ihrer Maße zu messen und gehört als Wirkung der Zukunft an, die wir erwarten und mit allen Kräften unserer Seele ersehnen. Einiges zur Orientierung möge hier noch gesagt sein.

Völker, die sich des für sie unbedingten Glückes einer gemeinsamen kulturellen Bindung erfreuen, gestatten ihren einzelnen jede süperbe, ungewöhnliche, ja übermütige Geste des einen Armes, da sich der andere Arm sicher an ebendiese gemeinsame Kultur wie an eine Mauer stützt und die Zusammengehörigkeit nie unterbricht. Und wer sichern Boden unter den Füßen weiß, der kann sich den tollsten Sprung erlauben, so es ihn zu springen lüstet. Sicher aber auch wird den, der um haltende Wand, um festen Boden im Blute weiß, irre Wanderlust nicht vom Herde, wo die Penaten stehen, ins Grenzenlose treiben, und Sehnsucht wird ihn im Sprunge nicht in den Himmel reißen, wo die Götter wohnen. Zivität, Maß, Grenze, Ordnung und Kontinuum werden jenen einzelnen bei aller Extravaganz eignen, die einem Ganzen zuzugehören und es mit zu bestimmen sich immer im Blute bewußt sind. Gefühle des Ressentiments, die im einzelnen gegen das Ganze, dessen Werte und Güter wie Gifte ausschwären, weil ihn dies Ganze nicht nur nicht trug und förderte, sondern ihn im Stich ließ oder ihm feindlich war, werden nicht aufkommen können. Gewiß, man wird Streit untereinander haben, aber wie unter Freunden. Man wird sich nicht hinaus, nicht abseits stellen. Man wird nie in das Nest spucken, dessen Brutwärme unvergessen bleibt.

»Das Deutsche« ist dem Deutschen von dem Tage ab, da es sich auseinanderbrach, da eine religiöse Bindung zerriß und eine politische sie nicht ersetzte, immer problematisch gewesen; er wird es immer rationell suchen, dies und das dafür ansprechen, es untersuchen und konstituieren. Da er es nicht lebt, nicht unbedingt lebt, will er es erleben, und um es zu erleben, muß er es zum Objekt der Prüfung auf Tauglichkeit und Bekömmlichkeit machen, muß er es »feststellen«. Er gelangt dabei auf einen hohen Grad der Zivilisiertheit und kenntnisreichen Bildung; denn er sucht den ganzen Erdkreis räumlich und zeitlich ab, um, das Objekt suchend, das immer materiell nur sein kann, seine kulturelle Existenz zu finden. Er bekommt davon die berühmte Aufnahmefähigkeit alles Fremden. Er bekommt davon eine außerordentliche Schärfung seines theoretischen Verstandes, seinen historischen Sinn, und die ungeheuren Persönlichkeiten, deren größte die Musiker sind, die Flüchtlinge nach innen, die völlig Isolierten. Mit der Französischen Revolution, die vor dem Bastillensturm im Geiste beginnt, wurde das Pathos dieses ungemeinen Zustandes des deutschen Volkes Schicksal einzelner und so deutlich. Es gibt einem Hölderlin die tragische Größe, die je zu erreichen jedem in sicherer Kultur Gebundenen und in ihr Verwurzelten versagt sein muß, da er das Schicksal des Einzelseins in seinem Volke, diese völlige Abgelöstheit vom Ganzen nicht erfahren kann. Es gibt einem Nietzsche die bösartige Größe eines Demolisseurs aller Geltungen und Werte eines Volkes, um dessentwillen er am liebsten gar nicht gelebt haben möchte, da er in ihm zu leben sich gezwungen fand. Goethe gibt Erwin von Steinbach auf und richtet sich Weimar als antikische Welt ein. Einer wird Eremit in Griechenland. Die Romantik beschwört die katholische Kirche in einem schon ganz protestantisch gerichteten Deutschland und macht damit den letzten Versuch zu einem deutschen Kulturbegriff, den sie religiös bestimmt, während er gerade anfängt, sich preußisch-protestantisch-politisch für eine spätere Zukunft anzukündigen. Einer geht nach Paris, um sich ein in solcher Distanz romantisch sich verfärbendes Deutschland zu erhalten. Und der Letztgeborene kokettiert mit polnischer Abstammung.

Seit jenem vergeblichen Versuch der Romantik, einen deutschen Kulturbegriff zu statuieren, der des Geistes war, ist diese ganze Angelegenheit als eine geistige aufgegeben, und als eine nichts als materielle dem aufkommenden deutschen Bürgertum überlassen worden, das als die alsbald führende Klasse das Deutsche schlechthin repräsentierte. Von da ab haben wir eine die Geschichte des deutschen Bürgertums begleitende, umschreibende, glorifizierende und sozialistisch-kritische, das heißt vermeintlich angreifende Literatur, die wir die moderne nennen. Aller Verpflichtung, Ausdruck eines Ganzen sein zu wollen und somit ein Ganzes leidenschaftlich zu verlangen, hat sie sich begeben, seit dem Ende der Romantik, die sich in Tieck verbürgerlichte (er residierte in Berlin!), in Friedrich Schlegel ganz in die Kirche begab (er residierte in Wien!) und in den kleinen Schauergeschichtenerzählern allerorts einem armseligen Spießertum die Frissons eines Ungewöhnlichen gab, das es in seiner vorkapitalistischen Existenz noch nicht fand. Damit begann die Zeit der beiläufigen Schriftsteller und Literaten, der Freigelassenen, die sich über das alte Gut hermachten und nichts als ihr Talent wählen ließen, weil sie von nichts als dem Beiläufigen ihres Talentes bestimmt waren. Das Enrichissez-vous war nicht nur der Bourgeoisie gesprochen worden, sondern auch ihren literarischen Begleitern: man erlebte schöpferisch keine Form mehr, sondern man entnahm sie als ein »Äußeres« und füllte sie auf mit Stoffen, die sich entweder in der jüngst vergangenen Zeit der großen Literatur bewährt oder eingelebt hatten, oder man fand sie aus dem »Interessanten«. Umgeben von den sozialen Komplikationen der neuen bürgerlichen Existenzen, über die entweder der radikale Pessimismus oder der unbedingte Optimismus eines Philosophierens weghelfen sollte, gab der Autor dem Kandaules wie dem Holofernes »moderne« Seelen, verengten sich Dichter wie Stifter und Mörike auf ein Minimum ihres Umfanges, um sich so verhärtet gegen das Auflösende ihrer Umgebung zu behaupten, griffen Autoren wie Gottfried Keller, Gustav Freytag resolut das Leben dort, wo sie es fanden, im Bürgertum, und gaben ihm im Roman bescheidenen Glanz seiner bislang noch nicht weltwirtschaftlichen Gebärde. Da kam der kritische Moment, wo dieses Bürgertum mit Hilfe von sieben Milliarden seine Literatur überholt hatte, seinen Ausdruck weder mehr in Freytag noch in Keller fand: das war die Zeit, wo sich die kapitalistische Bourgeoisie im sozialistischen Proletariat ihre nötige Ergänzung und Komplettierung gab. Mit einem Sprung stürzte die Literatur nach: man nannte den Sprung eine Revolution und die einholende Literatur ganz besonders die moderne. Man tat nichts, als daß man die kapitalistisch-bourgeoise Medaille auf ihre andere Seite warf, die den Proletarier abbildet. Erst aber vermeinte man im Proletarier eine ganz neue Münze gefunden zu haben, berufen, die andere aus dem Kurs zu drängen. Man gab der sozialen Erscheinung des Proletariers menschliche Ewigkeit; teilte die sozialistische Ideologie, die in der Aufhebung der Lohnarbeit die

Lösung der Menschheitsfrage sah und zur Stütze dieser Idee alles heranzog, was sich nur irgend finden ließ in Wissenschaften und Historie und Philosophie. Die Vehemenz, mit der die große Zahl des Proletariats Beachtung heischend auf den Plan trat, ließ die soziale Frage, wie man es nannte, für eine Zeit als die Frage der deutschen Kultur erscheinen, und also gruppierte sich eine Literatur um diesen gutgemeinten Irrtum, ließ sich von dem bewegen, was dieses sozialistische Proletariat bewegt, das sie so liebte, daß sie es lebensgetreu abmalend zu ehren meinte, welchen sozialen Vorgang man ethisch und ästhetisch als ein der Wahrheit Dienen proklamierte. Man hätte gern die sozialistische Revolution gemacht gegen die bourgeoise Reaktion, aber die bescheidensten Versuche zeigten, daß man sich nur vermeintlich einer neuen Münze gegen die alte bediente und das, was als eine neue schien, nur die alte andere Seite war. Man wand sie noch ein paarmal mit leichtem Katergefühl des Düpierten in der Hand und zog sich zurück auf sich und sein Talent, ging dessen verschlungene Irrwege, die zum alten gutbürgerlichen Anfang zurückführten: man integrierte die vermeintlich radikalen Werte des Aufstandes in die Bestände des bürgerlichen modernen Daseins, das längst wieder weiter war als Ibsen und Wedekind und nicht die geringste Angst vor ihnen mehr zeigte. Dieses Bürgertum hatte nämlich in der Zeit einer sozialistisch-literarischen Bedrohung schon jene Reaktionen ausgebildet, die es als wirksamste Neutralisierung gegen alle literarischen Überrumpelungsversuche mit Erfolg benützte, als da an Reaktionen sind: das L'art pour l'art, das Dekorative, den Stil, den Symbolismus, das Ästhetentum, die Heimatkunst – und die Naturalisten rangierten sich rasch, das heißt sie lösten sich in den mannigfaltigen Literaturbetrieb des Bürgertums auf zu dessen Wohlgefallen.

Eine Definition der modernen deutschen Literatur, die mit Hebbel beginnt, über Keller und Freytag zu Hauptmann und Sudermann, Dehmel und Bartsch führt, ist restlos in der Definition der kapitalistisch-bürgerlichen Welt gegeben, deren Geistes sie auch dort noch ist, wo sie sich gegen sie aufzulehnen scheint, wie im sozialistischen Dehmel, im bohemichen Wedekind. Diese Literatur will in dem ihr gegebenen bürgerlichen Kreis der Anschauungen, Gedanken, Sitten und Überzeugungen nichts als sich selber, Ihr Buch- oder Theaterdasein, coûte qui coûte. Ein Wille über sich hinaus zu einem Ganzen der Welt ist ihrem Ethos so fremd wie ihrer Intelligenz unmöglich. Sie lebt und stirbt auf einem nichts als sozial eingeschränkten und bestimmten Raume, aus dem sie allerlei Allotria und Bosheiten – Wilde, Shaw – mit keinerlei Anspruch herausbringen und in den sie eine Absurde Prätension, als die deutsche Literatur zu gelten, nur immer wieder um so tiefer hineinstößt, als das Tun zum Behaupten in um so deutlicheren Widerspruch gestellt wird. Nur mit der außerordentlichen Verbilligung des Begriffes Literatur kann dieses Schreibwesen von sich sagen, daß es eine Literatur sei. Nur von einer bestimmten Gesellschaft einer bestimmten Zeit bedingt und getragen, geht es völlig in ihr auf und verschwindet mit ihr. Ihre Ewigkeit ist nur Anspruch. Ihr bescheidenes Weiterleben entscheidet allein der spätere Historiker dieser Zeit, wenn er sich ihrer als Dokument dieser Zeit bedienen zu müssen glaubt. Ein Glied in der Geschichte des menschlichen Geistes bildet sie nicht.

Was wir in der mittleren Periode der modernen Literatur bei Stifter und Mörike feststellen konnten, das gleiche Phänomen der Verdichtung und Verstärkung in sich selber und dadurch der Entziehung aus dem Gange des umgebenden Schriftwesens, wiederholte sich in der letzten Periode. Da keine noch so verfallene Zeit in ihr den ewigen Dingen ein Ende machen kann, Hemmungen den ewigen Fluß nur ins Unterirdische drängen, aber nicht zum Versiegen bringen können, die das Göttliche an die Erde bindende Kette, wenn sie risse, unwiederbringlich dieses Göttliche der Erde entbände, aber diese Kette es halten und darum bleiben muß, wenn auch oft mit schwächsten Gliedern nur, so geschah es auch in dieser letzten Periode, daß was die Dichtkunst repräsentierte und worin sie sich bewahrte, abgeschlossen von der modernen Literatur ihr Leben führte oder doch rasch wieder zu führen suchte, wenn es einmal irgendeiner Lockung in dieses moderne Leben nicht genug Widerstand geben konnte und sich in das andere fremdartig anmutend mischte, fremdartig wie sibyllinische Blätter in einem Kartenspiel. Natürlich: auch der Dichtung bemächtigte sich diese Zeit auf ihre Weise, indem sie sie als einen Panache an das Pferd ihrer sonntäglichen Paradekutsche steckte, in der sie ihre Universalitäte und Bildung spazieren führte. Diese gelegentliche Parade soll nicht täuschen. Indem diese Zeit so versuchte, das Ewige in ihr nichts als Zeitliches zu stellen, diente sie Böses wollend dem guten Geiste und beschwor damit ihr eigenes Schicksal nicht, das sich unerbittlich vollzieht, und von dem sie sich auch in diesem Teile des Literarischen nicht dadurch loskaufen kann, daß sie rasch in ihren Geist noch zieht, was nie ihres Geistes war noch sein konnte. Die heimlichen Provinzen des Ewigen sind nicht in dieses Zeitliche zu annektieren, um das wankende Reich der Modernität zu stützen. Wir sprechen von George, den sein Kreis nicht, wie dieser es wollte, über den Umweg des Akolytentums in diese moderne deutsche Welt einzufügen vermochte, wir sprechen von Hofmannsthal, dem nun zu sich selber Verschwundenen. Wir sprechen von P. Gütersloh, R. Musil. Wir sprechen von dem Entferntesten, dem Manne der größten Aufgabe und der tiefst empfundenen Pflicht eines deutschen Schriftstellers, von Rudolf Borchardt. Und nun wollen wir von dem sprechen, was man heute die jüngste Literatur nennt, mehr so mit den Kalenderdaten ihrer respektiven Geburtszeiten in der Hand als mit ihren Schriften. Um dies gleich zu sagen: vieles, was man hier als »gärenden Most« vermeint, ist nur des alten, sit venia verbo, Weines trüber Unfall in Essig und Kahme. Vieles dieses ganz Neuen ist nur letzte verzweifelte Verschminkung des vorgestrigen Alten. Vieles, was hier kalendarisch Jugend ist, ist hektisches

Greisentum, letzter Krampf einer sterbenden Epoche. Vieles nicht nur, sondern das Meiste.

Neue Schlagworte sind noch keines Neuen untrügliche Zeichen. Eher davon Zeichen, daß, die sie brauchen, von der Existenz der alten Schlagworte ihr Leben fristen wie die Atheisten das ihre vom Dasein des von ihnen bekämpften Gottes. Ob die Herren vor zwanzig Jahren sich von dem Gestottere aller Welt imprimieren ließen und es wiedergaben, oder ob die Herren von zwanzig sich heute nur von ihrem eigenen Gestottere imprimieren lassen und es exprimieren, das macht im Gestottere keinerlei Unterschied, der für die Dichtkunst in Betracht kommt, so interessant es dort für Dialekt- und Argotforschung, hier für die Pathologie gewisser Funktionsstörungen des Gehirnes sein mag. Sinn und Zweck der Dichtkunst scheint uns nicht zu sein, der Philologie und der Medizin das Material zu liefern. Daß junge Leute die psychologischen Bestände ihres Handwerkes revidieren und das mit Freudschen Schriften tun, macht sie vielleicht und wahrscheinlich in der Psychologie überlegener über jene jungen Leute, die vor zwanzig Jahren ihre diesbezüglichen Bestände an Darwin oder meinetwegen Bölsche revidierten, aber mit nichten auch schon überlegener in der Dichtkunst. Daß sie eine stärkere Prägnanz für das Auszudrückende anstreben und erreichen, entscheidet ja noch nicht das, was sie auszudrükken oder ob sie überhaupt was auszudrücken haben, das über den Umkreis eines nichts als Individuellen hinausragt. Der heftige Ausdruck des nichts als Individuellen wird sprachlich zum artikulierten Schrei, inhaltlich immer zum Pathologischen tendieren, dessen »Richtigkeit« zuzugeben ist, die aber genauso gleichgültig ist wie die »richtige« Beschreibung einer Lokomotive durch einen Naturalisten; denn die Kunst braucht nicht »richtig« zu sein, der Dichter kein Mediziner und kein Ingenieur. Mit all diesem stellt sich keinerlei jüngste Literatur in aufhebenden Gegensatz zu einer älteren modernen, sondern ist, darauf beschränkt, ihr leiblicher, etwas jüngerer Bruder, der sich wirklich nur, um an den Platz in der Sonne zu kommen, als feindlicher Bruder gebärdet. In allen diesen ekstasierenden Lyrismen, Freudianischen Analysen, Sprachzerwerfungen um eines schreienden Ausdruckes willen, in all diesem Theater, das Söhne gegen Väter stellt und Töchter ihr Recht auf die Hurerei den Müttern gegenüber verteidigen läßt, und, wie ich es in einer Berliner »jüngsten« Zeitung las, ein Gedicht mit dem Titel Weltuntergang damit herstellt, daß es 245 deutsche Vokabeln – jede bildet eine Verszeile – reimend und sonst gänzlich beziehungslos untereinanderstellt: in all diesen Dingen drückt sich nicht einmal stammelnd etwas aus, das man als den Geist der jüngsten Literatur bezeichnen könnte; und wo es über das Stammeln hinauskommt, ist dieser neue Geist nur der alte Geist in letzten Krämpfen des Absterbens. Ein wirklicher neuer Geist soll mit diesem ihm ganz fremden Zeugen nicht belastet und verstellt werden, bloß weil es von 1922 und seine Hersteller um die zwanzig herum alt sind. Losgelöster Teil vom Teile zu sein, zu dem sich das Ganze schon irgendwie einmal finden würde, und so ohne ideelle Forderung des Ganzen sich selber auch als Teil aufhebend; das aller Verpflichtung zum deutschen Pathos ledige Talent »individuell« sich in Zufallsprodukten dieses nichts als Individuellen auswirken zu lassen, in der Vermutung, Chaotisches, d.h. Zufälliges würde in dem Chaotischen, in das es hineinfällt, schon einmal und irgendwie ordnend sein; von nichts als sich selber Bestimmtes würde einmal bestimmen; ohne Berufung zum Sprechen zu sprechen, erst die Plattheiten des alltäglichen Redens zusamt dessen Denken kopierend, dann diese Plattheiten zu vermeiden wähnend durch die andere des ausgestoßenen Schreies; völlig unwissend der deutschen Sprache nicht nur, sondern auch ohne Gefühl dafür zu sein, daß es sie in der Ganzheit ihres Daseins im Dichter lebendig geben muß; in einem formalen Konvenü erstickt, dem sie erst durch »moderne Probleme«, dann durch den »Stil« aufzuhelfen sucht, gleichfern ihrem einzigen Problem und dem wirklichen Stil; Ausdruck für

Eindruck tauschend und in solcher vermeintlicher Wandlung nur den Typus des isolierten Literaten abwandelnd, der niemandem etwas zu sagen hat, trotzdem er zu jedermann redet, und meint, es läge am reden; im Dienste eines Talentes sich erschöpfen, dessen angenommenes Gottgnadentum von jedem andern Dienst entbindend sei und doch erstaunt darüber zu sein, daß die Welt, lächelnd über dieses isolierte Literatendasein, keine andern Dienste von ihm verlangt, keine verlangen kann, da sie weiß, ahnt, daß dieser Selbstdiener und nichts als Bezügliche um nichts, was dieser deutschen Welt not tut, Bescheid weiß und auch nicht wissen kann, da er diese Welt nicht erleidet –: dies ist es, was der neue Geist einer jüngsten Literatur dem Geiste der älteren, der modernen seit Hebbel etwa zu sagen hätte, aber nicht im aufgeregten Gestammel aller heute Zwanzigjährigen sagt, sondern in George, in Hofmannsthal, in Borchardt seit zwanzig Jahren sagt, ihm sagt in Musils, in Güterslohs Schriften, in manchem und einigem noch, in einem Briefe eines neunzehnjährigen Studenten etwa, der mir schreibt: »Diese Anarchie der Werte, die den Menschen von heute an den Wurzeln vergiftet hat, ist mir an dem großen positiven Erlebnis meines Lebens, an Rudolf Borchardt aufgegangen. Daß dieser unexklusive Mensch im selbstverständlichen Sinn des Wortes sich vom Volke zurückzieht, er, der mehr als irgendeiner zum Volke spricht, das gab mir von Jahr zu Jahr mehr zu denken. Wer Ohren hat, die hören, mußte sie für die Äußerungen dieses ›lautlos wachsenden‹ Mannes haben, diesen einen Ton deutscher Seele, den einen Zorn, die eine Leidenschaft, die eine wartende unendliche Geduld auf den καιρός.« Ich bin sicher, dieser Jüngling hat noch nie das Wort Expressionismus in den Mund genommen und damit den Impressionismus aufgehoben oder den Naturalismus mit dem Symbolismus; ich bin sicher, er trifft keine Vorbereitungen zum Literaten, denn er gehört jenen des neuen Geistes zu, die sich nicht um die Kurzweil einer variierten »modernen« Literatur bemühen, sondern um das Schwerere, Wichtigere: die ernste

Vorbereitung auf die deutsche Tragödie, das heißt die Tragödie des deutschen Menschen. Das Intellektuelle in unsrem neueren Roman, das Politische in unserm neueren Drama, das Pathos in unserm Gedicht: es sind Zeichen der Vorbereitung, der Sammlung, der Bescheidung, jene Würde zu erringen, welche allein uns in das Pathos der Tragödie des deutschen Menschen eintreten läßt, welche ist, daß wir kein Ganzes sind und dies erleiden müssen, um es zu überwinden.

QUELLENSCHRIFTEN DES BESTIARIUM

Es erübrigt sich, den interessierten Leser auf seine Lieblingsbücher zu verweisen, als da sind des Herrn A. Engel »Historia Naturalis der teutschen literarischen Fauna im 19. Jahrhundert, aus dem Genius der teutschen Sprache, wie ich sie rede, erfaßt«. Oder des Herrn Bartels Werk »Die Deutschen Literatiere nach ihren Nasen betrachtet«. Oder des Herrn Richard M. Meyer »Einer- und anderseitige Literatur des 19. Jahrhunderts dem deutschen Gemüt nach«. Oder der ähnlichen Bücher von Kluge, Koch usw. Es werden im folgenden Quellennachweis vielmehr nur Schriften aufgeführt, die sich spezialisiert mit dem Gegenstande befassen. Und auch hier war Auswahl geboten. Denn Tag um Tag kommt hier Neues an den Tag, den es heute nicht zu scheuen braucht. Zahllos sind die staatlichen Institute oder Seminarien, in denen sonst beschäftigungslose junge Leute aller Geschlechter von den dazu Berufenen in der Erforschung unserer Literatur durch Wort, Zuruf, Schrift und ermunterndes Beispiel angelernt werden. Man arrangiert Ausflüge zu den kürzlichen Geburtsstädten moderner Dichter, deren glückliche Mütter sich oft nicht scheuen, das Wochenbett zu verlassen, in dem sie noch von dem Dichter liegen, um die wissensdurstige Schar zu empfangen. Man veranstaltet Bierabende und Kegelschieben, um die noch Säumigen auf diesem Umwege zur Kenntnis der modernen Literatur zu bringen. Aber nicht nur die offizielle Wissenschaft ist fieberhaft tätig. Jeden Tag bringen auch die Gazetten neue Details. Vorträge überstürzen sich. Preisaufgaben stoßen sich im Raume – kurz, es ist überwältigend zu sehen, mit welchem Eifer sich eine Nation mit ihren Tieren beschäftigt. Hier also nur aus erdrückender Fülle eine kleine Auswahl der wichtigsten Ergebnisse solchen Eifers.

Sainte-Beuve, Causeries du Lundi. Tome 47. SS. 125 bis 210. Artikel La Weigand.

Schlenther, Paul, Das Nu nu - nee nee des Gehauptmann. Berlin. Bondi 1900.

Swinburne, Short Notes on the character of the Borchardts Melodies. In: Miscellanies. London 1890.

Catonis Ut., De Borchardti Moribus Libri Tres. Edit. J. Zeitler. Lipsiae 1899.

Carol Smith, Die Darmverschlingungen des Däublers. München 1909.

Liegler, Die Fackelkraus und das ABC. Wien, Lany 1920.

Sully Prudhomme, La George. Paris 1890.

Paul Cassirer, Das letzte Hasenclever. Berl. Diss. 1920.

Brenner, D., Der Hecker. Eine Monographie. Innsbruck o. J.

Hille, Peter, Die Anthuma des Laskerschülers. Berlin 1880.

Friedenthal, Dr. J., Die Verdauung des Heinrichmanns, Deutschlands größtem Holzkäfer. Berl. Tageblatt passim.

Noske, Die Pfemfert in Gefangenschaft. Vorwärtsverlag.

Λουκιαου Σαμ. Περι του Βλειησ Ἰχθυδιου Διαλογος. Gr. et Lat. c. not. edit. Philipp Funk. Kempten 1919.

Schmitz, O. A. H., Der fromme Bock von Salzburg. Innsbruck, Tyroliaverlag o. J.

Antonius Escobar S. J., De Scheleri virtutibus et vitiis tractatus. Lugdin. 1665.

Johannes Negelinus, Schattenrisse. Leipzig 1913.

Flaischlen, C., Das Nee nee – nu nu des Cehauptmann. Habilitationsschrift. Berlin.

Stünzi-Käsly, Das Zahn, ein Schweizer Original-Export-Artikel. Luzern 1900.

Gräfin 1. Hahn-Hahn, Die Rilke und der Salon. »Die Dame.« Jänner 1915.

Salz, Dr., Über die Selbstdurchbohrung des Kassners. Sitzungsbericht der Bayer. Akademie der Wissenschaften. Oktober 1917.

Sombart, Prof. W., Das Rathenau, die Juden und der Kapitalismus. Berlin 1918.

Zuckerkandel, Frau Prof., Observationes de ranis et lacertis. Tur. 1916. PP. 210 bis 211. De Unruh rana.

Bleibtreu, Historia maris alpini et vetus vocabularium animalium. Monach. 1888. Pag. 702. De Conrado.

Tschurtschentaler, Sepp, S'Adelwoaß, eine Sammlung scherzhafter Vierzeiler auf das Schönherr. Heimatverlag Partsch in Tyrol.

W.v.Molo, Des Thoma's Mist, ausgewählt und eingeleitet. München, A. Langen, 1918.

Herzl, Dr. Theodor, Buber Hakkadosch. Brombergische Drukkerei in Venedig. o.J.

Starke-Stranitzki, Hofrat Prof. Dr. Ottomar, Das Sternheim und seine Schippeliana. Leipzig, K. Wolff, 1909.

Lauer, Dr. Kamillo, Über den Brauch der Wiener Hausmeisterinnen, sich eine Wildgans als Singvogel zu halten. Urania-Vortrag. 1915.

Brombacher, Dr. Hugo, Des Sternheims invertierte Gangart unter Vermeidung der Artikulation. K.Wolff Verlag 1919.

Habich, Hoffriseur, Das Tovote-Öl, den durch den Sudermann erzeugten Ausschlag wohlriechend zu machen. Berlin o.J.

Strauß, Richard, Die Kunst, aus dem Hofmannsthal Musik zu schlagen. Mit vielen Beispielen. Forstner, Leipzig.

Hebbel, Friedr., Der Paulernst, in: Hebbels sämtliche dramatische Werke.

Oppenheimer, Ibsenspirillen im Bindegwebe des Paulernst. Berliner Mediz. Wochenschrift, 18.6.1913.

Martersteig, Geheimrat, Der Ernsthardt, Deutschlands Riesenkolibri. Leipziger Tageblatt 17.1.1910.

Brulat, Paul, La Kolbannette, une französische-allemande Nobleziege et ses herzliche aspirations dans la Frage de l'humanité deutsch-française mixte. Genf. Edit. Carmel 1916.

Benedikt, Moriz, ehem. österr. Herrenhausmitglied, Synopsis reptilium emendata. Viennae. o.J.

Conrad von Hötzendorf, Das Meyrink, ein Schandfleck der k.u.k. Armee. Danzers Armeezeitung, Febr. 1912.

Derselbe, Meine strategischen Pläne gegen das Meyrink, ebenda März 1912 etc. etc. etc.

Kutscher, Prof. Dr. Arthur, Rassenaufzucht aus der Halbe durch Kreuzung mit dem Wedekind. Münchner seminaristische Übungen, Sommersemester 1912.

Muncker, Prof. Dr. Franz, Der Thomasmann in seiner Beziehung zu Klopstocks Züricher Wohnung an der Schifflände. Lit. Centralblatt Nr. 110, pp. 378 bis 380.

Borchert, Dr. Privatdozent, Das Gehauptmann und die sozialphilosophische Gedankenwelt in Schreiberhau und Umgebung. Lehmanns Verlag, München 1919.

Bölsche, Wilhelm, Mein Liebesleben mit der Natur. Scherl Verlag o.J.

Derselbe, Vom Affenmenschen bis zu Bruno Wille. Ebenda o.J.

Martens, Kurt, Das Z'o la la des Heinrichmanns. Der Zwiebelfisch, Februar 1916.

Rapaport-Mosse, Dr., Oberrabiner, Die Bedeutung des So Mbart für die religiöse Kultur der Juden. Krotoschin. I.J. 2234 (1912)

Pastor Th. Hecker, K. Kraus der Vollender Kierkegaards. Brennerverlag 1912.

B.A. Fuchs, De iridibus doctrina Schelerae certa methodo comprehensa, explicata et tam necessariis demonstrationibus quam moralibus et politicis aucta a B. A. F. Monach., Oldenburg 1915.

A. W. Heymel, Ein Dutzend Wiegenlieder zu des Hofmannsthals 40. Geburtstag. Privatdruck in einem halben Exemplar. Auf Pergament. (1913).

Cohn, S., Die Lebensgeschichte der Handelmazette. Linz, Herz Jesu-Verlag, 1912.

Baco de Verulamio, De Ventis. Lugd. Bat. 1662. P. 96. Hasenclever.

Dr. H. Simon, Die Entdeckung des Edschmids. Mit Zeichnungen von O. Gulbransson. Verlag der Clarté. O. J.

Krawutschke, Friedr. Wilh., Die Freska und der Genius des deutschen Volkes. Verlag der Davidis Kochbücher.

Pringsheim, Die familiären Antinomien des Thomasmanns. Bonner Diss. 1920.

Fischer, Johannes, De terris coelestibus earumque ornato conjuncturae. Hitzingiae 1918. PP. 570ff: Gütersloh.

Spengler, Prof., Der Untergang des Abendlandes. München 1919.

Dalago, Carl, Die Fackelkraus, ein Vorschlag zur Papstwahl. Innsbruck 1914.

Auernheimer, R., Meine Siege auf Schnitzler. Erinnerungen eines Achtzigjährigen. Wiener N. F. P. Nr. 2760ff.

Staackmann, De bacilli imbecilli varietate nominum. Lipsiae s. d.

Idem, Catalogus bacilli imbecilli nominum in Germania provenientium. Lipsiae s. d.

Wolters, Fr., Ist die Wolfskehl operabel? München. Med. Wochenschrift. Febr. 1912.

Patté, Verzeichnis von 2768 Grammophonplatten. Arien des Werfels.

Schleich, Strindberg der Entdecker des Schwefels. Berlin 1910.

Schering, Strindbergs benütztes Toilettenpapier, gesammelt, übersetzt und herausgegeben. Zehn Bände. 1917 bis 1921.

BIOGRAPHISCHE BELUSTIGUNGEN

Die beim deutschen Volke beliebtesten Literaturgeschichten stellen den Inhaltsangaben der respektiven Werke immer eine Erzählung des Lebens ihrer Verfasser voraus, kürzer oder länger, je nach der Beliebtheit. Manche gehen weiter und verflechten Werk und Leben des Belletristen oder Dichters in ein Ganzes, wobei das private Leben immer dort den Faden aufnimmt, wo dem Historiker der ästhetische Faden ausgeht oder umgekehrt. Der Erfolg des großen Bestiarium sollte nicht unter dem Mangel solcher biographischen Belustigungen leiden. Wir haben sie vom kritischen Teile sauber abgetrennt und geben sie in der essentiellen Form der Anekdote. Zu einer umfangreicheren Konzession konnten wir uns nicht entschließen. Einerseits sind wir, wie man sieht, theoretisch anders verpflichtet, andererseits fürchten wir, bei näherer Kenntnisnahme des Lebens unserer Verfasser das geringe Interesse, das sie uns einflößen, ganz zu verlieren. Mit den Anekdoten taten wir unser möglichstes. Ultra posse, nicht wahr?

*

Ein junger revolutionärer Literat rief: »Ich brauche zehntausend Bourgeoisköpfe!« – »Ich würde mich mit dem Ihren begnügen«, sagte Rudolf Kassner.

*

Jemand fragte Arthur Schnitzler, der aus einer Gesellschaft kam, wie er sich unterhalten habe. »Ohne mich«, sagte der Plauderer, »hätte ich mich sehr gelangweilt.«

*

In Wien wurde einmal der Nachlaß einer wegen ihrer Liebschaften mehr als wegen ihrer Kunst berühmten Schauspielerin öffentlich versteigert. Einige bejahrte Damen fanden entrüstet, daß die Preise zu hoch gingen. »Diese Damen«, sagte Franz Blei, »hätten die Sachen am liebsten zum Selbstkostenpreis.«

*

Bei der Aufführung eines Stückes von Georg Kaiser sagte jemand: »Das Stück ist sehr schmeichelhaft für Carl Sternheim.«

*

Es war Schickele, der einmal die Annette Kolb le plus honnête homme du monde nannte. Die selbige Annette nannte jemand in Bern, als sie große Sympathien für den Kommunismus zeigte, die Précieuse radicale.

*

Auf den ehrgeizigen Carl Sternheim hat man folgendes Epitaph verfaßt: »Hier ruht Carl Sternheim. Es ist der einzige Platz, nach dem er nicht gestrebt hat.«

*

In Berlin trat ein sehr mageres Tanzpaar auf. Wedekind sagte: »Es ist, als ob zwei Hunde um einen Knochen rauften.«

*

Oscar Wilde wollte einen Roman über die Blutschande schreiben und ihn Jean Lorrain widmen als »Dem Einzigen, der mich verstehen kann«. »Aber«, sagte etwas konsterniert Lorrain, »ich habe gar keine Schwester.« – »Mein Lieber, haben Sie nicht Ihre alte Mutter?«

*

Jemand traf Carl Sternheim allein in den Isarauen spazieren. »Was machen Sie da, Herr Sternheim?« – »Ich unterhalte mich mit mir selbst.« – »Dann seien Sie auf der Hut, Herr Sternheim, Sie unterhalten sich mit einem großen Schmeichler.«

*

K. Edschmid las an einem Morgen seines achttägigen Pariser Aufenthaltes im Petit Journal, daß nachts vorher in der Rue de Clichy eine Rauferei gewesen und dabei ein persischer Untertan verhaftet worden sei. Edschmid war es so, als hätte er vor zwei Tagen eine Gasse passiert, die er Rue de Clichy las. Er pflegt seitdem gern zum Beweise seiner Lebenserfahrung seine Rede mit den Worten einzuleiten: »Ich, der ich mich in Paris mit Persern stach...«

*

Wedekind betrat ein Speiselokal, dessen alle Tische besetzt waren, bis auf einen, an dem nur Halbe saß, mit dem er gerade »bös« war. Er ging trotzdem auf den Tisch zu, fragte, ob hier Platz sei. »Ich pflege allein zu essen«, sagte Max knurrend. Wedekind wies auf den Kalbskopf, den der berühmte Dramatiker verspeiste und sagte: »Aber, Sie sind doch bereits zwei, Herr Doktor Halbe.«

*

Es war der neue Roman »Das Herz in der Faust« von Ganghofer erschienen, und der Dichter wurde von seinem kaiserlichen Herrn im Hauptquartier empfangen mit den Worten: »Das war wieder mal ein Schuß ins Schwarze, mein lieber Ganghofer.« – »Wir tun alle nur unsere gutdeutsche Pflicht«, sagte schlicht der Verfasser. Die gerade anwesende Kaiserin zerdrückte gerührt eine Träne.

*

Franz Werfel wurde im Kriegspressequartier damit beauftragt, Worte und Aussprüche zu erfinden, die Kaiser Karl bei öffentlichen Anlässen von sich geben könne. Werfel erfand mit vieler Freunde Hilfe eine Menge. Das beste Wort aber machte der viel mehr als witzige Anton Kuh: »In meinem Reiche geht die Sonne nie auf.«

*

Altenberg trifft auf der Straße einen seiner vielen ihm unbekannten Bekannten und wird zum zweiten Frühstück eingeladen. Herr Buda macht auf Altenberg einen nervösen Eindruck und erklärt das damit, daß er zehntausend Kronen in der Tasche habe. Er wolle sie nachher auf die Bank tragen. Peter A.: »Auf die Bank? Um von einem schmierigen Kommis darüber eine schmutzige Quittung zu erhalten? Für zehntausend Kronen bekommen Sie das schönste Mädchen von Wien, das Ihnen und Ihnen allein ihr Lächeln schenkt, ihre Seele, ihren süßen Leib. Und die Bank? Kauft Papiere dafür, die Sie schlaflose Nächte kosten, die Sie, auch schlaflos, aber wie anders, in den Armen...« Altenberg redet sich in Ekstase, Herr Buda springt auf, er werde in zehn Minuten zurück sein. Herr Buda kommt zurück. »Meine Nervosität war zu groß. Ich habe mein Geld auf die Bank getragen. Ich hab nur zwanzig Kronen zurückbehalten.« – »Zwanzig Kronen? Dafür können Sie das schönste Mädchen von Wien haben.« – »Was für ein Mädchen?« – »Von dem ich Ihnen vorhin erzählt hab', das schönste Mädchen von Wien, nur viel jünger.«

*

Jemand, der viel von Altenbergs Witz gehört hatte, setzte sich an seinen Tisch. Peter schwieg eine geschlagene Stunde lang. Der Herr äußerte sein Erstaunen. Darauf Altenberg: »Ich glaube, Sie verwechseln mich mit dem Doktor Friedell.«

*

Flake sagt, daß ihm ein Manuskript gestohlen worden sei. Schickele bemerkt: »Der Dieb kann nur einer sein, der nie was von dir gelesen hat.«

*

Wilhelm II. hatte nach Sanssouci seine Tafelrunde geladen: Lauff, Ganghofer, Herzog, den Dichter von Charleys Tante und Leoncavallo. Clewing hatte seine Gitarre mitgebracht, daher bliesen Majestät nicht die Flöte. Sonst aber war alles friderizianisch.

*

Wedekind war in Komplimenten nicht glücklich. Einer Schauspielerin, welche in der Rolle der Kleopatra aufgetreten war und meinte, für die Rolle müsse man schön und jung sein, sagte Frank: »Nun, meine Gnädige, Sie beweisen das Gegenteil.«

*

Schüchtern wie Wedekind war, fiel er immer mit der Tür ins Haus und manchmal auch gleich durch das ganze Haus durch. Manche seiner Tischdamen werden sich seiner stereotypen Frage nach der ersten halben Stunde Schweigens erinnern: »Mein Fräulein, sind Sie noch Jungfrau?« Von einer Siebzehnjährigen bekam er einmal die Antwort: »In Ihrer Gesellschaft bliebe ich es bestimmt bis an mein Lebensende.«

*

Dem höchst fruchtbaren und redseligen C. Hauptmann entschlüpfte in einer Gesellschaft ein Geräusch. Jemand sagte: »Dieser Ton von ihm ist mir lieber, als wenn er redet.«

*

Wedekind lag an einem gebrochenen Bein zu Bett und Halbe besuchte ihn, trotzdem man »bös« war. Man versöhnte sich. Als

Wedekind wieder ausging, begegnete ihm der berühmte Verfasser schöner Stücke, der ihn grüßte. Wedekind sah in die Luft. »Aber Frank, wir haben uns doch versöhnt!« – »Das war nur für den Sterbefall, Herr Doktor Halbe«, sagte Frank und ging weiter.

*

Schnitzler sagte: »Als Redakteur der Schönen blauen Donau hat mich Rudolf Lothar in die Literatur gebracht, jetzt hätte er mich allerdings lieber wieder draußen.«

*

Hermann Bahr wollte vor Jahren eine Reise nach Rußland machen, hatte aber nicht genug Geld. »Ich schreib halt erst die russische Reise und fahr für das Honorar hin, nachschaun, ob's stimmt.« Damit ist H. Bahr auch, wie alles sonstigen Modernen, der Stammvater des Expressionismus geworden.

*

Vom Nebenzimmer aus vernahm man Geräusch eines lebhaft geführten Gesprächs, das Carl Sternheim und ein sächsischer Diplomat miteinander führten. Und zwar über Marx. Erst nach eineinhalb Stunden kamen die beiden Herren darauf, daß Sternheim den Marx, Herr von N. den Max von Baden gemeint hatte.

*

Max Halbe wurden in einem Berliner Hotel die Stiefel gestohlen. Er depeschiert seiner Frau: »Stiefel gestohlen, kann nicht reisen.« Antwort von Frau Halbe: »Unbegreiflich. Nimm sofort den besten Anwalt.«

*

Friedell stand vor einer gerahmten Sache, auf der mit blauer und roter Ölfarbe Kreise und Elipsen gemalt waren. Der Maler erklärte, das sei Ragusa. »Da sehen Sie«, sagte Friedell, »wie ich von Kunst gar nichts verstehe. Ich hätte das für Spalato gehalten.«

*

An dem Tage, da der achtzehnjährige Lyriker T. Kriegsminister wurde und zum ersten Male mit einem Portefeuille – Wie? Aber die Anekdote ist ja schon zu Ende, meine Herren.

*

Franz Hessel hat lang in Paris gelebt und Heimweh danach. Ich treffe ihn in München, es scheint die Sonne. Aber er hat den Regenschirm aufgespannt, die Hose aufgekrempelt. »Warum denn, Herr H.?« – »Es regnet in Paris«, sagt er.

*

November 19 sagte Sternheim: »Man kann schon wieder mit Paris verkehren.« Meine Bemerkung, es dürfte noch Peinlichkeiten haben, überhörend, fährt er fort: »Ich habe gestern zwei Hypotheken nach Frankreich vergeben.«

*

Als d'Annunzio, il Imaginifico, in seiner Villa in Capponcina wohnte, kam er jeden Sonntag mittag in schneeweißem Anzug auf alabasterweißem Schimmel auf den Marktplatz geritten und hörte da, unbeweglich er und das Pferd, der Musik der Dorfkapelle zu. »Signore Gabriele probiert sein Monument«, sagten die Bauern.

*

Als Wilde im Sterben lag, sagte ein Bekannter zu ihm: »Wenn Sie droben im Himmel meine Frau sehen, sagen Sie ihr –« Wilde unterbrach: »Ach, besorgen Sie doch Ihre Angelegenheiten selber.«

*

Einige Wochen nach einer Börsenhausse erzählt Sternheim bei dem Dichter E. A. Rheinhart: »Ich hab da ein paar Literaten Tipps gegeben, und sie haben ganz nett verdient. Mein Gott, keine großen Summen, aber für einen Literaten ganz nett.«

*

Der schlechte Poet Lewis Morris: »Es ist eine Verschwörung gegen mich, mich tot zu schweigen. Was soll ich machen?«
Wilde: »Beteiligen Sie sich an dieser Verschwörung.«

VERABSCHIEDUNG DES LESERS

Auch das Beste muß einmal zum Schluß kommen. Zumal Dickleibigkeit dem Bestiarium im guten Fortkommen nicht hinderlich sein soll. Man sei aber immer an das gute Wort von Chesterton erinnert, das lautet: It is better to speak wisdom foolishly, like the Saints, rather then to speak folly wisely, like the Dons. Unzufriedene werden sagen, daß sie hier die Weisheit vergeblich suchten. Denen aber sage ich mit dem Apostel: »Nicht daß ich schon ergriffen hätte oder schon vollkommen sei, ich jage ihm aber nach, ob ich es auch ergreifen möchte.« Wobei mir einfällt, daß ich diese Verabschiedung des Lesers recht eigentlich mit Zitaten füllen könnte, da Zitieren einen kenntnisreichen und gebildeten Eindruck macht, und der Leser, zumal der deutsche, solchen Eindruck liebt. Nahe liegt da Jean Paul mit dem Satze: »Ideen sind unser Schwert, die Literatur unser Schlachtfeld.« Etwas weiter hergeholt, aber passend ein Satz aus dem Novum Organon des Bacon: »Intellectui non plumae, sed plumbum addenda«, was ich übersetze: »Dem Geiste tut nicht Federn (Karl), sondern Blei (Franz) not.«

Das Bestiarium ist, ich weiß es, der Gefahr ausgesetzt, von den Witzbolden mißverstanden zu werden, zumal bei uns, wo mangels esprit der Witzbold so heimisch ist wie der Trauerbold, jener von diesem durch einen untiefen Abgrund getrennt, über den das fragliche Gebilde des deutschen Humores die Brücke zu schlagen versucht. Ich weiß mich jedes Humores gänzlich unschuldig. Ich bin mehr für die fröhliche Weisheit des Lächelns, jene gentilezza des Lächelns, welche den Lächelnden in das Belächelte einschließt. Dazu gehören als Voraussetzung Freiheit und Froheit des Geistes, Gefühl guten Blutes, nachbarlicher Anstand, liebwerte Sitten, – lauter Tugenden, die, wie man weiß, die heutigen Deutschen in so hohem Maße besitzen.

Nun sage ich Adieu. Der Mannigfaltigkeit dieses Inhaltes wenigstens eine äußere Einheit zu geben, folgt hierauf ein von Katja Schatzberger genau angefertigtes Register der Personennamen, Edschmid neben Homer, Bonsels neben Goethe und Karl Kraus neben

Ihrem Diener
Franz Blei

Rolf-Peter Baacke

FUNDSTELLEN UND WEGWEISER

»Alle Kulturen kennen auf ihrer Höhe nur Dichtung. Erst in ihrem Verfall zeugen sie das, was man Literatur nennt. Und an deren Ende kommt dann die Belletristik. Ist die Literatur eine Konzession der Kunst an die gebildete Menge, so ist die Belletristik eine Konzession der Literatur an die ungebildete größere Menge. Wir leben heute in einem belletristischen Zeitalter. Es soll nichts gegen Literatur gesagt werden, denn dieses Zwischengebildes Anstrengung, dem Bedürfnis nach Gegenstandswirkung zu genügen und doch solche Wirkung zeitlich zu überdauern, verdankt die Literatur eine ganz außerordentliche Verfeinerung und Schärfe ihrer Darstellungsmittel, wenn auch nicht schon den Stil.«[1]

In einer Zeit, von der der Satiriker Hans Reiman versichert: »Wir alle sind verdorben. Wir lesen und fabrizieren Literatur, die an Intensität und Gesteigertheit nichts zu wünschen übrigläßt«, in einer so hochgradig disponierten Zeit erscheint das *Bestiarium.* Zuerst 1920 in München als Privatdruck, sodann 1922 und 1924 bei Rowohlt in Berlin veröffentlicht, ist es neben der *Puderquaste*, die ebenfalls mehrere Auflagen und sogar eine Übersetzung erfuhr[2], für Blei die erfolgreichste Publikation – auch unter ökonomischen Gesichtspunkten. Mit dem *Bestiarium* hat Franz Blei sich unübersehbar in die deutsche Literaturgeschichte eingeschrieben. Man schlage nur unter diesem Schlagwort in den einschlägigen Literatur-Lexika nach!

Die modernen »Bestiarien« gehen auf das im Mittelalter bekannte und einflußreiche *liber bestiarius* zurück, in dem zumeist legendäre und allegorische Vorstellungen von Tieren im

2 Rache an M. Oppenheimer geübt von Franz Blei.
Links zwei »Profile« von Max Oppenheimer, in der Mitte ist Paul Cassirer und rechts Erna Morena abgebildet, 1913.
F.B. *Blatt aus meinem Tagebuch.*

3 Buchdeckel der Erstausgabe des *Bestiarium* 1920

4 Buchdeckel des *Bestiarium* von 1922

5 Buchdeckel des *Bestiarium* von 1924

6 Schutzumschlag des *Bestiarium* von 1924

Sinne des Christentums moralisch gedeutet wurden. Sie transportierten allerdings auch Vorstellungen aus der vor- oder nichtchristlichen Welt. Das bekannteste dieser »Bestiarien« war der *Physiologus*. Dieses frühe »Standardwerk«, das wunderbare Eigenschaften von Tieren, Pflanzen und Steinen religiös-symbolisch deutete, wurde stets zitiert als Autorität für Naturkunde, Sympathie, Antipathie usw. Weit bis ins 16. Jahrhundert war der *Physiologus* neben der Bibel das einflußreichste Buch für Leben, Kultur und Kunst und ist in mehreren Versionen seit dem 11. Jahrhundert auch in deutscher (Prosa-)Sprache überliefert: »Reda umbe diu tier.«[3]

Die Formulierkunst des Franz Blei vermochte, Persönlichkeiten, Situationen, Theoreme in meisterlich komprimierter Textur zu fassen. Bleis Sprachakrobatik hat sich in der Kultur seiner Zeit, im Theater, in den Kabaretts, den literarischen Caféhausuniversen und ebenso durch die Veröffentlichungen in den unterschiedlichsten Publikationen, Magazinen und Literaturgazetten zu einem unvergleichlichen, einem unwiederholbaren Niveau entwickelt.[4]

Die »geistige« und »geistliche« Spannweite des Herrn Blei ist exorbitant, seine Gedanken, seine Sprache konnten weite Bögen in der Arena seiner Zeit spielend besetzen, die Irritationen der Zeitgenossen waren sinn- und lustvoll kalkuliert. Die subtilen, auch theoretischen Gefilde bediente er nicht nur geistreich, er war auch *der* erste und originärste »Enzyklopädist der Randbemerkungen« überhaupt.[5]

»Man hat festgestellt, daß, was man das Gefühlsleben nennt, zeitweilig aussetzt, intermittiert, wie der fachmännische Ausdruck lautet. Dieses tut uns weit häufiger die Intelligenz, und deren Aussetzen dürfte in hohem Maße die Bildung dessen fördern, was man das Gefühlsleben nennt.«

Bleis Sprachflorett parierte scharf und zielsicher. Dialektik, Paradoxon und Logik nutzte er selbstverständlich, und sophisticated sowieso.

Seine Aperçus sind die der großartigsten Art: »Das Naturschöne ist das Kunsthäßliche. Die trennende Linie wahrzunehmen ist Sache des Geschmacks.« Und an anderer Stelle, unabhängig und als freies Individuum par excellence, sinnierte Blei: »Exzessiv leben und das Gleichgewicht nicht verlieren. Sich charakterologisch nicht vom Beruf bestimmen lassen. Sich nicht über den Umweg ›Menschheit‹ lächerliche Komplimente machen.« Exponiert forderte er politische Stumpfheit heraus, den Kleinkarierten, den Piefke, ganz fürchterlich erschrekkend: »Es lebe der Kommunismus und die Katholische Kirche!«[6]

Seine Sprache ist nicht einfach nur provokant, Blei sucht nicht den nur kurzfristigen Lacherfolg durch ordinären Spott. Bei aller Farbigkeit der Texte sind Sachkenntnis, Fairneß, Kritik, Ironie, zuweilen Satire und auch Groteske ihre Herkunft und ihrem Gewebe immer eigen eingeschrieben. Die eingangs zitierte Schrift *Unsittliche Literatur* und das *Kuriositätenkabinett der Literatur* sind gewissermaßen – frei nach Franz Blei – in Synopse mit dem *Bestiarium* zu lesen. In diesem Zusammenhang erklärt Blei: »... daß hier das Kuriose nicht das Skurrile bedeutet, womit ich das nichts als Antiquarische bezeichnen möchte.« Betont selbstbewußt schreibt er im Vorwort: »Man wird in diesem ›Kuriositätenkabinett‹ zum Teil diese Erneuerung und Erweiterung deutscher Geistigkeit und Kenntnis reflektiert finden, und so stellt dieses Buch in einem gewissen Sinn etwas wie ein Stück moderner Literaturgeschichte dar, Reflexionen über heute wieder Gelesenes, vielleicht Wirkendes, jedenfalls Genanntes.«[7]

Ganz offensichtlich hatte Blei eine umfangreichere, mit verschiedenen Schwerpunkten verknüpfte Literaturgeschichte in mehreren Einzelpublikationen zu veröffentlichen beabsichtigt, denn er schreibt an anderer Stelle in diesem Vorwort: »Zu der zweibändigen ›Darstellung der neueren Literatur‹, deren ersten Band man im Großen Bestiarium[8] dieser die Motive gebenden und variierenden Ouvertüre, kennt, und deren anderer Band erscheinen soll[9] – zu dieser Darstellung ist der hier vorgelegte Band so etwas wie Epilegomena ernsten und heiteren Charakters.«[10]

Eine Gebrauchsanweisung, um Literatur zu erkennen oder gar zu verstehen, also eine Leserichtung dem Leser mit auf den Weg zu geben, war nicht Bleis Absicht. Kurz und aufgeklärt erläutert er seine Vorgehensweise in Anmerkungen, Beispielen und Analysen im *Kuriositätenkabinett*, die so auch für das *Bestiarium* – dort kommt natürlich die grandiose literatursatirische Komponente noch hinzu – Geltung hat: »Den Wanderer auf der breiten Straße lockt zuweilen ein interessanter Ausblick rechts oder links, abbiegend ihm nachgehend, näher zu sehen, was ihm merkwürdig oder auffallend schien. Der Historiker der Literatur, der Analytiker einer Kultur wird es sich nicht genügen lassen, nur in die Augen fallenden Phänomenen Aufmerksamkeit zu schenken. Er kann auf abseitigen Wegen oft finden, was ihm eine Erscheinung auf der breiten Bahn wie mit Einem deutlicher macht. Großes und Kleines ist ja in der Wirklichkeit des Gegenwärtigen nicht geschieden; solches tut erst die zeitlich spätere ordnende Einsicht.«[11]

Man soll Bleis bestiarische Unternehmung, die in drei Intervallen auf uns gekommen ist, nicht als blank und bloße Kollegenschelte lesen, sondern durchaus als konstruktive Kritik (ein literar-ästhetisches Resümee aus dem *Bestiarium* zu ziehen, womöglich in theoretischer Manier, bleibt anderen vorbehalten), auch als eine wider den tierischen Ernst gedachte, in barock stilisierte Tierporträts gekleidete scharfe Satire, die die *Intelligenzbestie* Blei hier in seinem *Bestiarium* als Erkenntnisfaktor für die literarische Landschaft seiner Zeit erfindungsreich benutzt. Humor in dieser Qualität ist in der deutschen Literaturgeschichte nicht häufig anzutreffen, dieser »ernste« und zugleich »heitere Charakter« verweist mit Eleganz deutlichst auf unsere romanische Nachbarliteratur.

Diese Schrift ist eine dem raffinierten Denkvermögen verpflichtete Kür, Blei versammelte hier Texte, die von europäischer Literaturkultur durchfärbte Literaturkritik vermitteln, unangestrengt von Kreativität geschwängerte intelligente Kaprice.

»Blei war Mittler und Mittelpunkt (sic!), divinatorischer Kritiker und Entdecker, graue Eminenz und Spottvogel. Er schrieb, übersetzte und redigierte, wie andere essen und trinken.«[12]

Die Zeitgenossen urteilten. So hörte man von René Schickele: »Wenn ich Franz Blei begegne, denke ich immer: ›Wie elend muß er sich fühlen, hier in Berlin!‹«; doch die Perspektive ändert sich: »Dazu kommt, daß Berlin ihn (Franz Blei) als einen Mann enthüllt hat, der nicht nur über Heliogabal und andere, weniger seltsame ›Puderquasten‹ zu schreiben versteht. Als einen ›repräsentativen‹ Zeitgenossen, dem die Bibliophilie wohl manchmal ein Vorwand, ein Ausweg, eine Zerstreuung, aber auch ganz gewiß nicht mehr ist.«[13] Der Freund Hermann Broch konstatiert lakonisch und durchaus auf das gesamte literarische Schaffen von Franz Blei zu beziehen: »Der Schriftsteller pur sang, der Schriftsteller par excellence, vielleicht nicht immer der Schriftsteller kat' exochen, sicherlich aber jener, dessen geistige Heimat in Frankreich liegt, ist eingespannt zwischen den Polen des Historischen und des Erotischen. Auch Franz Blei würde den repräsentativen Ruhm Anatole Frances besitzen, wäre er nicht zu seinem Unglück in Deutschland geboren, ausgeliefert dem tragischen Mißverständnis des Deutschen, der meint, daß das Erotische im Roman seinen legitimen Platz hätte, das Historische aber bloß in einer zehnbändigen vollbärtigen Weltgeschichte, doch daß der Schriftsteller, der sich anmaßt, die beiden Quellen wahrhaft literarischer Weltbetrachtung auch tatsächlich vereint zum Ausdruck zu bringen, den Titel ›Erotiker‹ erhalten müsse.«[14] Franz Kafka äußerte in einem Gespräch, nach der ersten »Bestiarischen« Veröffentlichung 1920: »... riesig gescheit und witzig. Es ist immer lustig, wenn wir mit ihm zusammenkommen. Die Weltliteratur defiliert in Unterhosen an unserem Tisch vorüber. Franz Blei ist viel gescheiter und größer als das, was er schreibt.«[15] Robert Musil schreibt am 12. September 1924 an den Freund Franz Blei: »Ihr ›Kuriositätenkabinett‹ habe ich gestern erhalten und erst hineingeblickt. Aber ich fand des Ausgezeichneten kein Ende und bringe meinen ›großen Glückwunsch‹ dar.«[16] Aus dem epochalen Magazin »aller ewigen Aktualitäten«, dem *Querschnitt,* schallt es zu uns herüber: »Franz Bleis spezifisches Genie ist es, Instinkt zu haben für die Vorläufer und Hintergründe einer zukünftigen Wirklichkeit, in deren Kulissen er als Prolog schon wieder abtritt, wenn der Chor der von ihm gerufenen Zeitgenossen erst die Bühne betritt. Diesmal holt er vergessen Wirkendes hervor, um zu beweisen, daß die Gesetze dieser Weltordnung dem Leichtfertigen gegen den Pedanten recht geben. Das göttliche Paradox, wie Willkür Wesen wird, ist Thema seines nur am Rande der Wirklichkeit bestreitbaren Seins.«[17] Im Zeitungs- und Blätterwald jener Zeit rauschte es vehement und vernehmlich; hier einige stellvertretende Beispiele: In der *Frankfurter Zeitung* jener Tage lesen wir: »Vieles ist von geradezu göttlicher Bosheit und Unbekümmertheit. ... In den ›notwendigen Exkursen‹, die durchaus nicht mehr scherzhaft sind, erbringt der kluge Dr. Franz Blei die Berechtigung zu seiner ironischen Grundeinstellung gegenüber der heutigen Literatur. So geistreich der amüsante Teil des Buches ist, so geistvoll ist der ernste: Kritik im besten Sinne des Wortes.« Ernst Robert Curtius, einer der großen Kulturkritiker, urteilte so: »Universell im Sinne der Weltliteratur ist das ›Bestiarium‹. Es ist eine moderne Literaturgeschichte in nuce. ... Blei versteht es ebensogut zu loben und zu bewundern, wie zu ironisieren. In seinem ›Bestiarium‹ gibt es, wie in einer Menagerie, possierliche Geschöpfe, die zum Amüsement da sind, und edelrassige Arten, deren Schönheit entzückt. ... Man atmet in diesen Seiten etwas von dem Kosmopolitismus des 16. Jahrhunderts. ... Gegen verschwommene Mystik wird die Intelligenz wieder zu Ehren gebracht.« Und die *Neue Zürcher Zeitung* veröffentlichte damals folgendes: »Franz Blei schaut sich die zeitgenössische Literatur im Bilde eines zoologischen Gartens an. Was da west und unwest, die großen und kleinen Tiere, werden vorgeführt. Bleis médisance ist köstlich, man sage nicht: nur für die, die nicht darin vorkommen, denn es wollen ja alle in diesen Käfig hinein.«

Und weiter Zeitgenossen in willkürlicher Auswahl, deren Urteile weder elegant noch sonderlich inspiriert waren, sondern eher unfreundlich, verbiestert, ja offen boshaft. Sie sahen die Erscheinung und das Tun des Franz Blei circa als das eines »seltsamen Chamäleons der Literatur«, so Kasimir Edschmidt. In seinem *Kuriositäten-Kabinett* berichtet Emil Szittya: »Jetzt kommt eine Attraktion: Der in letzter Zeit Abbé gewordene Franz Blei. Er ist der eleganteste Herr in München. Er ist einer der tragischsten Literaten, die es gegenwärtig in Europa gibt. Es ist der einzige jetzt lebende Typus des achtzehnten Jahrhunderts. ... Er mußte aus Abenteuerlust (nicht als Abenteuererlebnis) viel reisen. Er mußte jahrelang als Gelderwerb (nicht als Erlebnis) sich für die erotische Literatur interessieren. Ein nachmaliger Grolier hat sich in einer zu vernünftigen Zeit verirrt, und alle Verleger, die Blei zu schönen Bücherausgaben verleitete, mußten Pleite machen. Er hat die Geste des Mystikers (das ist das größte Erlebnis in seinem Leben) und hat für Deutschland Chesterton entdeckt.«[18] Kurt Hiller versuchte eine kritische Kritik am Kritiker: »... meine Bemerkung richtete sich gegen eine verlogene Snobsmode wesentlich wienerischer Herkunft, auch deutschböhmischer, auch süddeutscher, wandte sich wider eine hochnäsige katholisierende Dauer-Attitüde gänzlich unfrommer, tieftuend-egozentrischer Belletristen, Lyrikverfertiger und Essayboßler – als deren Chefideologe mir Franz Blei galt.«[19] Und auch Else Lasker-Schüler hinterließ ein drastisches Statement über Herrn Blei: »Rococco-Esel;

Kriechender Jesuitenschleim; Versäuertes Kataplasma mit Brille; Kunstgewordener Devotismus.«[20]

Betrachtet man die verschiedenen Ausgaben von Franz Bleis *Bestiarium*, so fällt einem schon durch Bild und Titeltext auf dem Buchdeckel bzw. Haupttitel die animalische, grotesk-satirisch beabsichtigte Eigenheit dieser Schrift auf:
1920: BESTIARIUM LITERARICUM / das ist / Genaue Beschreibung / Derer Tiere / Des Literarischen / Deutschlands / verfertigt / von / Dr. Peregrin Steinhövel. Gedruckt für Tierfreunde zu München in diesem Jahr. (Privatdruck in eintausend numerierten Exemplaren)
1922: Franz Blei. DAS GROSSE BESTIARIUM DER MODERNEN LITERATUR. (Zweite bis vierte Auflage)
1924: Franz Blei. DIE MODERNE LITERATUR. EINE DARSTELLUNG. ERSTER BAND. DAS GROSSE BESTIARIUM DER LITERATUR. (Fünfte bis achte Auflage.)

Inhaltlich unterscheidet sich die *erste* Ausgabe von den nachfolgenden dadurch, daß neben dem Vorwort 104 »genaue Beschreibungen derer Tiere des literarischen Deutschlands« wiedergegeben sind, und zwar in *nicht* alphabetischer Folge. Es beginnt mit »Der Thomas und der Heinrichmann«, sodann folgt »Das Hofmannsthal«, auf Platz drei »Das Zobelietz«, an siebenter Stelle »Der Blei«, und es endet mit »Die Fackelkraus«. Es wurden »Quellenschriften« vermerkt und, wohl zur besseren Handhabe, das ganze durch ein Register, genannt »Index Nominum«, komplettiert. Insgesamt zählte ich bei dieser Erstausgabe 76 Seiten.

Die Auflage von 1922, also die *zweite* Ausgabe, verzeichnet 181 »Portraits« aus der literarischen Welt, nun jedoch in alphabetischer Reihenfolge (das ist eine quantitative Erweiterung um ca. 80 Prozent). Diese Ausgabe wurde um *drei* Vorworte, bei Wiederholung des Vorwortes zur ersten Ausgabe, vermehrt, sowie um die Texte: »Die großen Dichter deutscher Nation«,

»Zur ideologischen Morphologie der literarischen Bestiae«, »Notwendige Exkurse«, »Kleine Grammatik für Anfänger«, »Biographische Belustigungen« und »Verabschiedung des Lesers«. Das Register figuriert hier als »Register der Eigennamen«, und das Buch hatte nunmehr 254 Seiten.[21]

Die *dritte* Ausgabe des *Bestiarium* von 1924 hatte weiterhin 181 tierisch gezeichnete Dichter, Literaten und Schreiber in gleicher Weise angeordnet wie die Ausgabe zuvor, wurde nun um ein »Vorwort zur fünften bis achten Auflage« ergänzt und durch die Texte »Neue Gespräche Goethes mit Eckermann«, »Briefe an einen strebsamen jungen Mann« und »Theater und Schauspielkunst« erweitert (»wesentlich erweitert«, wie einige Antiquare zu ihren Preisvorstellungen zu diesem Buch bemerken). Hier heißt das Register nun »Verzeichnis der Personennamen«. In dieser letzten Ausgabe zu Lebzeiten Franz Bleis zählen wir 400 Seiten.

Von diesen uns bekannten drei historischen Ausgaben gibt die erste einen Eichkater[22], assoziiert zur Titelei, auf dem Einband wieder. (**Abb. 3**). Die zweite »vermehrte« Ausgabe zeigt dagegen eindeutig einen Papagei, der den simplen Darstellungen auf Holzschnitten des 16. Jahrhunderts nachempfunden wurde.[23] (**Abb. 4**). Die dritte, »wesentlich vermehrte Auflage« bildet auf dem Buchdeckel, wohl aus berechnendem Kalkül des Buchgestalters, einen Vogel mit gespreiztem Flügel- und Schwanzgefieder und weit geöffnetem Schnabel ab, den er, offensichtlich total aufgeregt, nicht halten kann und gibt damit ein beredtes Bild des geschwätzigen, Neuigkeiten verbreitenden *Losen Vogels* (**Abb. 5**). Auf dem zu dieser dritten Ausgabe gehörenden Schutzumschlag – der gleichsam als assoziative Hülle vielgestaltig, gewissermaßen als verschlüsselter Überwurf figuriert (**Abb. 6**) – finden wir jedoch, neben anderen Tieren, die dem *Physiologus* wohl bekannt sind und die er vorzüglich beschreibt[24], eben genau jenen Papagei wieder, der uns schon auf dem Bucheinband der zweiten Auflage entgegengrinste. Dieser

Vogel ist überdeutlich denunzierend – dem pointierten Thrill nicht abhold – gleich sechsmal, als einziges Tier, ins Bild gesetzt worden. Liest man aufmerksam im *Bestiarium*, so drängt sich eine, natürlich ironische, Lesart auf den Autor des *Bestiarium* geradezu auf: »Der Sittich, den man auch Papagei nennt[25], ist ein Vogel von der Größe eines Rebhuhns[26], ganz grün oder auch weiß, und ahmt die Menschenstimmen nach. Und er unterhält sich und redet wie ein Mensch, und ist höchst wunderbar zu hören, wie manche von ihnen lieblich plaudern mit menschlicher Rede, und kaum magst du ihr Gespräch unterscheiden von dem eines Menschen.«[27] Schon Arrian (ca. 95–175 n. Chr.) betrachtete diesen *Vogel* – gewissermaßen durch Erfahrung und Bildung etwas elitär und snobistisch – als durchaus trivial: »Von den Papageien, die in Indien vorkommen, erzählt Nearchos« – der Flottenadmiral Alexanders des Großen – »wie von einem Wunder, was für ein merkwürdiger Vogel der Papagei sei, und daß er eine Stimme wie ein Mensch hören lasse. Ich dagegen, da ich selber viel gesehen habe und weiß, daß auch andere den Vogel kennen, werde ich darüber nichts berichten, als ob es etwas Merkwürdiges wäre.«[28]

Das *Bestiarium der modernen Literatur* von Franz Blei ist ein in feinstgeschliffener Manier erdachter, durch ironische Brillanz verstärkter Diamant[29], in dem die Strahlkraft von Dichtung – Literatur und Belletristik aufs farbenprächtigste gebrochen – und Erkenntnis originär gebündelt wurde. Dieses Substrat leuchtet noch heute äußerst vital, es ist in seiner konstruktiven und vorhersehenden Kritik, in seinem vielsagend funkelnden Humor, seinen kenntnisreichen und zugleich eleganten Anspielungen herausragend in den deutschen Literaturgeschichten.

In Metaphern stilisiert, sind die so von seiner intellektuellen Kunst Gezeichneten (Autoren und Werke) doch nie niveaulos, verletzend oder gar vulgär dargestellt. Inszeniert nach hehren, auch barocken Mustern, fundiert durch polyglotte Belesenheit mit kreativer Lust am Denken, an gelebter und denkbarer Sprache, ist hier ein Panorama deutscher, europäischer Literaturkultur von hohem Niveau gegeben, das heute immer noch innovative Gedanken und originelles Denken auslöst.

Franz Blei über seine Adressaten: »Mich interessieren die Menschen, die mit dem Aeroplan fahren mehr als der Aeroplan. Ich kann mich auch retrospektiv nicht für die alte Postkutsche begeistern, und der heutige Biedermeier, der das tut, erscheint mir genau so langweilig kindlich wie der Moderne, den es beglückt, daß ›wir fliegen‹.«

Blei wußte aber auch um die (Geistes-) Lebensnotwendigkeit im urbanen Durcheinander. Distanz, bitte schön: »Gemeinplätze des Denkens und des Fühlens werden, wie auch sonst in den Schriften Bleis, in diesem außerordentlich aufreizenden und erregenden Buche nicht ihr Terrain finden, um ein Wiedersehen zu feiern. Der Massenmensch wird hier nicht vor ein Schlüsselloch gestellt, durch das er guckt und dem gewöhnlichen Menschen beim Hemdwechseln zuschaut oder noch Intimerem, um erfreut festzustellen, daß der so Beguckte auch nur mit Wasser koche, also ein Piefke sei wie er selber. Blei hat nichts gegen Piefkes, wenn sie in ihren Schranken bleiben. Aber alles gegen ihren ›demokratisch‹ vermeinten Irrsinn, den Größenwahn der Normalität.«[30]

Anmerkungen

1 Franz Blei, *Unsittliche Literatur und deutsche Republik. § 184*, Hannover 1921, S. 4–5; anonym als Band 135/136 der Sammlung *Die Silbergäule* im Juni 1921, Hannover, erschienen.
Über die Zuschreibung des Textes siehe: Jochen Meyer, *Paul Steegemann Verlag. 1919–1935/1949–1955. Sammlung Marzona*, Hannover, 1995, S. 28, Anm. 49.

Zum Thema Literaturzensur während der Weimarer Republik siehe: Heinrich Hubert Houben, *Hier Zensur – Wer dort?*, Leipzig 1918; *Polizei und Zensur*, Berlin 1926; *Verbotene Literatur von der klassischen Zeit bis zur Gegenwart*, Dessau 1925–28.

2 Siehe dazu: Franz Blei, *Der Montblanc sei höher als der Stille Ocean*, Hg. R.-P. Baacke, Hamburg 1994, S. 230, Anm. 7.

3 Vergl.: *Der altdeutsche Physiologus*, Die Millstätter Reimfassung und die Wiener Prosa (nebst dem lateinischen Text und dem althochdeutschen Phisiologus), Hg. Friedrich Maurer, Tübingen 1967.
Zur Geschichte des Physiologus siehe die hier zitierte Ausgabe: *Der Physiologus. Tiere und ihre Symbolik*, übertragen und erläutert von Otto Seel, Zürich und München 1987, 5. Aufl.; insbesondere das aufschlußreiche Nachwort S. 83 ff.
Zu den modernen Nachfahren der mittelalterlichen Bestiarien sind unter anderen Apollinaires *Le Bestaire ou corège d'Orphee* (1911) und eben jenes des Franz Blei von 1920 ff. zu zählen (siehe auch Anm. 22).

4 Vergl. u. a.: Helmut Kreuzer, *Die Boheme. Analyse und Dokumentation der intellektuellen Subkultur vom 19. Jahrhundert bis zur Gegenwart*, Stuttgart 1968, S. 54.

5 Eine Charakterisierung des Zeitgenossen – und Caféhausstrategen – Anton Kuh.

6 Vergl. zu diesem zwischen Frühexpressionismus, DADA, Anarchismus und Psychologismus changierenden Sprachgebrauch: *Die Boheme*, a. a. O., S. 353.

7 Franz Blei, *Kuriositätenkabinett der Literatur*, 1. bis 3. Tausend, bei Paul Steegemann, Hannover 1924, S. 9–10.

8 Hier ist die Ausgabe von 1924 (6. bis 8. Aufl.) bei Rowohlt, Berlin gemeint.

9 Offensichtlich nie erschienen. – Auch für Bleis *Kuriositätenkabinett* war eine Fortsetzung im Paul Steegemann Verlag für das Frühjahr 1925, mit dem Titel *Der Würfelbecher der Literatur*, geplant. Dieses Buch ist ganz offensichtlich nicht erschienen. Vergl. *Paul Steegemann Verlag*, a. a. O., S. 170, dort die Nr. 257.

10 *Kuriositätenkabinett*, a. a. O., S. 10.

11 Ebd. S. 7.

12 Dies belegen, neben zahlreichen Erwähnungen in relevanten Literaturgeschichten, u.a. die vielen Verweise und Zitate in: *Das 20. Jahrhundert. Von Nietzsche bis zur Gruppe 47*, Marbach, 1980. Siehe auch: *Expressionismus 1910–1923*, Marbach 1960, dort u.a. die Nr. 165.9 und 165.15.
Außerdem sei hier nochmals ausdrücklich auf das umfassende Wirken Franz Bleis für die Literatur in Deutschland verwiesen. Er war über mehrere Jahrzehnte dominant und auf höchstem Niveau in das Literaturgeschehen involviert. Er war nicht nur die »graue Eminenz« der deutschen literarischen Landschaft, sondern ein maßgeblicher Kritiker und Mentor, Initiator und Propagandist, der in seinem vorausahnenden, treffsicheren Urteilen posthum fast immer durch die Geschichte bestätigt wurde; dies zeigen, neben vielen anderen Dokumenten, aufschlußreich die Aufzeichnungen und Briefe der Autoren Franz Kafka, Robert Walser, Hermann Broch, Max Hermann Neiße, Carl Sternheim, Robert Musil u. a., aber auch Briefe von und an Verleger wie beispielsweise an Kurt Wolff etc.

13 *Die Aktion*, Nr. 32, 1913, Sp. 753.

14 Hermann Broch, *Schriften zur Literatur 1. Kritik*, Frankfurt a.M. 1975, S. 379.

15 Zitiert nach: Ludwig Dietz, »Franz Blei«, in: *Autorenlexikon deutschsprachige Dichter und Schriftsteller vom Mittelalter bis zur Gegenwart*, Stuttgart – Weimar 1994, S. 69.

16 Zitiert nach: *Robert Musil, Briefe 1901–1942*, Hg. Adolf Frisé, Reinbek bei Hamburg 1981, S. 357 – Natürlich war die Meinung über das Bestiarium, in Bleis »persönlichem« Umfeld, nicht immer so einhellig positiv. Thea Sternheim etwa schreibt in ihrem Tagebuch am 30. August 1923: »Während ich Oswald z. B. über Franz Bleis neuestes Pamphlet (Bestiarium) gegen Karl (Sternheim) außer sich sehe, lese ich diese Dinge, die mich naturgemäß berühren müßten, ohne jede Bewegung ...« Vergl.: *Carl Sternheim. Briefe II*, Hg. Wolfgang Wendler, Basel – Darmstadt 1988, S. 819.

17 Alexander Bessmerty in einer Rezension von Bleis *Kuriositätenkabinett*, in: *Der Querschnitt*, Sept. 1925, S. 814.

18 *Das Kuriositäten-Kabinett. Begegnungen mit seltsamen Begebenheiten, Landstreichern, Verbrechern, Artisten, religiös Wahnsinni-*

gen, sexuellen Merkwürdigkeiten, Sozialdemokraten, Syndikalisten, Kommunisten, Politikern und Künstlern, Gesammelt von Emil Szittya, Konstanz, 1923, S. 257–258. – Da dieses Buch auch in öffentlichen Bibliotheken verhältnismäßig rar ist, und weil Szittya so merkwürdig ambivalent daherkommt, sei hier sein ganzes Franz Blei-»Porträt« wiedergegeben: »... und hat für Deutschland Chesterton entdeckt. (Für Franz von Baader hätte er sich nicht interessieren dürfen, weil davon Johannes Nohl mehr versteht.) Seine unsympathische Tragik begann damit, daß er Karl Sternheim mit Wedekind verglich. Das hat ihn nicht nur mit Roda Roda (den ich sonst schätze) auf eine Linie gebracht, sondern das brachte ihn sicher auch mit Karl Kraus in Konflikt, mit Kraus, der ihm vorwarf, ein Freund des österreichischen Armeelieferanten Krantz zu sein, und sicher aus dieser Atmosphäre kam es, daß er nachher österreichischer Soldatenrat wurde und noch später wieder Mystiker. Als Mensch des achtzehnten Jahrhunderts, aber nicht als Karl Sternheimist, hätte Blei das alles sein dürfen, aber die Sternheimiaden riechen nicht nach Spielereien, sondern nach Konjunkturiaden. In dieser Zeit machte mich Blei immer sehr traurig: 1. weil ich den Aufsatz von Kraus prononziert jüdisch gehässig fand; 2. weil ich es für eine Gemeinheit halte, daß dieser Mensch, der unheimlich viel arbeitete, in Wien, seiner Heimatstadt, in Gemeinschaftsküchen essen und davon leben mußte, daß er seine Bücher, das Blut des ›L'art pour l'art-ismus‹, verschachern mußte; 3. darüber, daß schmierige Journalisten sich erdreisten durften (dank Karl Kraus), ihn in Käseblättchen anzugreifen.«

19 Kurt Hiller, *Ratioaktiv. Reden 1914–1964. Ein Buch der Rechenschaft*, Wiesbaden 1966, S. 18. Vergl. auch Kurt Hiller in einem Brief an Kurt Wolff vom 5. 12. 1917: »Unser Gegenpol: das Grüppchen um Herrn Franz Bley (sic!); (von der Literatur aus gesehen)«; zitiert nach: *Kurt Wolff. Briefwechsel eines Verlegers. 1911–1963*, Frankfurt a. M. 1980, S. 314.

20 Zitiert nach: *Dichter beschimpfen Dichter*, Hg. Jörg Drews, Leipzig 1994 (momentan Ausgabe letzter Hand), S. 16. Diese Publikation ist in gewisser Weise ein späterer Nachfahre des *Bestiarium* von Franz Blei. Merkwürdigerweise kommt F. B. in diesem Büchlein nur als Objekt einer, sagen wir, schmähenden Äußerung vor;

siehe hier Zitat von Lasker-Schüler. Nicht einmal das Nachwort erwähnt Franz Blei. Immerhin verzeichnet *Die Bibliothek Arno Schmidts* (diesen gibt ja der Hg. Jörg Drews oft als Referenz an), Bargfeld-Zürich 1991, einen Band (keine zeitgenössische Ausgabe) des (Viel-)Übersetzers Franz Blei; siehe Nr. 488 u. Nr. 652: dort ist *ein* Nachwort von Blei erwähnt.

21 Es wurden 1922 drei verschiedene Ausgaben gedruckt: Ausgabe A: auf Van-Geldern-Bütten in 30 numerierten Exemplaren mit je 6 handkolorierten Lithographien von Olaf Gulbransson, Thomas Theodor Heine und Rudolf Großmann, von den Künstlern und dem Verfasser signiert. Ausgabe B: auf Hadenpapier in 400 numerierten Exemplaren mit je 6 handkolorierten Lithographien von Olaf Gulbransson, Thomas Theodor Heine und Rudolf Großmann. Ausgabe C: auf holzfreiem Papier ohne die Lithographien.

22 *Der Physiologus* (a. a. O.), die Quellenschrift überhaupt und unser Referenz-Werk zum *tierischen* Thema, verzeichnet dieses Tier nicht; jedoch gilt der Eichkater, auch als Eichhörnchen bekannt, im allgemeinen Volksgut als besonders »flinker Hüpfer«, was im mentalen Bereich eines »homo sapiens« durchaus auf hurtige, schnelle, auch geistreiche Assoziationen schließen ließe.

23 Siehe dazu die verschiedenen illustrierten Ausgaben des *Physiologus* seit dem 16. Jahrhundert. Siehe auch andere Bücher zum Thema, *Emblematum liber* des Andrea Alciatus (E. A. 1531, Augsburg) und die Publikationen, die diesem folgen.

24 Es sind tradierte Tiere des *Physiologus*: »Der Pfau, das Nashorn, das Wildschwein, der Papagei (!), die Hyäne, das Dromedar, die Ziege, der Hund, der Elephant, der Hirsch, der Bär, der Tieger, die Taube (?).« Nur *eine Fischgräte* ! vielleicht ein kritischer Bildkommentar des Umschlaggestalters? Blei stellt sich selbst im *Bestiarium* als: »Süßwasserfisch, der sich geschmeidig in allen frischen Wassern tummelt …!« dar.

25 Siehe zur umfangreichen Papageienliteratur besonders: Rafik Shami und Wolf Erlbruch, *Dies ist kein Papagei*, München 1994, als eine außerordentliche Anspielung auf René Magrittes Gemälde *La trahison images*, 1928–29, mit der Bildinschrift: »Céci n'est pas une pipe«; und damit brummt dieses Zitat genau den erkenntnisfördernden parodistischen Grundtenor von Bleis *Bestiarium* in ande-

rer Art & Weise – in einem völlig anderen Genre – mit und weiter. (Einmischung. d. Verf.)

26 Oft wird die Anspielung auf den Papagei mit dem Rebhuhn verknüpft (siehe *Der Physiologus*, a.a.O., S. 121; dort auch Hinweis auf Aelian und auch auf Arrian). *Der Physiologus* sagt von diesem Vogel: »Das Rebhuhn versammelt um sich Kücken aus Eiern, die es nicht selbst gelegt hat, und macht sich einen Reichtum ohne eigenes Verdienst. Jedoch in der Hälfte seiner Tage werden sie es verlassen, und auf seine letzte Zeit wird es ein Narr sein.« Dies könnte man durchaus als eine Satire auf die literarische Mentorenschaft von Franz Blei lesen; siehe etwa: »Carl Sternheim, Robert Walser, Hermann Broch, Robert Musil« etc. Diese einst von Blei geförderten Autoren emanzipierten sich just in den Momenten von ihrem Fürsprecher/Rebhuhn, da sie in der literarischen Welt etwas galten, insbesondere Carl Sternheim. Und was den Narren anlangt, das Bestiarium ist beste Parodie und die ist dem Narrentum wohl zu eigen. Vergl. u.a.: Rolf-Peter Baacke: »Enzyklopädist der Randbemerkungen«, in: *Der Montblanc sei höher als der Stille Ocean*, a.a.O., S. 220ff.

27 *Der Physiologus*, a.a.O., S. 81.

28 *Ebd., S. 121.*

29 Vergl. ebd. S. 46: »Vom Diamanten. ... nicht gefunden wird er aber am Tage, sondern in der Nacht. Adamas, der Unbezwingliche, wird er genannt, weil er alles bezwingt, selbst aber von nichts bezwungen wird.« Und in Ergänzung dazu weiter ebd. auf Seite 62: »Es gibt noch eine andere Eigenart des starken Diamantsteines: Dieser nämlich fürchtet weder das Eisen, daß es ihn schneide, noch das Feuer, daß es ihn brenne, noch nimmt er des Rauches Geruch an. Wenn er sich im Hause befindet, so gehet dort weder ein böser Geist ein noch wird irgendein Übel darin gefunden, und der Mensch, der über ihn verfügt, besiegt jegliche teuflische Macht.«

30 Mit den Initialen »H. L.« unterzeichnet, in: *NEUE REVUE. Illustriertes, Literarisches Magazin*, 5/6, Juli-August 1930, S. 216.

VERZEICHNIS DER PERSONENNAMEN